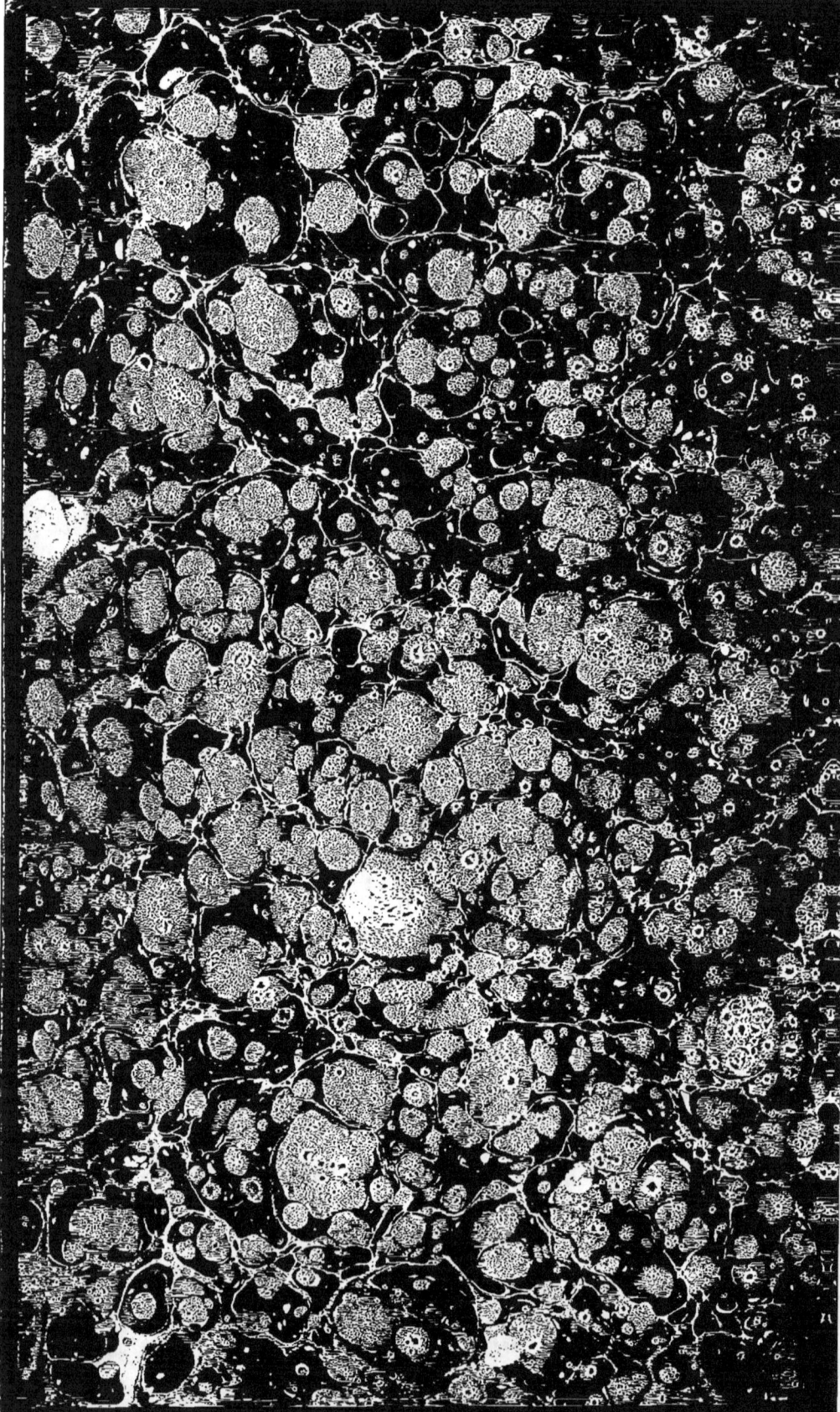

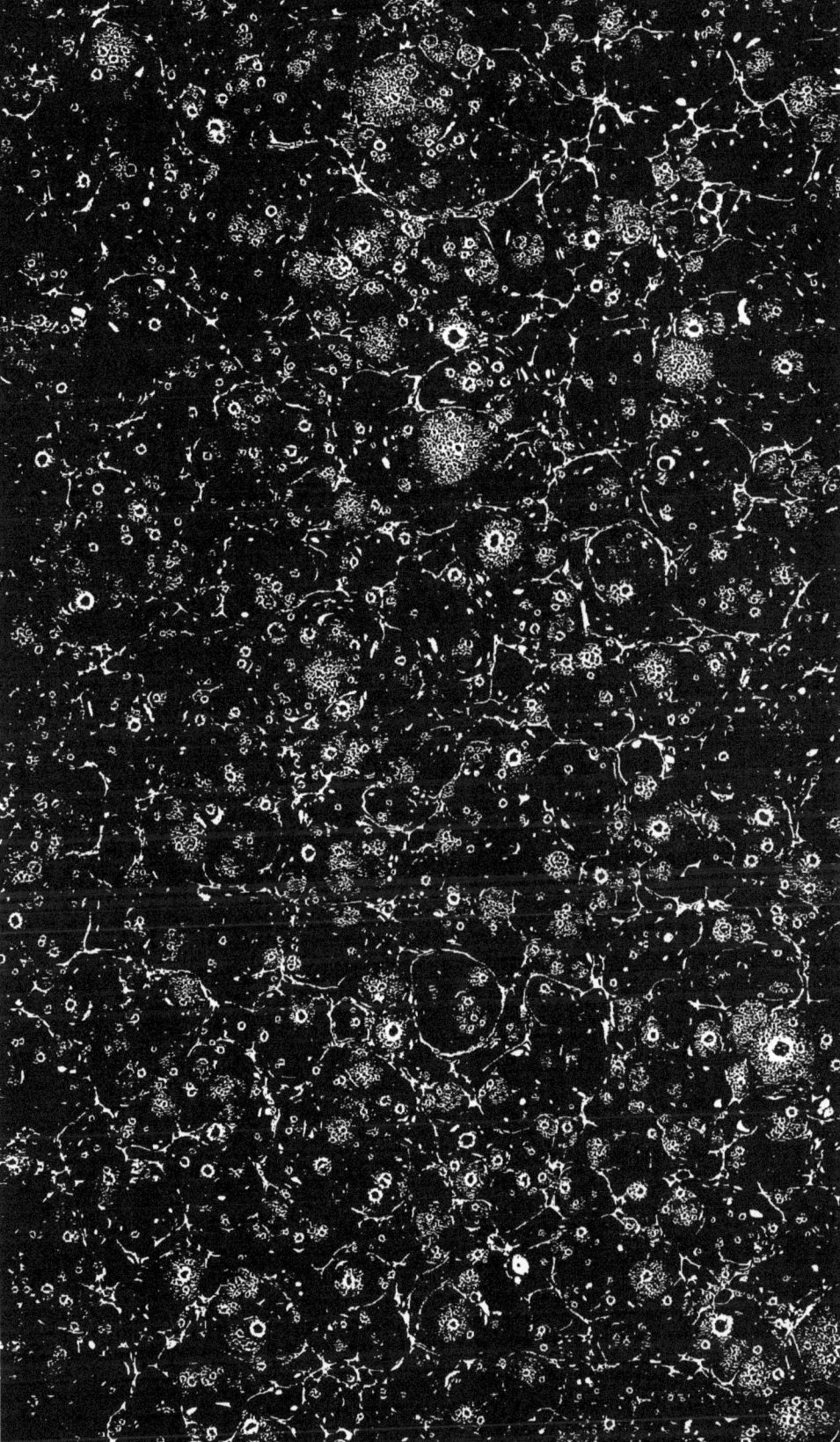

L'EUROPE

PENDANT

LE CONSULAT ET L'EMPIRE

DE NAPOLÉON.

PARIS. — IMPRIMERIE D'AMÉDÉE GRATIOT ET Cⁱᵉ,
11, rue de la Monnaie.

L'EUROPE

PENDANT LE CONSULAT ET L'EMPIRE

DE

NAPOLÉON

PAR

M. CAPEFIGUE

Tome premier.

PARIS

PITOIS-LEVRAULT ET Ce, RUE DE LA HARPE, 81.

A l'Étranger

Dulau et Cie, à Londres.	Zeelt, à Amsterdam.
Rohrmann et Schweigerd, à Vienne.	Bellizard et Cie, à Saint-Pétersbourg.
Al. Duncker, à Berlin.	Jugel, à Francfort-sur-le-Mein.
Bocca, à Turin.	Brockhaus, à Leipzig.
Dumolard et fils, à Milan.	Artaria et Fontaine, à Mannheim.

1840.

LETTRE

SUR LA

PÉRIODE DE NAPOLÉON.

Je vais écrire l'histoire de la reconstruction du pouvoir en Europe, les annales de ce gouvernement énergique, de cette administration puissante, dont le souvenir protége encore aujourd'hui la société agitée. Je vais retracer les quinze années épiques qui commencent au 18 brumaire et se terminent aux champs funèbres de Waterloo ; je quitte les grandes batailles du moyen âge, les croisades des nobles chevaliers ; mais je demeure au milieu de temps fabuleux, car j'ai des prouesses à conter aussi merveilleuses que les exploits des paladins dans les vieilles chroniques de Charlemagne.

La génération de l'Empire s'éteint ; bien des années déjà se sont écoulées depuis que, pour la dernière fois, le canon retentit sous les aigles d'or ; un long gémissement de peuple répond aux souvenirs de la patrie abaissée sous une double invasion. Les fautes de Napoléon furent

a

nombreuses, et pourtant jamais mémoire n'a laissé de si longues traces, jamais météore n'a brillé d'un si vif éclat, et, à mesure que les temps s'éloignent, cette époque paraît à nos yeux comme une légende des vieux temps héroïques.

Un point de vue plus sérieux que celui des batailles se révèle à nous quand on touche le gouvernement de Napoléon; c'est l'unité de ses œuvres, la persévérance de ses plans immenses pour régir et conduire les masses. L'Empire a étendu ses lois sur 45,000,000 d'hommes dont il a grandi l'intelligence; son territoire embrassait les riches cités et les populations diverses depuis Hambourg jusqu'aux bouches du Cattaro : Venise, Rome, Amsterdam, ont vu les abeilles d'or sur l'azur de leur écusson; l'Espagne, le Portugal, l'Italie et l'Allemagne ont subi les lois de son système fédératif.

A l'intérieur, sa législation a été dominée par une idée organisatrice et son administration tellement énergique, que tout s'agitait sous sa main; l'histoire de Napoléon est celle de la restauration des idées de gouvernement. Ce règne fut une réaction forte et rapide contre les molles doctrines politiques et administratives que l'Assemblée Constituante avait semées dans le monde. Général, Consul, Empereur, Bonaparte n'a jamais eu qu'un but, celui d'une centralisation formidable des intelligences et des faits pour les tourner au profit de l'autorité souveraine. Il ne lutta pas contre la Révolution en chevalier errant, avec de petites lois et de petites passions; il la dompta vigoureusement; il l'épura comme Hercule avait nettoyé les écuries d'Augias, pour ensuite faire servir toutes ses forces à la constitution de son Empire, et c'est en cela peut-être qu'il différa de la Restauration. Les Bourbons ne surent pas satisfaire et dominer les hommes de la Révolution, et ils en favorisèrent les doctrines; Napoléon se servit des hommes et tua les doctrines. Bonaparte fit le 18 brumaire et brisa l'assemblée qui résistait à ses volontés; la Restauration émancipa la tribune et la presse qui l'ont tuée par la parole.

L'admirable supériorité de Napoléon fut de comprendre toute la force qu'il pouvait tirer des mâles caractères et des intelligences trempées de fer qu'avaient produits la Convention et les Comités; il les abaissa, les éblouit, les conduisit en esclaves derrière son char, et sa volonté eut tant de prestiges, qu'il put changer en courtisans les conventionnels eux-mêmes; l'empereur orna leur tête de la couronne de comte, il posa dans leurs armoiries les vieilles tourelles; il fit des nobles de ceux qui avaient jeté la tête des gentilshommes à l'échafaud; il mit le manteau de pourpre sur les sans-culottes, ardents puritains de l'école des Comités; il fit trouver en face de Fouché et de Merlin, les Montmorency et les Noailles dont trois générations avaient été traînées dans la fatale charrette. Au conseil d'état, Napoléon fit siéger, sur le même fauteuil de velours, le proscripteur et le proscrit, les thermidoriens et les amis de Robespierre, les déportés de fructidor et ceux qui les avaient exilés à Sinnamary; M. Portalis et M. Treilhard, M. Malouet et M. Réal. Son gantelet de fer pesa tellement, qu'on eût dit qu'il avait aplati le crâne de ces hommes pour leur arracher la mémoire du passé, et qu'il avait dépouillé leur cœur de toute autre émotion que le dévouement à son service. Comme complément à son œuvre, Napoléon plaça la rude main de ses généraux dans la main blanche et délicate des jeunes filles de nobles maisons; les fils glorieux du serf devinrent les maris des châtelaines.

Cette force de gouvernement, cette puissance de volonté est, selon moi, bien plus merveilleuse que l'histoire des conquêtes et des victoires du grand capitaine. Le génie de Napoléon avait hérité des admirables armées de la République; il eut autour de lui des lieutenants du premier mérite, des administrateurs vigoureux. Ces armées débordèrent sur le monde, et quoi d'étonnant avec de tels hommes! Comme l'Océan, la conquête eut son flux et son reflux; si l'aigle vola sur toutes les capitales, deux fois l'Europe en armes vit les tours de

Notre-Dame. Il y a dans la vie militaire de Napoléon autant de fautes que de merveilles; à côté d'Austerlitz et d'Iéna, il faut placer les campagnes d'Espagne et de Russie, deux millions d'hommes sacrifiés sans résultats. Je ne sache pas de règne dans l'histoire moderne qui ait plus agrandi les principales puissances de l'Europe aux dépens de notre influence : l'Autriche, depuis le traité de Campo-Formio, s'est assuré l'Adriatique, Venise, la Dalmatie, une plus large possession en Pologne et en Italie. La Prusse s'est accrue de plus de quatre millions de sujets et possède toute la navigation du Rhin; il n'a tenu qu'à elle de s'emparer des villes anséatiques que lui offrait Napoléon comme il lui donnait le Hanovre, par haine de l'Angleterre. C'est à ses traités avec l'empereur des Français, que la Russie doit la Finlande qui lui donne la Baltique, et c'est dans l'entrevue d'Erfurth que furent dessinés les vastes projets du cabinet de Saint-Pétersbourg sur la mer Noire et Constantinople. Parlerai-je de l'Angleterre qui doit à la Révolution française et à l'Empire, l'agrandissement immense de ses colonies dans l'Indoustan, Malte, les îles Ioniennes, le cap de Bonne-Espérance, Ceylan, riches possessions désormais liées à son commerce? Il n'est pas jusqu'au royaume de Piémont que la chute de Napoléon n'ait grandi jusqu'à lui donner une importance maritime.

Qu'on ne parle donc pas des conquêtes de l'Empire; elles furent brillantes, rapides, mais elles ont été trop chèrement payées; nous avons eu beaucoup de gloire, mais aussi que d'affronts il a fallu essuyer! La Convention eut la force de préserver le territoire, l'Empire vit deux fois l'étranger sur nos places publiques, et les chevaux des Baskirs brisèrent les dalles de nos palais. La République avait légué à Napoléon la frontière du Rhin, la plus belle armée du monde; tête aventureuse, l'Empereur les joua dans les hasards de la guerre! Je sais qu'on a beaucoup parlé de trahison; une cause même lorsqu'elle s'abandonne, accuse toujours la trahison d'autrui; en politique, il y a quelque chose de plus fort, c'est la ruine que prépare la lassitude des esprits! Quand le Consul fit tout pour la France, elle vint à lui dans sa confiance; mais, quand l'ambition dévorante de l'Empereur rougit mille champs de bataille, lorsque la conscription devint une sorte de coupe réglée de 500,000 hommes, que voulez-vous alors? ce ne furent pas les hommes qui abandonnèrent Napoléon, mais le pays, mais le commerce, les populations souffrantes, la France accablée de plaies, la liberté éplorée, que la gloire ne consola plus.

La première époque du Consulat que je vais décrire est destinée à pénétrer dans la belle œuvre de Napoléon;

la reconstruction du pouvoir; et c'est à ce point de vue que cette intelligence est supérieure. Le premier Consul se pose comme l'unité dans la multitude; il s'élève comme le seul représentant de la souveraineté du peuple. Il est la magnifique idée qui vient réunir autour de lui toutes les autres, l'étoile du ciel qui brille dans le chaos pour le salut de tous. L'époque est à lui, parce qu'il personnifie l'époque; les sociétés se donnent à qui sait les protéger; c'est un pacte mystérieux dont la grande voix est dans l'instinct des masses; quand vous voyez un homme bien haut et qu'il y reste, croyez que cette nature forte et étrange n'appartient pas à l'ordre vulgaire.

Ainsi fut Bonaparte sans doute, car tout se plaça sous son épée à l'époque consulaire. La France le suivait depuis longtemps en Italie, en Égypte, et quand il tenta le 18 brumaire le temps était fini pour la République; on était avide d'un pouvoir fort; la France voulait constituer l'unité gouvernementale, sans laquelle il n'y a pas de vastes projets réalisables.

Deux puissantes physionomies semblent préoccuper la pensée de Napoléon, ce sont celles de César et de Charlemagne; le laurier des empereurs ceint son front, et il étudie l'histoire de Rome, ses arcs de triomphe, ses cirques, ses aqueducs immenses, ses voies, ses patientes légions et ses œuvres gigantesques : il donne tout cela pour exemple à ses soldats, il semble leur dire : « Nous n'avons rien fait encore pour nous égaler à ces prétoriens qui passaient des montagnes glacées de la Calédonie sous le brûlant soleil de la Syrie. » Napoléon ne visite point Rome, lui, le voyageur à pas de géant; on dirait que c'est dans la crainte de se trouver trop petit à ce triste et grandiose aspect. S'il donne le titre de roi de Rome au fils bien-aimé de ses espérances, c'est qu'il espère à sa mort être digne des Césars, et qu'il pourra lui léguer un empire qui s'étendra du Niémen aux colonnes d'Hercule, des monuments, de larges chemins suspendus sur les Alpes, des temples de marbre aux tables d'or et des obélisques de granit!

La destinée de l'empire occidental de Charlemagne préoccupe aussi Napoléon d'une activité non moins brûlante : il suit sans cesse la trace du conquérant, en Espagne, en Italie, et chez les Saxons; la vieille couronne des rois lombards déposée à la Monza se rattache à son front; il visite Aix-la-Chapelle, la ville antique. Comme Charles-Quint, il contemple le vaste tombeau de Charlemagne, puis son armure; il touche de sa main les reliquaires; trois fois il s'assied sur le siége de pierre du grand empereur [1]; insatiable de fortes idées, plein de

---

[1] C'est un souvenir que rappellent encore aujourd'hui les vieux chanoines de la cathédrale.

mélancoliques méditations, il y remonte encore comme s'il avait besoin de pénétrer la pensée de celui qui organisa l'empire d'Occident.

Dans la période de quinze ans que je vais parcourir, Napoléon est la figure exceptionnelle; mais on se tromperait pourtant si l'on ne groupait pas autour de lui, les peuples, les gouvernements et les hommes d'état qui ont marqué dans cette vaste résistance qui brisa l'Empire. L'Angleterre n'offre-t-elle pas aussi l'aspect d'une magnifique épopée dans sa lutte contre Napoléon ? Pitt a bien son génie national : ce que Napoléon fit, en remuant les idées de gouvernement et les armées, Pitt le réalisa avec les subsides et le crédit public. Le ministre agit sur le continent avec la même puissance que l'Empereur; ils se disputèrent la domination des cabinets et des peuples; l'Angleterre fut le type d'une nation aristocratique et commerciale, d'une grande Venise résistant à un nouvel empereur couvert de l'armure des princes de la maison de Souabe. Il y a bien quelque curiosité à suivre cette force d'une nation commerciale et libre contre un dictateur le plus haut, le plus fort, le plus intelligent. La presse anglaise a fait autant de mal à Napoléon que les armées de l'Europe.

L'Autriche patiente et militaire ne fut pas sans gloire; elle défendit avec persévérance sa couronne, son territoire et sa nationalité. Elle eut des hommes d'état de première force; le prince de Metternich fut pour la pensée continentale ce que Pitt avait été pour le triomphe de la suprématie maritime. Pourquoi n'oserait-on pas le dire? La lutte de la nation germanique fut belle; on la voit se déployer sur tant de champs de bataille, jusqu'au jour où l'Allemagne fit entendre des accents de liberté en évoquant l'ombre d'Arminius! Ne s'attache-t-il pas un indicible intérêt à ces touchantes et fières histoires des universités d'Allemagne et de ces jeunes hommes à la chevelure blonde, aux yeux bleu d'azur, s'élançant contre le grand Empereur?

Partout, vous trouvez dans cette époque des hommes de premier ordre et des caractères de valeur. En Russie, l'empereur Alexandre; en Prusse, le baron de Hardenberg; en Angleterre, Pitt, Nelson, le duc de Wellington, Canning. Et l'Espagne, faudra-t-il oublier son rôle d'héroïsme en défendant sa croyance et sa nationalité? Je n'aime pas qu'on tourne en mépris les consciences qui se font tuer pour une idée.

Je destine ce livre à faire connaître les faits Européens sur toute l'époque du Consulat et de l'Empire; le but de l'auteur a été d'écrire d'après les pièces positives, et de faire tomber cet échafaudage vulgaire sur lequel jusqu'ici on a placé la figure historique de l'Empereur.

Trois sortes d'ouvrages ont été écrits sur l'époque de Napoléon : 1° les mémoires, 2° les compilations, 3° les livres de parti.

Les mémoires, on sait l'abus qu'on en a fait; chacun a dit ses affaires de ménage; chacun a tracé son compte : nous avons eu des livres écrits sur de la dentelle, d'autres sur les tables de cuisine et dans les antichambres, en écoutant aux portes. C'est le malheur des renommées retentissantes que ces écrivains qui s'attachent à elles pour défigurer leurs actions, dévoiler leur faiblesse, épier leur âme, sans jamais s'élever jusqu'à leur pensée.

Les compilations n'ont pas manqué; on a lu le *Moniteur*, recueilli les décrets, sans s'apercevoir que tous ces documents ne sont pas la vérité, mais seulement les instruments authentiques dont se servait Napoléon, esprit si habile, pour arriver à ses vastes desseins; les glorieux bulletins de la grande armée sont eux-mêmes des articles de journaux, destinés à des résultats diplomatiques.

Les livres de parti n'ont jamais été que des pamphlets vulgaires, depuis l'*Ogre de Corse* jusqu'à l'Apothéose de Napoléon et d'autres histoires encore, sorte d'ana ou recueils de bons mots avec au moins une victoire par jour : tout cela s'est adressé aux masses pour exploiter de généreux et populaires souvenirs. On a dit des choses incroyables, des contre-vérités inimaginables; il y a eu des livres pour prouver que Napoléon était le plus chaud ami de la liberté et du régime représentatif, lui qui jeta les députés par les fenêtres de Saint-Cloud; d'autres l'ont représenté comme l'esprit le plus pacifique; il n'a jamais voulu la guerre; son aigle n'a pas lancé la foudre, c'était un oiseau tout paisible qu'on importunait dans la basse-cour des Tuileries, en lui faisant entendre le son belliqueux de la trompette!

Ces choses ont été fabuleusement dénaturées, il faut les rétablir.

C'est surtout un livre de faits que l'auteur a voulu écrire; il donne ses idées plutôt comme des aperçus que comme des jugements; il lui a paru depuis longtemps qu'il fallait tirer l'histoire de Napoléon en dehors des légendes puériles. Quand un homme extraordinaire se révèle au monde, chacun s'en fait un type idéal, une physionomie mensongère; et je m'imagine que les traits de Napoléon ne ressemblent pas beaucoup à ces physionomies qui se griment sur la scène pour rappeler ses traits au peuple. Tels ont été, à peu d'exceptions près, les travaux historiques sur Napoléon.

C'est pourquoi l'auteur ose dire que jusqu'ici l'époque de l'Empire n'est pas connue. On a beaucoup écrit sur ces temps, depuis les petits caquetages des petites gens employés aux petites affaires jusqu'aux livres des hommes sérieux qui ont réuni des lambeaux du *Moniteur* pour en faire un ensemble à l'usage des partis. Parmi ces travaux quelques-uns cependant méritent une distinction particulière; ils sont écrits avec naïveté, ils révèlent l'enthousiasme de quelques âmes ferventes, et celles-là sont respectables. Napoléon, comme toutes les renommées historiques, comme Charlemagne surtout, a eu ses légendes, ses chroniques, ses romans des douze preux. J'ai une prédilection pour ces cœurs chauds qui aiment un homme, une idée, une cause, et s'en font les martyrs. Il est temps néanmoins de faire entrer l'immense personnalité de Napoléon dans le domaine des études sérieuses.

On verra que l'auteur a eu dans ses mains les pièces importantes des cabinets; il les a fait servir, non point à un système, au développement de ses idées, mais à la vérité historique absolue, sans crainte et sans déguisement; il n'a reçu ni mission, ni legs; il a écrit hautement par cette inspiration d'une belle époque dont tout le monde parle et que peu de personnes connaissent. Rien de plus inouï que les non-sens et les vulgarités qu'on a écrites sur la Révolution et sur l'Empire; on dirait que les temps les plus rapprochés sont les moins connus; l'histoire a besoin d'une reconstruction dans notre société agitée.

Ce livre est tout à la fois un récit historique des événements avec la couleur locale, un manuel de droit diplomatique par la révélation des traités, des transactions et des actes européens, un précis de l'administration et de la législation. Avec ce livre, on pourra suivre tout ce qui se fit en Europe pendant ces époques : les affaires politiques, le commerce, l'industrie, et la littérature qui exerce une si visible influence sur le mouvement des esprits en Allemagne et en Angleterre surtout!

J'aurai souvent à parler des hommes d'état de l'Europe, des cabinets étrangers, de leurs généraux, de leurs armées, de leur politique, des rois et des peuples, des partis vaincus et des souverainetés croulées; il m'arrivera de louer des capacités pour lesquelles les écrivains de la Révolution n'ont eu que des paroles de mépris et de dédain; on remarquera que les hommes d'état européens ont maintenu leur monarchie plus grande, plus forte qu'avant la guerre, tandis que l'Empire est tombé? Tout en plaçant haut, dans ma fierté nationale, les gloires de ma patrie, je n'ai pas la puérilité, quand j'écris l'histoire, de demander au baron de Hardenberg et au prince de Metternich, à Pitt, au comte Pozzo-di-Borgo, au duc de Wellington, pourquoi ils n'ont pas fait les affaires de la France. Je ne leur fais pas un crime de ce qu'ils se sont permis de lutter contre le Consul et l'Empereur; c'était leur rôle et leur mission; je désirerai, pour mon pays, des capacités de cet ordre élevé, de cette vaste intelligence; j'aurais voulu surtout que tous les Français eussent défendu avec autant de patriotisme la cause de la France, que ceux-ci ont défendu l'orgueil et la puissance de leur pays. Faudra-t-il tout abîmer devant une seule renommée? Napoléon n'est pas une de ces idoles qui veulent être adorées par des sacrifices humains.

Il y a longtemps que j'ai conçu la pensée de ce livre; j'ai parcouru les plus fameux champs de bataille, j'ai mesuré l'Empire depuis Hambourg jusqu'en Illyrie. C'est au pied de la colonne Trajane, à Rome, au milieu des cirques et des débris de César et d'Auguste que je me suis fait la plus noble image de Napoléon, de ses conceptions vastes, de sa nature impériale, et j'achève ces deux volumes sous l'ombre du lion de Waterloo. Les champs qui entendirent le dernier cri de guerre de la grande armée sont verdoyants encore; le blé y ondule chaque année sous le vent, les récoltes sont belles, l'oiseau y gazouille gaiement sous la feuillée, et pourtant, là, dans la tombe, est une génération de géants.

Il y aura vingt-quatre ans dans trois jours que le canon

brisait les rangs entiers, près de cette ferme de la Haie-Sainte dont j'aperçois d'ici les murs blancs et restaurés; sur cette chaussée de Nivelle se déployèrent pour la dernière fois les vétérans d'Italie et d'Égypte; ici fut Napoléon avec ce cortége de généraux que le trépas dévore, légions de morts autour de la grande ombre!

Ainsi passent les empires, les dynasties, les peuples, quand sont venus les temps marqués par Dieu!

Waterloo, 15 juin 1839.

L'EUROPE

PENDANT

LE CONSULAT ET L'EMPIRE

DE NAPOLÉON.

―――――――――

CHAPITRE I.

GRANDES PUISSANCES DE L'EUROPE.

1° L'Angleterre. — Causes de son opposition à la Révolution française. Georges III. — Le ministère Pitt. — Son système. — L'Écosse et l'Irlande. — Développement de la puissance anglaise. — 2° La Russie. — Son habileté. — Paul Ier. — Causes de la coalition de 1798. — 3° L'Autriche. — Sa persévérance. — Son droit diplomatique. — Ce qu'elle gagne à Campo-Formio. — 4° La Prusse. — Histoire secrète de sa diplomatie. — Ses rapports avec la Révolution. — Motifs de sa neutralité.

1794 — 1799.

L'Europe avait été vivement agitée par les principes et les vastes conquêtes de la République française. Lorsque la Révolution déploya son drapeau insurrectionnel, les cabinets ne s'en proclamèrent pas d'abord les ennemis implacables; tous virent, dans les troubles nouveaux qui agitaient la France, un moyen immense d'arrêter les progrès de la maison de Bourbon [1]. Cette maison était si considérablement agrandie depuis le premier de ses chefs, Henri IV! elle avait réuni incessamment des provinces à la monarchie; Richelieu, Louis XIV, laissèrent à l'Autriche et à l'Angleterre de longs ressentiments à venger! La politique de la France excitait ainsi une secrète méfiance parmi les grandes puissances; c'était haine traditionnelle. De sorte qu'à l'origine de la Révolution, il y eut au sein de chaque cabinet un système personnel et égoïste qui ne permit aucune résolution commune et sincère [2] contre un mouvement de peuple dont on ne prévoyait pas la destinée infinie.

La Grande-Bretagne s'était même dès le début montrée favorable à la Révolution et à ses principes; ce cabinet, habile et prévoyant, avait surveillé avec jalousie la politique extérieure de Louis XVI. Le roi de France avait puissamment accru la marine; Suffren, d'Estaing, Lamotte-Piquet arboraient le drapeau blanc sur toutes les mers, dans de belles campagnes navales. Des révélations diplomatiques avaient appris à l'Angleterre les vastes plans de Louis XVI sur l'Inde, l'Égypte et la colonisation de la Méditerranée [3]. J'ajoute encore que, pressentant la chute de l'empire des Turcs,

---

[1] On peut se convaincre de cette joie immodérée du cabinet de Londres, sur les troubles révolutionnaires, par les dépêches de M. de la Luzerne, ambassadeur de France, à M. de Montmorin, et par les dépêches du chargé d'affaires M. Barthélemy. M. le duc d'Orléans, envoyé ou exilé à Londres, en octobre 1789, l'avoue lui-même (Dépêche du 18 décembre 1789).

[2] Les hommes sérieux savent maintenant que le fameux traité de partage à Pilnitz, ne fut qu'une pure formule; il y eut des éventualités prévues, mais aucune résolution prise. Chaque puissance se réservait de faire son lot. L'Allemagne convoitait surtout l'Alsace et la Lorraine, comme elle l'a renouvelé en 1815.

[3] Il existe aux affaires étrangères des dépêches de M. de Lally, gouverneur de l'Inde, qui parlait déjà de la nécessité pour la France de s'assurer de l'Égypte.

le comte de Saint-Priest, ambassadeur à Constantinople, adressa à sa cour un mémoire dans lequel, après avoir examiné celui des débris de cet empire qui pourrait convenir à la France, il indiquait l'Égypte comme le pays le plus facile à conquérir et à garder [1]. L'émancipation des États-Unis avait également témoigné que les desseins du roi étaient réfléchis, et qu'ils attaquaient dans leurs résultats la puissance et la fortune de l'empire britannique. L'Angleterre chercha donc tous les moyens d'abaisser le pouvoir de Louis XVI, et de priver la France des avantages d'un système si fatal pour la Grande-Bretagne [2].

Depuis la paix de 1785, les coutumes, les modes anglaises dominèrent en France; on ne se préoccupa plus que de parlement, de liberté, de constitution : les habitudes furent toutes anglaises; on eut des chevaux de race, des courses, des paris ruineux; on essaya les clubs avec leur discussion orageuse; les vêtements de femmes et d'hommes, depuis le vaste chapeau jusqu'à l'habit aux larges basques, tout fut fait sur les modes de Londres. On choisit M. le duc d'Orléans comme le type de l'opposition; et déjà peut-être l'on songea dans le cabinet de Saint-James à réaliser le projet d'une révolution de 1688, comme lord Stairs l'avait proposé sous le régent [3].

Plus tard, l'Angleterre s'effraya des rapides dévelop-

---

[1] Un vieux projet rédigé en latin par Leibnitz sur l'occupation de l'Égypte, avait été présenté à Louis XIV, sous le ministère de M. de Pomponne, en 1672. Ce projet était resté ignoré jusqu'à l'occupation du Hanovre, de 1803 à 1805.

[2] Dès 1789, les Anglais avaient noué une intrigue dont le but était de se faire livrer le port de Brest; elle fut déjouée, et le comte Dorsey, ambassadeur d'Angleterre près la cour de France, se trouva dans la nécessité de démentir par sa lettre à M. de Montmorin, ministre des affaires étrangères, l'imputation faite à son gouvernement d'avoir excité les troubles de Paris, et d'avoir voulu faire incendier le port de Brest.

[3] M. le duc d'Orléans fut chargé d'une mission officielle en octobre 1789, pour une négociation à Londres, mais il n'avait aucun pouvoir effectif de traiter (Dépêche du 6 novembre 1789).

pements qu'avait pris la Révolution française; elle voulait bien empêcher les plans de Louis XVI, mais l'anarchie menaçait trop ouvertement pour qu'on pût soutenir un état de choses qui était le désordre et la conquête. La République naissante déclarait la guerre aux aristocraties; ses clubs enlaçaient l'Irlande, les districts manufacturiers, Londres et les grandes cités. Attaquer l'aristocratie n'était-ce pas menacer le gouvernement anglais tout entier? Ensuite les armées de la République débordaient sur les frontières; elles touchaient le Rhin, la Meuse et l'Escaut; la Belgique était envahie et Anvers au pouvoir des républicains. La Hollande même voyait s'éclipser son indépendance de nation. Ainsi la Révolution bouleversait la prépondérance Britannique et son gouvernement. Elle allait droit à ses deux sources de vie; l'Angleterre désirait se défendre, non point en vertu des principes et par indignation morale, car elle avait fait monter, elle aussi, un roi sur l'échafaud; elle avait eu sa république sous Cromwel, mais elle devait combattre par le puissant intérêt de sa conservation.

Dès lors on s'explique très bien cette guerre forte et continue que la Grande-Bretagne soutint avec une si admirable persévérance contre les efforts de la Révolution française. William Pitt devint le symbole, la personnification des destinées britanniques; et là fut l'origine de la fortune et de la puissance du ministre anglais. Magnifique spectacle que ce jeune homme, entré aux affaires à vingt-trois ans [1], ardent de patriotisme, sacrifiant sa vie, son activité à un système, se posant en adversaire d'une nation rivale, si grande par ses armées,

---

[1] Pitt était né le 28 mai 1759, et fut nommé chancelier de l'échiquier en juillet 1782 avant le ministère de la coalition (North), et nommé premier lord de la trésorerie et chancelier de l'échiquier (chef du cabinet), en décembre 1783.

si redoutable par ses victoires, combattant à outrance dans le parlement pour le triomphe de la constitution et la gloire de son pays. La physionomie de Pitt avait quelque chose de méditatif comme celle de tous les hommes qui ont une mission; sa destinée fut immense, il eut plus d'une fois les entrailles brisées par le dégoût et les difficultés; on le voyait alors se livrer à quelques excès avec Dundas, son ami [1]; puis il revenait au parlement la tête brûlante, le cœur plein de hautes pensées, et il s'élevait à cette grandeurs de vue qui sauva son pays d'une imminente destruction; le cabinet se résumait en lui et il prenait sur sa tête la responsabilité tout entière.

L'Angleterre avait alors un monarque qui, comme le roi Léar de Shakspeare, faisait retentir les vastes salles de son palais des cris de sa folie; Georges III, cruellement attristé de la mort de sa fille, était devenu fou; un jour, mélancolique, il se promenait dans les appartements de Windsor; le lendemain, il se brisait la tête contre les murailles ou déchirait ses vêtements, comme si la douleur les lui rendait importuns. Dans cette absence de la royauté, l'aristocratie s'était pleinement emparée du gouvernement; Pitt et le parlement s'étaient déclarés les maîtres, et le grand sceel de l'empire fut déposé dans les mains de commissaires [2]. Tout se dirigeait donc sans contrôle par les lords et les communes; si le parti ministériel comptait l'éloquence de Pitt, de Canning, de Dundas, de Grenville, l'opposition pouvait s'honorer de Fox, d'Erskine, de Shéridan, le poète moqueur qui invoquait les nobles lois de la liberté humaine, pour arracher le pouvoir à

---

[1] Depuis lord Melville : le ministère anglais était alors composé de M. Pitt, lords Grenville, Spencer, Chatam, Liverpool, le duc de Portland et M. Dundas.
[2] *Annual regist,* Ad ann. 1793-1798.

l'aristocratie; les lords Holland, Bedfort, Grey, possesseurs héréditaires de vieux manoirs crénelés, ne pouvaient être des révolutionnaires, mais ils favorisaient la démocratie par leur système; or la démocratie en Angleterre, destruction immédiate et profonde de la puissance britannique, était un de ces changements radicaux qui ébranlent les empires. Supposez, en effet, que le parti de l'opposition eût triomphé avec le radicalisme, deux résultats auraient immédiatement suivi : on aurait obtenu la réforme parlementaire, et la paix avec la France. La réforme parlementaire en pleine révolution, c'était le triomphe absolu des clubs et des sociétés secrètes qui enlaçaient alors la Grande-Bretagne. La paix avec la République française entraînait avec elle-même une sorte de fraternisation des principes jacobins; et le gouvernement de la Grande-Bretagne avec ses districts manufacturiers, sa multitude brutale et sauvage, aurait succombé dans cette épreuve fatale.

Au lieu de cela, le système de Pitt fut la guerre implacable; ses vastes conceptions financières pourvoyaient à tout. C'est ici que le grand ministre déploya ses belles facultés; l'Angleterre avait besoin d'incessantes ressources pour faire face à ses guerres; l'emprunt fut le premier ressort de Pitt, et l'emprunt, au lieu d'user le crédit, le développa; les négociations sur les consolidés se firent toujours à un taux très élevé[1]. Si la

---

[1] « M. Pitt a reçu les propositions de diverses associations de banquiers et de capitalistes, pour l'emprunt de 15,500,000 liv. sterl. dont il avait annoncé qu'il aurait besoin pour le service de l'année 1798. La confiance et l'enthousiasme étaient portés au point que, malgré la hausse subite que les fonds publics avaient éprouvée depuis quelques jours, et celle qui avait eu lieu le matin même de l'emprunt, trois sur six des compagnies en question proposèrent de le prendre à un avantage de trois quarts pour cent au-dessus du cours. Cet emprunt fut consommé ainsi, et dès le moment où cette transaction fut connue à la bourse, les fonds publics éprouvèrent une

France faisait des conquêtes sur le continent, la Grande-Bretagne dominait sur les mers, elle anéantissait la puissance française dans l'Inde; nos colonies étaient en sa possession; elle convoitait l'Égypte; ses armements et ses flottes couvraient l'Océan et la Méditerranée; nos escadres avaient disparu, le commerce de France était anéanti et la marine ne pouvait franchir les côtes. L'Angleterre intervenait sur les affaires par les subsides, elle devenait la dominatrice politique des cabinets; et comme, en même temps que l'Angleterre fournissait de l'or, elle imposait des traités de commerce, il en résultait qu'elle retirait avec usure ses prêts et ses avances; elle recevait plus du continent qu'elle ne lui donnait : le change, cette grande boussole des transactions, fut presque toujours en sa faveur [1]. La prépondérance maritime et commerciale de l'Angleterre prit un immense accroissement à cette époque; sa diplomatie domina partout; elle allait offrir, la bourse à la main, ses secours aux cabinets appauvris; seule elle pouvait traiter d'égale à égale avec la République française. Aussi elle ne négocia jamais sérieusement avec le Directoire; et l'envoi de lord Malmesbury à Lille ne fut qu'une manœuvre parlementaire du cabinet de William Pitt pour obtenir de nouveaux votes et continuer les hostilités avec plus de vigueur. Il fallait constater que la paix était impossible.

Les négociations de lord Malmesbury, telles qu'elles sont révélées par les cartons de la diplomatie, constatent que sa mission se liait surtout à l'examen attentif des partis

---

nouvelle hausse de trois pour cent, chose sans exemple dans les annales de la finance anglaise.» (Dépêche d'un agent secret de la Prusse, juillet 1798.)

[1] C'est à Pitt qu'on doit l'amortissement et le système de consolidation des billets de l'échiquier.

et des forces du gouvernement en France ; lord Malmesbury, en séjournant quelque temps à Paris, avait vu les chefs du club clichien à l'époque où l'on parlait un peu de la restauration des Bourbons ; Pitt et Dundas, en s'expliquant devant le parlement, avaient fait pressentir que la restauration de l'ancienne dynastie, sans être une condition dominante de la paix, pourrait facilement amener une solution définitive. Lord Malmesbury avait donc reçu de son gouvernement une mission plutôt d'examen que de transaction ; la politique moqueuse des journalistes français pouvait bien tourner en ridicule la formule adoptée par lord Malmesbury qui rejetait toujours les interpellations positives en disant : « qu'il en écrirait à sa cour ! » mais au fond ce n'était là qu'une certaine manière d'éluder toutes les difficultés et de gagner du temps pour voir venir les événements politiques. Après le 18 fructidor, lord Malmesbury fut tout à coup obligé de quitter Paris pour se retirer à Lille ; le Directoire voulut rompre immédiatement toute négociation ; il n'avait plus alors aucun dessein de traiter avec l'Angleterre. Une dépêche, fort bien rédigée par l'ambassadeur, explique parfaitement quels sont les motifs qui le portent à croire qu'en aucun cas la France ne veut la paix ; ces raisons sont prises dans l'ordre moral : « Que voulez-vous que fasse le Directoire, écrit-il, avec ses 400,000 soldats et ses milliers de généraux et d'officiers supérieurs, si ce n'est une guerre continuelle[1]. »

---

[1] « Je puis assurer votre seigneurie que j'ai la ferme conviction que la majorité du Directoire qui l'a emporté dans la journée du 4 septembre (18 fructidor), sur le corps législatif, veut et désire la continuation de la guerre maritime, afin de n'éprouver ni obstacles ni entraves à ses nouveaux projets d'invasion et de spoliation en Italie et en Suisse. Il est clair qu'à la veille de signer la paix avec l'Autriche, le Directoire ne peut vouloir signer a paix avec l'Angleterre. Que ferait-il de ses 400,000 soldats accoutumés au tumulte des armes ? Que de commotions n'occasionnerait pas leur re-

La haine était d'ailleurs profonde entre les deux gouvernements; ils s'attaquaient dans leurs bases intimes; d'abord les clubs de Paris avaient des rapports avec les clubs anglais qui s'étaient formés à Londres et en Écosse; depuis l'origine de la Révolution, ces sociétés s'étaient montrées puissantes avec le désir formel de renverser le gouvernement [1]. L'Irlande excitait la plus grande inquiétude au sein du cabinet britannique; personne n'ignorait les tentatives faites par le Directoire contre la domination anglaise en Irlande; ses flottes avaient reçu cette destination; on avait vu à la tête des proclamations du général Rey et de son infortuné compagnon, Naper Tandy, la harpe irlandaise surmontée du bonnet de la liberté; on avait parlé aux ardents insulaires, des soldats de la grande nation qui allaient débarquer sur leur rivage; on leur disait de reconquérir leurs droits en déclarant une guerre d'extermination de la liberté contre la tyrannie. L'Irlande avait ses sociétés, ses armements sous les Hamilton, les lords Édouard Fitz-Gerald, Arthur O'Connor, tous en rapport avec les républicains français, et des envoyés venaient constamment à Paris pour concerter les moyens de délivrance et de conquête [2]. Ce fut alors que Pitt prit la résolu-

---

flux dans l'intérieur? Que ferait-il de ces 3 ou 4,000 généraux et officiers supérieurs qui n'auraient plus ni lauriers à moissonner, ni riches dépouilles à ravir aux vaincus. » (Dépêche de lord Malhesbury à lord Grenville.)

[1] La société anglaise connue sous le nom de *Constitutional Society*, et la société écossaise, *Corresponding Society*, qui prit le nom d'*Amis du Peuple*, furent contemporaines de la société des *Irlandais-Unis*; comme celle-ci toutes deux s'organisèrent en 1792 sur les principes de la Révolution française.

[2] Les proclamations que Naper Tandy, le général Rey et d'autres officiers français répandirent dans l'île de Rutland portaient en tête la harpe irlandaise, surmontée du bonnet de la liberté, avec l'ancienne devise irlandaise adoptée par les insurgés, *Erin go bragh* (l'Irlande à jamais). En voici la traduction :

« *La liberté ou la mort, armée septentrionale des Vengeurs.*

« La première année de la liberté irlandaise.

« *Irlandais-Unis!* Les soldats de la grande nation ont débarqué sur vos côtes bien

tion immense de proposer le bill de la réunion de l'Irlande à l'Angleterre; il voulut constater qu'elle n'était plus une terre étrangère. Il y avait cela d'admirable dans la tête du chef du cabinet anglais, qu'à cette idée de centralisation et d'unité, il ajoutait dans sa pensée le besoin de l'émancipation des catholiques d'Irlande; un bill fut présenté aux communes, discuté avec sévérité, et un vote presque unanime amena la réunion définitive de l'Irlande avec l'empire britannique. De là se formula cette sorte de trinité dans le royaume-uni, les nationalités ne s'effacèrent point, mais les forces se centralisèrent comme en France par suite de la Révolution [1].

Et comment était-il possible de préparer une trêve ou une paix entre la France et l'Angleterre, lorsque tout était destiné à perpétuer les haines et à semer la discorde? Le cabinet britannique alimentait la guerre civile dans la Vendée et dans la Bretagne; il cherchait à soulever

pourvus d'armes et de munitions de toute espèce, avec une artillerie manœuvrée par des hommes qui ont répandu la terreur dans les rangs des meilleures troupes de l'Europe; ils sont conduits par des officiers français : ils viennent pour briser vos fers et vous rendre la jouissance des bénédictions de la liberté. James Naper Tandy est à leur tête; il a juré de les mener à la victoire ou de mourir. Braves Irlandais! ces amis de la liberté ont quitté le sol natal pour vous aider à reconquérir vos droits. Ils braveront tous les dangers, mettant leur gloire en la sublime idée de cimenter de leur sang votre bonheur. Le sang français ne coulera pas en vain! Aux armes, hommes libres, aux armes!»

[1] « Sa Majesté est persuadée que le soin infatigable avec lequel nos ennemis persévèrent dans leur projet avoué d'effectuer la séparation de l'Irlande avec ce royaume, ne peut manquer d'engager l'attention particulière du parlement; et Sa Majesté recommande à cette chambre de prendre en considération les moyens les plus efficaces de s'opposer à ce dessein, et de le fruster finalement; et elle espère qu'un examen de toutes les circonstances qui sont survenues récemment (joint au sentiment d'affection mutuelle et d'intérêt commun), disposera les parlements des deux royaumes à pourvoir, de la manière qu'ils jugeront la plus convenable, à l'établissement de l'arrangement complet et définitif qui pourra le mieux tendre à perfectionner et perpétuer une connexion essentielle à leur sécurité commune, et à augmenter et consolider la force, la puissance et les ressources de l'Empire britannique. » (Acte de S. M.)

L'opposition à cette mesure, dans la chambre des Communes du parlement britannique, fut peu considérable. M. Shéridan fut le seul qui soutint la cause *Anti-Unioniste*, avec quelque chaleur. MM. Grey, Tierney, et Fitz-Patrick la défendirent aussi mais faiblement.

les populations, pendant que le Directoire armait contre la souveraineté du parlement en Irlande. Dans toutes les fêtes publiques il n'était question que de la perfide Angleterre; on jetait des imprécations contre elle; les allégories se multipliaient dans ces solennités où le Directoire s'exprimait avec pompe sur la situation de la République. Il y eut une fête au Champ-de-Mars où un ballon fut brûlé pour signifier le sort que la France réservait à *cette Albion* dont les odes patriotiques annonçaient la décadence et la ruine [1].

Si l'Angleterre conservait la plénitude de ses moyens et de ses haines contre le gouvernement français et la Révolution dont il était le symbole, la Russie se trouvait dans une position presque aussi indépendante. Depuis longtemps la Russie désirait entrer en lice dans le mouvement européen. Cet immense empire s'était continuellement agrandi depuis un siècle par la guerre et une diplomatie habile; tout avait été employé pour arriver à ses vastes desseins de prépondérance et de commerce. Catherine II, au milieu du xviiie siècle, était descendue jusqu'à flatter les philosophes encyclopédistes; elle n'avait pas dédaigné une correspondance intime avec Voltaire, et en cela elle avait sa forte pensée, car les gens de lettres étaient les véritables souverains de cette époque inouïe; l'esprit avait sa couronne d'or, et son sceptre en main, il donnait ou refusait la renommée. Jusqu'alors la Russie, puissance tout orientale, n'avait exercé aucune influence sur l'occident de l'Europe. Sous Louis XIV, on parlait avec dédain de la

---

[1] « Il a dû être planté au beau milieu du Champ-de-Mars un vaisseau allégorique pour figurer la marine anglaise. Un ballon gonflé tenu par des cordes, armé dans sa gondole de quelques incendiaires, jette sur le navire toutes sortes de matières inflammables, et la marine anglaise a dû être réduite en cendres. » (Programme.)

Moscovie. Catherine II, en courtisant la philosophie dans les renommées alors à la mode, savait que son nom deviendrait populaire au milieu des salons de Paris; elle avait besoin qu'on parlât d'elle, de ses palais d'hiver, de ses capitales, de Moscow la Sainte et de Pétersbourg la Magnifique; il fallait qu'on s'accoutumât à compter son cabinet dans les grandes souverainetés civilisées; il fallait effacer les préjugés qui existaient alors sur la barbarie de ceux qu'on affectait de confondre avec les Scythes; il fallait se montrer protectrice de l'esprit et des arts pour exercer ensuite par la diplomatie, l'influence que les philosophes possédaient pleinement à cette époque; elle voulait, en un mot, faire proclamer: «que du Nord venait la lumière [1]. »

Le premier partage de la Pologne poussa la Russie vers le centre de l'Europe; sa diplomatie eut ordre d'étendre désormais son autorité morale sur tous les événements qui se passaient au midi. Les grands seigneurs russes voyagèrent avec cet esprit d'examen et d'observation qui les caractérisent; ils firent connaître à l'Europe leur magnificence et leur civilisation. Sous Louis XV, déjà plusieurs de ces nobles visiteurs étaient venus à Versailles. La Révolution française ne retentit que faiblement dans les lointaines provinces de la Russie; les principes que la République proclamait étaient trop en opposition avec les mœurs et les habitudes des populations slaves. Dans un état où la classe moyenne était si peu nombreuse, où tout se composait de nobles et de serfs (comme au moyen âge dans les châteaux crénelés de la féodalité), dans une autocratie enfin aux vastes

---

[1] La correspondance de Catherine avec Voltaire se lie toujours aux plans diplomatiques du cabinet de Saint-Pétersbourg. Il n'y a pas jusqu'à la vie de Pierre Ier, par Voltaire, qui n'ait son dessein de conquête et d'agrandissement.

steps où l'autorité du clergé grec était si puissante, comment espérer le progrès des idées révolutionnaires et anti-chrétiennes? La Russie offrait donc une population tout à fait étrangère aux principes des novateurs; là, sans doute, il pouvait bien y avoir des conjurations de palais, des chutes mystérieuses, des fortunes inouïes et des abaissements de pouvoir comme dans l'empire ottoman; mais ces accidents, plus ou moins fatals pour les têtes souveraines, n'avaient aucune similitude avec les faits accomplis par les idées françaises en 1792.

Paul Ier, successeur de Catherine II, portait la couronne des czars. On a parlé beaucoup des bizarreries de ce prince, de ses brusques changements, de cette folle existence qui passait d'un système à un autre par des transitions soudaines et presque brutales. L'empereur Paul a-t-il été exactement jugé? Dans cet éloignement du théâtre des événements politiques, les jugements n'ont-ils pas pris une empreinte étrange d'exagération? Les pamphlets de la France et de l'Angleterre sont-ils les seuls documents dans lesquels on doive puiser pour recueillir des détails sur la vie de l'empereur[1]? Paul Ier fut une âme profondément émue en diverses circonstances par la grandeur des événements qui l'entouraient. Ce caractère sombre et bizarre, fou et moqueur, enthousiaste et haineux, ne tenait-il pas peut-être aux profondes émotions qu'il éprouvait à l'aspect des dangers que couraient sa personne et l'empire? Quand on dort mal sur son oreiller le soir, parce que la conspiration veille, est-ce qu'il n'est pas permis de sentir son front brûler

---

[1] A cette époque de passions politiques, on exaltait Paul ou on le calomniait, à raison qu'il se prononçait pour ou contre une alliance. L'empereur Paul était né le 1er octobre 1754. Le *Moniteur* fait son éloge sous le Consulat.

et la fièvre embraser ses veines? Si Pierre Ier, le grand czar, n'avait pas réussi dans son œuvre de civilisation, lui aussi aurait été traité de fou et de barbare; s'il avait péri sous le cimeterre des Strélitz, on l'aurait accusé d'avoir tenté une entreprise impossible et adoré une idée sans réalisation. L'empereur Paul était Russe dans toute l'acception du mot, il portait l'empreinte de cette nationalité profondément inculquée dans la race slave; véritable chef de la vieille noblesse et de ces boyards dont nous avons tous lu la pittoresque histoire, il était colère, emporté, généreux, bizarre; il avait besoin de changer de place, de situation, et j'oserai presque dire d'âme et de cœur, car sa vie et son pouvoir étaient incessamment menacés par les conjurations de palais. Le premier mouvement de son esprit était beau, grandiose, puis venait une réflexion de crainte et de terreur, le soupçon, la plus triste infirmité du cœur, et alors le czar se laissait aller à la persécution désordonnée et à la violence. Puis, quand on est le chef d'un si vaste empire, la tête doit s'appesantir plus d'une fois dans les mains, et lorsque la fourmilière du genre humain est sous une seule couronne, le front brûle, car cette couronne est bien pesante; comme les empereurs de Rome, on peut avoir ses mouvements de despotisme, de folle résolution, la fierté des dieux et la faiblesse de l'homme.

J'ai dit que Catherine II régnait encore lors des premiers troubles de la Révolution française; elle en avait été vivement émue; ces grandes émeutes sur la place publique, ce roi dans les fers, puis livré à l'échafaud, cette fierté d'une démocratie qui insultait les trônes, tout cela excitait un ressentiment bien profond dans l'âme d'une souveraine; mais en ce moment la Russie, de concert avec l'Autriche et la Prusse, essayait le second partage de la Pologne, et ce puissant résultat absorbait la politique réfléchie de Catherine [1]. L'impératrice se contenta de prendre un touchant intérêt aux émigrés français; elle aimait cette noblesse qui portait au loin son épée pour la défense de son roi; elle semblait la montrer comme exemple à ses boyards qui n'avaient ni ce caractère chevaleresque ni ce dévouement pour leur czar. La fleur des gentilshommes français visita Saint-Pétersbourg au milieu des fêtes. M. le comte d'Artois, l'expression la plus exquise des manières et de la politesse, fut accueilli avec une grâce charmante par l'impératrice [2]; l'armée de Condé en reçut des secours d'argent, et plus tard la Russie prit à sa solde les ardents chevaliers de la vieille monarchie [3]. Mais le cabinet de Saint-Pétersbourg n'intervint point directement par ses armées dans les premiers troubles de la Révolution française; ils étaient trop éloignés de son propre territoire; la Turquie et la Pologne lui pesaient sur la poitrine et les bras; la Russie avait besoin de secouer ces deux obstacles avant de se jeter dans une expédition d'Occident qu'elle désirait néanmoins pour plus d'un motif d'ambition et de chevalerie. Les armées russes n'étaient point encore parfaitement disciplinées; on en faisait des descriptions terribles comme de ces barbares qui dévastèrent l'empire romain; il fallait leur donner cette force, cet ensemble, qui seuls assurent la victoire dans les expéditions lointaines à la face des grandes tactiques modernes. Plus

---

[1] Il est à remarquer que la Révolution en France a considérablement servi l'agrandissement des puissances de l'Europe; toutes se sont accrues.

[2] Voir la correspondance de l'impératrice Catherine II.

[3] L'armée de Condé fut à la solde, 1o de l'empereur; 2o de la Russie; 3o de l'Angleterre.

d'un gentilhomme français prit du service en Russie : les Richelieu, les Damas, les Langeron, reçurent des grades élevés dans l'armée moscovite, et elle acquit ainsi dans ses officiers, un degré de force morale et de civilisation remarquables.

Quand la mort saisit la grande Catherine, Paul Ier hérita de sa politique; l'empereur éprouvait, comme sa mère, une haine profonde pour la Révolution française; il se fût levé contre elle; toutefois, d'accord avec les hommes d'état les plus distingués de son cabinet, il ne voulut se jeter dans une lutte active et armée en Occident, que lorsque la prépondérance russe serait parfaitement assurée sur la mer Noire. Dès que l'Angleterre eut rapproché le divan de l'empereur Paul, la Russie mobilisa une grande partie de son armée pour la porter comme auxiliaire vers le midi de l'Europe [1]. C'est alors que, jaloux d'assurer son influence sur le centre de l'Allemagne, le cabinet de Saint-Pétersbourg, jusque là étranger à la nationalité germanique, s'en préoccupe comme de son propre ouvrage; il intervient à la diète; il lui fait la proposition de s'engager dans une guerre, que lui-même est très décidé à soutenir [2]; il veut y

---

[1] Ce fut un des actes les plus extraordinaires de l'habileté anglaise que la réunion des Turcs, des Russes et des Autrichiens dans une même coalition.

[2] « S. M. l'empereur de toutes les Russies, touchée de la situation alarmante où l'empire germanique se trouve réduit par l'effet de sa désunion et de son aveuglement à poursuivre, par des négociations fallacieuses, la chimère d'une paix impraticable avec un pouvoir tyrannique, suborneur et perfide, déplore sincèrement que Sa Majesté impériale et royale apostolique ait été un moment entraînée dans un gouffre de traités dont il est impossible qu'elle se dissimule plus longtemps la profondeur.

« S. M. impériale de toutes les Russies, vivement animée du désir de rétablir l'équilibre de l'Europe, garante d'ailleurs de l'intégrité de l'empire germanique, s'empresse, dans des circonstances si alarmantes, d'offrir à Sa Majesté impériale et royale son intervention désintéressée, et, s'il était besoin, l'appui de ses forces de terre et de mer, de concert avec ses alliés... »

(Note du ministre de Russie à la Diète germanique, septembre 1798).

entraîner l'Allemagne. Pour cela, il fallait le consentement de l'Autriche, trop facilement alarmée par les empiétements de la Russie et l'influence toujours croissante du czar ; il fallait aussi entraîner la Prusse, immobile, depuis le traité de Bâle, dans cette neutralité qui fit le fond de sa politique jusqu'en 1807. C'est dans cette crise diplomatique que le cabinet de Saint-Pétersbourg déploya une dextérité remarquable ; la mission du prince Repnin à Berlin fut très active ; il avait à lutter contre l'abbé Sieyès ; Repnin s'empara de l'esprit des gentilshommes sans pouvoir décider le cabinet. A Vienne ce travail fut plus immédiatement heureux auprès de M. de Thugut, et les articles d'une grande coalition furent arrêtés par la médiation de l'Angleterre : on convint que l'armée russe serait entièrement mobilisée et qu'elle marcherait contre la Révolution française [1]. Paul Ier choisit pour cette expédition occidentale le vieux feld-maréchal Suwarow, le hardi capitaine qui venait de glorifier les drapeaux de l'empire dans la mer Noire. Il y avait dans cette élévation de Suwarow quelque chose d'éminemment national ; c'était le vieux sang slave avec ses bouillonnements d'audace, c'était le chef des Scythes

---

[1] Paul Ier avait déjà signé avec la cour de Vienne un traité d'alliance qui est resté secret, et en vertu duquel il avait mis 60,000 Russes en mouvement vers le Danube.

Le 29 novembre il avait conclu avec le roi des Deux-Siciles un autre traité d'alliance contre la France.

Le 23 décembre il signa un traité définitif avec la Porte.

La coalition ainsi ébauchée fut consolidée par l'alliance de la Grande-Bretagne et de la Russie, conclue à Saint-Pétersbourg le 29 décembre 1798, signée au nom du roi d'Angleterre par sir Charles Withworth, et au nom de Paul Ier, par le prince Besborodko, le vice-chancelier Kotschubey et le comte Rostopchin.

Ce traité se fondait sur l'espoir que l'on engagerait encore le roi de Prusse à entrer dans la coalition. Dans ce cas, Paul Ier promit de lui fournir un secours de 45,000 hommes, pour lequel la Grande-Bretagne devait lui payer des subsides.

Le lendemain de ce traité une convention particulière fut signée entre cette dernière puissance et Paul Ier, comme grand-maître de l'ordre de Malte.

Et le 2 janvier 1799, elle accéda au traité définitif du 23 décembre précédent entre la Russie et la Porte ottomane.

se précipitant sur l'Europe affaiblie. Un respect religieux se rattachait à Suwarow, l'homme du soldat, le saint militaire du paysan russe ; en le jetant sur l'Europe occidentale, Paul Ier voulait vivement parler aux imaginations, et préoccuper les peuples d'une formidable guerre. De là toutes ces histoires sur Suwarow, tous ces bulletins exagérés, toutes ces proclamations folles ou audacieuses que l'on prêtait au général russe. La police du Directoire se mit en frais d'esprit pour tourner en ridicule le vieux Scythe, qui guidait l'armée russe comme l'image de saint Serge sur les drapeaux de la patrie [1]. J'aurai plus tard à dire les préparatifs des grandes campagnes de la coalition de 1799, une des causes de l'élévation du général Bonaparte au Consulat, car il fallait retrouver la victoire et cette force morale de gouvernement que le Directoire avait compromise.

Le traité de Campo-Formio était devenu la base du droit diplomatique entre la République française et la maison d'Autriche ; ce traité, signé à la suite des admirables victoires du général Bonaparte en Italie, avait fini la guerre continentale. L'Autriche, combattant avec une longue persévérance, avait vu ses armées succédant à d'autres armées sur le champ de bataille ; les malheurs de la guerre, la gloire et la fortune merveilleuses d'un général de 27 ans, la déterminèrent à traiter de la paix avec la République naissante. Dans ces négociations, le cabinet de Vienne, vaincu dans la guerre, avait retrouvé toute son habileté et repris une position meilleure [2] ; ses hommes d'état avaient profondément

---

[1] Je n'ai pas besoin de dire que la proclamation bizarre attribuée à Suwarow et datée de Livourne est apocryphe.

[2] Le traité de Campo-Formio est du 17 octobre 1797. Les signataires du traité furent : le général Bonaparte, le comte

étudié le caractère du général Bonaparte. M. Louis de Cobentzl, le principal des négociateurs, devina, dans le général de la République, un jeune homme aux fortes et grandes ambitions, destiné à jouer un rôle plus considérable au milieu des événements contemporains, que les vulgaires négociateurs des Conseils et du Directoire[1]. Les ministres autrichiens laissèrent passer quelques brusqueries de caractère qu'excusait la fierté de la victoire ; ils exaltèrent délicatement cette imagination fougueuse ; puis, avec une politesse de formes et une habileté de discours qui tenaient à leur éducation du monde, les négociateurs de la cour de Vienne enlevèrent au jeune vainqueur, la plupart des avantages obtenus par les armées françaises en Italie. Peut-être aussi la position stratégique du général Bonaparte, trop avancée vers les États héréditaires, n'était-elle pas aussi bonne qu'on semblait le croire ; lui seul avait le secret intime de sa faiblesse, et la joie qu'il témoigna en signant le traité, montre évidemment l'effet d'une cause mystérieuse qui avait sa source dans une situation militaire hasardée[2].

Louis de Cobentzl. L'Autriche céda à la France les Pays-Bas : à la république Cisalpine la Lombardie autrichienne, le Bergamasque, le Brescian, la Crémasque, la ville et forteresse de Mantoue, ainsi que le Mantouan, Peschiera, la partie des États-Vénitiens à l'ouest et au sud d'une ligne qui, partant du Tyrol, traversera le lac de Garda, ensuite l'Adige, suivra la rive gauche de ce fleuve jusqu'à Porto-Legnago, et viendra joindre la rive gauche du Pô qu'elle suivra jusqu'à la mer. La République française admet que l'empereur possède l'Istrie, la Dalmatie, les îles vénitiennes de l'Adriatique, les bouches du Cattaro, la ville de Venise, les Lagunes et les pays compris entre les États héréditaires et la ligne ci-dessus.

[1] Il a été dit qu'à Campo-Formio il avait été question par Bonaparte de rétablir les Bourbons. Je n'ai rien trouvé de semblable dans les dépêches de M. de Cobentzl ; seulement le ministre autrichien fait un portrait très flatté de Bonaparte, et le représente comme un esprit de grande portée et de puissant avenir.

[2] « Le général Bonaparte, aussitôt que la paix fut décidée, le 17 au soir, sauta au cou de M. de Cobentzl, l'embrassa avec transport, et le félicita de cette heureuse conclusion avec l'effusion de cœur la plus touchante : pendant toute la négociation, les plénipotentiaires autrichiens ont montré pour le héros de l'Italie des égards et une déférence extrêmes. Celui-ci, impa-

Que cédait la maison d'Autriche par le traité de Campo-Formio? Les Pays-Bas d'abord, qui appartenaient héréditairement à un des archiducs; mais le caractère des habitants de la Belgique, leur esprit insubordonné, rendaient la possession des Pays-Bas onéreuse et violente pour l'empire. C'étaient des révoltes sans cesse à réprimer; l'administration était difficile, coûteuse; les villes flamandes conservaient cet esprit de rébellion qui attira sur elles les colères de Charles-Quint et les violences du vieux duc d'Albe. Rien n'était changé; par le fait l'Autriche admettait un événement accompli; les Pays-Bas ayant fait déjà leur révolution, il n'y avait plus à y revenir. Sans doute le cabinet de Vienne reconnaissait les républiques naissantes fondées dans l'Italie par la victoire; mais avec la pénétration qui caractérisait les hommes d'état autrichiens, MM. de Cobentzl, de Thugut et de Gallo, n'était-il pas facile de voir toute la fragilité de ces établissements improvisés à la suite d'une campagne? Qui pouvait croire à l'existence des républiques Cisalpine et Transalpine? Une guerre heureuse pour la maison d'Autriche pouvait remettre dans ses mains, par une seule victoire, ces États dont elle reconnaissait l'indépendance républicaine. Il n'y avait là aucune stabilité; c'était une concession de circonstance comme les malheurs de la guerre en imposent souvent aux grandes nations [1].

---

tienté souvent des lenteurs de la cour de Vienne, et ne concevant pas qu'il fallût autant de temps et de courriers pour donner une réponse à ses propositions, traita quelquefois les plénipotentiaires un peu cavalièrement. M. de Gallo a donné à plusieurs reprises des preuves de zèle et de dextérité qui le rangent parmi les diplomates les plus déliés de l'Europe. Il craignait tellement que l'impatience du général Bonaparte ne lui fît rompre la négociation, qu'on le vit un jour que celui-ci s'en retournait fort irrité à Passériano, courir après lui en disant à un aide-de-camp : « Rapportez-lui au moins que je l'ai conduit jusqu'à son carrosse. » (Dépêche d'un agent secret adressé à M. de Haugwitz.)

[1] On voit dans les dépêches que Bonaparte

En échange, l'Autriche recevait l'Istrie, la Dalmatie, les États-Vénitiens, les vieux débris de cette antique république, qu'une république plus jeune renversait dans l'enivrement de la conquête. Cette acquisition inappréciable pour la maison d'Autriche, grandissait son système politique; elle donnait une nouvelle vie commerciale aux états héréditaires, qui, jusque là étaient enclos sans issue. Le gouvernement aristocratique de Venise était comme un corps déjà au sépulcre; qui pouvait le réveiller de la mort? En diplomatie, c'est un grand avantage de succéder aux systèmes qui expirent. Quelle était la puissance capable désormais de contester à l'Autriche le lot qui lui demeurait en partage? Le cabinet de Vienne trouvait un débouché sur l'Adriatique; naguère renfermée dans ses possessions territoriales, l'Autriche n'avait aucun port pour écouler ses produits; elle paraissait comme enclavée dans ses terres; son ambition avait toujours été de devenir puissance méditerranéenne; ce qu'elle perdait dans les Pays-Bas, elle le recouvrait au midi de l'Europe dans ces belles mers bleues. Venise était un point pour elle d'une immense importance, parce

---

n'est pas sans inquiétude sur la manière dont sera jugée la paix de Campo-Formio. « La paix a été signée hier après minuit. J'ai fait partir, à deux heures, le général Berthier et le citoyen Monge, pour vous porter le traité original... Je ne doute pas que la critique ne s'attache vivement à le déprécier. Tous ceux cependant qui connaissent l'Europe et qui ont le tact des affaires, seront bien convaincus qu'il était impossible d'arriver à un meilleur traité sans commencer par se battre, et sans conquérir encore deux ou trois autres provinces de la maison d'Autriche. Cela était-il possible? oui. Préférable? non. (Dépêche confidentielle du général Bonaparte, du 18 octobre 1797, à M. de Talleyrand.)

« Voilà donc la paix faite, et une paix à la Bonaparte, écrivit M. de Talleyrand à Bonaparte lui-même. Recevez-en mon compliment de cœur, mon général; les expressions manquent pour vous dire tout ce qu'on voudrait en ce moment. Le Directoire est content ; le public enchanté. Tout est au mieux. On aura peut-être quelques criailleries d'Italiens ; mais c'est égal. Adieu, général pacificateur ! adieu. Amitié, admiration, respect, reconnaissance, on ne sait où s'adresser dans cette énumération. » (Lettre confidentielle de M. de Talleyrand, du 26 octobre 1797, au général Bonaparte.)

que de là elle surveillait l'Adriatique et Constantinople ; rien ne pouvait réveiller le lion de Saint-Marc, enseveli sous son linceul de pierre, tandis qu'un mouvement armé pouvait rendre au cabinet de Vienne les possessions de Lombardie, et renverser des républiques éphémères et sans consistance [1]. C'est ce que n'avait pas compris le général Bonaparte, en signant le traité de Campo-Formio, traité que le Directoire, mieux instruit, refusa un moment de ratifier. L'Autriche, en pleine possession de l'Adriatique, n'hésita point à chercher le premier prétexte de guerre, et le Directoire le lui fournit. Dans le traité de Campo-Formio, des stipulations secrètes furent convenues par rapport à l'Allemagne et à la rive gauche du Rhin, concédée à la république ; le cabinet de Vienne avait oublié ce caractère de protectorat que la couronne impériale devait à l'Allemagne depuis le moyen âge ; M. de Cobentzl s'était assez légèrement engagé à faire accorder des indemnités aux petits princes d'Allemagne, pour les sacrifices qu'exigeait la cession des frontières du Rhin à la France et la sécularisation de plusieurs électorats ecclésiastiques. M. de Cobentzl savait bien qu'on aurait sur ce point à suivre des négociations, et que ces longueurs entraîneraient un laps de temps considérable, de manière à voir venir toutes les éventualités de la paix ou de la guerre. Un congrès n'était-il pas une chose lente dans

---

[1] Le général Bonaparte se justifie d'avoir abandonné Venise. « La République française n'est liée avec la République de Venise par aucun traité qui nous oblige à lui sacrifier nos intérêts et nos avantages. Jamais la République française n'a adopté pour maxime de faire la guerre pour les autres peuples. Je voudrais connaître quel serait le principe de philosophie et de morale qui ordonnerait de faire sacrifier 40,000 Français contre le vœu bien prononcé de la nation et l'intérêt bien entendu de la République. »(Lettre confidentielle du général Bonaparte, du 26 octobre 1797, au secrétaire de la légation française, Villetard, à Venise.)

ses formes, insoluble dans ses résultats, vis-à-vis d'un gouvernement aussi instable que la République française ? M. de Cobentzl avait flatté l'amour-propre du général Bonaparte, en lui offrant la présidence de ce congrès : « lui seul, disait le négociateur autrichien, avait la main assez forte et la tête assez puissante pour décider les destinées de l'Allemagne. » Des articles secrets ajoutés au traité de Campo-Formio, sacrifiaient les intérêts allemands, et ce fut peut-être là une des causes actives qui préparèrent la ruine fatale de la vieille couronne impériale pour la maison d'Autriche, après la paix de Presbourg.

Le congrès de Rastadt ne fut qu'une longue négociation [1], qui ne devait aboutir à aucun résultat, même dans la pensée des puissances signataires; trop d'intérêts étaient en présence, le Directoire avait l'esprit trop impératif et trop mobile pour adopter un système fixe de politique. A peine le traité de Campo-Formio était-il signé, que des infractions arrivèrent partout; les armées de la République brisaient la couronne du roi de Sardaigne, chassaient le roi de Naples et jetaient le pape en exil; comment serait-il possible de conserver la paix? L'Autriche, sans souhaiter la guerre, n'avait aucun intérêt à maintenir les stipulations allemandes du traité de Campo-Formio; elle se plaignit d'abord de ce grand bouleversement dans le droit public, puis elle arma dans le but de reprendre ses avantages en Italie.

L'Autriche, en pleine possession de Venise, de l'Istrie et de la Dalmatie, se détermina avec une énergique persévérance à renverser les établissements éphémères

---

[1] Je traiterai plus tard en détail du congrès de Rastadt. Il faut peut-être chercher dans les mystères des sociétés secrètes déjà organisées en Allemagne, la cause première de l'assassinat des plénipotentiaires à Rastadt.

des républiques lombardes, créations ridicules jetées comme un puéril souvenir de l'antiquité romaine et polythéiste dans les possessions italiennes et catholiques de l'Autriche. Le cabinet de Vienne sentit qu'il fallait agir de concert avec l'Europe entière pour obtenir ce résultat; une coalition était nécessaire afin de combattre un ennemi puissant, et c'est ce qui cimenta son alliance avec la Russie. L'Angleterre fut l'active négociatrice de ce traité d'union, et lord Withworth l'accomplit [1]; on dut vaincre bien des répugnances : l'Autriche ne devait-elle pas voir avec une certaine crainte la puissance de la Russie s'avancer rapidement? Elle redoutait d'être absorbée tôt ou tard sous le poids de ce colosse, qui déjà enjambait les vastes terres de la mer Noire au Niémen. Les actives négociations de l'Angleterre avaient apaisé les terreurs; ne fallait-il pas parer aux dangers les plus pressés? William Pitt démontra, avec une sagacité extrême : « qu'il ne s'agissait plus ici des petits intérêts et des jalousies diplomatiques, qui, à d'autres époques, rapprochaient ou éloignaient les états les uns des autres; le principe sur lequel reposait la République française, était tout conquérant et envahisseur; la Révolution s'agitait dans la guerre et la propagande; si l'on n'opposait une digue, bientôt tout serait renversé. » Ces motifs et le vaste développement d'un système de subsides, déterminèrent donc l'alliance entre la Russie et l'Autriche, la Porte et Naples, bizarre association de drapeaux et d'intérêts que l'histoire n'avait jamais offerte. Plus tard les armées coalisées s'avancèrent au midi; on vit marcher simultanément l'archiduc Charles, les généraux Kray et Melas, Suwarow et Korsakow en Suisse et en Italie. Des flottes

---

[1] Dans les clauses secrètes de ce traité il n'est question du rétablissement de Louis XVIII que comme d'une éventualité, qu'on désire mais qui n'a rien d'impératif.

avec pavillon russe, anglais, ottoman, parurent dans la Méditerranée. De notables succès suivirent cette coalition; l'Italie échappait aux Français. Alors se réalisa ce que M. de Cobentzl avait écrit à son cabinet, sur le résultat final du traité de Campo-Formio; on vit tomber dans le néant toutes ces républiques éphémères qui invoquaient les souvenirs de Brutus et de Cassius, au milieu de l'Italie abaissée. Tout rentra dans le vieil ordre héréditaire et catholique; le cabinet de Vienne eut l'Adriatique de plus dans la circonscription de son territoire, et il conçut l'espoir, dans une pacification générale, de reconstituer sa puissance sur le Milanais, en conservant Venise, la Dalmatie et l'Illyrie.

Un moment victorieuse des Français, l'Autriche vit renaître ses vieilles jalousies contre les Russes, et les rivalités de nations se réveillèrent avec un grand instinct d'orgueil, lorsqu'on crut passé le danger le plus impérieux. Déjà des disputes de préséances militaires avaient froissé l'esprit impératif et l'amour-propre de l'archiduc Charles et du général Suwarow. Ce n'était qu'à contrecœur qu'ils unissaient leurs épées pour une cause commune; les aigles des deux empires n'étaient point accoutumées à prendre leur essor simultané vers les Alpes; les Autrichiens voyaient avec inquiétude les Russes en Italie; on apprenait ainsi à ceux que les officiers allemands appelaient les Scythes et les Barbares, le chemin du midi de l'Europe; hélas! ils le retrouveraient peut-être un jour, car ces expéditions lointaines dans les pays aux grappes d'or, au soleil reluisant, au ciel bleu, ne s'effacent pas dans les souvenirs des peuples du nord [1]. Les victoires éclatantes du général Masséna contribuèrent

---

[1] Les dépêches de l'archiduc Charles constatent son mécontentement des hauteurs de Suwarow. Dans une de ses dépêches l'archiduc demande sa retraite.

sans doute à comprimer la marche militaire des Austro-Russes ; mais il y eut une cause plus imposante et plus efficace de cette dislocation de l'alliance : ce fut la rivalité diplomatique et militaire des cabinets de Vienne et de Saint-Pétersbourg, telle que nous la ferons connaître dans ses plus intimes relations. L'Autriche, maîtresse de la Lombardie et en pleine possession des États-Vénitiens, n'eut plus à désirer autre chose que l'éloignement des Russes; elle abandonna l'enthousiaste Suwarow, le traita comme la sauvage expression des steps de sa froide patrie et se crut assez forte pour agir seule contre la France[1].

Le but important de la coalition, cimentée par l'Angleterre, était surtout de déterminer la Prusse à quitter son caractère de neutralité qu'elle gardait religieusement depuis le traité de Bâle, signé le 5 avril 1795 par M. Barthélemy et le baron de Hardenberg. A l'origine de la Révolution française la Prusse s'était déterminée la première à tenter un mouvement militaire contre la France; elle agit alors un moment de concert avec l'Autriche, dans un but d'agrandissement, de partage et de conquête. Les révélations de la diplomatie secrète nous ont depuis dévoilé les causes mystérieuses de la retraite des Prussiens dans la Champagne. Les glorieux volontaires de France, méritèrent dignement de la patrie, mais les armées combinées de Prusse et d'Autriche auraient obtenu des succès plus considérables et un résultat plus décisif, si des négociations ne s'étaient entamées entre les agents du Comité de salut public et les personnages intimes du cabinet de Berlin[2]. Les hommes d'état de la Prusse n'avaient aucun de ces pré-

---

[1] La rupture était déjà prévue dans les dépêches de lord Withworth, alors ambassadeur d'Angleterre à Saint-Pétersbourg.

[2] Ces intimités entre la Prusse et le Co-

jugés qui caractérisaient la vieille aristocratie européenne, ils avaient jugé de sang-froid la marche et le développement de la Révolution française; ils avaient vu, même dans le Comité de salut public, et dans Robespierre surtout, les premiers pas vers l'ordre et l'unité. L'idée d'un pouvoir fort plaisait aux hommes d'état de la Prusse, et il faut dire à l'éloge du Comité de salut public qu'aucun gouvernement ne négocia avec elle avec plus de tenue, de fermeté, et j'oserai dire de modération.

Après le traité de Bâle la Prusse prit une attitude de neutralité dans tous les différends qui agitaient l'Europe. Tel fut le rôle constant du ministre Caillard [1], l'envoyé du Directoire; il s'efforça de faire changer la neutralité en une alliance intime. Il y avait dans le cabinet des hommes enclins aux progrès de la philosophie, et de ce que l'on appelait la liberté humaine. L'esprit protestant avait voué haine au catholicisme et à l'Église de France; la monarchie prussienne combattait alors contre le privilége de ses nobles par des règlements tout bourgeois. Le roi Frédéric-Guillaume III venait à peine de monter sur le trône [2], et il avait comme secrétaire intime un Français du nom de Lombard, très disposé à

---

mité de salut public datent de l'envoi des commissaires, Paris, Hoche et Kellermann, en 1793.

[1] «Le salut et la gloire de la Prusse résident dans son union avec la France. Former cette union, la consolider, la fortifier, voilà quel doit être tout son système politique. Tout le changement à faire à son ancien système, c'est qu'elle se prononce, et qu'elle se prononce franchement et promptement. Si, suivant la politique du grand Frédéric, elle hésite ou paraît hésiter entre deux puissances, afin de faire payer plus cher son amitié par celle qu'elle préférera, elle est dans l'erreur, elle sera abandonnée de l'une ou de l'autre. » (Note confidentielle du ministre Caillard, adressée au cabinet de Berlin, septembre 1797.)

[2] Voici le texte de la lettre d'avénement qu'il adressa à la République française : « Grands et chers amis.... je mettrai le plus grand soin à cultiver et cimenter la bonne harmonie que je juge si heureusement établie entre les deux nations, et sur ce je prie Dieu qu'il vous ait en sa sainte et digne garde. » (Lettre autographe de Frédéric-Guillaume III au Directoire.)

favoriser les idées de réforme. Les hommes d'état de la Prusse avaient peu de revenus et de fortune; quelques sommes d'argent bien réparties, des présents diplomatiques bien dirigés, devaient acquérir au système français des affections et des dévouements [1].

Dans cette situation du cabinet de Berlin, l'intérêt respectif de la coalition et de la France était de s'attirer le concours puissant et militaire d'une nation aussi belliqueuse que la Prusse; sa neutralité blessait particulièrement la Russie; Paul Ier fit des tentatives diverses pour entraîner la cour de Berlin dans un mouvement actif qui aurait pour but une guerre contre la France. Quand le czar et l'empereur d'Autriche résolurent de concert de prendre les armes, Paul envoya, je le répète, comme ambassadeur, à Berlin, le prince de Repnin qui avait toute sa confiance; l'empereur voulait parler à l'imagination de la noblesse prussienne, et le prince dut déployer une magnificence et un éclat en rapport avec sa naissance et sa mission. Il s'agissait de soulever la cour et de déterminer Frédéric-Guillaume à prendre les armes; le prince Repnin montra quelque dextérité dans cette mission. Mais alors arrivait à Berlin un ministre habile du Directoire, qui venait remplacer Caillard, avec des pouvoirs plus forts et plus étendus; c'était l'abbé Sieyès. On avait envoyé dans un pays philosophique, l'homme qui correspondait le mieux avec cet esprit froid et protestant qui caractéri-

---

[1] Les négociations avec madame de Lischtenau, la favorite, sont révélées par les dépêches du conventionnel Rewbell qui est enthousiasmé du cabinet de Berlin. Voici une dépêche de Caillard sur l'avénement du roi de Prusse :
« Frédéric-Guillaume aura pour successeur son fils, âgé de vingt-trois ans, impatient, comme on l'est à cet âge, de diriger les affaires, et ayant puisé dans une longue contrainte le désir d'agir selon ses vues, et, comme il arrive toujours en pareil cas, le besoin encore plus impérieux de renverser un système à la création duquel on n'a point eu de part. (Dépêche du ministre Caillard à M. de Talleyrand.)

sait la cour de Berlin. La réputation de Sieyès était considérable; il venait avec des renseignements très exacts que lui avait fournis M. de Talleyrand sur tous les hommes influents de la cour de Berlin.

Dès son arrivée, l'abbé Sieyès employa des moyens efficaces pour s'attirer l'attention et la bienveillance du cabinet de Berlin. Dans la vieille Prusse vivaient beaucoup de réfugiés français, que l'édit de Nantes avait exilés; ces protestants secondaient les principes de la Révolution par haine contre les Bourbons, leurs persécuteurs. La philosophie du xviiie siècle germait dans toutes les têtes; le grand Frédéric n'était-il pas en rapport avec Voltaire, Diderot, Helvétius, et ne devait-on pas à la protection de sa cour le développement de l'esprit moqueur et irréligieux qui prépara la Révolution française? L'abbé Sieyès se plaçant à l'aise au milieu de ces éléments, ne trouva pas d'opposition trop violente à ses principes; et avec la dextérité que tout le monde lui reconnaissait, il put exploiter cette bienveillance. Le négociateur parla d'un projet qui devait singulièrement flatter la maison de Brunswick; l'abbé Sieyès, comme beaucoup d'esprits droits et mécontents du Directoire, avait dégoût de la République; depuis longtemps il cherchait à revenir vers l'unité, le seul moyen de force pour un gouvernement; il voulait une monarchie dans laquelle il aurait la première place à côté d'un monarque constitutionnel : les Bourbons de la branche aînée ne pouvaient lui convenir, à lui régicide; la branche d'Orléans lui paraissait compromise depuis sa tentative de reconciliation avec les aînés de la race, et d'ailleurs elle était Bourbon. Pourquoi, dès lors, n'appellerait-on pas un prince de la maison de Brunswick sur le trône? L'Angleterre avait ainsi fini ses troubles publics par le choix d'une maison étrangère. Un prince de Prusse convenait à la Révolution ; il était protestant, et par cela même il offrait une garantie contre le retour des idées catholiques ; n'ayant point d'attentat à venger, il accepterait une constitution que les révolutionnaires pouvaient préparer ; il confondrait l'ancienne aristocratie et la nouvelle, il n'aurait de force, en un mot, que par ceux qui l'auraient créé roi. Qu'importait qu'il fût étranger ! L'esprit national n'en vivrait que plus fort, parce qu'il serait méfiant et en garde [1].

Ces idées de l'abbé Sieyès, favorablement écoutées à Berlin, avaient fait persister la Prusse dans ce caractère de neutralité qu'elle avait maintenu depuis quelques années [2]. Il faut ajouter à toutes ces causes la vieille idée de la rivalité germanique contre l'Autriche ; chaque fois que la Prusse voyait abaisser le cabinet de Vienne, elle en éprouvait une secrète satisfaction. La cour de Berlin tendait à prendre sur le corps germanique une

[1] Voici le remarquable discours que Sieyès adressa au roi de Prusse, en lui présentant ses lettres de créance.

« Sire, la lettre de créance que j'ai l'honneur de remettre à Votre Majesté exprime les sentiments qui animent le Directoire de la République française envers votre personne. Elle annonce aussi les motifs qui l'ont engagée à me confier la mission importante et honorable que je viens remplir près d'elle.

« J'ai accepté cette mission, parce que je me suis constamment prononcé dans ma patrie, et au milieu de toutes les fonctions auxquelles j'ai été appelé, en faveur du système qui tend à unir par des liens intimes les intérêts de la France et ceux de la Prusse ; parce que les instructions que j'ai reçues étant conformes à mon opinion politique, mon ministère doit être franc, loyal, amical, convenable en tout à la moralité de mon caractère ; parce que ce système d'union d'où dépendent la bonne position de l'Europe, et le salut peut-être d'une partie de l'Allemagne, eût été celui de Frédéric II, grand parmi les rois, immortel parmi les hommes ; parce que ce système enfin est digne de la raison judicieuse et des bonnes intentions qui signalent le commencement de votre règne. Puissent les espérances de mon gouvernement n'être pas vaines, et mes sentiments bien connus à cet égard, être regardés par Votre Majesté comme un titre de plus à la confiance de ses ministres ! »

[2] « Le cabinet de Berlin n'a laissé échapper aucune occasion, dans tout le cours de cette guerre, de donner à la France des témoignages d'affection et d'estime qu'un intérêt mal entendu n'avait pu parvenir à altérer. » (Dépêche de Rewbell aux comités.)

haute direction; elle voulait enlever à la couronne impériale l'éclat et la prépondérance qui blessaient la fierté des anciens électeurs de Brunswick. La Prusse, monarchie récente, avait besoin de s'accroître et de se développer; elle ne pouvait rester dans une alliance sincère avec l'Autriche; elle devait, par la force des choses, se maintenir dans une situation équivoque qui lui permit de profiter de tous les événements de la paix comme de la guerre. Le Directoire avait profondément étudié cette attitude, et toutes ses instructions pour Berlin eurent pour but de fortifier la résolution de neutralité dans la maison de Brunswick.

A mesure que les événements marchaient vers une solution militaire, les cours de l'Europe cherchaient à entraîner le cabinet de Berlin dans des résolutions plus directes et plus belliqueuses. Le prince de Repnin ne concevait pas sa neutralité; il démontra aux ministres du roi de quel poids immense seraient les 500,000 hommes qu'on jetterait dans la coalition. Cette adhésion décisive mettrait fin à ce danger européen qui menaçait l'une après l'autre toutes les couronnes; si, au contraire, la Prusse persistait dans sa neutralité, elle serait plus tard attaquée isolément, sans pouvoir résister à un vainqueur orgueilleux [1]. Le prince Repnin, gentilhomme fier et hautain, s'exprimait avec le plus grand mépris sur l'abbé Sieyès; c'était la lutte du cou-

---

[1] « Que Sa Majesté prussienne médite sur les terribles conséquences d'un danger si pressant! Ses 300,000 hommes, ses 10,000,000 de sujets, la fidélité des uns, la valeur des autres, les talents de ses généraux, la sagacité de ses ministres, ajouteraient un poids décisif dans la balance d'une ligue de sûreté; ce poids n'aurait pas celui d'un grain de sable, le jour où la Prusse verrait la Révolution française se présenter de front contre sa tardive résistance, qu'aucun secours ne soutiendrait... Que la Prusse adhère à l'alliance dont la Russie et l'Angleterre forment le nœud, l'Autriche s'y joint à l'instant même, et l'Europe est sauvée!... » (Note du prince Repnin, envoyé extraordinaire de Paul Ier à Berlin, donnée au ministre Haugwitz.)

rage contre l'adresse, du baron du moyen âge couvert de fer contre les abbés et les moines, comme au vieux temps. Dans ses dépêches à sa cour, le prince Repnin ne déguise pas ses mépris, et il fait de l'abbé Sieyès un fort triste portrait[1]. De son côté, le négociateur français à Berlin, malgré sa souplesse, son habileté, n'a point obtenu de résultat décisif : il avait conçu des espérances en arrivant à Berlin sur une alliance ; il écrit au Directoire secrètement dans ce sens, il ne dissimule pas la haine que Frédéric-Guillaume porte à la Révolution ; la force des choses seule pousse le roi à se rapprocher du gouvernement français[2]. Bientôt l'abbé Sieyès aborda la question de l'alliance ; alors la Prusse lui échappa complétement, elle ne voulait pas se prononcer favorablement pour la France : la marche qu'elle veut prendre c'est la neutralité pure et simple ; l'abbé Sieyès s'en désespère ; « on ne peut rien obtenir, écrit-il, de positif, on recule continuellement[3] ». La politique de la

[1] « Sieyès vit isolé à Berlin ; on craint de l'approcher. Sa réputation de muet, ou plutôt sa taciturne éloquence a excité les méfiances du cabinet. Il voit de temps en temps le ministre d'Espagne aussi taciturne que lui. Son mot de ralliement est *silence et profondeur*. Jamais homme d'ailleurs ne fut moins séduisant que ce Provençal, dont le pédantisme orgueilleux ne respecte l'orgueil de personne, dédaigne les bienséances, se croit dispensé d'adresse, et imagine que ses semblables doivent s'abaisser devant les hauteurs de son intelligence. » (Dépêche du prince Repnin au czar, juillet 1798.)

[2] « Le roi est arrivé, et sous peu de jours j'aurai mon audience de réception. Le prince Repnin est toujours à Berlin ; mais malgré les mouvements qu'il se donne et les menées de l'envoyé anglais, malgré les efforts du parti qui a dominé sous Frédéric-Guillaume II, lors de la conclusion de la convention de Pilnitz et des campagnes de 1792 et 1793, j'ai la presque certitude que le cabinet prussien restera fidèle à son système de neutralité, et même qu'il songe tous les jours davantage à se rapprocher du gouvernement français. Il suffira de quelques concessions de forme à Rastadt ; le reste, je m'en charge. » (Dépêche de Sieyès, envoyé extraordinaire à Berlin, au Directoire.)

[3] « Le roi de Prusse ne veut se résoudre à rien, c'est-à-dire qu'il prend la plus mauvaise des résolutions, celle de n'en prendre aucune. Il est d'autant plus obstiné à vouloir ce qu'il s'est fourré dans sa tête de roi, qu'il ne se détermine point d'après les lumières les plus éclairées de son conseil. La haine de la Révolution l'empêche de s'allier avec la France, quelque grands que soient les avantages que pourrait lui procurer cette alliance ; d'un autre côté, la crainte l'empêche de se coaliser. » (Dépêche de Sieyès à M. de Talleyrand, juillet 1799.)

Prusse se résumait donc jusqu'alors en une exacte neutralité.

Ainsi donc, pour bien comprendre la situation réciproque des grandes puissances européennes à la fin du xviiie siècle, il faut dire que l'Angleterre avait parfaitement reconnu l'esprit de la Révolution française attaquant la puissance britannique et sa prépondérance sur le continent. Cette révolution avait pour but d'anéantir l'aristocratie qui était la base du gouvernement anglais; elle voulait assurer à la France une domination démocratique en Europe, au préjudice des vieux gouvernements. L'Angleterre s'y opposa par sa marine formidable, et par ses traités de subsides, elle prépara les coalitions du continent. Dès ce moment, la Grande-Bretagne devenait l'arbitre des résolutions européennes, et n'était plus puissance isolée dans le mouvement des États. La Russie grandissait; état de premier ordre par ses établissements militaires et son territoire fabuleux, elle ne voulait plus se reléguer dans l'Orient; elle cessait d'être ce cabinet des czars apparaissant au loin comme un météore asiatique; elle partageait la Pologne avec la Prusse et l'Autriche, et son importance devenait si grande sur le continent, que ses armées se montraient au midi de l'Italie et sur les Alpes avec Suwarow. Enfin l'Autriche gagnait plus, par le traité de Campo-Formio, qu'elle n'avait perdu : indépendamment de sa part dans la Pologne divisée, elle obtenait Venise et l'Adriatique; son pavillon devenait commerçant parmi les nations. La Prusse seule restait neutre dans le conflit, jusqu'au jour où la main puissante de Napoléon se leva pour la châtier, en brisant l'édifice élevé par le grand Frédéric.

CHAPITRE II.

PUISSANCES DU SECOND ORDRE.

1° L'Espagne. — Décadence de la monarchie de Charles-Quint. — Les Bourbons d'Espagne.—Rapports avec la France.— 2° Le Portugal.— La maison de Bragance. — Intimités avec l'Angleterre. — Rivalité avec l'Espagne. — 3° Naples. — La reine Caroline. — Le Directoire et Ferdinand.— 4° Le Piémont et la Sardaigne.— Grandeur de la maison de Savoie-Carignan. — Ses disgrâces. — 5° La Suède. — Décadence de sa monarchie. — Esprit militaire de Gustave. — Chevalerie de sa politique. — 6° Le Danemarck. — 7° La Suisse. — Son abaissement et ses plaintes. — 8° Rome et les papes. — Politique du Directoire envers les puissances du second ordre.

1794 — 1799.

La politique de la France, au temps de sa forte diplomatie, fut toujours de se servir des États du second ordre pour combattre l'influence et la prédomination des grandes puissances européennes. Les Bourbons caressaient avec un art infini tous les cabinets intermédiaires dont la prépondérance pouvait servir leurs desseins. Ainsi, depuis le cardinal de Richelieu, la cour de Versailles avait semé des subsides en Allemagne pour élever des obstacles à la maison d'Autriche, son antique rivale [1]; elle prenait à sa solde un grand nombre de régiments germaniques, braves troupes dans les batailles [2]; elle pré-

---

[1] Voir mon travail sur Richelieu et sa correspondance. Tome III.
[2] Il y avait six régiments recrutés dans les États de Saxe, de Wurtemberg et sur le Rhin. L'empereur Napoléon suivit cet exemple.

tait aide et appui à toutes les entreprises qui pouvaient abaisser le cabinet de Vienne, et cette situation expliquait même les capitulations des xviie et xviiie siècles conclues avec la Porte ottomane. La Suisse avait également des capitulations avec la monarchie; les cantons helvétiques étaient traités par les rois de France comme leurs bons amis et confédérés parce qu'ils avaient la clef des Alpes; c'était dans la maison de Savoie-Carignan que les Bourbons avaient cherché leurs dernières alliances. Monsieur, comte de Provence, et le comte d'Artois épousèrent ces deux princesses savoyardes dont les portraits se voient encore aux galeries de Versailles.

Ce système de protection et d'alliance avait pour but de donner à la France une plus grande force de guerre dans ses négociations à l'extérieur. Quand les hostilités se décidaient, ces puissances du second ordre qui nous étaient acquises par des subsides et des traités, garantissaient les frontières au moyen d'une neutralité armée. Les archives des affaires étrangères constatent les efforts de l'habile diplomatie de MM. de Vergennes, de Choiseul, de Montmorin, pour donner plus de développement encore aux alliances de la monarchie et pour l'accroissement de son influence politique et militaire contre l'Angleterre et la maison d'Autriche; ainsi se continuèrent les rapports des cabinets jusqu'à l'événement de 1789. La Révolution française, si violente et si fière, avait dédaigné ces traités de pondération et de subsides pour les États neutres qui entouraient la France; la politique de balancement fut oubliée, la République bouleversa les vieux rapports; elle envahit par la conquête, elle méprisa ces petites négociations; quand elle était victorieuse, elle imposait ses lois; quand le succès ne venait plus à ses drapeaux, elle abandonnait les terres conquises. Elle frappait comme la foudre, sans ménagement; la lutte était de la force contre la force, sorte de politique des premiers âges qui n'entraînait avec elle aucun traité, aucune base solide; on n'avait plus d'alliés mais des vaincus qui rachetaient le droit de respirer par des dons immenses, lesquels venaient s'engloutir dans les fêtes du Directoire [1].

L'Espagne n'était plus la monarchie de Charles-Quint, les temps étaient bien loin déjà où les Bourbons d'Espagne marchaient sur les glorieuses traces de Louis XIV, leur ancêtre. Charles III, le roi administrateur, qui construisit les grandes voies espagnoles, avait eu pour successeur Charles IV, prince faible, qui sacrifia tout au repos et au bonheur domestique, au milieu de ce cérémonial compassé qui tue les idées et les conceptions de roi dans l'Escurial ou le Buen-Retiro. Au bruit du cor retentissant dans les forêts d'Aranjuez l'âme apathique de Charles IV se réveillait; il poursuivait avec l'intrépidité d'un chasseur du moyen âge, le daim bondissant et le sanglier des bois. Le roi s'était uni jeune à Louise-Marie de Parme, princesse spirituelle, active, d'une physionomie mobile, mais disgracieuse. Dans les premiers jours de la Révolution française, le roi d'Espagne, entraîné par sa première indignation, avait pris le parti de la guerre contre la République française à l'imitation de la Prusse et de l'Autriche [2]. Les Espagnols franchirent les Pyrénées quand leur pavillon flottait sur

---

[1] J'ai parcouru la correspondance des agents du Directoire à l'extérieur, elle est vide et sans observation; j'en excepte celle de M. Barthélemy, élève de la vieille école du duc de Choiseul. M. Otto avait quelque mérite; M. Reinhard était d'une certaine raideur allemande; MM. Caillard et Alquier avaient peu de valeur.

[2] C'est une calomnie de dire que Charles IV n'avait pas pris en main la cause de Louis XVI; il y avait eu des négociations entamées; mais l'ambassade à Paris fut très maladroite auprès de la Convention; quelques-uns des membres prirent l'argent, et la tête du roi tomba.

Toulon avec les couleurs anglaises; le général Dugommier combattit les vieilles bandes de Castille dans le Lampourdan et la Catalogne; elles furent refoulées sur leur territoire. La République devint menaçante; la mollesse des uns et la crainte qu'inspiraient les révolutionnaires, comprimèrent les efforts impuissants de la vieille Espagne; l'épée du Cid n'était plus en ses mains. Le traité de Bâle [1], première reconnaissance de la République, poussa le cabinet de Madrid dans un système de neutralité et d'alliance intime; car alors s'élevait cette fortune merveilleuse du prince de la Paix qui domina les destinées de la monarchie de Charles IV. « Un page aux yeux noirs, dit lord Byron, brisa les derniers débris de l'œuvre de Louis XIV. » Don Manuel Godoï, né à Badajoz, la ville demi-portugaise, pauvre gentilhomme, *guarda del corpo* inconnu, avait excité une de ces passions qui brûlent sous le soleil d'Andalousie; dans la solitude de Saint-Ildefonse, ou de Buen-Retiro, la reine avait vu Manuel Godoï, et bientôt tous les rayons des grandesses de Castille brillèrent au front du simple cadet des gardes; il fut successivement duc d'Alcudia, prince de la Paix; et comme sa faveur était elle-même une sorte de révolution (l'abaissement d'une couronne sur un pauvre inconnu), comme il devait tout à quelque chose d'inouï, il ne fut pas difficile aux négociateurs français de lui faire adopter des idées d'ambition et d'avenir que favorisait la République française. Le Directoire flatta ses passions; ses agents, à Madrid, engagèrent le prince de la Paix à se jeter plus avant dans la fortune; tout lui fut promis, et voilà ce qui explique, pendant une certaine période, la tendance de Manuel Godoï pour le système de la

---

[1] Le traité de Bâle fut l'œuvre spéciale de M. Barthélemy, qui était alors l'envoyé de la République en Suisse. Ce traité est parfaitement rédigé.

France. Le pacte de Famille fut reconstitué sur d'autres bases [1]; le traité d'alliance établissait les rapports les plus intimes entre la France et l'Espagne; ces deux puissances devaient mettre leurs forces en commun pour combattre l'Angleterre. Ce système devint exigeant, oppressif; la République ne souffrait pas de tièdes alliances; c'était en exploitant l'idée de tributs imposés par le sénat de Rome aux rois ses alliés, que le Directoire agissait à l'égard de l'Espagne. Tantôt il demandait les belles flottes pavoisées dans les ports de Cadix et de Saint-Sébastien, comme aux époques des Grandes Armadas; tantôt c'était un subside de guerre, et avant tout ce qu'il exigeait impérieusement, c'étaient des secours efficaces et continus pour la guerre contre l'Angleterre que la République dénonçait alors comme l'ennemie du genre humain. L'Espagne n'osait résister, et le prince de la Paix, caressé dans ses projets d'ambition par les ministres de France, secondait un système mortel pour l'Espagne, car il tuait ses colonies et son commerce : se jeter dans

---

[1] J'ai trouvé à Madrid le texte espagnol de ce traité; il est curieux par la longue série de titres donnés au prince de la Paix.

El Directorio executivo de la Republica francesa y Su Majestad catolica el rey de Espana, animados del deseo de estrechar los lazos de la amistad y buena inteligencia que restableció felicemente entre Francia y Espana el tratado de paz concluido en Basilea el 4 thermidor, ano III de la Republica (22 de julio de 1795), han resulto hacer un tratado de alianza ofensiva y defensiva, comprehensivo de todo lo que interesa à las ventajas y defensa comun de las dos naciones, y han incargado esta negociacion importante y dado sus plenos poderes para ella; a saber : el Directorio executivo de la Republica francesa, al ciudadano *Domingo-Catalina Pérignon*, general de division de los exercitos de la misma Republica y Su Majestad catolica el rey de Espana, al excellentissimo senor don *Manuel de Godoy y Alvares de Faria, Rios, Sanchez, Zarzosa,* principe *de la Paz,* duque de la Alcudia, senor del soto de Roma y del estado de Alba, grande de Espana de primera clase, regidor perpetuo de la ciudad de San-Jago, cavallero de la insigne orden del Tuson de Oro, gran cruz de la realy distinguidad espanola de Carlos III, comendador de Valencia, del Ventoso, Rivera y Acenchal en la de San-Jago, cavallero gran crux de la religion de San-Juan, consejero de estado, primer secretario de estado y del despacho, secretario de la reyna, etc., etc.

(Signé à Saint-Ildefonse, le 2 fructidor an IV (18 août 1796.)

une lutte contre l'Angleterre, c'était accabler la Péninsule, qui ne vivait que de ses lointaines colonies et de ses galions, devenus la proie des croisières anglaises. Il faut lire la correspondance des envoyés de France à Madrid pour se faire une juste idée des exigences continues des agents de la République française; le général Pérignon et l'amiral Truguet pressent les armements de l'Espagne. Ils veulent voir apparaître dans la Manche une flotte de vingt-cinq vaisseaux de ligne aux couleurs espagnoles [1].

Si le cabinet de Madrid s'était placé dans une situation abaissée par rapport à la France, la maison de Bragance s'était rapprochée de l'Angleterre pour se sauver d'une ruine imminente. Le Portugal n'était point alors une colonie anglaise, comme depuis il l'est devenu; seulement l'attitude hostile de l'Espagne envers le cabinet de Lisbonne, la crainte que cette cour avait des entreprises de la République française, lui faisait une obligation de chercher appui dans la protection du pavillon britannique [2]. On savait les projets secrets du prince de la Paix, dont la vanité était flattée d'une souveraineté indépendante dans les Algarves. La famille de Bragance, si aimée à Lisbonne et dans les provinces du centre, était nationale jusque par les traits mauresques de sa physionomie. Don Juan VI (le prince régent), ses fils et ses filles portaient

[1] « L'Espagne a formellement promis vingt-cinq vaisseaux de ligne, avec six mois de vivres! C'est à cette escadre, vous le savez, que devaient se réunir dix vaisseaux de Toulon aux ordres du contre-amiral Brueys; et tous réunis à Cadix, ils devaient, par un mouvement combiné et très secret, et sous l'apparence d'une autre destination, se rallier à nos vingt-six ou trente vaisseaux en rade de Brest. Ces forces immenses qui nous donnaient une grande supériorité dans la Manche, dans un instant calculé pour le mouvement de nos troupes, étaient indépendantes de la grande diversion des Bataves, qui avaient seize vaisseaux de ligne, trente frégates et un convoi suffisant pour 20 ou 30,000 hommes. » (Lettre de Truguet, datée de Paris, le 21 novembre 1797, au général Bonaparte.)

[2] Déjà dans la correspondance de M. de Talleyrand et du prince de la Paix, la République demande une route militaire pour porter un corps d'armée en Portugal.

sur leurs faces cuivrées, les traces de ce sang bèrebère qui circule dans les veines brûlantes des populations de la Lusitanie. Le ciel fait les caractères et distribue les feux de la tête et du cœur avec les rayons de son soleil. Le cabinet de Lisbonne n'ignorait pas les projets de l'Espagne et les engagements pris à l'égard du prince de la Paix sur le partage du Portugal; vieille haine que celle du Portugais et de l'Espagnol, comme elle existe toujours entre deux fractions du même peuple entre deux sectes de la même croyance! La protection de la Grande-Bretagne devait sauver la maison de Bragance d'un événement redouté : la conquête de ses provinces par la famille de Bourbon, qui servirait elle-même de transition à la puissance et à la souveraineté des Français. On flattait déjà le prince de la Paix d'un établissement monarchique, à son profit dans la Lusitanie [1]. Néanmoins, le Portugal redoutait les armées de la République française; il craignait toujours de voir apparaître au pas de course, ces légions déguenillées qui, dans leurs glorieuses campagnes, venaient aiguiser la pointe de leur sabre sur les monastères et les cathédrales catholiques. Le Portugal parlait en suppliant à Paris, et comme il connaissait la corruption des corps politiques, ses ambassadeurs avaient le soin d'arriver dans la capitale des Gaulois pauvres et avides, avec quelques-unes de ces reliques du Brésil et de l'Inde, ces diamants et ces rubis précieux que l'on voyait orner ensuite le cou des femmes privilégiées dans le salon du Directoire [2]. Hélas ! le Portugal se suicidait, car, dans la pauvreté des généraux et des armées, plus d'une imagination rêvait la possession de ses brillantes

---

[1] Toutes les dépêches de France flattent e prince de la Paix de cet espoir d'une souveraineté; le Directoire l'avait promise,

[2] M. de Talleyrand fut très compromis dans une négociation avec le Portugal ; on l'accusa de corruption.

dépouilles, de ses diamants aux eaux scintillantes, des tableaux de Murillo ou de Velasquez. Une campagne en Portugal et en Espagne flattait l'ambition des généraux et des fournisseurs; que de richesses vierges et enfouies! L'Italie était dépouillée; Florence et Notre-Dame de Lorette n'avaient plus leur splendeur; les belles cités d'Italie avaient jeté aux Francs leurs bracelets d'or et leurs diadèmes brillants; le Portugal et l'Espagne n'avaient point été encore foulés par les vainqueurs si pauvres et si grands! les châsses brillaient dans les monastères [1].

Naples voyait la race cadette des Bourbons subir de grandes épreuves; quand la tête de Louis XVI tomba sur l'échafaud, comment la République aurait-elle respecté le roi de Naples? Le royaume des Deux-Siciles fut vivement attaqué jusque dans ses ports; des flottes au pavillon tricolore, échappées aux croisières anglaises, avaient paru devant la baie de Naples pour imposer des conditions au roi [2]. Plus tard on vit l'éphémère république Parthénopéenne bientôt détruite par les énergiques résolutions de la reine Caroline; cette majesté impérieuse et fière, fut impitoyable comme la

---

[1] Le Portugal conclut un traité avec la République française, le 10 août 1797.

[2] Il existe encore des caricatures conventionnelles contre le tyran de Naples. Le général Bonaparte dans sa campagne d'Italie mit un grand soin à rassurer Ferdinand. « On assure que le roi de Naples arme toujours; qu'il y a beaucoup d'alarmes à Naples sur le projet qu'on nous suppose d'envahir le pays. Cela me paraît si extravagant que je ne puis croire que cette crainte affecte la cour. Je vous prie de me faire connaître de quelle nature sont les armements que fait la cour de Naples, l'emploi et le nombre des troupes que le roi de Naples a aujourd'hui sur pied. » (Dépêche du général Bonaparte au ministre Canclaux, datée de Montébello, le 4 juillet 1797.)

Le ministre répond : « On craint plus ici les échappés lombards, piémontais, même bolonais, et c'est pour leur fermer l'entrée du royaume, que la ligne depuis Gaëte jusqu'à la mer Adriatique est de 20,000 hommes. Le surplus est réparti dans les garnisons tant qu'en Sicile qu'ici; en tout 60 à 80,000 hommes, dont 20,000 d'anciennes troupes, et le reste en corps de volontaires, dans lesquels on puise journellement pour recruter les anciens fort incomplets. » (Dépêche du ministre Canclaux, du 30 juillet 1797.)

femme outragée; le sang impérial ne se démentit pas. La reine Caroline se jeta dans l'alliance anglaise, sous l'influence de lady Hamilton, cette fée qui soumit lord Nelson, le héros d'Aboukir, sous ses prestiges; lady Hamilton avait inspiré une de ces passions chevaleresques, qui naissent impétueuses dans les âmes de héros. Cette époque offrit un mélange inouï de grandeurs et d'implacables vengeances [1]. Il y eut des exils, des exécutions sanglantes; le parti français fut écrasé sous le ministre Acton. Le Directoire dirigea les généraux Championnet et Macdonald vers Naples; la conquête fut facile au milieu de ces populations énervées: les régiments napolitains, sous le général Mack, disparurent comme la neige des Abruzzes, aux premières lueurs du printemps; le courage palpite rarement dans l'indolence du midi, sous ces palais où le lazzarone dort étendu le ventre au soleil. Il n'y eut là qu'un homme de valeur, un émigré, le comte Roger de Damas, esprit vigoureux, habile, qui aurait sauvé la vieille royauté, si les révolutions ne l'avaient pas profondément ébranlée [2]. Il ne faut pas juger les hommes

[1] «Sir Nelson a dit lui-même au roi mon maître, lorsque Sa Majesté daigna descendre à bord de l'amiral anglais : « Sire, un gouvernement révolutionnaire est un torrent grossi, pour ainsi dire, de tous les crimes de l'audace; mais lorsqu'il trouve une digue dans son débordement, ses eaux stagnantes se dessèchent dans les immenses prairies qu'il a couvertes par ses inondations; et retiré bientôt dans son ancien lit, il n'est plus qu'un faible ruisseau comme il était avant. » (Lettre du prince Pignatelli, datée de Naples, le 2 octobre 1798, au chevalier Priocia, ministre de S. M. le roi de Sardaigne.)

[2] Le 29 novembre 1798, le roi de Naples conclut à Saint-Pétersbourg, par l'entremise du duc de Serra Capriola, un traité avec l'empereur de Russie, que le prince Besborodko, MM. de Kotschubey et Rostopchin signèrent au nom du czar. Indépendamment de l'appui stipulé de la flotte russe unie à celle de la Porte dans la Méditerranée, Paul Ier s'engageait à fournir au roi des Deux-Siciles un secours de troupes de terre qui consistait en neuf bataillons d'infanterie, avec l'artillerie nécessaire et 200 Cosaques.

Peu de jours après, le 1er décembre, le roi de Naples conclut aussi avec la Grande-Bretagne un traité d'alliance signé dans sa capitale, par le marquis du Gallo et le chevalier Hamilton. En vertu de ce traité, l'Angleterre s'engageait à entretenir dans

politiques par les pamphlets de leurs ennemis; le ministre Acton avait vigoureusement combattu le système français, rien de surprenant que les journaux du Directoire l'aient attaqué avec une vive aigreur. Les Napolitains occupèrent Rome; le drapeau tricolore ne flotta plus que sur le château Saint-Ange. Ferdinand et Caroline se réfugièrent en Sicile; la protection de l'Autriche, de la Russie et de l'Angleterre, couvrit leur couronne, et désormais le rétablissement de la branche cadette à Naples, devint une des conditions diplomatiques de la paix générale [1].

Et la fière et noble maison de Carignan, que devenait-elle dans ce chaos que la Révolution française avait jeté partout dans le débordement de ses premières conquêtes? Quand on fouille l'histoire depuis le XVIe siècle, un secret intérêt vous rattache à ces princes de la maison de Savoie, si braves, si courageux sur les champs de bataille. La maison d'Orange pour le nord, la lignée de Savoie pour le midi; voilà peut-être les familles qui fournirent la plus brillante chronique dans les récentes annales; qu'on me pardonne si je m'éprends pour les caractères chevaleresques. J'ai dit déjà que la maison de Bourbon avait recherché alliance avec la Savoie par les mariages, moyen d'opposer une forte digue à l'Autriche, qui avait sa ligne de forteresses dans la Lombardie. Les Carignan tenaient la clef des Alpes sous leurs neiges éternelles; et c'est cette importante situation qui leur avait fait donner le titre de souverain à tête couronnée dans

---

la Méditerranée, jusqu'à la paix, une flotte ayant une supériorité décidée sur celle de l'ennemi. Le contingent maritime du roi des Deux-Siciles se trouvait déterminé, et tout commerce avec la France était désormais interdit à ses sujets.

[1] La reine Caroline fut une des femmes qui agirent le plus activement sur la diplomatie des coalitions, depuis 1798 jusqu'en 1801. Voilà pourquoi les pamphlets l'ont jugée si cruellement.

le XVIIIe siècle [1]. Par la Savoie, le Piémont se rattachait au système de la France; il était sur ce point sans défense; à plusieurs époques de l'histoire, les armées françaises conquirent ce territoire qui n'était, qu'une marche militaire jusqu'aux Alpes. Aussi la réunion de la Savoie s'était opérée dès les premiers jours de la Révolution; quelques régiments suffirent pour refouler les Piémontais, et les Savoyards avaient eux-mêmes aidé le mouvement révolutionnaire. Le roi du Piémont violemment jeté au-delà des Alpes, la République naissante ne s'arrêta pas à ces frontières naturelles; les agents de la propagande française remuèrent tous ces peuples qui rêvaient aussi les idées de liberté; le Piémont eut ses Allobroges, un parti qui appela le drapeau tricolore et les autels patriotiques. La maison de Savoie, profondément attristée, recourut en vain aux supplications résignées, aux remontrances, aux traités. Elle abaissa son front devant le Directoire, plus qu'elle ne l'avait fait devant Louis XIV. La maison de Carignan, un moment protégée par le général Bonaparte, fut frappée d'impuissance; on était résolu d'en finir avec elle [2]. Le Directoire avait envoyé à Turin, comme ministre et résident, M. Ginguené, républicain vaniteux, qui tourmenta la maison de Savoie par ses ridicules exigences; autant valait exiler la royauté. Quand le jour fut venu, on ordonna de proclamer la république à Turin; et tout aussitôt il se forma des assemblées tumultueuses, des clubs; il y eut des confiscations, des violences sans gloire; et la lignée de

---

[1] C'est spécialement à l'intervention de la France, que la maison de Savoie dut cette couronne.

[2] Rien de plus révolutionnairement niais que les dépêches de M. Ginguené, ambassadeur de France à Turin, depuis 1797 jusqu'en 1798.

Savoie fut contrainte à l'abdication comme plus tard la famille de Naples ; elle erra sur les mers, emportant ses dieux et ses souvenirs, renouvelant le spectacle du pieux Énée, quand Ilion en cendres apparut à l'horizon, rougi par l'incendie. Ce fut un général, gentilhomme de Normandie, M. de Grouchy, qui porta le dernier coup à une antique maison ; depuis des siècles l'Italie était habituée à voir au pied de ses murailles l'aigrette flottante des Normands [1].

Ainsi disparaissaient les souverainetés de second ordre au midi de la France. Au nord se déployaient martialement les Suédois, dont le caractère se rapprochait si intimement de l'esprit français. Qui pouvait se comparer à la glorieuse histoire de Suède pendant le xviie siècle ? Mais l'exagération d'un principe amène toujours la chute rapide des empires. Charles XII, après avoir répandu un si vif éclat sur l'histoire, abaissa militairement la Suède ; conquérant, il fit des merveilles ; puis la ruine fatale de ses plans gigantesques frappa de décadence sa monarchie, à ce point qu'elle n'était plus qu'en seconde ligne lors de la Révolution française. Les Suédois étaient toujours les Français du nord, ces dignes hommes de bataille que le cardinal de Richelieu payait de ses subsides quand il les appelait dans les champs de guerre d'Allemagne ; seulement le cabinet de Stockolm, pauvre de revenus, n'avait plus ce grand état militaire, qui pesait dans la balance diplomatique, à ce point de marcher d'égal à égal avec la France. La Suède, devenue un état tout commerçant, ne défendait que son pavillon et sa neutralité ; elle avait besoin de la mer pour ses bois de mâture et ses mines de fer

---

[1] Le roi de Sardaigne vint un moment habiter la villa Borghèse, à Rome.

qui sont sa richesse ; son caractère de neutre lui servait à transporter les marchandises ennemies sous l'abri de son privilége. Les peuples ont leur période de grandeur et de décadence, ils s'élèvent ou s'abaissent alternativement ; Gustave III, prince aux idées exaltées, s'était prononcé avec énergie contre la Révolution française ; sa mort soudaine, sous les bougies d'un bal à la vénitienne, est encore un mystère ; le duc de Sudermanie, régent du royaume, maintint la neutralité jusqu'à la majorité du jeune roi Gustave IV [1], caractère chevaleresque, digne de s'élever aux victoires de ses aïeux. Le duc de Sudermanie fit des avances actives à la France ; son représentant à Paris, M. de Staël-Holstein, négociait avec le comité de salut public sous Robespierre, la pensée la plus forte de ce comité, et la plus appréciée par les cabinets ; le duc de Sudermanie reçut de Robespierre le subside que Richelieu avait accordé à Gustave-Adolphe. Le jeune Gustave IV, majeur, changea de système et se prononça pour la cause des Bourbons. Au temps matériel, quand la société devient un théâtre de lutte violente, tout homme qui s'élève et se place au-dessus du vulgaire, est accusé de folie ; on est fou parce qu'on ne suit pas le torrent qui entraîne et pousse les empires ; on est fou parce qu'on conçoit un système exalté [2]. Le roi Gustave avait conservé quelque chose des vieux temps de chevalerie, il s'était épris pour le malheur en rêvant la restauration des trônes ; roi aux yeux bleus, à la blonde chevelure, tel que ses ancêtres chantés par les scaldes et les poëtes, Gustave IV

---

[1] La Suède reçut un subside, du comité de salut public. Les dépêches de M. de Staël-Holstein, ambassadeur à Paris, en font foi.

[2] Le prince, depuis connu sous le nom du colonel Gustafson, était un homme d'esprit profondément aigri par le malheur.

voulait tirer l'épée pour la maison de Bourbon; s'il avait goût pour la gloire française, il conçut haine pour la Révolution, avec cet instinct de roi qui lui faisait pressentir la ruine des couronnes. La vieille maison de France lui inspirait un indicible intérêt; lié intimement avec le duc d'Enghien, il avait un culte pour le souvenir des Condés, car le vainqueur de Rocroi était presque contemporain de son royal aïeul Gustave-Adolphe. Cette idée d'une coalition rapprochait le cabinet de Stockolm de la Russie; et sous ce point de vue, son système était anti-national en Suède; le cabinet de Saint-Pétersbourg ne pouvait respirer sur la Baltique, que par l'amoindrissement de la puissance suédoise. La cession de la Finlande serait peut-être le prix de ce rapprochement [1]. Le roi de Suède se plaçait dans une position fausse, par rapport aux intérêts nationaux; l'opposition de ses États était haute et avouée; déjà même se formait contre lui cette conspiration sourde, qui en finit plus tard avec sa royauté, et accomplit l'usurpation du duc de Sudermanie. Les principes de la Révolution française fermentaient partout; quand la propagande n'était pas matérielle, elle devenait morale par le contact et l'exemple. Les imaginations s'exaltaient, et la Suède n'en fut pas plus affranchie sous ses glaces, que l'Italie avec son soleil [2].

Le Danemarck, toujours placé en dehors des guerres générales de l'Europe par sa neutralité, excitait néanmoins la plus vive attention de la France et de l'Angleterre. Les Danois tenaient une large place dans le système

---

[1] La cession de la Finlande produisit un déplorable résultat en Suède; les murmures furent grands.

[2] Les agents de la République étaient partout répandus en Suède. Sous prétexte d'acheter de la mâture et du fer, ils répandaient les principes de la Révolution.

maritime; l'escadre de Copenhague était parfaitement bien exercée; ses navires bravaient les mers agitées du Nord, et l'on citait ses baleiniers et ses pêcheurs d'Islande; la flotte danoise pouvait entrer en ligne dans une grande guerre navale avec le pavillon britannique. Si jamais la France disposait de toutes les côtes qui s'étendent depuis Cadix jusqu'à Copenhague, si le pavillon de la République s'unissait enfin aux flottes espagnoles, françaises, bataves, suédoises et danoises, que devenait la sûreté de l'Angleterre? Des ports militaires d'une si vaste côte pouvaient lancer leurs flottes sur les rivages de la Grande-Bretagne dans un mouvement simultané, et la ruine du gouvernement anglais était le résultat inévitable de cette ligue maritime. Ainsi avaient raisonné les hommes d'une certaine prévoyance, et c'est ce qui explique la politique inflexible de l'Angleterre à l'égard des Danois; elle rechercha d'abord leur alliance intime et sincère, un concours actif pour réprimer la France; puis quand elle ne put réussir à l'attirer dans son système, l'Angleterre résolut la destruction de la flotte danoise. Ce plan, elle l'exécuta plus tard par la main de l'amiral Parker; comment aurait-elle pu souffrir une coalition maritime qui mettait en danger son existence de nation? La flotte danoise fut sacrifiée à la sûreté de l'Angleterre [1], et ici on ne doit pas en faire des reproches; il s'agissait de la vie ou de la mort de son gouvernement. Au reste, en ce qui touche la politique générale, le Danemarck demeura dans les conditions d'une noble bienveillance pour la France; comme tous les petits États maritimes, il profita de sa neutralité pour agrandir ses relations commerciales;

[1] Le prince royal Frédéric de Danemarck est l'objet de tous les éloges des agents français à Copenhague; c'était un digne prince (Dépêche, 1779).

tout le commerce des neutres était aux mains des Danois, des Suédois et des Américains. Le cabinet de Copenhague s'occupait peu des troubles intérieurs de la France; il avait lui-même passé à travers les commissions sanglantes, et il reçut comme la Suède un subside du Comité de salut public. On ne sait pas assez toute l'habileté, la corruption et la pensée diplomatique que le puissant comité déploya dans ses relations avec les cabinets étrangers.

L'alliance de la France avec la Suisse reposait sur les plus antiques traités; elle complétait son système de défense territoriale, en protégeant la monarchie sur les frontières de l'est. Le cabinet de Versailles capitulait les régiments suisses, payait des subsides moins dans un intérêt de sûreté intérieure pour la répression des troubles, que parce qu'en échange de cette bonne amitié, la Suisse lui donnait la barrière des Alpes. La France mettait au rang de ses premières missions le titre d'ambassadeur en Suisse; Henri IV et Richelieu avaient ainsi réglé la préséance [1]; le roi envoyait à Berne habituellement auprès de ses bons compères et confédérés, un homme habile qui, par sa seule influence, exerçait sur les cantons l'autorité morale presque absolue et dominait leur résolution. Les régiments suisses avaient montré à toutes les époques une fidélité exemplaire, et le 10 août témoigna combien ces hommes simples des montagnes savaient mourir pour garder les postes d'honneur qui leur étaient confiés, même par un roi. La République française licencia les Suisses, mais le Comité de salut public, dans sa large prévoyance, ménagea ses anciens rapports; il put aider le mouvement démocratique,

[1] Depuis Henri IV, l'ambassade suisse venait après les ambassades de famille.

mais il soutint la Suisse à ce point de continuer la pension que la monarchie faisait à de vieux serviteurs. Le Directoire, plus avide et moins habile, voulut tout bouleverser par la propagande, de manière à exercer une domination absolue; le besoin d'argent le déterminait aux expéditions lointaines; il y avait à rançonner dans Berne une aristocratie de familles patriarcales dont le souvenir se mêlait aux jours de délivrance quand Guillaume Tell secoua le joug de l'Autriche. Cette aristocratie avait maintenu la force et la prospérité de la constitution suisse; les cantons s'étaient exactement balancés ; il y avait enfin une pondération entre les états protestants et les états catholiques [1]. Les paisibles montagnards cultivaient leurs champs, presque sans impôt, sous le plus doux des gouvernements; le Directoire bouleversa leur constitution; il envoya dans les cantons helvétiques cette race de proconsuls, hommes avides d'argent, fournisseurs du trésor au Luxembourg, lorsque les ressources

---

[1] Le général Bonaparte parcourut la Suisse en revenant d'Italie. «La traversée du général Bonaparte, depuis la première frontière de la Suisse jusqu'à Rastadt, a été un événement majeur pour toute cette contrée. On s'est pressé sur ses pas par curiosité ou par tout autre motif. A Soleure et à Berne, il a évité tout cérémonial, et dans cette vue il y a passé de nuit. On lui attribue des discours qui ne seraient pas favorables à une partie de la Fédération helvétique : il n'aurait trouvé en Suisse que deux vraies républiques, Genève et Bâle; et pourtant on annonce déjà des changements dans la constitution de Bâle ; on cite que le conseiller Ochs, avant son départ pour Paris, a fait au Conseil-d'État la motion de réviser la constitution, pour la rappeler à ses principes primitifs. Or, M. Ochs est un des députés suisses que le général Bonaparte, à son passage, a accueillis de la manière la plus distinguée. (Dépêche d'un agent prussien à M. Haugwitz.)

Le général Bonaparte écrit lui-même au Directoire : « Le pays de Vaud et différents cantons de Suisse, animés d'un même esprit de liberté, adoptent les principes de liberté, d'égalité et d'indivisibilité sur lequel est fondé le gouvernement représentatif.

« Nous savons que les bailliages italiens sont animés d'un même esprit; nous croyons essentiel que dans ce moment-ci ils imitent le pays Vaudois, et manifestent le vœu de se réunir à la République helvétique. Nous désirons en conséquence que vous vous serviez de tous les moyens que vous pouvez avoir pour répandre chez ces peuples, vos voisins, l'esprit de liberté; faites républiques étaient épuisées. Au nom de la démocratie la constitution suisse fut renversée; on souleva le paysan contre le patricien, la plaine contre la montagne, la campagne contre la cité; on sema des plans de désorganisation, et par-dessus tout on pilla l'antique trésor de Berne conservé par les cantons et destiné aux occasions difficiles dans lesquelles pouvait se trouver la Suisse [1]. Le Directoire avait besoin de grandes ressources pour subvenir aux dépenses d'une guerre presque générale; la France épuisée avait recours à tous les moyens extraordinaires : l'emprunt forcé, les décimes de guerre; et quand ces ressources ne suffisaient pas, le Directoire lançait quelques-uns de ses agents sur une frontière, vers un état voisin, ami ou neutre peu importait, afin de trouver les éléments de son budget et la solde de son armée. Dès que le pavillon de la République était arboré sur l'arbre de la liberté, un ordre du général en chef ou de l'agent du Directoire imposait une contribution de guerre; ainsi on avait agi en Italie avec la Transalpine et la Cisalpine; la liberté était fidèle compagne de l'impôt, et la démocratie marchait de concert avec l'emprunt forcé. Quand Berne fut soumis par le général Brune, le Directoire crut avoir rattaché plus fortement la Suisse à son

---

pandre des imprimés libéraux; excitez-y un mouvement *qui accélère le mouvement général de la Suisse.* »(Lettre confidentielle du général Bonaparte au Directoire de la république Cisalpine.)

[1] D'après les dépêches des agents secrets, le trésor de Berne se montait à 42,000,000; ils furent appliqués en partie à l'expédition d'Égypte.

Voici du reste l'état authentique de ce que coûta à la ville et au canton de Berne l'invasion des Français en 1798.

A l'entrée de l'armée française il fut enlevé :
Du trésor. . . . . 7,000,000 fr.
De la monnaie, en lingots, etc. 3,700,000
En contributions. 4,000,000
Pour achats de titres. . . 2,000,000
857,000 quintaux de blé à 20 f. 17,140,000
6,000 chars de vin, à 240 f. 1,440,000
Objets pris dans les arsenaux pour. 7,000,000

Total, 42,280,000 fr.

système; mais les cantons abîmés d'impôts sous les coups d'une régénération turbulente, furent affaiblis à ce point que la clef des Alpes tomba de leur main débile [1].

Lorsqu'on étudie l'esprit de la Révolution française, produit immédiat de la philosophie du xviiie siècle, on devine facilement quel dut être le système suivi à l'égard du souverain pontife. Le Directoire et ses amis les plus ardents formaient comme une société de gentilshommes épicuriens, d'avocats légistes, qui avaient puisé leur religion dans l'Encyclopédie, et leur philosophie chrétienne dans Helvétius et Voltaire. L'autorité pontificale devait exciter en ces hommes, un sourire moqueur; ce vieillard couronné était comme l'expression du sacerdoce en France, la victime expiatoire du catholicisme; ce pauvre prêtre qui n'avait aucune puissance matérielle pouvait être facilement foulé aux pieds par les armées républicaines; quelle résistance opposerait-il? Au temps de la force brutale la puissance morale n'est rien; et toutes les fois que Rome fut visitée par les hommes d'armes, la papauté fut brisée à coups de gantelet. Bonaparte, général de l'armée d'Italie, ménagea Pie VI, pontife dont l'administration habile avait accompli de grandes choses : la création d'un immense Musée, les fouilles d'Otricoli, le déblaiement du Colisée, et par dessus tout le desséchement des Marais Pontins,

---

[1] Voici comment le général Brune raconte la prise de Berne. « Dès que je me suis vu en état d'agir, j'ai réuni mes moyens pour frapper comme la foudre; car la Suisse étant une pépinière de soldats, et ses habitations une vaste caserne, j'avais tout à redouter des affaires de postes : je les ai éloignées par des négociations que je savais n'être pas sincères de la part des Bernois, et enfin, prenant une résolution, je l'ai exécutée avec une célérité qui m'a assuré le succès.

« J'ai suivi le plan que je vous avais tracé. Je vous épargne les détails, me réservant de vous les donner quand vous le désirerez, Il me semblait toujours que vous me regardiez agir et commander. » (Lettre de Brune, le 7 mars 1798, au général Bonaparte.)

vaste chaussée où roule au milieu des buffles, la voiture monotone qui conduit à Naples le voyageur curieux des ruines du Latium. Bonaparte fut blâmé d'avoir traité avec le pontife à Tolentino; le général se justifia par les besoins impératifs que l'armée avait de repos et d'argent; le Pape ne s'engageait-il pas à donner ses trésors et ses richesses d'arts[1], l'Apollon du Belvédère, les chefs-d'œuvre de Raphaël et de Michel-Ange, magnifiques œuvres qui grandissent Rome et en font l'objet d'une mélancolique admiration? Le Campo-Vaccino, les catacombes et la basilique primitive, voilà Rome! Alors commença ce système qui priva l'Italie de ses monuments, de ses pompes, de ses souvenirs, inhérents à son soleil et à sa terre: comme les bas-reliefs antiques ont besoin pour briller de la pampre qui se marie aux peupliers, sur la route de Toscane, les chefs-d'œuvre de la Grèce et de Rome n'apparaissent que sous le soleil, dans les temples majestueux; transporter ces merveilles sous un ciel grisâtre en dehors de la terre où ils sont nés, était un acte de conquête; les Italiens à l'imagination vive, les Romains qui se jouent sur les bords jaunes du Tibre, devaient être profondément affectés à la vue de ces spoliations; quand les commissaires français dépouillaient leurs églises, il leur semblait voir les fils de ces Gaulois aux longs cheveux, de ces Scythes et de ces Goths

---

[1] Voici les clauses du traité de Tolentino : Le pape renonce à ses prétentions sur Avignon et le comtat Venaissin, cède Bologne, Ferrare, la Romagne, s'engage à payer 15,000,000 en numéraire et 5 en diamants ou effets précieux, et qui restent dus sur les valeurs portées à l'article II de l'armistice de Bologne. Le pape s'engage en outre, et afin d'acquitter le complément qui revient à l'armée française, à remettre huit cents chevaux de cavalerie enharnachés, huit cents chevaux de trait, des bœufs, des buffles et autres objets produits du territoire de l'Église. De plus, il paiera dans une année, en diamants ou autres objets, la somme de 15,000,000 de francs. L'article VIII du traité d'armistice, concernant les manuscrits, tableaux, etc., aura son exécution entière et la plus prompte possible.

qui ravagèrent l'Italie dans les premiers siècles[1]. C'était pourtant au souvenir de la liberté, aux noms des Brutus et des Cassius que de glorieuses légions dévastèrent la terre classique de Rome[2]; il se mêlait toutefois à ces traits de la conquête une noble fierté de peuple qui voulait faire de Paris la capitale du monde, des arts et de la civilisation.

Le traité de Tolentino ne fut pas longtemps respecté, on dressa des embûches à la simplicité crédule du souverain pontife Pie VI, on l'entoura de tous les ferments démocratiques; l'assassinat du général Duphot fut le signal de la chute de la papauté. On ouvrit le Forum, l'arbre de liberté fut placé au capitole, on invoqua les mânes des vieux Romains, tandis que Pie VI était enlevé comme un misérable captif. Le plan du Directoire et du théophilanthrope Lareveillère-Lépeaux fut d'abolir la papauté pour ne pas en laisser de traces dans le monde catholique[3]; ce plan trouvait quelque opposition en ce

---

[1] J'ai trouvé à Rome la ratification du traité de Tolentino, de la main tremblante de Pie VI. « Lo abbiamo accettato, approvato, ratificato et confermato, come in effetto lo accettiamo, approviamo, ratifichiamo e confermiamo, promettendo, sulla nostra fede e parola, di eseguirlo et di osservarlo, et di farlo inviolabilmente eseguire ed osservare in ogni punto ed articolo, e di non giammai contravvenirvi, e non permettere che direttamente o indirettamente vi si contravvenga in maniera alcuna, persuasi che ugualmente sarà eseguito ed osservato nello stesso modo dalla Repubblica francese e dal generale ed agente di sopra nominato. In fede di che, abbiamo firmato di nostra mano la presente approvazione, accettazione, ratifica, conferma, e comandato che vi si apponga il nostro pontificio sigillo. Dato dal Vaticano, questo di 23 febraro 1797.
Firmato Pius P. P. VI.

[2] Le général Berthier adresse le 10 février 1798 une proclamation aux habitants de Rome : « Mânes de Caton, de Pompée, de Brutus, d'Hortensius, recevez l'hommage des Français libres dans la capitale où vous avez tant de fois défendu les droits du peuple et illustré la République romaine! Ces enfants des Gaulois viennent dans ce lieu auguste, l'olivier de la paix à la main, rétablir les autels de la liberté dressés par le premier Brutus. »

[3] « En ce qui concerne Rome, le Directoire approuve les instructions que vous avez données à l'ambassadeur votre frère, pour empêcher qu'on ne s'avise de donner à Pie VI un successeur. Il faut profiter de la circonstance pour favoriser à Rome l'établissement d'un gouvernement représentatif, et *délivrer l'Europe de la suprématie papale*. (Dépêche confidentielle du président du Directoire, Lareveillère-Lépeaux, du 24 octobre 1797, au général Bonaparte.)

qu'il blessait trop profondément l'esprit et la politique du cabinet de Vienne, de l'Espagne et des autres puissances catholiques [1]. Pie VI se retira d'abord dans un couvent de Franciscains à Florence, puis on le traîna au-delà des Alpes à Valence, où il mourut. Les gravures contemporaines reproduisent encore ces fêtes de la république de Rome, ces danses, ces bacchanales où le soldat victorieux se mêle aux femmes immondes; les portraits des patriciens Brutus et Cassius, couronnés de chêne, sont ombragés de drapeaux tricolores, et les baïonnettes brillent à travers la foule émue. Le goût du Directoire fut alors de propager les fêtes romaines; beaucoup de ridicule se mêla ainsi aux études d'histoire; on vit d'étranges confusions d'idées et de souvenirs! Pie VI, captif, demeura solitaire sous la persécution de l'école philosophique; le Directoire avait abaissé un vieillard et l'on se trouvait heureux; un pauvre prêtre était dans les fers, et l'on se proclamait les philosophes et les réformateurs! Le directeur Barras avait livré Pie VI au philanthrope Lareveillère-Lépaux. Ce fut une haine religieuse; le pontife du Temple de la Nature et de la Raison semblait se complaire à persécuter le chef de l'église catholique; il croyait avoir abattu à jamais la superstition, et dans ses cérémonies sur l'autel plein de fruits et de fleurs, Lareveillère-Lépeaux se vanta d'avoir frappé la

---

[1] «Le Directoire pense qu'il serait à souhaiter pour le repos du peuple, que le pape Pie V n'eût pas de successeur; mais il ne convient pas que la République se mette en avant pour cet objet. S'il se fait une révolution à Rome, nous ne devons pas nous y opposer. Il nous suffit de ne l'avoir point provoquée. Si le Conclave s'assemble, le traité de Tolentino nous conservant le droit que l'usage attribuait aux rois de France, nous devons en user. Il sera envoyé à cet effet des pouvoirs au citoyen Joseph Bonaparte. Le Directoire lui recommandera de favoriser l'élection du cardinal Mattei, et le chargera de donner l'exclusion au cardinal Albani.» (Dépêche confidentielle de M. de Talleyrand, de juillet 1797, au général Bonaparte).

superstition catholique et son pontife; esprits fanatiques qui ne savaient pas que l'édifice chrétien survivrait à leurs œuvres fragiles [1] !

En contemplant ainsi les états du second ordre, on pouvait dire avec raison qu'ils avaient presque entièrement disparu de la balance européenne. Il n'y avait plus en face que les grandes puissances prêtes à entrer en lice; la lutte était trop colossale pour que les états du second ordre pussent y prendre part; il ne s'agissait plus de pondération dans le système européen, comme dans la vieille et forte diplomatie; ce système était bon pour les temps réguliers, alors qu'on se disputait l'influence morale, mais en ce moment la question avait changé de face, il fallait savoir si le vieux monde serait brisé, et si les antiques dynasties tomberaient abîmées devant les idées nouvelles. Dans cette lutte tout devait disparaître; les intérêts particuliers n'étaient pas assez grands pour s'y montrer; sorte de guerre de géants dans le chaos où tout ce qui était petit devait s'effacer comme dans le combat de la réforme contre le catholicisme. L'esprit égoïste et territorial des nationalités devait s'abîmer devant les principes !

---

[1] Les images des dévots de la théophilanthropie représentent la tiare abaissée sous une corbeille de fruits et de fleurs parfumées.

CHAPITRE III.

ÉTATS DU TROISIÈME ORDRE.

Venise. — Gênes. — La Toscane. — Modène. — Malte. — La Hollande. — La Confédération germanique. — Congrès de Rastadt. — Bavière. — Wurtemberg. — Bade.—Les évêchés du Rhin.—Les villes Anséatiques. — Hambourg. — Lubeck. — Malte. — La Turquie. — L'Égypte. — Tippoo-Saëb. — Rapport du Directoire et des États-Unis.

1794 — 1799.

Un des phénomènes les plus curieux d'une révolution qui proclama les droits des peuples, fut d'avoir produit, comme résultat final, l'anéantissement de toutes les vieilles républiques municipales qui subsistaient encore à travers les changements politiques en Europe, dans l'Italie et le nord de l'Allemagne. Ainsi un gouvernement républicain s'établit et jette ses idées hardies et démocratiques sur le continent ; il se reflète partout, et après avoir imposé son règne impératif aux peuples, avec des concessions inouïes d'argent et de tributs, il s'efface, entraînant dans sa ruine les derniers débris de ces républiques qui se mêlaient à l'histoire des huit derniers siècles. La cause de cette fatale tendance du système français fut évidemment dans la manie de constitution qui domina l'esprit du Directoire et de ses généraux après leurs campagnes victorieuses. Partout on modela les formes du gouvernement sur le pacte social de l'an III ; comme si l'on pouvait créer les institutions d'un peuple par des improvisations soudaines : les institutions naissent et se développent avec le temps, et quand il s'agit de législation usuelle, tout travail philosophique qui se formule sans faire la part des habitudes, des traditions, est essentiellement faux [1].

L'antique gouvernement de Venise n'existait plus; le traité de Campo-Formio avait cédé ce territoire à l'Autriche avec l'Istrie et la Dalmatie. Le lion de Saint-Marc secoua pour la dernière fois sa crinière, et un vainqueur implacable le transportait aux Invalides, comme l'image moqueuse de ce patriciat de vieillards qui tombait à l'aspect de quelques ordres de commissaires français. Le drapeau tricolore parut sur la Piazzetta, ombrageant l'arbre de la liberté, devant la grande basilique. On avait réveillé d'odieux souvenirs contre l'aristocratie vénitienne et la mystérieuse action de ce gouvernement; les savants français avaient fouillé les ruines, et comme, après la prise de la Bastille, on découvrit des puits souterrains, de noires oubliettes; on fit des récits dignes de servir la sombre imagination des romanciers anglais [2]. La vieille Venise était tombée; le pont des Soupirs vit rouler le canon des armées françaises; la démocratie triompha dans un mouvement de bas peuple; le patriciat disparut; puis cette république éphémère s'effaça sous la domination autrichienne. Le général Bonaparte la cédait à M. de Cobentzl avec la plus étrange facilité. Venise n'était plus la cité riche et parée, telle que nous la reproduisent les fresques de la renaissance; ses lagunes

---

[1] Le général Bonaparte, qui avait un esprit si éminemment applicable, fut néanmoins le grand promoteur de la constitution de l'an III en Italie.

[2] Les républicains ne trouvèrent au reste qu'un seul prisonnier dans les cachots de Venise.

ne voyaient plus le Bucentaure à la proue d'or et au pavillon éclatant; les places solitaires excitaient dans l'âme ce sentiment de tristesse qui vous saisit encore aujourd'hui lorsque le son monotone de la rame secoue les flots paisibles de ses lagunes. Un article du traité de Campo-Formio avait suffi pour effacer à jamais cette république, car lorsque le temps est venu des grandes décadences, un accident suffit pour briser les plus puissantes cités. Tout s'abîme dans l'océan des âges : les couronnes ducales, les trônes d'or et le bonnet républicain [1].

Gênes subissait le sort de Venise; comme elle, ses chartes républicaines dataient du moyen âge, époque de municipalités; sœurs et rivales tout à la fois, elles restaient debout comme un souvenir de l'antique liberté d'Italie. Gênes possédait des éléments de richesse et de force que Venise n'avait plus; il y avait, dans ses rues de marbre, des familles commerçantes qui, depuis des siècles, s'honoraient de la robe des doges et des sénateurs. A Gênes, les souverains et les États du premier ordre trouvaient souvent à emprunter pour leurs besoins de guerre et d'administration, tant le commerce était opulent [2]. Ces palais magnifiques contenaient des richesses enfouies : on racontait les merveilles de ces trésors qui s'éparpillaient dans les salles pavées de florins et

---

[1] La conduite de Venise, comme celle de tous les états faibles, n'avait été ni loyale ni franche. Le général Bonaparte craint toujours qu'on ne désapprouve sa conduite à l'égard de Venise.

« Je sais bien qu'il n'en coûte rien à une poignée de bavards, que je caractériserais bien en les appelant fous, de vouloir la république universelle ; je voudrais bien que ces messieurs pussent faire une campagne d'hiver. D'ailleurs, la nation vénitienne n'existait pas. Divisés en autant d'intérêts qu'il y a de villes, efféminés et corrompus, aussi lâches qu'hypocrites, les peuples d'Italie, et spécialement le peuple vénitien, ne sont pas faits pour la liberté. (Dépêches confidentielles du général Bonaparte, du 26 oct. 1797, à M. Villetard, secrétaire de la légation française.)

[2] Louis XIV et Louis XV avaient envoyé négocier des emprunts à Gênes.

de ducats. Combien de tels récits ne devaient-ils pas vivement frapper les imaginations cupides, et l'armée républicaine brisa la statue du doge Dandolo, comme elle avait enlevé le lion de Saint-Marc; le Directoire décréta la république Ligurienne, éphémère création de ses agents; on employa pour la république de Gênes le même système de contributions et d'emprunt forcé. L'idée démocratique, hautement proclamée, ne fut qu'un moyen d'obtenir des ressources pour les besoins de la guerre. Les commissaires du Directoire s'emparèrent du trésor. Gênes fut traitée en pays conquis, et gardée comme un otage pour préparer la paix avec l'Angleterre ou négocier des indemnités. On ne put prendre au sérieux ses institutions nouvelles; en vain on eût cherché les grandes familles patriciennes des doges et des sénateurs, les Doria, les Grimaldi; tout cela avait disparu. Quand les institutions ne sont plus que de l'histoire, il suffit d'un accident pour les renverser; comme Venise, Gênes avait fait son temps de république municipale. Elle devait devenir plus tard un département du grand Empire, pour s'abîmer, ensuite dans le royaume de Sardaigne [1].

Dans l'irruption subite que les Français firent en Italie, ils avaient suivi une double politique. En Lombardie ils combattirent les Autrichiens leurs ennemis, et renversèrent leur gouvernement; là ils élevèrent l'arbre de la liberté des républiques Cisalpine et Transalpine. Il n'en fut pas de même de certains États intermédiaires, tels que la Toscane, Parme et Modène, un peu plus éloignés du centre de la guerre. Le général Bonaparte traita avec eux, en exigeant les contributions de guerre, des cessions de tableaux et d'objets d'art. Le

---

[1] Gênes a fini par être incorporée à la couronne de Piémont et de Sardaigne.

grand-duc de Toscane, dans sa pacifique neutralité, fut le premier des princes qui salua la République française ; tandis que l'Europe était coalisée, au fond de la Toscane même, le grand-duc traitait avec le Comité de salut public. C'est avec un sentiment d'indicible curiosité que je retrouvais à Florence le tracé de ce traité écrit de la main même de l'archiduc [1]. On suivit partout les principes posés ensuite par le traité de Tolentino qui avait arraché au Vatican l'Apollon du Belvédère, le Laocoon palpitant de douleurs sous le marbre. Les impitoyables commissaires français imposèrent au grand-duc de Toscane la triste loi d'abandonner les précieuses reliques des arts qu'étale le palais Pitti : la Vénus de Médicis aux formes suaves, la madone de la Chiesa de Raphaël, et le mariage de Marie qui révèle le dernier éclat de la manière du xive siècle. Le grand-duc de Toscane traita comme en vaincu ; il subit toutes les conditions que les fils des Gaulois lui imposèrent ; il voulut sauver la Toscane, ce pays si heureux, avec ses beaux raisins d'or qui enlacent les peupliers. Les croisés francs, au xiie siècle, brisèrent à Constantinople les statues d'ai-

---

[1] Sua Altezza reale il serenissimo arciduca gran-duca di Toscana, conoscendo di quanto gran giovamento possa essere per il felice esito della trattativa che da così lungo tempo ha intrapresa colla Repubblica francese, l'inviare a Parigi una persona la quale goda della reciproca fiducia de' due governi, e sia fornita del carattere, de' sentimenti, e de' talenti che sono necessarj per ben riuscirvi, destina il suo ciamberlano, e cavaliere dell' insigne ordine di Santo Stefano, *Francesco Saverio Carletti*, a portarsi a Parigi tosto che avrà ricevuto l'opportuno passaporto per entrare in Francia, et lo incarica di agire colà, presso il comitato di salute pubblica, per confermare in voce ed in escritto, tutto ciò che si contiene nelle memorie firmato del suo segretario del consiglio di stato et di finanze *Neri Corsini*, specialmente a ciò autorizzato, e da lui communicate al comitato sudetto per mezzo di *Cacault*, agente della Repubblica francese in Italia, per fare accettare alla medesima la dichiarazione della neutralità che la Toscana è pronta a pubblicare in faccia a tutta l'Europa, per stipulare la restituzione o in contante, o in natura, de' grani dagl' Inglesi in Livorno, et per rinnovare le più solenni assicurazioni della costante amicizia che il governo di Toscana ha sempre professata, e che professerà per la repubblica francese. Dato in Firenze, li 4 nov. 1794.

Firmato FERDINANDO ;
NERI CORSINI, *segretario*.

rain et les chefs-d'œuvre de marbre. Les républicains enthousiastes transportèrent ces chefs-d'œuvre sous un ciel brumeux où le marbre perd son éclat, au milieu d'une population indifférente qui avait effacé le sentiment religieux. Ils dépouillèrent l'Italie de ses pierres précieuses pour enrichir les musées de notre froide patrie; Paris devait devenir la capitale du monde, quand l'aigle couvrirait de son vol puissant la nationalité italienne!

A Parme, à Modène, le même système fut suivi; on prit à pleines mains dans le trésor, et l'on arracha les tableaux des grands artistes qui pendaient dans les palais et dans les cathédrales. Les cités, si orgueilleuses de leurs chefs-d'œuvre, s'en virent dépouillées; les Italiens à l'imagination de feu qui vouent un culte aux arts furent profondément affectés de cet outrage de la conquête. Apaiseraient-ils au moins les vainqueurs par tant de faiblesses et de concessions? Il n'en fut rien, la victoire avait prononcé; tous ces États intermédiaires devaient subir leur destinée, et disparaître du sein de l'Italie. Ils n'avaient pas eu le courage de la résistance. Les pacifiques vertus des ducs de Toscane, la douceur héréditaire de leur gouvernement, ne purent lutter contre cette politique victorieuse qui imposait sa loi. Les têtes étaient exaltées; on parlait partout de la liberté antique et des vieilles institutions de Rome, des consuls et des tribuns. Florence pouvait-elle conserver son respect pour ses souverains, quand, au-delà des Apennins, Bologne voyait l'arbre de la liberté s'élever sur ses arcades de marbre, au pied de sa tour suspendue où le drapeau tricolore flottait au vent? Les républiques créées dans la Lombardie et dans la Romagne, au sein de ces ferventes populations, devaient absorber tôt ou tard la domination de ces petites principautés que l'esprit allemand avait jetées en Italie ; la démocratie éclatait parmi la noblesse, dans la bourgeoisie, parmi les avocats, et les *Barbieri* surtout, ces faiseurs de constitutions dans la Romagne.

Elle disparaissait aussi l'antique fédération de chevaliers qui avaient joué un si grand rôle au moyen âge, l'ordre de Malte jetait encore quelque éclat avant la Révolution, quand ses jeunes chevaliers couraient les mers sur de belles et fortes galères au pavillon de la croix. Depuis 1790, ses riches commanderies avaient été confisquées en France ; on les confondit avec les ordres monastiques abolis par l'Assemblée constituante ; les biens firent retour à la nation. Quelques-uns de ces chevaliers avaient adopté les principes de la Révolution française ; d'autres s'étaient réfugiés dans l'île formidable qui commande à la Méditerranée par ses admirables ouvrages ; on voyait encore leurs galères, et ce pavillon si redouté des Barbaresques flottait sur les rochers. De nobles chevaliers ne manquaient ni de cœur ni de courage, mais l'institution était vieillie ; puis, il s'était introduit dans le sein de cette chevalerie courtoise et vaillante, des lâches et des traîtres qui avaient vendu l'ordre. Depuis longtemps la diplomatie s'occupait de Malte ; au moment même où le général Bonaparte envahissait l'Italie, il faisait déjà cette question au Directoire : « Pourquoi ne nous emparerions-nous pas de Malte ? » Le général parlait de la faiblesse de la garnison et des faciles moyens qu'on pourrait avoir pour s'en emparer [1]. Le Directoire se hâte de

---

[1] « Pourquoi, écrit Bonaparte à M. de Talleyrand, ne nous emparerions-nous pas de Malte ? L'amiral Brueys pourrait très bien mouiller là et s'en emparer. 400 chevaliers, et au plus un régiment de 500 hommes sont la seule garde qu'ait la ville de la Valette. Les habitants, qui montent à plus de cent mille, sont très portés pour nous et fort dégoûtés de leurs chevaliers qui ne peuvent plus vivre et meurent de faim. *Je leur ai fait exprès confisquer leurs biens en Italie.* Avec l'île Saint-Pierre que nous a cédée le

64 L'EUROPE PENDANT LE CONSULAT ET L'EMPIRE.

répondre : « qu'il approuve les idées du général; » M. de Talleyrand comprit toute la portée de la prise de possession de Malte soit par l'Angleterre, soit par l'Autriche; « il faut, dit-il, employer tous les moyens de l'éviter². » Or pour arriver à ce résultat une odieuse trahison se préparait. Quelque temps avant l'expédition d'Égypte, des chevaliers félons avaient traité avec le directeur Barras, de la langue de Provence, lui-même décoré de la croix blanche sur fond de sable; et lorsque la flotte française parut devant Malte, toute la conquête ne fut point le prix du courage républicain; les fortifications étaient trop redoutables pour être prises au pas de course; les traîtres ouvrirent les portes de Malte, les hautes murailles s'abaissèrent, le drapeau de l'ordre fut foulé aux pieds; il n'y eut plus ni chevalerie ni dignité; les vieux grands-maîtres rougirent sous leurs armures de fer, et la honte fut sur leur visage de voir tant de traîtrise!

La ruine de l'ordre de Malte était résolue depuis longtemps; un agent habile du nom de Poussielgue vint à Malte

---

roi de Sardaigne, Malte et Corfou, nous serons maîtres de toute la Méditerranée..... » (Dépêche du général Bonaparte, de Passeriano, du 13 septembre 1797.)

¹ « Le Directoire approuve vos idées sur Malte. Depuis que cet ordre s'est donné un grand-maître autrichien, M. de Hompesch, le Directoire s'est confirmé dans le soupçon, déjà fondé sur d'anciens renseignements, que l'Autriche visait à s'emparer de cette île. Elle cherche à se faire puissance maritime dans la Méditerranée ; c'est pour cela qu'elle a demandé de préférence, dans les préliminaires de Léoben, la partie de l'Italie qui avoisine la mer, qu'elle s'est hâtée de s'emparer de la Dalmatie, qu'elle a trahi son avidité en prenant Raguse. Outre cela, comme elle dispose du gouvernement napolitain, Malte aurait pour elle un double avantage et servirait à attirer à elle toutes les productions de la Sicile. Ce n'est pas seulement dans des vues de commerce qu'elle a voulu émigrer du centre de l'Italie vers les côtes de cette presqu'île, mais encore dans des vues de conquêtes plus éloignées, à la vérité; elle se ménage les moyens d'attaquer par terre les provinces turques, auxquelles elle confine par l'Albanie et la Bosnie, tandis que, de concert avec la Russie, elle aurait pris ces mêmes provinces par le revers, en entrant dans l'Archipel avec une flotte russe. Il est de notre intérêt de prévenir tout accroissement maritime de l'Autriche, et le Directoire désire que vous preniez les mesures nécessaires pour empêcher que Malte tombe entre ses mains. » (Dépêche de M. de Talleyrand, 23 septembre 1797.)

LA HOLLANDE (1794-1799).

et sema l'or et les promesses à quelques indignes chevaliers[1]; il y eut des festins, où le vin de Chypre et de Chio emplit les coupes; on y prépara sous les bannières de l'ordre sa décadence et sa ruine. L'histoire conservera le nom du commandeur Dolomieu qui sacrifia, pour quelques promesses du Directoire, le vieil éclat de la croix de Malte; elle n'oubliera pas non plus le commandeur Bardonenche qui, présidant à la défense, se rendit sans tirer l'épée; et puis ce Picault de Mornas, chevalier qui oublia la foi de son ordre et ses ancêtres dont la vieille tour se voit encore en ruines sur les bords du Rhône[2].

Quand périssait un de ces ordres de chevalerie dont j'aime tant à suivre l'histoire dans les vieilles chroniques, le Nord voyait aussi s'abîmer le Stathoudérat de Hollande, ce protectorat de la maison d'Orange, qui fut la cause de la plupart des révolutions intellectuelles dans le monde. Toutes les idées hardies, factieuses, républicaines, aux vieilles époques, étaient parties des Pays-Bas; là se réfugièrent les hommes aux libres pensées; la Hollande était la source de tous les pamphlets contre la monarchie et la religion catholique; la maison d'Orange les favorisait, car elle n'avait conquis sa force d'action qu'à l'aide des idées protestantes;

---

[1] « Vous trouverez ci-joint copie de la commission que j'ai donnée au citoyen Poussielgue, et de ma lettre au consul de Malte.

« Le *but réel* de la mission du citoyen Poussielgue est *de mettre la dernière main aux projets que nous avons sur Malte.* » (Dépêche du général Bonaparte, 14 novembre 1797.)

[2] « Poussielgue a passé cinq semaines à Malte, donnant des dîners somptueux et voyant un grand nombre de chevaliers pour lesquels il avait des lettres de recommandation, non seulement du commandeur Dolomieu, voué aux intérêts de la France, mais du chevalier Picault de Mornas, capitaine du génie, qui avait quitté l'ordre depuis deux ans pour aller joindre Bonaparte en Italie. Poussielgue gagna quelques chevaliers, avec lesquels il se mit en rapport, et fut particulièrement secondé dans ses démarches par le secrétaire du trésor Bosredon de Ransijat, l'ami de Dolomieu, et, en outre, par le commandeur Bardonenche, commandant de l'artillerie, lié avec Ransijat, et tous les deux zélateurs secrets des idées républicaines. » (Dépêche d'un agent secret de l'Angleterre, octobre 1798.)

les réformes ne s'arrêtent jamais, elles marchent et foulent ceux-là même qui les ont provoquées. Dans la marche des temps, le Stathoudérat subit les conséquences de ses hardiesses; il y eut en Hollande un parti démocratique puissant comme partout; que signifiait un prince d'Orange pour les vrais et francs républicains? Sous la Convention, déjà, l'invasion française avait atteint La Haye et Amsterdam; il ne fallut qu'un mot de la Convention, et le protectorat fut aboli comme une institution surannée; la République démocratique s'éleva sous les trois couleurs bataves! Comme le Directoire imprimait partout son image aux institutions des peuples, la république Batave se formula bientôt sur la constitution de l'an III; depuis ce moment, devenue l'alliée et la vassale de la France, elle ne put séparer sa politique de ses intérêts; quand on avait besoin d'un emprunt, c'était en Hollande que les commissaires du Directoire allaient le négocier, dans ces banques si puissantes de moyens, si économes dans leur gestion; les agents français imposaient des contributions et des secours plus effectifs en armements maritimes et en légions alliées. Rien n'effrayait plus l'Angleterre que cette union intime entre la France et la Hollande; dont les matelots pouvaient rivaliser d'expérience et de courage avec sa marine; cette ligne formidable de ports et d'arsenaux qui s'étendaient depuis Copenhague jusqu'à Anvers, était perpétuellement un sujet d'effroi pour le cabinet britannique. Une puissance maîtresse de l'Escaut, du Zuiderzée et du Sund, devait exciter les plus vives inquiétudes au pavillon de la Grande-Bretagne. Aussi la République française mettait un grand intérêt à ce qu'en aucun cas la Hollande ne pût se séparer de sa politique. A la moindre résistance, elle menaçait d'une invasion, et son armée qui stationnait dans la Belgique était prête à entrer en campagne.

Le congrès de Rastadt fut le dernier acte diplomatique important dans lequel intervint la diète germanique, édifice féodal qui se liait aux premières traditions de l'Empire. La nationalité Allemande commençait à se manifester en secouant les institutions du moyen âge; l'idée d'unité se développait avec le principe de la Révolution française ; il y avait une communauté de sentiments et d'intérêts parmi tous les peuples de la vieille Germanie ; peu d'idées politiques se heurtaient, si ce n'est l'antique séparation entre le catholicisme et la réforme. Autour de la Prusse et de l'Autriche, puissances absorbantes, nul des princes ou des électeurs allemands n'avait assez de force et de moyens militaires pour lutter face à face. La Bavière n'était encore qu'un duché électorat, posé entre l'Inn et le Danube ; brave et digne peuple, les Bavarois avaient combattu plus d'une fois dans les rangs français, et depuis le cardinal de Richelieu, les électeurs recevaient des subsides pour embrasser les intérêts de la France ; politique habile qui épargnait le sang national! La Saxe, si brillante de son commerce, de ses manufactures, de sa riche population, avait aussi des souvenirs de l'alliance avec la monarchie ; combien de fois le drapeau fleurdelisé n'était-il pas apparu sur les bords de l'Elbe et du Wéser? Les Saxons étaient de braves soldats, et les annales de l'Allemagne le disent assez. Les grands-ducs de Wurtemberg [1], plus exposés aux coups de la France, avaient

---

[1] Ils avaient traité avec le Directoire : « Le duc de Wurtemberg désirant vivre à perpétuité en bonne harmonie et intelligence avec la République française, s'engage d'observer, pour les guerres futures qui pourraient s'élever entre elle et quelque autre puissance que ce soit, la plus exacte neutralité, et à ne fournir contre elle

encore moins d'indépendance; n'étaient-ils pas les suzerains de ce pays de Souabe, aux noires forêts, qui s'étendent jusqu'aux montagnes de la Suisse. Baden était toujours ce lieu de délices, de plaisirs et de conférences intimes, non loin de Carlsruhe, la ville neuve, aux rues larges et droites. Les margraves de Bade avaient aussi signé des traités avec le Directoire [1].

Dans ces invasions des soldats de la République française, sur les rives du Rhin, ce qui avait le plus souffert c'étaient les villes libres et bourgeoises, les évêchés antiques qui formaient la vieille base des états et de la bourgeoisie dans la constitution germanique; telles étaient Cologne avec sa magnifique cathédrale, Mayence, riche évêché, puis Aix-la-Chapelle, la cité de Charlemagne, lorsqu'on plaçait le sceptre d'or aux mains du grand Empereur; et vous, vieilles ruines des Sept-Collines, admirables châteaux, qui projetez vos ombres

---

aucun contingent ni secours, à quelque titre et sous quelque prétexte que ce soit.

« ART. V. Dans toutes les guerres qui pourraient être suscitées à l'avenir à la République française, ses troupes pourront passer et séjourner dans les États de S. A. S. le duc de Wurtemberg, y occuper tous les postes militaires nécessaires à leurs opérations; elles y observeront une discipline exacte, et s'y comporteront en tout comme dans un pays neutre et ami.

« ART. VI. Tous les individus qui pourraient avoir été arrêtés dans les États de S. A. S. ou poursuivis pour leurs opinions politiques, seront sans délai mis en liberté. Toutes poursuites cesseront contre eux; leurs biens, s'ils avaient été saisis ou confisqués, leur seront rendus, ou le prix restitué en cas de vente : il leur sera loisible d'en disposer, de rentrer et de demeurer dans les États de S. A. S., ou de s'en retirer. » (Articles d'un traité secret entre la République française et le duc de Wurtemberg, signé le 20 thermidor, an IV (8 août 1796.)

[1] « ART. IX. Le margrave, désirant vivre à perpétuité en bonne intelligence avec la République française, s'engage à observer, pour les guerres futures qui pourraient s'élever entre elle et quelque autre puissance que ce soit, la plus exacte neutralité, et à ne fournir contre elle aucun contingent ni secours, à quelque titre et sous quelque prétexte que ce soit.

« ART. X. Dans toutes les guerres qui pourraient être suscitées à la République en Allemagne, ses troupes pourront passer et séjourner dans les États de S. A. S. le margrave, y occuper toutes les positions militaires nécessaires à leurs opérations : elles y observeront une discipline exacte, et s'y comporteront en tout comme dans un pays neutre et ami. » (Articles d'un traité secret entre la République française et le margrave de Bade, signé le 5 fructidor an IV (28 août 1796.)

dans le Rhin, vous tombiez détruites sous la main de ces Francs indomptables qui passaient le grand fleuve comme Charlemagne, lorsqu'il allait combattre les Saxons au-delà de l'Elbe. Ce fut une guerre violemment déclarée à la constitution germanique, la démolition des anciennes souverainetés. Il n'y eut de respecté ni les souvenirs, ni les vestiges, et le canon brisa ces pans de muraille du château d'Ehrenbreitstein, qui pendent encore comme suspendus sur les abimes.

Pour s'expliquer cette nouvelle situation du corps germanique, il faut connaître les négociations qui préparèrent le congrès de Rastadt. Quand le général Bonaparte et le comte Louis de Cobentzl signèrent à Campo-Formio le traité solennel qui décida les destinées de l'Italie, l'Autriche, pour obtenir Raguse, Venise et la Dalmatie, céda définitivement à la France la rive gauche du Rhin [1]. Un tel engagement devait amener des indemnités et un remaniement dans le corps germanique. Le cabinet de Vienne sacrifiait les intérêts Allemands pour grandir sa puissance ; un congrès fut indiqué à Rastadt dans le but de résoudre la plupart des difficultés que ce remaniement de l'Allemagne pouvait faire naître. On a vu que le comte Louis de Cobentzl invita le général Bonaparte à prendre la présidence de ce congrès, et le glorieux vainqueur de l'Italie traversa la Suisse pour se rendre à Rastadt et s'aboucher avec les plénipotentiaires. Il y resta peu de temps; d'autres inté-

---

[1] Articles secrets et convention additionnelle au traité de Campo-Formio, du 26 vendémiaire an VI (17 octobre 1797).

« Art. 1. S. M. l'empereur-roi de Hongrie et de Bohême, consent que les limites de la République française s'étendent jusqu'à la ligne du Rhin, et s'engage à employer ses bons offices, lors de la paix avec l'empire germanique, pour que la République française obtienne cette même ligne, savoir la rive gauche du Rhin, depuis la frontière de la Suisse, au-dessous de Bâle, jusqu'au confluent de la Nette, au-dessus d'Andernach. »

rêts l'appelaient en France; le comte de Metternich, représentant l'Autriche, en prit la présidence. Le Directoire envoya au congrès d'abord Treilhard et Rewbell, pour le représenter, puis Jean Debry, Roberjot et Bonnier. Le congrès traîna en longueur [1]; les intérêts y étaient très compliqués, et, d'ailleurs, nulle des grandes puissances n'avait envie d'en finir; l'Autriche qui s'était compromise dans les négociations secrètes de Campo-Formio à l'égard du corps germanique, traînait tant qu'elle pouvait les négociations. Le comte Louis de Cobentzl entretenait une correspondance suivie avec le général Bonaparte, il s'engageait envers le vainqueur à des spoliations injustes; c'est ainsi que pour s'assurer paisiblement Raguse, Venise et la Dalmatie, et pour reprendre son royaume de Lombardie, le cabinet de Vienne consentait à ce que la France réunît le Piémont à sa frontière [2]. Tout cela n'était qu'éventualités et fallacieuses promesses, afin de prolonger le congrès de Rastadt: aucune résolution n'y fut prise à l'égard du corps germanique; on passa son temps en notes et en contre-notes; la Prusse avait révélé aux puissances allemandes l'abandon de l'Autriche pour grandir sa propre autorité sur le corps germanique. Deux hommes habiles

---

[1] La première proposition française mise en avant fut ainsi conçue: « *Le cours du Rhin fera la base des négociations.* » La députation de l'empire ayant demandé une explication plus déterminée, les ministres français répondirent: « Qu'il s'entendait naturellement, et sans explication, que la rive gauche du Rhin devait faire par elle-même *une partie intégrante de la République française.* » (Dépêche de M. le comte de Metternich, écrite du congrès de Rastadt.)

[2] « Quelle politique a suivi le cabinet de Vienne depuis deux ans, que dire de l'occupation de l'état de Venise, et surtout de la nouvelle découverte que les papiers français viennent de révéler: que dans les conférences qui ont eu lieu l'hiver dernier à Selz, entre l'ex-Directeur *François de Neufchâteau* et M. *le comte de Cobentzl,* ce dernier avait proposé à la France de la laisser s'emparer du Piémont, dont le souverain n'était ni mort ni détrôné, moyennant la cession de Mantoue, et d'une partie de la Cisalpine ou du Milanais, qui serait rentrée sous la domination de la maison d'Autriche. » (Note secrète envoyée de Berlin à Londres, janvier 1798.)

menaient alors les affaires : M. de Hardenberg pour la Prusse et le comte Louis de Cobentzl pour l'Autriche ; ils avaient en face les plénipotentiaires français, sans tenue, menaçant plutôt qu'ils ne négociaient, et en diplomatie, les hommes froids, réfléchis, gardent naturellement une supériorité sur la colère qui bouillonne par éclat. Plus tard je dirai la catastrophe qui finit le congrès de Rastadt.

Au nord la confédération germanique comptait quelques cités libres et commerciales, car il y avait tous les éléments dans cette constitution : telles étaient Hambourg, Lubeck, Altona, si renommées dans le moyen âge par leurs ligues et anses commerciales. Elles formaient, pour le nord de l'Europe, des républiques municipales comme Gênes et Venise pour le midi; la Révolution française absorba leur indépendance, car elle ne respectait aucune relique des vieux temps. Les villes libres d'Allemagne fixaient l'attention du Directoire sous plus d'un rapport : riches et commerçantes, elles pouvaient par conséquent fournir des subsides, des emprunts forcés au Directoire et à ses avides agents. Ensuite, Hambourg possédait des journaux libres et indépendants, qui répandaient les nouvelles sur tout le continent Européen ; quelques articles du *Correspondant* jetaient de l'inquiétude sur les négociations de la République; le ministre français à Hambourg était sans cesse occupé à exiger l'insertion des notes relatives aux intérêts du Directoire. Enfin, les émigrés royalistes avaient placé le siège de leurs intrigues à Hambourg; ils s'agitaient contre les idées et les principes de la Révolution française, ils poursuivaient de leur sarcasme la République. Dans les cités libres, il y avait une agence de Louis XVIII, active et toujours éveillée sur les actes du gouvernement, la banque était dépositaire des fonds anglais ; on ne doit pas s'étonner si le Directoire se montrant impératif menaça de détruire la ligue anséatique, confédération commerciale de républiques et de municipalités. En déclarant que la banque était dépositaire d'immenses fonds d'Angleterre, les agents du Directoire exigeaient incessamment des contributions de la ville de Hambourg ; M. Reinhard fut chargé de demander 12 millions à la ligue anséatique et la fermeture de l'Elbe [1].

Les anciennes traditions de la diplomatie donnaient une vive attention à l'alliance turque ; ce n'était pas seulement sous le point de vue commercial, que les rapports de la France étaient intimes avec le divan ; les rois, depuis François Ier, mettaient un grand intérêt à maintenir les franchises des comptoirs français dans toutes les échelles du Levant ; ils voulaient aussi, par l'alliance turque, compléter l'équilibre des États européens. Au moyen de la Porte ottomane, la France contenait l'Autriche et la Russie ; des intérêts communs avaient rapproché la monarchie et le divan dans un même système, et tel fut le sens diplomatique de toutes les capitulations depuis le XVIe siècle. M. de Choiseul-Gouffier avait l'ambassade de Constantinople, lorsque le sceptre de Louis XVI fut brisé. Le sultan Sélim était trop éloigné des idées et des émotions de la Révolution française, pour se préoccuper vivement des événements arrivés dans la monarchie ; la mort d'un

---

[1] « Un courrier vient d'arriver de Paris, et apporte au ministre de France, Reinhard, l'ordre de demander, au nom de la République française, en forme d'emprunt, une contribution de 12,000,000 aux villes de Hambourg, de Lubeck et de Brême, et la cession, pour un temps, du port de Cuxhaven, dont la possession assurerait la fermeture à l'Angleterre de l'embouchure de l'Elbe. » (Dépêche d'un agent anglais à son gouvernement.)

roi pouvait-elle frapper l'imagination de ces peuples habitués aux révolutions du sérail? La fatalité n'était-elle pas la loi de tout musulman fidèle? Ce qui arrivait était comme un de ces grands coups de Dieu devant lesquels le croyant doit baisser la tête. Aussi la Turquie n'avait-elle pris aucune part aux premières coalitions contre la République.

Toutefois l'action diplomatique ne manqua point pour éloigner la Turquie de l'alliance française; dès l'instant que la République fut proclamée, les légations Russe, Autrichienne et même Prussienne, à Constantinople, s'agitèrent considérablement pour tuer l'antique influence de la France : quand M. de Sémonville fut désigné pour remplacer M. de Choiseul-Gouffier, l'internonce impérial, baron de Herberg, fit près du divan les instances les plus vives pour que le nouvel ambassadeur ne fût point admis; il dénonça M. de Sémonville comme un fougueux Jacobin, et cette note reste comme un monument de colère diplomatique[1]. La Porte ne prêta qu'une attention médiocre à ces démarches de l'Autriche; elle avait été si souvent trompée par les cabinets de Vienne et de Saint-Pétersbourg ! la République avait d'ailleurs, à Constantinople, un agent d'une grande activité, M. Verninac de Saint-Maur avec

---

[1] « La faction sanguinaire des Jacobins, voulant souffler partout l'esprit de discorde et d'anarchie dont elle est animée, vient d'expédier à Constantinople un de ses membres les plus dangereux, nommé Sémonville, homme tellement noté par la perversité de ses principes, que plusieurs cours ont déjà décliné ou refusé de l'admettre en qualité de ministre, et même sur leur territoire. Les projets exécrables de cet émissaire, connus de la cour impériale et royale, ne tendent à rien moins qu'à renverser l'harmonie parfaite, si heureusement rétablie entre ces deux empires, pour préparer une diversion favorable à des hordes de scélérats, que Sa Majesté impériale travaille, de concert avec ses augustes alliés, à mettre hors d'état de bouleverser l'Europe entière. » (Note de l'internonce impérial, baron de Herberg, du 9 août 1792, à la Porte ottomane.)

le titre de chargé d'affaires de France; il parvint à exercer sur le divan une influence telle qu'il renouvela ses anciens traités comme au temps des rois et de la monarchie [1].

Tout à coup surgit un événement qui vint éclairer la Porte sur les intentions envahissantes de la Révolution française même à l'égard de ses alliés; je veux parler de l'expédition d'Égypte confiée au général Bonaparte. Il a été déjà dit dans ce livre que l'occupation de l'Égypte par la France n'était pas une idée neuve; elle avait été développée en plusieurs circonstances sous le ministère du duc de Choiseul. On prévoyait déjà un démembrement de l'empire Turc, et l'Égypte paraissait une excellente colonie pour la France. Cette idée se reproduisit naturellement pour balancer la prépondérance anglaise. Un mémoire, qui date des premiers temps de la République, propose aussi d'établir sur le Nil une colonie française, afin de remplacer toutes les îles à sucre que la Révolution avait fait perdre et d'ouvrir un débouché pour les manufactures en Afrique : « on peut faire de l'Égypte comme une place d'armes, pour se jeter sur l'Inde et soulever les Marattes. » Bonaparte, en Italie, avait déjà conçu ses grands desseins sur l'Égypte, il jetait même les yeux sur l'Albanie; il en écrit d'une manière pressante au Directoire [2]. « Il faut

---

[1] M. Verninac de Saint-Maur, qui était chargé d'affaires de France en Suède depuis 1792, fut nommé en 1795, par le Comité de salut public, envoyé extraordinaire auprès de la Porte ottomane, où il remplaça Descorches Sainte-Croix. M. Verninac fit imprimer et distribuer une gazette française à Constantinople. Le grand-visir lui donna le titre de *citoyen* qu'il prononça en français, le mot n'ayant pu être traduit en turc. Cet envoyé notifia à la Porte les traités conclus avec la Prusse, la Hollande, l'Espagne et la Toscane; il détermina l'envoi d'un ambassadeur permanent à Paris, dans la personne de Seïd-Aly-Efendi.

[2] « L'empire des Turcs s'écroule tous les jours. La possession des îles de Corfou, de Zante et de Céphalonie nous mettra à même de le soutenir autant que cela sera possible, ou d'en prendre notre part. »

veiller, s'écrie-t-il, car l'empire des Turcs s'écroule [1]. »
Dans une séance solennelle à l'Institut, M. de Talleyrand
développa la pensée d'une colonisation de l'Égypte :
« Il faut se préparer à établir des colonies nouvelles;
notre situation intérieure rend un déplacement d'hommes nécessaires. Ce n'est pas une punition qu'il s'agit
d'infliger, mais un appât qu'il faut présenter; et combien
de Français doivent naturellement adopter l'idée d'un
établissement dans des contrées éloignées ; combien en
est-il pour qui un ciel nouveau est devenu un besoin;
et ceux qui, restés seuls, ont vu tomber sous le fer des
assassins tout ce qui embellissait pour eux la terre natale,
et ceux pour qui elle est un monde, et ceux qui n'y
trouvent que des regrets et ceux qui n'y trouvent que
des remords ; et cette multitude de malades politiques,
ces caractères inflexibles qu'aucun revers ne peut plier,
ces imaginations ardentes qu'aucun raisonnement ne
ramène ; et ceux qui se trouvent toujours trop resserrés
dans leur propre pays, et les spectateurs aventureux,
et les hommes qui brûlent d'attacher leur nom à des
découvertes, à des fondations de villes, à des civili-
sations, pour qui la France constituée est trop calme ;

---

[1] « Les temps ne sont pas éloignés où nous sentirons que, pour détruire véritablement l'Angleterre, il faut nous emparer de l'Égypte. Le vaste empire ottoman qui périt tous les jours nous met dans l'obligation de penser de bonne heure à prendre des moyens pour conserver notre commerce du Levant... » (Dépêche confidentielle du général Bonaparte, datée de Montébello, le 16 août 1797, à M. de Talleyrand.)

M. de Talleyrand répond : « Rien au reste n'est plus important que de nous mettre sur un bon pied en Albanie, en Grèce, en Macédoine et autres provinces de l'empire turc d'Europe, et même dans toutes celles que baigne la Méditerranée, comme notamment l'Égypte qui peut nous devenir un jour d'une grande utilité. Le Directoire, en approuvant les liaisons que vous avez établies avec le pacha Ibrahim et la nation albanaise, désire que vous fassiez connaître le peuple français au reste des provinces turques, d'une manière qui tôt ou tard puisse tourner à leur profit et au nôtre, et au désavantage de nos communs ennemis. » (M. de Talleyrand au général Bonaparte, 23 août 1797.)

ceux enfin qui ne peuvent se faire à des égaux ni à aucune dépendance. »

D'après toutes ces explications, qui pouvait douter encore du but final de l'expédition d'Égypte quoiqu'on s'efforçât de le tenir profondément secret? Lorsque la nouvelle de la prise de Malte arriva dans Constantinople, des proclamations du général Bonaparte eurent pour but d'exalter cette conquête aux yeux de la Porte; les chevaliers dont on venait de briser les épées et d'abaisser l'étendard, n'étaient-ils pas ces ennemis du croissant, qui poursuivaient à outrance le commerce et la marine turque? La France ne venait-elle pas de rendre un service signalé à la Porte? Quoi de plus utile à la loi de Mahomet que de briser Malte, qui avait fait tant de mal à l'islamisme quand ses galères à mille rames arrêtaient les fidèles et les croyants [1]? Ces proclamations suivirent la prise de possession d'Égypte; on avait aussi le soin d'expliquer quels étaient les motifs de cette invasion subite; les Français arrivaient comme amis de la Porte, pour affranchir les rives du Nil de la domination odieuse des Mamelouks; Bonaparte se dit l'admirateur du Prophète, et l'enthousiaste sectateur de l'islamisme; tel fut son langage. Mais était-il difficile à l'Angleterre de dissuader la Porte pour l'entraîner à ses propres desseins [2]? N'avait-elle pas les moyens de prouver que les Français s'emparaient de l'Égypte, avec l'intention formelle de la dominer, afin de se porter sur l'Inde; tout ne constatait-il pas l'esprit de conquête définitive et de souveraineté absolue? Les Français s'établissaient en Égypte sans volonté de retour; ils admi-

---

[1] Tel est le sens de la première proclamation du général en Égypte.

[2] L'Autriche, la Russie, l'Angleterre, se hâtèrent d'éclairer la Porte sur les projets de la France, par des notes simultanées.

raient ces monuments immenses, ces villes de colosses, ces aiguilles et ces pyramides qui touchaient les cieux; ils avaient là des savants, des administrateurs, tous les éléments d'une colonie agricole, et d'un poste militaire (comme ils le disaient) pour lutter ensuite contre les colonies anglaises de l'Inde. Quand cette situation fut bien constatée aux yeux de la Porte ottomane, il ne fut point difficile de la séparer de son alliance antique avec la France. L'Angleterre obtint le résultat qu'elle espérait; le grand-vizir marcha sur l'Égypte; la Turquie se mit en quelque sorte à la solde du cabinet britannique et à la suite de la Russie. De là résultèrent des méfiances inquiètes contre la politique française; l'Angleterre les mit à profit pour ses idées de coalition, et quand l'Autriche et la Russie armèrent contre le Directoire, on vit avec surprise une armée musulmane marcher de concert sous les deux aigles qui devaient un jour peut-être se disputer de leur bec d'or les dépouilles du croissant. Les Turcs, pour la première fois, prirent une part active à la coalition contre la France, et ces souvenirs ne s'effacèrent jamais dans la pensée du divan.

Si l'expédition d'Égypte frappait la vieille alliance de la Porte ottomane et de la France, elle réveillait la vive et profonde admiration que le sultan Tippoo-Saëb portait au pavillon français! Mélancolique histoire que celle de ce nabad qui, le dernier, défendit l'indépendance de l'Inde! Les campagnes du bailli de Suffren avaient partout répandu le nom de France; Tippoo-Saëb voua, dès son origine, une haine profonde aux Anglais; il les combattit jusqu'au dernier soupir. Quand la République fut proclamée, le sultan demanda des secours, il s'adressa au Comité de salut public, au Directoire après lui[1]. Bonaparte toucha l'isthme de Suez et il écrivit, à son tour, au sultan, pour lui annoncer sa prochaine arrivée. Tippoo demandait 1,500 hommes de toutes armes, une flotte au pavillon français sur la côte; toutes les conquêtes devaient être partagées entre les deux nations; on devait même envahir les colonies portugaises pour que chacun trouvât une forte et grande indemnité. Lorsque ces projets furent connus, le cabinet de Londres se réveilla dans toute son activité; l'Inde fut couverte de ses flottes; lord Wellesley, gouverneur, abandonna les délices de sa grande cour de Calcutta et marcha contre Tippoo. Qui n'a vu les belles gravures anglaises sur la triste fin de Tippoo, le sultan de l'Inde; ces figures marquées aux caractères graves et douloureux; ces Indous tristes et dévoués à leur prince, couverts de cuirasses d'écaille, comme les anciens chevaliers; fiers

---

[1] J'ai trouvé copie d'une lettre de Tippoo sultan, adressée au Directoire:

« Le Circar Coudadad au Directoire exécutif, représentant la République française, une et indivisible, à Paris.

« Au nom de l'amitié que le Circar Coudadad et sa nation vouent à la République française, laquelle amitié et alliance dureront autant que le soleil et la lune brilleront dans le ciel, et seront si solides que les événements les plus extraordinaires ne pourront jamais la rompre ni la désunir.

« Les Anglais, jaloux de la liaison et de l'amitié qui régnaient depuis long-temps entre mon Circar et la France, se sont réunis aux Marattes, à Nizam Ali-Kan, et à mes autres ennemis, pour me déclarer une guerre aussi odieuse qu'injuste, qui a duré plusieurs années, et dont les résultats ont été si funestes pour moi qu'il m'en a coûté mes plus belles provinces, trois courreaux et trente lacs de roupies.

« La République n'ignore certainement aucune de ces circonstances malheureuses, et combien j'ai fait d'efforts pour disputer pied à pied le pays que j'ai été obligé de céder à nos ennemis communs. Je n'aurais pas été forcé à des sacrifices aussi cruels si j'avais été secouru par les Français, mes anciens alliés, qui, trompés par le projet perfide de Conway, gouverneur général à Pondichéry, qui trama et ourdit avec Campbell, gouverneur de Madras, l'évacuation de la place qu'il commandait. Elle voudra sans doute, en chassant les Anglais de leurs riches possessions de l'Inde, réparer la faute de son ancien gouvernement.

« Étant depuis long-temps animé des mêmes sentiments, je les ai fait exprimer au gouvernement de l'Île-de-France par l'organe de deux ambassadeurs, dont je viens de recevoir, à ma grande satisfaction, des réponses telles que je les désirais, ainsi que le drapeau républicain, par le chef de brigade Chappuis et le capitaine de vaisseau Dubuc, qui m'ont amené les faibles secours que les circonstances ont permis au général Malartic et au contre-amiral Sercey de m'expédier en soldats et officiers. »

de courage dans cette terre de mollesse et de parfums, ils opposent la pique aux baïonnettes anglaises. Que de pleurs n'arrache pas le spectacle de ce sultan blessé à mort, de ces fils, vêtus de blanc, qui abaissent leurs fronts assombris devant lord Wellesley pour implorer le pardon de leur cause, et puis les funérailles du sultan Tippoo, ses esclaves couverts de deuil, qui défilent à travers les baïonnettes et les régiments écossais. Au milieu de ce cortége, se trouve un jeune officier aux traits fortement marqués de la race britannique; il contemple le lugubre spectacle qui se déploie devant ses yeux ; cet officier est le propre frère de lord Wellesley ; alors simple colonel d'un régiment, il assistera plus tard, comme feld-maréchal et duc de Wellington, à la chute d'un autre empire plus puissant et plus glorieux.

En dehors du continent et pourtant mêlés à ses intérêts, les États du nord d'Amérique avaient considérablement grandi depuis leur émancipation; la république américaine devait son existence à la monarchie des Bourbons, et le gouvernement calculateur des États-Unis avait pris pour principe, de ne jamais se décider dans les questions diplomatiques que par l'intérêt. Les États de l'Union avaient leur fortune à faire, leur indépendance à assurer; ils s'alliaient avec les républiques comme avec les despotismes. Les principes leur étaient indifférents pourvu que leur commerce s'accrût; ils avaient pris les bienfaits de la monarchie, ils saluèrent, sous Washington, la république naissante; mais à peine la guerre fut-elle déclarée entre la Grande-Bretagne et la France que les États-Unis publièrent leur déclaration de neutralité, et tel fut l'effet de la Révolution française, que Washington, dans la crainte des démagogues, se rapprocha de l'Angleterre, la mère-patrie, naguère si vigoureusement frappée pas ses enfants. Le parti français se trouvait ainsi entièrement vaincu, et le représentant de la Convention, M. Fauchet, déploya en vain une activité remarquable; l'alliance anglaise fut consommée; le Directoire, vivement affecté, prit des mesures sévères contre le pavillon américain, et l'on vit ainsi deux républiques en lutte. Il y eut un échange de notes et de discours menaçants, et quand les États-Unis envoyèrent en France une députation composée de MM. Pinckney et Gerry, le Directoire refusa de traiter avec eux. Il se passa à cette occasion des mystères honteux et étranges, qui marquent un peu l'histoire politique du Directoire! A peine les envoyés des États-Unis arrivaient-ils à Paris qu'on les environna de toutes parts pour exiger d'eux les redevances accoutumées que toutes les puissances payaient aux amis des Directeurs. Avant d'être acceptés on demanda aux plénipotentiaires américains un emprunt de 24 millions pour la République, et une faveur de 50,000 livres sterlings pour les membres du Directoire. Les envoyés du congrès n'avaient aucun pouvoir sur ce point; ils écrivirent une dépêche à leur gouvernement pour demander ses instructions; les journaux anglais la rendirent publique. M. de Talleyrand et ses amis furent étrangement compromis dans cette affaire; certains noms de négociateurs ne furent plus un mystère [1], et l'Angleterre profita de cette circonstance pour resserrer ses liens d'intimité avec Washington et le gouvernement de son ancienne colonie.

En contemplant l'aspect général des grandes et des

---

[1] Le public désignait à cette époque MM. de Monteron, de Saint-Foix, André d'Arbelles et madame de Vaudabon, comme les émissaires confidentiels de M. de Talleyrand, et qu'on supposait avoir agi aussi dans cette circonstance délicate.

petites souverainetés [1] de l'Europe, on devait reconnaître que les intérêts s'étaient modifiés de cabinet à cabinet, devant le grand danger de l'invasion française. Il ne s'agissait plus du vieux droit public, souvenir

---

[1] Pour l'utilité pratique des diplomates, je résume ici la longue série des traités conclus depuis l'origine de la République jusqu'à l'époque du Consulat (1793-1799).

Un traité d'alliance entre l'Angleterre et la Russie est signé à Londres, le 25 mars 1793.

Un traité, signé à Aranjuez, établit l'alliance de l'Espagne et de l'Angleterre contre la France, le 18 mai 1793.

Le traité de La Haye entre les rois d'Angleterre, de Prusse et les états-généraux des Provinces-Unies, est conclu le 19 avril 1794.

Une déclaration est signée le 3 janvier 1795, à Saint-Pétersbourg, entre l'Autriche et la Russie, touchant le dernier démembrement de la Pologne.

Un traité de paix est signé entre la France et la Toscane, le 9 février 1795.

Un traité de paix entre la République française et le roi de Prusse est signé à Bâle, le 5 avril 1795, par François Barthélemy et le baron de Hardenberg.

Un traité de paix et d'alliance entre la France et les Provinces-Unies est signé à La Haye, le 16 mai 1795.

Un traité entre la France et le roi de Prusse est conclu à Bâle, le 17 mai 1795.

Un traité de paix entre la France et l'Espagne est signé à Bâle, le 22 juillet 1795, par François Barthélemy et don Domingo Yriarte.

Le traité de Saint-Pétersbourg détermine le troisième et dernier partage de la Pologne, entre la Russie, l'Autriche et la Prusse, le 24 octobre 1795.

Un armistice est accordé au pape par le général Bonaparte, et signé à Bologne, le 21 juin 1796.

Le traité de Berlin est conclu entre la République et le roi de Prusse, le 5 août 1796, relativement à une ligne de démarcation qui assure la neutralité du nord de l'Allemagne.

Un alliance offensive et défensive est signée à Saint-Ildefonse, le 18 août 1796, entre la France et l'Espagne. Les signataires sont le général Pérignon et don Manuel Godoï.

Un traité de paix est signé à Paris, le 10 octobre 1796, entre la République et Ferdinand IV, roi des Deux-Siciles.

Le traité de paix de Tolentino (bourg de la Marche d'Ancône) est conclu, le 19 février 1797, entre la République et le pape.

Un traité d'alliance est signé à Turin, le 5 avril 1797, entre la France et le roi de Sardaigne.

Un traité de paix entre la France et le Portugal est signé à Paris, le 10 août 1797.

Le traité de paix de Campo-Formio, hameau de Frioul, près d'Udine, est conclu le 17 octobre 1797.

Une convention militaire est signée à Rastadt, le 1er décembre 1797, entre le général Bonaparte et le comte Louis de Cobentzl.

On conclut, le 29 janvier 1798, le traité de réunion de Mulhausen (Haut-Rhin), ville libre et confédérée de la Suisse, au territoire français.

Un traité d'alliance entre la République française et la république Cisalpine est conclu à Paris, le 21 février 1798.

Un traité du 26 avril 1798 réunit Genève à la France.

Un traité d'alliance offensive et défensive entre l'empereur et le roi des Deux-Siciles est signé à Vienne, le 14 août 1798.

Un traité entre la République et la république Helvétique est signé à Paris, le 19 août 1798.

La Porte déclare la guerre à la France, et conclut le 12 septembre 1798 une alliance offensive avec la Grande-Bretagne et la Russie.

Un traité d'alliance entre la Russie et les

caressé par quelques diplomates; on conservait à peine mémoire des traditions régulières du xvii⁰ et du xviii⁰ siècles. Un fait immense avait éclaté, la Révolution française débordait partout; avec une exubérance de forces qui se répandaient sur l'Europe; à travers les élans sublimes du talent et du courage, il y avait je ne sais quoi de fatal et de désorganisateur dans ces guerres d'extermination, qui jetaient les peuples les uns sur les autres. Qui aurait pu retrouver la France des vieux temps? Qui aurait pu rechercher la politesse et l'urbanité de la chevalerie dans ces batailles gigantesques? C'étaient la violence et la force mélangées à ces grandeurs d'une génération qui se retrempe dans les idées de république et de liberté!

Deux-Siciles est signé à Pétersbourg, le 29 novembre 1798.

Un traité est conclu à Naples, le 1er décembre 1798, entre la Grande-Bretagne et les Deux-Siciles.

Un traité d'alliance et de subsides est conclu entre la Russie et l'Angleterre contre la France, le 18 décembre 1798.

Un traité d'alliance défensive entre la Russie et la Porte est signé à Constantinople, le 23 décembre 1798.

Un traité d'alliance entre la Porte et le roi des Deux-Siciles est conclu contre la France, le 21 janvier 1799.

Un traité de subsides est conclu entre la Russie et la Grande-Bretagne, le 22 juin 1799, pour une expédition en Hollande.

CHAPITRE IV.

ESPRIT DES POPULATIONS DE L'EUROPE

A LA FIN DU XVIIIe SIÈCLE.

Influence de la philosophie et de la langue française. — Études des idées républicaines. — La vieille Rome. — Action de l'esprit littéraire. — Fermentation de l'Irlande, de l'Écosse et de l'Angleterre. — Littérature allemande. — Schiller. — Goëthe. — Wieland. — Kotzebuë. — Origine des sociétés secrètes. — L'Italie. — Alfieri. — Lutte de l'esprit catholique et de la philosophie.

1794 — 1799.

L'esprit des populations, leurs études fortes et chéries, influent toujours sur la marche des événements politiques ; en vain un gouvernement lutte contre la tendance des opinions, il les subit tôt ou tard. La situation des idées et de la philosophie en Europe avant le Consulat, a besoin d'être exactement connue pour s'expliquer l'histoire des pouvoirs ; l'esprit des peuples commande les résolutions en politique ; aucune autorité n'échappe à la puissance, aux caprices même de son temps. Il y avait une si imminente action des idées sur les faits depuis cinquante années ! l'expérience sanglante avait-elle éclairé toute une génération !

L'esprit du xviiie siècle, vaste action de l'intelligence qui démolissait tout, n'avait rien de restreint et de local ; l'universalité de la langue française répandit dans le monde les productions de cette littérature si hardie dans sa pensée, si brillante dans son expression. Les génies qu'avait produits la France jetaient un si vif éclat, qu'on voulut les étudier et les prendre pour modèle ; ainsi la démocratie des idées prépara la démocratie des gouvernements ; l'esprit moqueur des philosophes répandit le doute et l'incrédulité. Qui ne connaissait les immenses productions de Voltaire, de Rousseau, d'Helvétius, de Diderot et du baron d'Holbach, leur système sur la nature et la sociabilité humaines. Tout n'était-il pas destiné à préparer un grand changement, depuis le *Contrat social* jusqu'à ce spirituel *Mariage de Figaro*, la folle journée, persifflage sur les devoirs de la famille, la vertu de la femme et l'immoralité du grand monde? A la fin du XVIIIe siècle, on ne parlait en Europe que des droits de l'homme, des priviléges des citoyens, de la liberté, fille de la raison; on déclamait partout contre la tyrannie du gouvernement monarchique, et chose inouïe dans l'histoire, les rois eux-mêmes favorisèrent les pamphlets dans lesquels étaient confondus le despotisme et le pouvoir, les tyrans et les monarques. Frédéric de Prusse et Catherine II félicitaient Voltaire sur les tragédies de Brutus et de la Mort de César, et à leur tour, les gentilshommes féodaux, par un caprice non moins bizarre, appelaient l'égalité des conditions et la philosophique émancipation du peuple ; ils croyaient faire un simple jeu d'esprit, ils préparaient une révolution. A cette époque, il fut de bon goût parmi les souverains de faire de la littérature et du théâtre ; on briguait la conquête d'une province à côté d'un titre académique ; Catherine II fit des vaudevilles, des pièces à proverbes[1]. Voltaire auprès

---

[1] Catherine II, en revenant de la Crimée, en 1787, voulut faire jouer chez elle, à l'Ermitage, des pièces et proverbes qui n'eussent été représentés sur aucun théâtre ; elle engagea plusieurs des personnes qui l'avaient suivie en Tartarie, à en composer ;

de Frédéric II s'occupait de politique et discutait les intérêts de la France [1]. Les princes devenaient littérateurs et les littérateurs devenaient souverains. Tout était bouleversé dans les opinions, sous le règne des belles-lettres; le seul roi du XVIIIe siècle, ce fut Voltaire, sa couronne de poëte était bien au-dessus de celle de prince, la seule aristocratie fut celle des encyclopédistes, aristocratie hautaine, impitoyable, coterie intolérante qui laissait mourir Gilbert à l'hôpital. Il vint à la mode de parler incessamment des républiques romaines et de ce monde antique où brillaient les images de Cassius et de Brutus. On n'eut d'admiration que pour des mâles vertus qui remuaient le poignard au nom de la liberté; il se fit une transformation d'habitudes en Europe; on brisa les images des ancêtres, la vieille origine féodale de la patrie; on eût dit que la génération avait honte de ses aïeux, et qu'elle ne pouvait vivre que des imitations de la Grèce et de Rome; nul n'osa défendre les Francs à la framée retentissante, les blasons conquis sur le champ de bataille. Cette influence s'étendit du théâtre aux arts, de l'architecture à la musique; l'idée républicaine et

---

et pour les encourager par son exemple, elle écrivit elle-même rapidement quelques proverbes. Une très bonne troupe de comédiens, parmi lesquels étaient le célèbre Aufrêne et Fastier, élève de Préville, jouaient ces pièces devant un petit nombre d'auditeurs, seuls admis à ces représentations. Les auteurs qui y travaillèrent étaient l'impératrice; le comte de Cobentzl, ambassadeur de l'empereur; L. P. de Ségur, ministre de France; le prince de Ligne, général autrichien; Alexandre Momonof, favori de Catherine; le comte Strogonof, sénateur; Iwan Schwalof, grand-chambellan; d'Estat, Français attaché au cabinet de l'impératrice, et la fille d'Aufrêne. Lorsqu'on eut joué un certain nombre de ces pièces, Catherine fit faire à l'Ermitage, quelques copies de cette collection. Je possède une de ces copies.

[1] « Le roi trouvait bon que je lui parlasse de tout, et j'entremêlai souvent des questions sur la France et sur l'Autriche, à propos de l'Énéide et de Tite-Live. La conversation s'animait quelquefois; le roi s'échauffait et me disait que tant que notre cour frapperait à toutes les portes pour obtenir la paix, il ne s'aviserait pas de se battre pour elle. Je lui envoyais de ma chambre à son appartement mes réflexions sur un papier à mi-marge. Il répondait sur une colonne à mes hardiesses (Mémoires de Voltaire, liv. v).

philosophique fut partout jetée dans l'éducation; elle germa avec plus ou moins d'effervescence; la Révolution de 1789, les idées qui dominèrent les assemblées constituante et législative, depuis longtemps populaires dans les esprits, ne furent que proclamées par les codes et les discussions de tribune. La philosophie du xviii⁰ siècle s'infiltra partout, dans les lois, dans les constitutions; elle se répandit en Europe, et il y eut une folie d'imitation, une joie universelle de démolir le passé. Les assemblées politiques consacrèrent les principes de tout un siècle.

Cependant le spectacle de la Révolution française et de l'action sanglante des premières époques, avait porté un correctif dans l'esprit des peuples; on ne croyait pas à cette application sauvage des théories; ce désordre organisé, cette lutte où se heurtaient le pouvoir et les intérêts, ce sang répandu à foison, avaient comprimé quelques-uns des élans populaires dans les contrées de l'Europe; partout où se présentait le drapeau tricolore, il y avait une désorganisation complète dans la vieille société; si la pensée démocratique rencontrait quelques partisans parmi les classes infimes et pauvres, dans ces professions qui vivent de la parole ou des changements de propriétés, ou bien dans les imaginations vives et poétiques, les habitants paisibles, ceux qui possédaient la terre, les hommes d'ordre et de conservation la repoussaient avec énergie; la propagande révolutionnaire s'annonçant d'ailleurs par l'impôt de guerre et l'emprunt forcé. Autant les primitives idées de philosophie et de liberté, les principes politiques de 1789 avaient soulevé de partisans, autant l'esprit révolutionnaire, démocratique et persécuteur, éloignait les propriétaires paisibles, les esprits revenus eux-mêmes de leurs tendances vers la Révolution française; cette lutte se produit pendant l'invasion des pays voisins de la France; la République trouve des partisans et de rudes adversaires, et l'arbre aux trois couleurs ne s'élève qu'au milieu d'une multitude divisée et hostile [1]. Il y a deux peuples : l'un désire vivement la Révolution, l'autre lui est évidemment opposé.

L'Angleterre était soumise plus que toute autre puissance aux orages et aux agitations; les formes de liberté adoptées par son gouvernement favorisaient l'émission de toutes les idées même les plus extrêmes dans le sens démocratique; il y avait des clubs patriotiques, où les toasts les plus audacieux étaient portés à la face du peuple; là se réunissaient ces *meetings* tumultueux, où les orateurs échangeaient des menaces ardentes contre le gouvernement et l'aristocratie. La parole n'avait aucun frein, la presse aucune restriction qu'un jury; ces tumultes se produisaient dans les districts manufacturiers où se réunissaient les masses de travailleurs, réclamant, par des pétitions armées, leur salaire et un labeur plus lucratif. On invoquait les droits de l'homme et de la nature; les ouvriers à la face noircie par le travail, ces hommes qui souffrent pour le luxe et le bien-être de l'aristocratie, levaient l'étendard de la révolte et de l'émancipation; l'heure n'était-elle pas venue?

En présence de la Révolution française et de la Convention énergique, qui appelait l'émancipation de tous, l'Angleterre avait subi les dangers d'une fatale nature; elle vit sa flotte soulevée, ses matelots mutinés contre les officiers, des sociétés séditieuses, partout organisées, secouant toutes les rênes de la discipline; de

---

[1] C'est ce qui se produisit surtout en Belgique, en Hollande, et dans l'Allemagne particulièrement. En Italie, la classe noble fut la plus républicaine.

nouveaux jacobins s'élevant sur ces *meetings*. Rien n'était comparable aux dangers qu'avait courus le gouvernement par suite des excès auxquels le peuple s'était livré ; on fraternisait avec les agents de la Convention, on exaltait les idées françaises, et il fallut toute la fermeté de William Pitt pour comprimer la turbulence radicale des multitudes [1] ; les Jacobins avaient des émissaires et des affiliations ; les conquêtes de la République trouvaient souvent un peuple prêt à les recevoir.

Et que pouvait-on comparer à la situation affreuse de l'Irlande, à cette condition de servage à laquelle on avait réduit la population catholique? Misérable pays! où les idées de révolte se mêlaient à ces besoins impérieux qu'imprime la souffrance du cœur et du corps, de l'âme et de la chair! Les populations catholiques vivaient sous l'oppression, elles arrosaient la terre de leur sueur pour payer la dîme à des ministres d'un autre culte ; rien n'était déplorable comme l'état de désolation de l'Irlande, les droits imprescriptibles des peuples étaient méconnus ; l'esprit de révolte s'agitait facilement au milieu d'un peuple qui ne pouvait respirer à l'aise : « Travaille, pauvre nation opprimée! » tel était le commandement que l'impérieuse Angleterre répétait à l'Irlande abaissée, comme s'il s'agissait d'une colonie. Et combien cette situation ne devait-elle pas favoriser les tentatives de l'esprit révolutionnaire? Quand le droit se mêle à l'idée de liberté, la fièvre populaire est puissante! Il y avait des chefs de sédition tout trouvés en Irlande, des hommes de force et de résolution qui se proposaient un soulèvement contre les oppresseurs religieux et politiques ; ils se montraient sans masque, car

---

[1] Pitt obtint du parlement la suspension de l'habeas corpus, la proclamation de l'alien-bill ; la presse seule resta libre, comme la dernière garantie.

ils combattaient pour la liberté de la patrie et la foi religieuse, ils avaient derrière eux toute la population des laboureurs. Trois nationalités distinctes divisaient la Grande-Bretagne : l'Écosse, l'Irlande et l'Angleterre [1]; mais c'était l'Irlande surtout qui excitait la plus vive attention de la République française; le Directoire y entretenait des agents actifs pour y préparer un système de fraternisation [2]; les Irlandais eux-mêmes visitaient les clubs de Paris, et offraient un soulèvement pour seconder les armes de la Révolution. Plus d'une fois la République avait annoncé une expédition en Irlande, et telle était la mission secrète de ce qu'on appela l'armée d'Angleterre, un moment commandée par le général Bonaparte; des flottes étaient préparées dans les ports de l'Océan; il y eut plusieurs corps de troupes dirigés sur l'Irlande. Le jeune Hoche obtint le commandement d'une armée expéditionnaire; les flots de la tempête s'étaient soulevés pour empêcher ce débarquement de l'escadre républicaine; on entendit pourtant les magnifiques chants de *la Marseillaise* sur le rivage de

---

[1] « L'idée de république domine les Irlandais; le Directoire exécutif de l'*Union*, dès les premiers mois de 1796, désespérant de réussir dans le projet d'établir une république par la voie d'une réforme, avait dirigé tous ses efforts vers une révolution qui devait s'opérer par un soulèvement à main armée, que seconderait une force étrangère. En conséquence des représentations qu'il adressa au gouvernement français, celui-ci prit la résolution d'envoyer des troupes en Irlande; les offres qu'il fit à cet effet et les conditions qu'il y attacha, furent acceptées par les principaux chefs de l'*Union*, tels que James-Naper Tandy, Archibald-Hamilton Rowen, lord Edouard Fitzgerald, Cornélius Grogan, Bagnal Harvey, Arthur O'Connor, Thomas Addis, Emmet, William M'Nevin, Samuel Neilson, etc... Bientôt le comité dirigeant qu'ils avaient établi, ouvrit une communication directe avec le gouvernement français. M'Nevin, l'un des membres du Directoire de l'*Union*, fut envoyé à Paris avec des instructions pour exposer les dispositions du peuple irlandais, ce qu'il fit avec beaucoup de zèle. Il reçut du Directoire exécutif français les assurances d'un prompt secours. » (Dépêche d'un agent secret à M. de Hardenberg, janvier 1798.)

[2] William Pitt les dénonça en plein parlement; voyez l'admirable exposé que Pitt et Dundas firent de leurs rapports avec la République française; ils furent combattus par Fox et Erskine (*Annual Register*, 1798-1800.)

l'Irlande. Dans ces circonstances périlleuses, quand l'esprit révolutionnaire pénétrait partout, j'ai dit que les Communes prirent les mesures les plus sanglantes pour comprimer la perturbation de l'Irlande, et que Pitt, par une résolution vigoureuse, réunit le parlement irlandais à celui de la Grande-Bretagne. Le grand ministre ainsi prépara une fusion de peuples hostiles dans un commun intérêt : sans cette mesure, l'Irlande eût peut-être été perdue pour l'Angleterre [1].

Sur le continent, les idées révolutionnaires n'avaient pas moins fait de progrès dans les classes actives et remuantes, parmi les âmes rêveuses et patriotiques. Le xviiie siècle ne s'était point circonscrit dans certaines limites étroites et dans une nationalité mesquine ; son universalité était un fait immense, et les paisibles populations de l'Allemagne avaient subi son influence irrésistible comme l'Irlande et l'Angleterre. Sans doute, au milieu de ces peuples agricoles et tranquilles, les idées n'éclataient pas comme la foudre, ne se manifestaient pas par l'insurrection ; mais l'Allemagne si méditative caressait, dans son imagination ardente, les jours d'indépendance et de nationalité ; il se faisait une révolution mystérieuse dans les esprits. La littérature exerçait une puissance d'autorité indicible ; si l'on remarque en Allemagne l'esprit des philosophes, des historiens et des poëtes à la fin du xviiie siècle, on pénétrera sans peine les causes premières de cette agitation profonde qui domina la société, et prépara plus qu'on ne croit la chute de Napoléon, par un retour du sentiment de liberté contre le despotisme ; les mots magiques d'indépendance et d'égalité, les droits de l'homme, la puissance

[1] La belle discussion sur l'émancipation de l'Irlande est rapportée en entier dans l'*Annual Register*.

de la nationalité, toutes ces idées fermentaient dans les têtes illuminées par la philosophie de Kant[1]. Qui n'a lu les beaux drames de Schiller, ces admirables déclamations contre l'ordre social tout entier, cette brillante argumentation contre les gouvernements et les lois humaines? Qui n'attache un indicible intérêt à ce Moore, chef de brigands, dans la sombre et noire forêt, que le poëte vous peint sous des couleurs si brûlantes, à cette âme de feu qui s'est affranchie des lois morales, des préjugés, des habitudes, pour ne conserver qu'un amour pur, et que l'empire de ses passions libres et soudaines? Dans ce drame se profèrent des blasphèmes contre Dieu et d'affreuses analyses de l'homme et la famille, puis de puissants raisonnements contre le pouvoir humain; n'y a-t-il pas de quoi briser toute une société, et bouleverser ses rapports, ses lois, ses coutumes, ses autels[2]. Schiller fait entendre dans Guillaume Tell, les purs accents de la liberté des montagnes; la flèche du libérateur atteint le front de plus d'un despote. Dans Fiesque, c'est le conspirateur hardi, plein de moquerie pour les dangers, méditant la liberté au milieu d'un bal, sous les bougies resplendissantes, dans les quadrilles masqués comme à Venise. Voici maintenant le poëte de la douce composition d'*Intrigue et Amour*, ce drame si pur et si chaste, si rempli en même temps de sentences brûlantes contre les préjugés de naissance et l'inégalité des conditions. Est-il quelque chose de comparable à la jeune fille du musicien, à sa fierté, à son amour? Est-il quelque chose de plus hideux

---

[1] On ne peut parfaitement connaître l'influence de la Révolution française, qu'en étudiant la littérature de l'Europe; les idées facilitèrent la conquête des armes.

[2] On sait que telle fut l'influence de Schiller, que les écoles ne rêvèrent plus que l'organisation de bandes, à l'imitation de Moore.

que ces vieux débris des gentilshommes et des nobles qui se livrent à tous les excès de la tyrannie, de la chasse et du sang, pour dompter une âme qui n'a d'émotions que pour son Charles, jeune Allemand candide et passionné comme l'étudiant rêveur de Leipsick ou de Dresde? Schiller révolutionna plus l'Allemagne que les prédications des clubs; il prit l'esprit allemand par l'exaltation et la rêverie : quel effet ne devait pas faire ce drame sur les imaginations des écoles? Combien ne devait-il pas propager les idées de liberté civile et politique parmi une jeune génération enthousiaste de la raison pure [1] ?

Goëthe, dans son *Faust*, l'homme dépravé, expression de l'épuisement des sociétés modernes, suit toutes les phases de la littérature voltairienne, imitation moqueuse et impie de la philosophie du xviiie siècle; c'est le vieux monde qu'il prend de ses deux mains pour vous le jeter à la face comme un reproche. Dans Wieland, Klosproth, Kotzebuë, partout vous trouverez des causes

---

[1] Je trouve dans une lettre de Weimar, datée de la fin du xviiie siècle, un tableau exact de la littérature allemande.

« M. Goëthe a traduit dernièrement en vers blancs, le Mahomet de Voltaire, qui sera joué sur notre théâtre. On dit que cette traduction a parfaitement bien réussi, et qu'elle contribuera aussi de sa part, à remonter le ton du théâtre allemand, qui est tombé par des scènes trop familières. Dans le dernier numéro des Propylées de M. Goëthe, se trouve des lettres de M. Humboldt sur l'art dramatique des Français, et sur le dernier tableau du C. David; M. Kotzebuë qui passe l'hiver à Weimar, fera jouer demain sa nouvelle tragédie, Gustave Wasa, faite aussi en vers blancs, et dans un genre tout à fait nouveau. *Marie Stuart*, tragédie nouvelle de M. Schiller, sera terminée aussi dans quelques semaines. M. Leberden publiera la suite de son *Examen de la philosophie de Kant*; et ce n'est qu'après avoir livré un combat à mort à cette philosophie qui a fait tourner la tête à presque tous nos jeunes gens, qu'il achèvera son Persépolis. M. Wieland nous donnera encore une preuve de la force de son génie, en composant un ouvrage plein d'aménité et d'érudition; c'est la vie du célèbre philosophe grec *Aristippe et de ses contemporains*, en forme de correspondance; on gagerait que c'est une traduction du grec; tout y respire les mœurs et les manières des Grecs; c'est encore un ouvrage dans le goût d'Anacharsis, mais frappé au coin d'un génie tout à fait original. M. Kotzebuë s'est engagé, par contrat formel; et un Français appelé Du Van, professeur dans l'institut de Mounier, au Belvédère, s'occupe à traduire ici les nouvelles pièces de ce grand auteur dramatique.

actives de cet esprit révolutionnaire qui éclata plus tard par les sociétés secrètes, après cette préparation longue de date; il règne je ne sais quoi de mystique dans toutes ces productions; elles annoncent une régénération prochaine et sociale. On sent que tout fermente, la société vieillie s'en va; c'est un drame qui finit pour la génération allemande; elle rêve un temps meilleur, un air plus épuré au milieu de ces âmes épuisées, et cet esprit de changement ne devait-il pas favoriser les idées nouvelles, la liberté et la nationalité germaniques? Seulement cette liberté ne fut pas d'emprunt comme en France où l'on copia Brutus et Cassius; elle prit ses émotions dans le souvenir de la patrie, dans l'image d'Arminius qui défendit les autels de la vieille Germanie, les cités libres et les sombres habitants des forêts sacrées [1].

Ainsi fut l'époque où l'Allemagne se couvrit de sociétés secrètes, mystérieuses réunions pour le salut de la nationalité. En Angleterre tout était public, tout retentissait dans les clubs par la parole; en Allemagne on préférait l'association ténébreuse; l'esprit fantastique de la Germanie se complaisait dans ces mystères renouvelés du tribunal secret. Si les vieux gentilshommes territoriaux s'étaient prononcés contre la Révolution française, s'ils poussaient les cours de Berlin et de Vienne à prendre parti contre elle, la bourgeoisie était neutre avec une immense tendance pour les améliorations sociales et les idées jeunes d'égalité et d'émancipation; tous souhaitaient la nationalité allemande, un avenir d'égalité civile et politique; les jeunes hommes des écoles, les étudiants aux blonds cheveux, nourrissaient leur esprit de cette littérature exaltée qui imprimait un caractère

---

[1] L'histoire de l'école allemande, depuis 1795 jusqu'en 1815, serait un des beaux travaux pour les études sociales et une explication des conquêtes et des revers de la Révolution.

de fanatisme à leurs idées patriotiques. Schiller fut le véritable libérateur, le patriote révolutionnaire de la Germanie. Les étudiants auraient tout sacrifié pour l'Allemagne qui leur paraissait comme la vierge aux yeux bleus de leurs premières amours; les drames de Schiller étaient leur culte; ils en récitaient les strophes dans les longues veillées, quand la fumée s'élevait en longs tourbillons de leurs larges pipes, aux heures des visions fantastiques; les étudiants ornaient déjà leur tête du signe patriotique, leurs mains pressaient des mains par de fortes étreintes; leur vêtement serré d'une lanière de cuir indiquait l'association des uns aux autres [1] dans un but commun, la délivrance de l'Allemagne. Il y avait quelque chose de grave dans ces étudiants; leurs manières étaient tristes car ils s'imposaient un grand devoir; s'ils se laissaient aller au caprice de leur imagination, elle s'éparpillait en jeux vagabonds comme les contes d'Hoffmann; ils peuplaient leur vie de fantômes, de fantastiques images, de sylphes aux robes flottantes qui s'élevaient comme les flammes bleues du punch dans les vastes bols de cristal [2]. Hélas! bientôt devait venir pour ces écoles, la vie de sacrifices et de batailles; ils ne manquèrent point à l'appel de la patrie aux champs de Dresde et de Leipsick.

[1] Aussi le Directoire ne manquait-il pas d'invoquer le patriotisme allemand. « Si, dans les destinées du monde, le gouvernement français a droit de réclamer l'initiative de ce grand mouvement qui couronne la fin du XVIIIe siècle, la reconnaissance leur rappelle que l'honneur des lumières qui éclairèrent la fin du XVIe siècle, appartient à l'Allemagne.

« Germains! hommes libres! nous sommes vos frères; nous le jurons sur nos armes; nous ne venons point troubler cette fraternité sainte, mais, au contraire, en resserrer les liens, en cimenter la durée par la défaite de notre ennemi commun, *la maison d'Autriche*. » (Bernadotte, général en chef, au peuple de la Germanie, au quartier général de Manheim, le 30 ventôse an VII.)

[2] Déjà à cette époque le roi de Prusse prend des mesures sévères contre les sociétés secrètes. « Nous déclarons comme inadmissibles, et défendons par ces présentes, toutes les associations et réunions :

1° Dont le but, ou dont l'occupation prin-

Telle était l'irrésistible influence des idées du xviiie siècle! l'Italie elle-même, avec son organisation religieuse, n'avait pu se préserver de leur contact. Ce pays à l'imagination si vive, prosterné devant le catholicisme, avait néanmoins produit des génies impies et hardis qui avaient vigoureusement attaqué le double édifice de la religion et du trône. Quelques hommes se traînaient dans les dissertations d'érudits sur les antiquités de Rome ou du Latium, mais les âmes impétueuses comme Alfieri se livraient à toutes les déclamations contre le culte et le pouvoir. S'il y a quelque chose qui étonne dans un pays où l'on se vantait d'avoir une censure et une surveillance attentives, c'est la publication du livre d'Alfieri sur *la tyrannie;* rien de plus menaçant ne fut lancé contre les idées religieuses et le gouvernement des peuples [1]. Une sorte de vertige saisissait les âmes; les pouvoirs ne croyaient pas à la puissance de démolition par les idées; les gouver-

cipale, ou accessoire, serait de délibérer sur des changements désirés, ou à faire dans la constitution, ou dans l'administration de l'État, ou sur les moyens d'effectuer ces changements, ou sur les mesures à prendre pour obtenir ce but;

2º Dans lesquelles on promet l'obéissance à des supérieurs inconnus, ou en prêtant serment, ou en donnant la main en remplacement de serment, ou de bouche, ou par écrit, ou de quelque manière que ce soit;

3º Dans lesquelles on voue à des supérieurs connus une obéissance absolue, et sans excepter expressément tout ce qui a rapport à l'État, à sa constitution, ou à son administration, ou à la religion autorisée par l'État; enfin tout ce qui peut porter atteinte aux bonnes mœurs;

4º Qui demandent le secret, ou qui en exigent la promesse pour des systèmes qui doivent être révélés aux membres;

5º Qui ont ou prétendent avoir un but caché, ou se servent, pour atteindre un but annoncé, *de moyens obscurs et de formes occultes, mystérieuses et hiéroglyphiques.*» (Édit du roi de Prusse portant défense de former des associations secrètes, du 20 novembre 1799.)

[1] Voici l'étrange passage que je lis dans Alfieri: « La religion païenne en multipliant les dieux à l'infini, en faisant du ciel une espèce de république, en soumettant Jupiter même aux lois du destin, devait être et fut en effet très favorable à la liberté. La religion juive, et depuis la chrétienne et la mahométane, en admettant un seul dieu, maître absolu de toutes choses, devaient être, ont été, sont encore très favorables à la tyrannie.» (*La Tirannide,* lib. primo, cap. ottavo, page 93.) C'est en Italie que s'écrivaient de pareilles choses.

nements fermaient les yeux pour ne rien voir; il leur semblait que les consciences étaient assez robustes pour supporter cette nourriture républicaine, sans songer au renversement des monarchies; ils faisaient un jeu de ce qui était une révolution. Souvent les pouvoirs éprouvent cet aveuglement profond; ils se croient immortels et jouent avec les sentiments et les opinions, et pourtant une idée suffit souvent pour les réduire en poussière. Rien de comparable à la popularité d'Alfieri; ses tragédies respirent une fougueuse indépendance, les grands rôles sont toujours pour les héros démocratiques, pour la liberté et l'égalité; il exhale une haine implacable contre la tyrannie confondue avec la royauté [1]; fier gentilhomme, il prêche l'égalité; et cet esprit domine à tel point que Métastase lui-même, le doux poëte, le chantre des amours, est obligé de suivre cette impulsion, et de donner aux héros de l'antique Rome un caractère si plein d'intérêt et d'émotion, que tout se rattache à eux quand il reproduit les Brutus, les Cassius, et Caton l'austère patricien de Rome.

L'Italie s'était donc éprise de ces maximes, et cela explique comment il se forma dans son sein un parti patriote favorisant les conquêtes de la République française. Il est besoin de connaître profondément la situation des peuples de l'Europe pour s'expliquer quelques-uns de ces phénomènes qui brillent comme des

---

[1] Voici ce que dit Alfieri dans sa tragédie de la conjuration de Pazzi : Guillaume Pazzi : « Qu'entends-je, ô ciel, dans un lieu sacré!

Salviati. Oui, dans l'église. Quel sacrifice plus agréable pouvons-nous offrir à Dieu que la mort des tyrans? N'ont-ils pas méprisé les hommes, les lois, la nature et Dieu même?—Guillaume Pazzi. Il est vrai, mais souiller les autels de sang humain!.... —Salviati. Le sang des tyrans est-il donc du sang humain? Ils se nourrissent de ce sang, et il y aurait un asile pour de tels monstres! Le crime pourrait rester tranquille dans les lieux où préside la justice éternelle! » (*La Congiura di Pazzi*, atto quarto, scena sexta).

merveilles dans les fastes des gloires françaises. Il faut beaucoup attribuer au courage invincible des soldats, à l'habileté des généraux, mais l'esprit des peuples aida l'action conquérante de la République. Le xviii° siècle avait entraîné les âmes vers une grande révolution; les idées que le drapeau tricolore déployait devant lui étaient saluées par des myriades d'hommes préparés de longue date à les recevoir; elles n'éclataient pas tout d'un coup dans le monde. Depuis longtemps la tempête paraissait comme un point noir sur l'horizon. Les conquêtes des républicains trouvaient faveur dans une partie de la population d'Italie; sur plusieurs points l'arbre de la liberté fut planté spontanément; le peuple y voyait un moyen de triomphe pour ses propres intérêts. On trouva des patriotes en Irlande, en Italie, en Allemagne, en Belgique, en Hollande; ces hommes étaient en correspondance mystérieuse avec les clubs qui couvraient Paris et la France; le jacobinisme était une vaste propagande et une admirable organisation d'unité et d'universalité. Toute idée qui veut vivre doit se faire universelle; elle doit marcher fièrement à la conquête de la société et à son gouvernement : c'est ce qui fit la force des Jacobins; elle explique la facilité avec laquelle les Français élevèrent partout des gouvernements démocratiques. Comment tombèrent-ils si rapidement [1] ?

Une des causes qui contribuèrent le plus à rendre impuissantes et sans durée les institutions proclamées par la conquête française, ces républiques fondées par l'enthousiasme, ce fut l'esprit anti-chrétien qui, malheureusement, domina le débordement des armées. La phi-

[1] Il suffit de lire les actes d'institution des nouvelles républiques Cisalpine et Transalpine, pour voir que le parti français triote existait puissant, et favorisait les armées de la République, même parmi les nobles.

losophie voltairienne n'avait point encore rongé toutes les croyances; il en existait de puissantes parmi les peuples, elles se liaient aux habitudes, à la famille; les heurter c'était mettre contre soi l'opinion des masses toujours prépondérante. En Belgique, le catholicisme était le maître des populations. Pouvait-on toucher l'Irlande sans se prosterner aux pieds des autels catholiques; là l'impiété et l'indifférence, la froide réforme, étaient confondues avec l'oppression anglaise; on se soulevait pour avoir ses prêtres, l'eucharistie et les images du Sauveur du monde. En Allemagne, les croyances protestante et catholique étaient partout; vous ne pouviez toucher un village sans rencontrer un curé, un ministre, une église ou un temple. Il y avait dans ces populations patriarcales je ne sais quoi de touchant et de primitif qui s'adressait à Dieu et à la méditation religieuse. En Italie tout se mêlait aux idées catholiques : ses églises somptueuses, ses oratoires sacrés, les admirables produits des beaux-arts qui sont chrétiens dans leurs teintes, dans leurs traits et dans les plus petites conceptions du génie. Comment traiter avec l'Espagne même? comment préparer une alliance intime en se moquant des principes et d'un culte qui faisaient l'héroïsme du peuple espagnol? On pourrait donc soutenir que l'idée républicaine fut inféconde en Europe, parce qu'elle ne se fit pas religieuse; elle se matérialisa trop dans sa destinée.

Ainsi, la politique impie et philosophique du Directoire, l'idée anti-chrétienne des gentilshommes du xviiie siècle qui dominait sa diplomatie, ne permettaient pas le développement des institutions républicaines partout où elles se fondaient à l'étranger. Le temps était venu où l'on pouvait consommer le sacrifice de la noblesse, des couronnes et de l'aristocratie ; l'esprit d'égalité dominait partout. Il y avait jalousie contre les classes supérieures, mais ce qui touchait aux principes religieux était trop enraciné dans le cœur et dans l'imagination des peuples, pour qu'on le sacrifiât aux idées antiques de Rome et de la Grèce, au paganisme et au panthéon vieilli ou aux mascarades de M. Lareveillère-Lépeaux. Comment vouliez-vous que l'Italie aimât une révolution qui attentait à son double culte pour l'église et les beaux-arts, quand les agents du Directoire pillaient Notre-Dame-de-Lorette, et dépouillaient la Vierge sainte de ses vêtements de rubis, de ses châsses travaillées par les ouvriers florentins du xive siècle, quand les savants détachaient les fresques des églises et les tableaux des grands maîtres ? Comment était-il possible que les Italiens pussent aimer un système qui arrachait les entrailles de la patrie ? Oui, dans la moitié de l'Europe, le catholicisme se mêlait aux arts, à la science, au mouvement intellectuel ; dans les idées religieuses se perpétuait cette fierté du sol, ce caractère patriotique que l'armée française retrouva plus tard en Espagne. Et qui ne sait qu'en Italie ce noble amour des arts se rencontre partout, témoin ce pauvre capucin de Rome qui, en montrant la place vide où se trouvait le tableau de la Transfiguration de Raphaël, s'écriait en gémissant : « La place est vide ; nous sommes en veuvage du grand maître ! [1] »

---

[1] Ce tableau, rendu en 1815, a été transporté au Vatican. Avec les idées générales de musée et de galerie, on enlève à chaque monument les objets d'arts qui lui sont propres ; on fatigue les yeux, on souille les chefs-d'œuvre par le contact de médiocrités, on fait un pêle-mêle sans discernement et sans goût.

CHAPITRE V.

LA PROPRIETE, LES CLASSES ET LES INTÉRÊTS
EN FRANCE.

Révolution dans la propriété. — Les biens nationaux. — Les héritages. — Confiscations. — Maximes subversives. — Situation précaire des propriétaires. — La noblesse. — Débris des gentilshommes. — Le clergé constitutionnel. — Prêtres assermentés. — Clergé insoumis. — Bourgeoisie. — Classes inférieures. — Le paysan. — L'ouvrier. — Commerce. — Industrie.

1794 — 1799.

Nos vieilles annales d'histoire comptent plusieurs grands changements dans l'état de la propriété en France; le sol, ce principe de toute stabilité, ne resta point immobile dans les mêmes mains. Quand les nations du Nord envahirent la Gaule, il y eut une vaste spoliation des anciens propriétaires au profit des vainqueurs; les conquérants s'emparèrent de la terre; les Gaulois furent obligés de recevoir des maîtres et de saluer les nouveaux possesseurs du sol; ils s'enfuirent dans les cités où ils devinrent serfs. Pépin dépouilla le clergé au profit de ses hommes d'armes, les monastères devinrent la proie des féodaux hautains. Il y eut, au xe siècle, une immense mutation de propriétés, les changements d'alleux en fiefs on vit la soumission des possesseurs paisibles aux hommes de force et de bataille [1]; puis, successi-

---

[1] Comparez les Capitulaires avec les chartres de la troisième race. J'ai développé ces idées dans Hugues Capet et Philippe-Auguste, le résumé de tout le moyen âge.

vement le clergé obtint, par les donations pieuses et par la bonne culture, la pleine possession des riches prébendes, d'opulentes commanderies. Les rois prononcèrent aussi de grandes confiscations de biens; Philippe-le-Bel dépouilla les Templiers; Louis XIV, les protestants rebelles à la révocation de l'édit de Nantes. Plus d'une tête tomba sur l'échafaud, pour atteindre la propriété.

Mais aucune de ces violentes révolutions historiques dans le sol ne peut se comparer à la législation systématique que l'Assemblée constituante et la Convention décrétèrent aux jours difficiles et conquérants de la Révolution française. Tout fut osé et fort, parce que l'histoire ne présenta jamais une situation aussi impérative. Quand on lit les raisonnements développés à la tribune des assemblées politiques sur les droits de la nation à l'égard des propriétés privées, on est effrayé des conséquences que ces principes porteront dans l'avenir, et des fruits amers que pourront en recueillir les générations futures. Toutes les notions de la propriété furent bouleversées : on établit que les corps ne pouvaient pas légitimement posséder et qu'on pouvait les détruire pour prendre leur héritage, maxime menaçante pour toute association de propriétaires; on déclara que le droit sur la terre était limité, passager, et que la loi pouvait toujours dépouiller le propriétaire pour les besoins de la patrie et un service public. Il fut nié que le droit de succession et de testament fussent choses naturelles et légitimes, la loi seule le donnait et pouvait l'enlever; on proclama cette maxime enfin : « que la confiscation devait s'étendre à des masses d'hommes pour des motifs politiques[1]. L'absence fut considérée comme une émigration, et l'on

---

[1] Comparez le discours de Mirabeau sur la succession et les travaux du légiste Merlin sur la confiscation des biens des émigrés; ils sont d'une logique impitoyable.

frappa l'émigré dans ses enfants. Sous prétexte de féodalité, on abolit des droits achetés par des concessions foncières et les rentes fondées sur le prix de la terre; le propriétaire fut sacrifié au fermier, les possesseurs du sol aux paysans. Toutes ces dispositions furent justifiées par des motifs ardents d'intérêts généraux et de patriotisme; dans les époques agitées, il se trouve toujours des raisons pour exalter les violences; la conquête même invoque les principes de la justice; on jette des mots infamants à ceux que l'on dépouille. La nation se vit propriétaire, par quelques dispositions de lois, d'un bon tiers des propriétés en France; elle les vendit, les partagea, et la législation en vint à ce point d'ouvrir forcément, même avant la mort, la succession des parents d'émigrés, pour exiger la confiscation de la part qui leur revenait dans l'héritage non encore échu.

Cependant, équitable ou injuste, indispensable ou arbitraire, la confiscation des biens de l'église et des émigrés avait produit un changement immense dans la propriété. Il était né de cette situation législative une classe nouvelle de propriétaires inquiets, remuants contre tout le passé, liés aux idées et aux intérêts de la Révolution française, parce qu'ils en avaient largement profité et qu'ils lui devaient leur bien-être; et dès lors la défendant avec l'énergie de leur propre ouvrage. Comme leur possession n'était pas marquée du caractère antique de la transmission absolue, comme le prix n'était point en rapport avec la propriété, ils se croyaient incessamment menacés. Il n'y a rien d'exigeant comme ce qui n'a pas foi en soi-même, il n'est rien de tracassier comme ce qui a un reproche à se faire ou un danger à courir dans un retour vers le vieil ordre de choses; ces propriétaires nationaux étaient comme les conquérants qui habitaient les vieux fiefs des Gaulois; ils portaient un œil attentif sur tous les événements, et se rattachaient à la République comme à l'unique garantie de leurs propriétés. Pour eux tout ce qui rappelait les anciens droits, les anciennes dénominations, était comme une menace terrible qui inquiétait la possession nouvelle du sol ; comme la plupart avaient acheté à vil prix, comme ils avaient payé avec des assignats sans valeur, ils redoutaient toujours un gouvernement nouveau qui restituât les propriétés aux anciens maîtres, ou leur fît acquitter une plus value. Ils défendaient la révolution comme leur ouvrage, ils s'y rattachaient comme à leur grande garantie ; ils étaient semblables aux féodaux campés sur leurs domaines pour se défendre contre les anciens possesseurs du sol ; leurs tours crénelées à eux c'étaient les lois de la Convention ; les armées patriotiques leur servaient d'hommes d'armes, et la constitution formait leur charte primitive; leurs serfs étaient les pauvres enfants d'émigrés dépouillés, et les autres propriétaires qui gémissaient sur leur héritage arraché par la confiscation [1].

Le sol héréditaire comptait néanmoins quelques possesseurs échappés à la tempête politique ; beaucoup de noblesse s'était émigrée, la majorité des gentilshommes avait quitté le manoir pour courir à la frontière, sous les drapeaux de M. le prince de Condé. Les lois révolutionnaires avaient abattu les créneaux, sapé des châteaux héréditaires, belles escarboucles des vieux temps historiques; ils avaient fait plus de ravages dans les arts nationaux que les guerres civiles et protestantes

---

[1] Rien de plus inflexible que les rapports de M. Merlin (de Douai) sur les droits féodaux et la propriété ; ils contiennent toutes les maximes de spoliation, comme les rapports de Louvois après la révocation de l'édit de Nantes sous Louis XIV.

du XVIᵉ siècle; respectaient-ils aucun souvenir! Les blasons avaient disparu; les conquérants, les souverains de la démocratie avaient brisé les titres d'histoire; et, sous prétexte d'abolir les traces de la féodalité, ils avaient déchiré, de leurs fières mains, ces nobles monuments de nos ancêtres, ces chartres, ces cartulaires dont on recherche aujourd'hui les débris avec amour[1]. La plupart des gentilshommes sous les drapeaux de l'émigration ne pouvaient paraître dans les lieux de leur naissance, et saluer la tombe de leurs ancêtres : une loi punissait de mort l'émigré qui touchait le sol de la patrie; il suffisait pour cela de constater l'identité. Dans quelques provinces seulement, les nobles et les grands propriétaires avaient échappé aux persécutions; il existe des territoires en France que les événements n'atteignent jamais; le tonnerre gronde sur la patrie, il passe sur eux sans les toucher. Au centre de la France, dans la Dordogne, le Bourbonnais, la Limagne paisible, le proscrit put trouver un asile; car, tel était l'esprit de quelques populations que

---

[1] Il existe dans les cartons du puissant Comité de salut public un projet des plus curieux sur le partage des propriétés nationales. Il s'agissait de démolir tous les châteaux, ainsi que toutes les églises cathédrales; de raser de fond en comble toutes les maisons royales et de faire de grandes percées dans les forêts de la couronne. Tous les matériaux, provenant des démolitions de Versailles, Saint-Cloud, Saint-Germain, Vincennes, Meudon, Fontainebleau, Compiègne, châteaux de Blois, Chambord, etc., devaient être distribués aux sans-culottes de la commune et du canton, avec six arpents de terre par individu, à la charge par le donataire de se construire une maison et de prendre femme s'il était garçon. Toutes les familles pauvres, dont le civisme serait connu, devaient avoir part à la distribution. Il était question d'élever de nombreux villages dans les forêts royales; ces forêts auraient été découvertes à grandes distances et percées de grandes routes, il ne devait rester que des massifs de bois de cent cinquante arpents au plus, et de quart de lieue en quart de lieue. De cette manière on établissait un grand nombre de familles républicaines, et la Convention avait l'assurance que ces familles, devenues propriétaires et cultivant leurs champs, les défendraient au prix de tout leur sang. La proposition, adoptée et régularisée par le Comité de salut public, devait être présentée à la tribune de la Convention; elle ne le fut pas cependant, et l'on ignore les motifs de cette retenue révolutionnaire.

dans plusieurs districts de l'Anjou, de la Guienne, du Poitou et de la Bretagne, les manoirs étaient respectés, et l'on voyait encore les créneaux sur les antiques tours. Là le paysan ne portait point sa main profane sur le château historique qui avait fait sa force aux vieux temps; il détestait la Révolution qui brisait ses autels et la fortune de ses anciens maîtres. La fidélité native avait un peu survécu, même à l'aspect des glorieuses et grandes destinées que la Révolution préparait aux fils de paysans!

Dans ce large ébranlement du sol, la confiscation n'avait pas tout atteint; il existait des propriétaires en France qui tenaient leurs droits de la famille et d'une longue possession; paisibles dans leur solitude, ils restaient éloignés de l'action des événements, sous la protection de quelques actes secrets qui avaient fait passer leurs droits et leurs titres sur des têtes étrangères. Les propriétaires des domaines nationaux les surveillaient avec une attention inquiète parce que ces propriétés ne venaient pas d'une même source; ils étaient en face les uns des autres comme, au moyen âge, les possesseurs de fiefs et d'alleux. Dans les districts, les vieux propriétaires n'étaient plus que les Gaulois opprimés par les nouveaux envahisseurs, aussi impitoyables que le féodal envers le serf; les gentilshommes s'étaient hâtés de changer leurs noms, de cacher leurs titres. Il n'y avait plus ni aristocratie, ni noblesse en France; tant de mâles et jeunes illustrations sortaient de la démocratie! Et cependant un indicible souvenir se mêlait aux traditions de race; la Convention n'avait pas fait rouler toutes les têtes sur l'échafaud, ni brisé les prestiges des services antiques : ils se retrouvèrent aux jours glorieux de Napoléon qui rappela autour de lui les grands possesseurs de la terre.

S'il y avait deux classes de propriétaires en lutte, il y avait également deux clergés en face l'un de l'autre avec la pensée de représenter l'église. Dans les devoirs religieux d'un même culte, il n'y a qu'une ligne droite; on est dans le vrai ou dans le faux, sans milieu; et c'est ce qui explique la triste destinée du clergé assermenté. Le catholicisme ne se maintient dans sa grandeur que par son unité inflexible; quand tous les pouvoirs humains se perdent par les concessions, lui se perpétue par l'immobilité; il y a une grande force en morale dans ce qui ne change jamais. Le clergé assermenté voulait être l'église, et il était en dehors de l'église; il voulait rester en communion avec le pape quand Rome le repoussait de son sein; il y avait un peu de ridicule dans cette prétention de l'abbé Grégoire et de son clergé, de faire du catholicisme sans pape et de la foi rationnelle et insubordonnée quand tout est obéissance et hiérarchie dans la foi. Les églises des prêtres assermentés étaient vides; ils avaient créé des évêchés mobiles comme les départements, ils voulaient soumettre l'église à toute la flexibilité des idées humaines; ils parlaient aux fidèles et nul n'écoutait leurs lettres pastorales. Les adorateurs de la raison et de la nature étaient conséquents; ils allaient droit aux dernières limites du doute, aux systèmes du baron d'Holbach et d'Helvétius; ils ne substituaient pas une petite église à la grande, ils ne résumaient pas la pensée sociale dans le jansénisme. Cet abandon où se trouvaient les prêtres assermentés leur avait inspiré une sorte de fureur contre les prêtres restés fidèles à Rome, ils parlaient de tolérance et n'en avaient aucune; il n'y avait nulle fraternisation entre les pontifes d'un même culte. Les prêtres catholiques, obligés de se cacher, n'en exerçaient qu'une plus grande influence sur la société; autour de leur tête rayonnait cette puissance de la persécution et du mystère qui grandit et exalte les idées. Fallait-il donner un sacrement, baptiser un fils, célébrer un mariage? On recherchait un prêtre fidèle, dans le silence de la nuit, et l'on en trouvait toujours qui exposaient leur vie pour leur mission avec un dévouement primitif. Quand une messe était annoncée, la foule accourait souvent dans une pièce obscure d'une maison isolée, sorte de catacombes renouvelées des premiers jours du christianisme, quand les proconsuls visitaient les provinces et jetaient les néophytes sous la hache du licteur; comme le monde est vieux, tout semblait renouvelé des temps antiques dans la Révolution française! Cette situation hostile du clergé attirait toutes les persécutions des agents du Directoire; les soldats se précipitaient sur un pauvre prêtre, lui arrachant son étole et brisant le ciboire; ici c'était la peine de mort prononcée; là, la déportation et les exécutions sanglantes qui, loin de comprimer le zèle, en préparaient le développement; on ne sait pas assez quel est le prestige qui, dans les âmes exaltées, s'attache au martyre! Quel bonheur quand on pouvait toucher un prêtre et recevoir sa bénédiction! de pieuses femmes exposaient tout pour le saint devoir d'entendre le sacrifice de la messe; on déportait les prêtres, et il en restait toujours pour consoler le troupeau des fidèles dispersé. Le Directoire se montra pour eux impitoyable; après le 18 fructidor, l'esprit philosophique et persécuteur ne se contenta pas de briser les autels, il s'acharna contre les prélats, qui furent déportés par grandes masses [1].

---

[1] La législation sur les prêtres déportés est un des plus odieux monuments de l'histoire révolutionnaire, parce que c'est la lutte implacable de la force brutale contre le faible et l'impuissant. Voyez le Bulletin des lois de l'an III à l'an VIII.

A cette époque les églises de Paris se convertirent en temples païens, sous l'invocation d'une divinité rationnelle, d'un sentiment de l'âme ou d'une vertu politique. On lit, avec un sourire un peu moqueur, le programme candide de La Reveillère-Lépeaux : « L'église de Saint-Philippe-du-Roule est consacrée à la *Concorde*. Ce premier arrondissement renferme les promenades des Tuileries et des Champs-Élysées, et tous les jardins où, depuis deux ans, les citoyens se réunissent pour y jouir des fêtes qu'on y donne. L'église Saint-Roch, au *Génie*. Dans ce temple repose le grand Corneille, le créateur du théâtre français; Deshouillères, la plus célèbre des femmes qui aient cultivé la poésie française. L'église Saint-Eustache, à l'*Agriculture*. Cet édifice est situé près la halle aux grains, et de toutes les autres où l'on vend des subsistances. L'église Saint-Germain-l'Auxerrois, à la *Reconnaissance*. On doit la plus vive reconnaissance aux sciences et aux arts qui ont retiré les peuples de la barbarie. Les poëtes et les anciens historiens ne cessent de louer tous ceux qui, comme Orphée, ont adouci les mœurs des hommes et leur ont appris à vivre en société. Si un édifice doit être dédié à la *Reconnaissance*, c'est sans doute celui qui se trouve placé devant le palais national des sciences et des arts, celui où repose Malherbe, auquel nous devons la pureté du langage. L'église Saint-Laurent, à la *Vieillesse*. En face de cet édifice est l'hospice des vieillards. L'église Saint-Nicolas-des-Champs, à l'*Hymen*. Le sixième arrondissement est un des plus peuplés; il renferme la division des Gravilliers qui est une de celles qui a le plus fourni de défenseurs à la patrie. L'église Saint-Méry, au *Commerce*. On sait que le commerce est le lien des nations et la source de leurs richesses. Si on honore l'agriculture, on doit également honorer le commerce. L'édifice Saint-Méry est placé devant le tribunal de commerce, et dans un des quartiers les plus marchands de Paris. L'église Sainte-Marguerite, à la *Liberté et à l'Égalité*. Ce nom doit particulièrement appartenir au lieu de la réunion des habitants du faubourg Saint-Antoine ; on sait le courage qu'ils ont déployé dans tous les temps et à toutes les époques pour renverser le despotisme et établir la République. L'église Saint-Gervais, à la *Jeunesse*. La loi du 5 brumaire a institué une fête pour la jeunesse ; l'édifice dont il s'agit est spacieux, et il est décoré d'un portail fait par Debrosses ; ce portail date de l'époque de la renaissance de la bonne architecture, et où l'on a enfin abandonné le gothique. L'église Notre-Dame, à l'*Être suprême*. On a pensé que pour imposer silence aux ennemis de la chose publique, qui affectent d'accuser d'athéisme et d'irréligion les autorités constituées, on devait consacrer l'édifice le plus vaste, le plus majestueux et le plus central du canton de Paris, à l'Être suprême. L'église Saint-Thomas-d'Aquin, à la *Paix*. Les Romains avaient un temple ainsi dédié : le temple de la paix ne peut être mieux placé qu'auprès de celui dont on va parler. L'église Saint-Sulpice, à la *Victoire*. Cet édifice est dans la division du Luxembourg, où est situé le palais directorial. L'église Saint-Jacques du Haut-Pas, est dédié à la *Bienfaisance*. Dans le quartier où est situé ce temple, il y a plusieurs hospices. L'église Saint-Médard, au *Travail*. La division du Finistère renferme beaucoup de journaliers, de gens de main-d'œuvre qui sont occupés à des travaux pénibles et utiles à la société. Et l'église de Saint-Étienne-du-Mont, à la *Piété filiale*. Cet édifice est situé près le Panthéon, que la République a dédié aux grands hommes. Il apprendra à chacun que la République honore à la fois les vertus éclatantes et les vertus domestiques, et qu'en couronnant les guerriers courageux et les législateurs éclairés, elle n'oublie pas le bon fils et le bon père. » C'était pourtant avec gravité que ce sentimentalisme académique était débité dans les chaires publiques : tout était dessiné, compassé; on voulait imposer, au lieu des pieuses et naïves croyances du catholicisme, une religion de programme et un culte bariolé de poétiques sentences.

La bourgeoisie avait salué la Révolution de 1789 avec enthousiasme; groupée autour du drapeau tricolore, elle y vit un moyen d'abaisser le gonfanon armorié de la noblesse; la jalousie profonde des classes bourgeoises avait incessamment poursuivi les gentilshommes; elle était vieille de date : la commune et le château étaient en querelle depuis le moyen âge, le duel avait changé de lice; l'armure des chevaliers, affaiblie, pouvait-elle encore dompter la bourgeoisie révoltée? Des fortunes brillantes furent faites par le commerce sous la monarchie; la gentilhommerie était prodigue, la classe bourgeoise amassait toujours et grandissait son état : l'aisance s'était partout produite, et quand une fois la bourgeoisie fut riche, elle dut naturellement se demander pourquoi elle ne participait pas aux honneurs de la noblesse et à la force du pouvoir? N'était-il pas dans son droit d'obtenir une légitime représentation? Tout ce qui se faisait en 1789, fut donc déterminé par cette puissance jalouse de la classe moyenne contre la classe supérieure [1]; elles se séparèrent haineuses; la bourgeoisie triompha aux états-généraux, le tiers-état domina l'Assemblée constituante; la noblesse et le clergé s'absor-

---

[1] La brochure de l'abbé Sieyès sur le tiers-état est l'expression de ces opinions de la bourgeoisie, et voilà pourquoi elle obtint un succès de circonstance et d'opinion,

bèrent en lui. Ce qui alors arriva était dans la force des événements.

Bientôt la bourgeoisie fut elle-même débordée; elle avait voulu abaisser la noblesse, prendre rang dans l'état social et s'arrêter là; mais les révolutions qui remuent les masses ne laissent tranquille aucune existence; une fois le peuple en émoi, il va droit à la conquête de sa force, et il a raison; il n'y a que deux souverainetés possibles : celle du droit divin et celle du peuple. La classe bourgeoise, un moment maîtresse de la Révolution, se vit elle-même expulsée par la démocratie; poursuivie avec un indicible acharnement, ses têtes furent montrées sur l'échafaud comme celles de la noblesse; la Convention poursuivit le négociantisme comme elle proscrivit l'esprit gentilhomme; il n'y eut pas de différence, car il était aussi une aristocratie; le maximum, les confiscations, les lois sur les accaparements, s'appliquèrent impitoyablement à la classe bourgeoise et marchande; elle apprit ainsi par expérience, qu'il y a danger pour elle à se séparer des classes supérieures; il faut qu'elle s'appuie sur la main gantée ou sur la main calleuse; le peuple ne lui pardonne pas son aisance et ses richesses, quand lui est pauvre et souffre. Dans cette terreur des intérêts, il se fit donc un retour de la bourgeoisie vers les idées d'ordre et de monarchie; l'illusion était détruite, on avait cru à la liberté paisible, et l'on tombait sous le joug d'un despotisme violent. Après la terreur, les royalistes trouvèrent leurs principaux appuis dans la classe bourgeoise, elle souhaita leur restauration; partout elle éclata pour eux, à Paris et dans les provinces. Au 14 vendémiaire, la bourgeoisie si puissante dans la garde nationale, essaya son bras contre les Jacobins; elle seconda le mouvement des deux Conseils contre le Directoire, qui précéda le 18 fructidor. La bourgeoisie fut alors comprimée par l'esprit militaire ; on la dompta par les baïonnettes ; il y avait partout un besoin d'ordre, et ce que craignait le plus la classe moyenne, c'était le retour du règne des Jacobins et de la Terreur ; la bourgeoisie ne demandait qu'une garantie aux Bourbons : c'était de ne pas revenir au vieux régime détruit ; dans ses terreurs, elle conservait encore sa répugnance contre l'esprit gentilhomme [1] ; comme elle formait une société rajeunie, elle avait peur des antiques institutions et des vieux priviléges.

La Révolution avait été faite au profit des classes inférieures ; si la bourgeoisie n'avait rien à attendre d'un bouleversement politique qui renversait les idées d'économie, d'industrie et de commerce, le prolétaire devait tout y gagner. Sur quoi reposait le système de la Révolution ? Sur un changement complet dans les personnes et dans les propriétés. La Constitution de 1795 mit partout l'action des classes inférieures ; la multitude conduisait les assemblées primaires ; les comités révolutionnaires se composaient des professions les plus pauvres ; leur patriotisme allait jusqu'à l'exaltation. Les ouvriers dominaient dans les clubs et dans l'administration ; toutes les lois étaient faites à leur profit. De quels hommes se composaient les municipalités et les comités révolutionnaires ? N'était-ce pas toujours dans les derniers degrés de la société que ces magistrats populaires étaient choisis ? Les électeurs n'offraient aucune garantie ; les élus n'avaient aucune possession foncière [2] ; parmi les prolétaires se distribuaient les assi-

---

[1] Toutes les négociations ouvertes auprès de Louis XVIII reposaient déjà sur l'idée d'une constitution libérale.

[2] Trois journées de travail étaient le cens exigé ; la souveraineté du peuple était le principe de toutes les institutions.

gnats et les dernières valeurs monétaires de l'époque pour les services publics. La révolution sociale suivait la révolution politique, et c'est en ce sens qu'elle pouvait être favorable à la génération; car si les classes inférieures avaient pu s'organiser, en fondant un véritable système démocratique, elles auraient accompli une pensée de progrès pour la société.

Le paysan gagnait beaucoup dans l'œuvre révolutionnaire; la propriété, considérablement divisée, lui avait été donnée ou vendue. Tout avait été fait pour le paysan; si la terre des gentilshommes et des grands propriétaires était confisquée, le cultivateur en obtenait les débris à vil prix; lui seul était pleinement maître de la culture; l'air, le soleil, la terre lui appartenaient; il avait en main la commune, la municipalité; il pouvait opprimer à son gré ce maître qui l'avait autrefois opprimé lui-même : c'était le talion du serf révolté contre le seigneur. S'il devait des redevances foncières, il s'en affranchissait alors; dans le vieux temps, on lui avait vendu une terre à la charge de rentes, le contrat était brisé par les lois de la Convention; il en était complétement déchargé; il ne devait plus rien sur le sol; il était à lui, il le cultivait à son aise : plus d'hommage, plus de rentes, plus de lods et de cens; s'il avait contracté une obligation foncière dont ses ancêtres avaient reçu l'argent, qu'importait? il n'avait rien à payer, rien à rendre; ne lui suffisait-il pas de prouver qu'elle était entachée de féodalité pour s'en affranchir? Or, un seul mot de blason suffisait pour cela, comme si aux époques féodales le langage ne devait pas être féodal! En l'absence du vieux propriétaire, le paysan usurpait la terre, et la Révolution applaudissait; sorte de Jacquerie qui se ruait sur les seigneurs pour prendre leurs domaines. Quant aux biens de l'église, on était plus à l'aise encore; il n'y avait d'autres propriétaires que ceux qu'indiquait la vente en assignats faite par le district. Ainsi la mense abbatiale aux belles eaux, le moulin du monastère tombaient au pouvoir des travailleurs; la petite culture gagna beaucoup à cette révolution; le paysan prit goût à la terre et la féconda de ses sueurs. Quelques provinces seules échappèrent à l'esprit général d'usurpation; là les paysans demeurèrent fidèles à leurs maîtres et à leurs seigneurs comme aux temps antiques quand ils levaient leurs bannières. Ainsi se trouvaient la Vendée et une portion de l'Anjou; fidélité exceptionnelle dans les jours révolutionnaires. Le paysan avait acquis la terre des églises et du noble; il la partageait comme les barons de Henri VIII avaient envahi les abbayes d'Angleterre où se voient encore les saints cloîtres mutilés; le paysan la cultiva de ses mains; et tant est puissant l'esprit de propriété, que ces terres furent partout emménagées par un meilleur système; on obtint des résultats mémorables pour les défrichements; le sol produisit de plus larges récoltes dans les mains intéressées.

L'ouvrier avait-il gagné à la Révolution les mêmes avantages que le paysan qui cultivait la terre? Lorsque le prolétaire descendit sur la place publique ou dans les clubs pour servir les passions et les intérêts révolutionnaires, il trouva des secours parmi les hommes du mouvement. Il y eut même des lois de bienfaisance qui accordaient des salaires aux pauvres spécialement protégés par les comités de la Convention [1]. Beaucoup de prolétaires s'étaient mêlés aux rébellions

---

[1] Une loi de l'an II accordait 40 sous par jour, en assignats, à chaque prolétaire qui assistait aux clubs ou aux affaires de la section.

du faubourg Saint-Antoine; ils portaient le bonnet rouge sur la tête et la pique en main, ils composaient l'armée révolutionnaire, les clubs, les comités; l'ouvrier turbulent pouvait trouver un facile salaire dans les passions politiques. Le travail ne manquait pas dans le sens de la Révolution; il fallait aider l'action des clubs, le pillage, les exécutions sanglantes sur la place publique, les insurrections à conduire et les assignats à gagner. Mais l'ouvrier pacifique et travailleur avait-il le même avantage? L'ouvrage manquait partout pour lui; il l'implorait en vain, car la paix publique est nécessaire aux développements de l'industrie; le numéraire se dérobait à toutes les spéculations; s'il y avait un luxe éphémère, des fantaisies et des caprices à servir, l'ouvrier recevait à peine un salaire; on ne voyait à Paris et dans les départements aucune de ces grandes entreprises qui vivifient la richesse des nations. Tous les travaux se concentraient dans les mesures de guerre et de défense pour le territoire; on travaillait pour la République; les uns forgeaient des armes, les autres fondaient des canons ou composaient le salpêtre. La masse des riches oisifs avait disparu; le bien-être se montrait rare sous l'échafaud; on consommait deux fois moins que sous l'ancien régime, temps de prodigalités folles des classes élevées qui avaient fait la fortune de la bourgeoisie. Beaucoup d'ouvriers honnêtes restaient donc sans travail. La misère si grande dans les classes inférieures, les forçait ainsi pour vivre à se prononcer pour le mouvement; la conscription et les enrôlements volontaires restaient pour donner une issue à l'activité glorieuse des enfants de l'atelier; il partaient pour jeter ce grand dé de guerre qui fit sortir de leur sein des maréchaux, des princes et des rois. La démocratie, divinité aux pensées gigantesques, joua désormais à la mort ou aux couronnes !

Le commerce, ce pacifique rapport de nations et de peuples, était anéanti ; qui pouvait songer à ces relations de crédit, à ces balances d'intérêts et de négociations qui fondent la richesse des peuples, à cette banque rationnelle, comme on la comprend aux époques régulières ? La première de toutes ces conditions, c'est la confiance et le bon marché des capitaux. Qui pouvait raviver la confiance quand le commerce avait passé à travers toutes les tristes épreuves des assignats, du maximum et des emprunts forcés [1] ? Il n'y avait plus aucune signature qui inspirât crédit, tous les prêts se faisaient à des taux usuraires ; il n'était pas rare de voir des stipulations à 20 pour 100 par année ; on déclarait l'argent marchandise, afin d'autoriser les négociations à des prix plus élevés. Les produits ne trouvaient aucun débouché régulier à l'extérieur ; les ports de mer

---

[1] Voici le tableau exact de la dépréciation des assignats à Paris.

Pour 100 livres en assignats.

1789	Novembre.	95 livres.
1790	Janvier.	96
	Juillet.	95
1791	Janvier.	91
	Juillet.	87
1792	Janvier.	72
	Juillet.	61
1793	Janvier.	51
	Juillet.	23
1794	Janvier.	40
	Juillet.	34
1795	Janvier.	18
	Juillet.	néant.

Pour 24 livres en numéraire.

1795	1er avril.	238 livres.	— 1er mai.	299 livres.
	1er juin.	439	— 1er juillet.	808
	1er août.	807	— 1er septembre.	1,101
	1er octobre.	1,205	— 1er novembre.	2,588
	1er décembre	3,575		
1796	1er janvier.	4,658	— 1er février.	5,337
	7 mars.	7,200		

étaient fermés par des croisières anglaises; les états neutres ne négociaient avec la France qu'avec une extrême défiance; on avait fait des lois contre les accaparements, fatale idée d'économie politique : dans les campagnes on était surchargé de produits; aux villes on souffrait de la famine; le commerce vivait de ressources exceptionnelles. Les fournitures et l'agiotage sous le Directoire prirent un immense développement; on spécula sur la misère publique comme les hommes qui dans une épidémie spéculent sur les morts; les fournisseurs furent la véritable aristocratie sous la Constitution de l'an III; faveur indicible alors que d'obtenir la fourniture d'une armée ou d'une campagne sur le Rhin, en Italie, en Suisse, dans la Hollande! Des bénéfices incalculables étaient réalisés; il fallait être pour cela bien aimé de quelques-uns des seigneurs de l'époque directoriale, traiter de gré à gré, ou obtenir la faveur de quelque femme à la mode. On passait les marchés à des conditions arbitraires; on achetait par des pots-de-vin le droit de rançonner la gloire; on glissait un traité de fournitures sous les drapeaux. Une fois maître de la négociation, on en exécutait les clauses à peu près comme on voulait. S'agissait-il de l'habillement d'une armée? on supprimait quelques mille pièces de draps, ou bien on supposait quelques mille hommes de plus; les fournisseurs furent pour les armées républicaines une plaie plus profonde que les périls des camps; leur avidité fut plus implacable que la faux de la mort. Le dénuement des armées était l'œuvre des fournisseurs[1]. S'il y avait de temps à autre quelques exemples de sévérité parmi les généraux pour répri-

---

[1] Voyez toutes les plaintes qui furent portées contre la plupart des fournisseurs depuis l'an III jusqu'à l'an VIII. Sous la Convention tout fut intègre et fort.

mer ces vols quand ils étaient trop publics, le plus souvent ils participaient aux bénéfices d'exploitation. Le soldat était sans souliers; mais on prenait une ville, on entrait dans une riche province, on mettait en réquisition les magasins, les chevaux, les habits; on habillait l'armée avec les dépouilles de l'ennemi, et néanmoins le fournisseur recevait le prix de ce qu'il n'avait pas donné! Le trésor exécutait le marché. Il y eut à cette époque des fortunes inouïes, des millions gagnés qu'on venait ensuite dépenser à Paris dans le luxe et la débauche [1]. Des noms fameux alors s'acquirent ainsi une grande renommée; dans la misère générale ils remuaient l'argent à pleines mains, hideux salaire gagné sur les douleurs du soldat. L'armée d'Italie surtout fit faire des fortunes colossales à cette aristocratie de fournisseurs qui s'engraissaient des souffrances des camps [2]. Dirai-je de tristes renommées sous le Directoire? Plusieurs vivent encore opulents. L'histoire doit flétrir ces hommes qui se jetèrent sur les pays conquis comme les oiseaux de proie le lendemain d'une bataille.

Un autre moyen de fortune fut encore l'agiotage, c'est-à-dire l'exploitation des valeurs monétaires; les fonds publics étaient tombés si bas qu'on en parlait à peine; mais il y avait une multitude de titres divers, d'obligations et de mandats, qui s'escomptaient à la Bourse provisoire, alors sur le perron du Palais-Royal. Là, au milieu de la double escroquerie des filles de joie et des filous, l'agiotage s'agitait avec beaucoup de

---

[1] Toutes les caricatures du temps reproduisent le luxe des parvenus; il en existe un carton très curieux dans la collection des estampes (Bibliothèque royale).

[2] Le général Bonaparte, le plus désintéressé des conquérants, rapporta néanmoins plusieurs millions de la campagne d'Italie, et il s'attacha beaucoup d'amis en favorisant sa propre fortune. L'abbé Fesch même était dans les vivres.

bruit; toutes les voix de la renommée élevaient une valeur ou l'abaissaient, sorte de roue de fortune incessamment remuée avec une incomparable dextérité par des têtes habituées à la spéculation; il en était résulté des fortunes aussi prodigieuses que celles des fournisseurs. Ce qui était bas s'élevait bien haut; on revenait à l'époque de Law avec un remaniement peut-être plus actif des fortunes et de la propriété. Les riches des vieux temps étaient plongés dans la misère, les parvenus ramassaient l'or à pleines mains pour le jeter dans des prodigalités inouïes aux salons de Frascati et de Tivoli[1]; de là vint l'insouciance des fortunes; les bourses s'emplissaient et se désemplissaient; il n'y avait plus aucune distinction dans les rangs, aucune hiérarchie dans les conditions, le valet devenait maître et le maître restait plongé dans la misère. On n'a point assez remarqué ce bouleversement dans les fortunes produit par la Révolution française; il devait par la force des choses naître un nouvel état social qui s'incarnât, pour ainsi dire, à l'esprit révolutionnaire. Les rangs devenus mobiles, les classes étaient bouleversées; les possesseurs des biens nationaux s'emparaient d'un bon tiers des terres cultivables, et dominaient les autres par la terreur. Il n'y a pas de véritable révolution sans que les propriétés, les fortunes et les conditions soient brisées; sans ce remaniement d'existence il n'y a rien de durable, le changement n'est qu'à la surface. Mais une fois qu'il y a bouleversement dans le sol, n'attendez pas une restauration du vieux temps et des vieilles idées, car un siècle nouveau est venu!

[1] Ces changements inouïs dans les fortunes sont le sujet d'une caricature piquante dans le cabinet des estampes. Adam. 1798 (collect. de gravures).

CHAPITRE VI.

LITTÉRATURE ET PHILOSOPHIE

A LA FIN DU DIRECTOIRE.

Écoles diverses. 1° Philosophie et littérature républicaines. — Chénier. — Lebrun. — Ginguené. — Madame de Staël. — Daunou. — Garat. — 2° Littérature monarchique. — Delille. — Fontanes. — La Harpe. — Esménard. — Michaud. — Suard. — Madame de Genlis. — 3° École voltairienne et impie. — Parny. — Lalande. — Dictionnaire des Athées. — 4° École religieuse. — Premier éclat de M. de Châteaubriand. — — Petites réputations littéraires. — Les théâtres. — La tragédie. — La comédie. — Succès du vaudeville.

1794 — 1799.

Le mouvement irrégulier, si violemment imprimé aux faits et aux idées par la Révolution française; la fièvre de conquêtes et de gloire qui tout à coup s'était emparée des générations, n'avaient pas permis tous les pacifiques progrès de la littérature, telle que le XVIII° siècle l'avait comprise. Sous la Convention nationale, la tribune seule jeta un éclat de grandeur et d'énergie; la tempête grondait au milieu des éclairs du génie; il y eut dans ces discussions gigantesques une langue nouvelle, des images terribles, une lutte d'éloquence qui aboutissait au Capitole ou à la roche Tarpéienne. Quand toutes les existences étaient menacées, qui pouvait s'occuper de la littérature chaste, paisible et solitaire? Tout fut dirigé dans un but d'exaltation pour la

République; les lois d'éducation et d'instruction générale firent des Spartiates, des citoyens pour les armées. Le Prytanée, l'école de Mars, furent les imitations de la Grèce et de Rome [1], les jeunes citoyens n'y reçurent d'autres principes que la gymnastique, le maniement des armes, la haine des tyrans et la fraternisation universelle. Les paisibles études furent abandonnées ; le bruit des batailles retentissait dans les exercices des camps que la Convention imposait à ses élèves de l'école militaire ou de la plaine des Sablons ; les études sérieuses et puissantes ne commencèrent qu'avec les écoles Normale et Polytechnique ; tout dut être employé au service de la patrie, les bras et les cœurs [2].

Cependant la République eut ses poëtes, comme elle avait ses peintres et ses sculpteurs, pour éterniser la mémoire de ses héros; il fallait composer en vers sévères ces hymnes qui retentissaient dans les camps ou au milieu des fêtes nationales pour appeler les âmes aux grandes actions. Dès l'origine de la Révolution, les poëtes ne durent pas manquer à la mission et à la destinée d'exalter la puissance et la gloire de la nouvelle république. Les idées démocratiques étaient trop grandioses au milieu de l'enthousiasme des esprits, pour ne pas créer une source infinie de poésie et d'éloquence; immense lyre, car il s'agissait d'une génération nouvelle à grandir à la face de la postérité ! Je vais parcourir le nom de bien des hommes tombés déjà dans l'oubli; ils furent pourtant retentissants à leur époque, et la mort a passé sur eux.

---

[1] Ces deux institutions furent fondées en 1793, par un décret de la Convention ; l'école de Mars campait dans la plaine des Sablons (Sablonville).

[2] Ces écoles furent fondées par les comités d'instruction publique de la Convention nationale, composés d'hommes remarquables.

Dans cette œuvre apparaît Joseph Chénier, le poëte éminent, qui, avec l'esprit le plus grave et le plus fier, conserva l'unité de son caractère depuis l'origine de la Révolution, jusqu'au jour qu'elle s'effaça de l'histoire sous la main du despotisme militaire [1]. Chénier avait voué une haine aux rois et une admiration absolue à Voltaire; il avait peint fortement Tibère et Charles IX; ses notions sur l'histoire étaient généralement fausses; il avait mal étudié les événements du passé; l'esprit partial du XVIIIe siècle le dominait dans ses idées, dans sa versification pure et pleine d'énergie; il y avait dans ses sentiments une expression de républicanisme si consciencieux et si beau, une si grande croyance à la liberté antique, que son talent en recevait un vif éclat; Chénier lui devait de mâles pensées, exprimées en beaux vers; quand il prenait une tête de roi ou de prêtre, il aimait à la secouer fortement pour faire tomber ce qu'il appelait la double couronne de la tyrannie et du fanatisme. Chénier était le poëte des hymnes républicains; une fête était à peine annoncée, qu'il en retraçait l'éclat et en chantait les merveilles; il composait les strophes des jeunes vierges, des vieillards et des enfants qui célébraient la Convention, la République et la nature. A travers les productions médiocres qui naissent de toutes les exaltations politiques, les vers de Chénier se distin-

---

[1] Chénier naquit le 28 août 1764, à Constantinople. La tragédie d'*Azémire* fut son début dans la carrière dramatique (représentée le 4 nov. 1786, à Fontainebleau). *Charles IX* (le 4 novembre 1789). *Henri VIII* et *la Mort de Calas* (en 1791). *Caïus Gracchus* (1792). *Fénelon* et *Timoléon* (1793 et 1794). *Le camp de Graïdpré* en un acte, représenté à l'Opéra (1793). Recueil de poésies lyriques composées depuis 1787 jusqu'à 1797. Épître à Voltaire (1806). Les deux missionnaires ou La Harpe et Naigeon (1803), in-16. Ma retraite, in-32. Épître à Eugénie, in-16. Hommage à une belle action, in-32. Des manuscrits des imitations d'Ossian, des élégies, des poésies satiriques, didactiques, héroïques, des discours philosophiques, l'art poétique d'Horace, traduit en vers de dix syllabes. Chénier est mort le 10 janvier 1811.

guent par un caractère antique et sévère; il y a de la grandeur et de l'austère mélodie. Chénier avait fait des études philosophiques très avancées, et il se complaisait ainsi à en rappeler les souvenirs dans ses remarquables compositions [1].

Lebrun, le poëte satirique, avec un esprit plus attique et plus brillant que Chénier, saisissait, de sa méchanceté intelligente, les défauts de caractère et les faiblesses de tous ceux qui marquaient avec un peu d'éclat dans la littérature et dans les affaires publiques; il frappait les sots d'une expression de ridicule; il arrachait le masque à toutes les hypocrisies avec un bonheur indicible; il ne s'élevait jamais jusqu'à la haute pensée, au dévouement d'une mission; il ne la comprenait pas; cœur sec, imagination sèche comme tous les critiques, il peignait spirituellement les vices du cœur et les puérilités des hommes à la mode; ses satires blessaient toutes les réputations au défaut de la cuirasse. Les épigrammes de Lebrun retentissaient partout [2]; il était au fond républicain, mais encore plus frondeur que patriote; il n'épargnait pas ses frères d'opinion; il les frap-

---

[1] Chenier fut l'auteur le plus attaqué par l'épigramme. En voici quelques-unes sur le poëte :

Ce Joseph, par lui seul prôné,
Doit ses nombreux revers à ses rimes perfides,
Il a le destin des Atrides :
C'est toujours par les siens qu'il tombe assassiné.

. . . .

Que vois-je! c'est Chénier — la sottise en estampe.
— Quelques succès passés, — qui font rire aujourd'hui.

— Il court après la gloire. — Elle court mieux que lui.
— Il ne tombe jamais. — Je le crois bien, il rampe.

[2] On ne peut dire la frivolité de cette époque; une épigramme mettait Paris en émoi; Lebrun n'épargnait personne. Il fut surtout très dur pour La Harpe :

Oh! La Harpe est vraiment un professeur unique,
Il nous parle si bien de vers, de poétique,
Qu'instruit par ses leçons on ne peut désormais
Lire un seul des vers qu'il a faits.

pait de ses vers mordants; sa verve ne ménageait rien ; s'ils étaient lourds, sans esprit, il ne leur épargnait point de tristes vérités. La *décade philosophique* publiait de temps à autres de petites pièces de vers de Lebrun, pleines de fiel contre quelques renommées du jour [1] ; il ne souffrait pas qu'on s'élevât; les femmes avaient leur lot dans ce feu roulant d'épigrammes. Plus tard madame de Genlis se ressentit des atteintes du poëte Lebrun [2].

Dans cette *décade philosophique* travaillait aussi un esprit d'érudition savante, un de ces annalistes d'un style terre à terre qui rachètent l'absence d'un talent d'imagination au prisme d'or, par une grande exactitude et une régularité monotone de recherches; Ginguené s'était jeté dans la politique avant de se poser comme l'écrivain de la littérature italienne, et de se faire l'exact et habile traducteur de Tiraboschi. M. Ginguené, journaliste et littérateur remarqué, avait la volonté d'être un homme d'état réfléchi et habile, visant à une réputation de diplomatie dans sa mission à Turin. Il possédait, au reste, un talent de dissertation remarquable et d'analyse politique dans cette époque un peu désordonnée du Directoire, où les pensées les plus diverses se heurtaient. M. Ginguené reçut de Barras et

---

[1] Lebrun naquit à Paris, en 1729, et mourut à Paris, le 2 septembre 1807. Il publia en 1755 l'ode *sur les désastres de Lisbonne*, puis il commença son poëme de la Nature qu'il abandonna. Il commença aussi son poëme intitulé les *Veillées des Muses*, qui est resté imparfait. Il adressa une ode à Buffon. Le tome 1er de ses œuvres, par Ginguené, contient six livres d'odes; le second, quatre livres d'élégies, deux épîtres, les fragments des veillées du Parnasse et du poëme de la Nature, des traductions en vers, et enfin quelques pièces de sa jeunesse; le troisième, six livres d'épigrammes et des poésies diverses; le quatrième, la correspondance de Lebrun avec Voltaire, Buffon, de Belloy, Thomas, Palissot, etc.

[2] Lebrun n'épargna pas même Chénier son ami :

« As-tu lu de Chénier la dernière satire ?
Quant à moi je ne puis me lasser de la lire :
Avec quel art il peint le méchant trait pour trait.
C'est divin. — Je le crois, il a fait son portrait. »

de la société de madame de Staël la mission d'agent de la République française près du roi de Piémont et de Sardaigne; là il se fit remarquer par ses exigences, son ton impératif et ses manières hautaines; M. Ginguené représentait un pouvoir qui ne pardonnait rien; les républicains français n'avaient pas la politesse des rois. M. Ginguené tomba dans le ridicule, même parmi ses amis, à l'occasion d'une dépêche où il racontait la victoire qu'avait remportée sa femme, en paraissant à la cour dans un costume plus que bourgeois [1]. Tout cela était dans l'esprit du temps; l'époque était aux petites persécutions contre ce qui était un peu de bon goût et de bonne compagnie, contre les idées morales et les vieilles manières. M. Ginguené exerçait une certaine influence littéraire par son esprit et ses relations; il avait fait de fortes études de législation et d'histoire, et nul ne possédait à un plus haut degré la faculté de rédiger un compte rendu ou un programme politique.

M. Daunou, l'ami de Ginguené, sortait des Oratoriens dont il avait secoué la robe savante; c'était un érudit, faiseur de notes, avec un style froid, sans couleur, le docte rédacteur de ces constitutions éphémères que tout pouvoir fort lui jetait à la tête, en se moquant de ses théories enfantines sur la pondération des garanties; ses œuvres politiques étaient une imitation de l'abbé Sieyès, sans la pensée, et de Benjamin Constant sans l'imagination. M. Daunou avait traversé la Convention sans s'associer à sa force et à sa destinée; comme tous les députés du centre, il avait voté les lois révolutionnaires sans s'élever

---

[1] En pet-en-l'air: ce fut l'objet d'une grande négociation sérieuse; M. Ginguené dépêcha en toute hâte un courrier; sa lettre, qui existe encore, fut communiquée par M. de Talleyrand, comme une moquerie. J'en parlerai plus tard.

jamais jusqu'à la hauteur d'un système de révolution. M. Garat marchait de concert avec l'école classique et élégante du xviiie siècle; il faisait contraste avec les formes et l'esprit de M. Daunou; il avait pris pour les discours en prose, aux fêtes de la République, le même rôle que Chénier pour les versifications républicaines; il les faisait retentissants dans les solennités publiques. M. Garat était l'homme des grandes phrases, des éclatantes périodes, dans lesquelles on rappelait les images pompeuses de la chute des rois et de la liberté des peuples; il entonnait ses hymnes en prose dans les fêtes du Champ-de-Mars, aux réceptions du Directoire, alors qu'on célébrait, sous le drapeau tricolore, les anniversaires de la Révolution française; académicien émérite du nouveau pouvoir, sa phrase était toujours cadencée, son expression choisie, alors même qu'elle s'adressait à la puissance sanglante; il avait loué tous les régimes avec élégance, et ses flatteries s'étaient adressées à tous les hommes puissants, sans distinction du dictateur ou du tribun. Sa lettre à Robespierre demeure comme un témoignage de la tendance et des habitudes de son esprit vers l'éloge des pouvoirs [1]. M. Barrère de Vieuzac, l'orateur du Comité de salut public, quoique exilé encore pour son dévouement aux Jacobins, écrivait dans les journaux; il avait la phrase plus politique et aussi élégante que M. Garat, un talent aussi souple et plus sérieux; il faisait l'article de journal avec une remarquable habileté; on pouvait y trou-

---

[1] Voici les termes de cette lettre à Robespierre : « Votre discours sur le jugement de Louis Capet, et le rapport sont, à mon avis, les plus beaux morceaux qui aient paru dans la Révolution. Ils passeront dans les écoles de la République, comme des modèles classiques de l'éloquence, et dans les tableaux de l'histoire, comme les causes qui auront agi le plus puissamment sur les destinées de la France... »

ver encore, à l'aide d'une facile analyse, les traces de ses rapports si parfaitement travaillés au temps du Comité de salut public. Depuis, admirateur de la constitution anglaise, dont il célébrait les principes, il était néanmoins toujours irrité contre l'Angleterre et la perfidie de son cabinet. C'était pour lui comme une vieille habitude de la Convention nationale ; il apporta, du Comité de salut public, ses phrases toutes faites contre William Pitt, l'ennemi du genre humain ; jusqu'au Consulat et à l'Empire, ce fut le même langage dans le Moniteur. M. Barrère de Vieuzac, au reste, écrivait purement, sa diction était un peu affectée, et il se piquait d'un style éminemment spirituel et classique[1].

Au sein de cette école philosophique et républicaine, se posait une femme dont le talent brillait d'un éclat mâle et fort; madame de Staël avait joué un rôle politique, aux jours même de la Convention nationale, et dans la Terreur ; M. de Staël-Holstein, qui représentait la Suède, n'avait point quitté Paris, car le duc de Sudermanie, régent du royaume, conservait des rapports avec le Comité de salut public. La jeune fille de M. Necker, dans ses exils et ses voyages incessants, avait mêlé ses études sur la philosophie du XVIIIe siècle aux conceptions si colorées de l'Allemagne ; elle jeta de la poésie rêveuse et de la méditation transcendante au milieu de cette froide école de dissertation et d'analyse qui naquit avec la Révolution française, et de ce style de l'école réfugiée ; son ouvrage sur l'*Influence de la littérature* n'avait point paru encore, mais on en lisait des fragments dans les salons ; on l'exaltait comme une œuvre philosophique de la plus

[1] M. Barrère de Vieuzac fut l'auteur de depuis 1800 jusqu'en 1810, contre la *perfide* a plupart des articles qui furent publiés, *Albion*.

haute portée, quoique l'école classique la désavouât dans sa forme allemande, comme une innovation. Chénier, Lebrun, Ginguené étaient restés admirateurs des chefs-d'œuvre du xviiiᵉ siècle ; or, le style vague et méditatif de madame de Staël ; ces poétiques inspirations, ne convenaient pas aux habitudes des auteurs froids et compassés des clubs classiques ; l'œuvre de madame de Staël faisait disparate dans la société qu'elle réunissait autour d'elle : il y avait peu de sympathie entre le style décoloré de MM. Daunou, Ginguené et les chants qui préludaient à *Corinne*[1]. Madame de Staël avait alors à ses côtés un jeune homme qui faisait ses débuts dans le monde littéraire ; sa physionomie était pâle et méditative ; il portait la tête haute, avec une prétention rêveuse ; et ses cheveux flottants sur ses épaules (quand les cadenettes et le catogan régnaient en souverains), disaient assez les tendances chéries de son esprit pour l'école germanique : l'on devinera peut-être l'auteur d'*Adolphe*, Benjamin-Constant, le plus remarquable des amis littéraires et politiques de madame de Staël, car il mettait lui, de la poésie, là où les autres ne trouvaient que dissertations sèches et monotones. Benjamin-Constant n'avait pas encore une assez puissante renommée pour être important dans le salon de madame de Staël ; il était absorbé par les maîtres qui jouaient le principal rôle politique.

L'école de madame de Staël tendait à soutenir la République et les idées jetées au monde par la Révolution de 1789, avec plus ou moins d'exaltation. Ce serait un curieux travail à faire dans la marche de l'esprit humain que de suivre, à travers les temps, les

---

[1] L'ouvrage que préparait madame de Staël, portait le titre de *La littérature considérée dans ses rapports avec les institutions sociales*.

mouvements divers des écoles littéraires, et l'influence puissante qu'ils exercent sur les esprits. Alors il se formait une autre poésie, une autre littérature, dont la mission semblait être de ramener les esprits vers l'ordre éternel, et la restauration des idées. Je vais encore jeter des noms propres immenses de renommée à l'époque où ils parurent; il n'en reste plus aujourd'hui qu'un souvenir, chaque jour effacé par le flot des nouvelles générations. Rien n'était comparable au retentissement des poésies de l'abbé Delille; le traducteur des *Géorgiques* vivait dans l'exil, loin de la France, et c'est sur la terre étrangère qu'il composait ses poëmes et ses traductions rimées avec un éclat que nul n'a atteint peut-être. Le chantre de l'*Imagination* n'en possédait pas beaucoup lui-même; il était moins poëte que faiseur de vers, moins inspiré que traducteur fidèle; il avait goût surtout pour cette poésie descriptive qui retraçait les objets avec une exactitude presque enfantine; il n'abandonnait jamais son diamant sans en compter les facettes, et pour les décrire exactement il en oubliait les feux; il traçait le paysage, il ne savait pas peindre les grandes émotions de l'âme, ces douleurs qui émeuvent, ce cri déchirant de l'homme à l'aspect du vide et de l'épuisement de la vie. L'abbé Delille n'avait rien de cette entraînante poésie qui remue les entrailles et grandit les idées; c'étaient les vers didactiques vivement colorés avec un faire remarquable; il ne se brisait pas le cœur et n'eut jamais les parois du crâne en feu : il servait la réaction monarchique, avec une haine profonde de la Révolution; il en proscrivait les souvenirs, il en flétrissait les saturnales. C'était alors un peu de mode; le bon ton voulait qu'on fût victime prête à favoriser une contre-révolution. Les vers de Delille, attendus comme un événement, étaient achetés au poids de l'or; quarante mille exemplaires s'enlevaient au moment de leur apparition; un ouvrage du poëte faisait plus d'impression que tous les journaux de philosophie, et l'on s'arrachait les lambeaux de quelques éditions tronquées à Londres, à Paris et à Bruxelles; singulier enthousiasme pour les vers qui forçait le gouvernement à traiter d'égal à égal avec un pauvre abbé, exilé sur la terre étrangère; Delille refusa la place d'Institut que lui offrait ce corps savant[1].

M. de Fontanes, dévoué aux mêmes opinions que M. Delille, venait de prendre la direction du *Mercure*, vieux journal de la monarchie, depuis Louis XIII; esprit élégant, profondément instruit, M. de Fontanes ramenait toutes les idées à des proportions littéraires et à une pensée haute et gracieuse à la fois, sans jamais descendre jusqu'au vulgaire; maniait-il l'éloge? il le faisait avec une dignité facile, un choix d'expressions qui distinguait la bonne compagnie et le grand style; lançait-il le dédain ou le mépris? il y avait au fond de ses idées un je ne sais quoi de calme et de convenable qui relevait les expressions même les plus aigres et les plus communes contre ses adversaires; il ne traitait jamais une chose en petit, il savait peindre le beau et le grand dans son œuvre. M. de Fontanes n'avait point de ces conceptions larges et fécondes qui illuminent tout à coup les générations, mais il savait jeter de l'éclat sur les pensées vieil-

---

[1] Les frères Michaud achetaient un louis chaque vers de M. Delille, ce qui faisait 250 louis la feuille; il en paraissait jusqu'à onze éditions à la fois. Delille naquit le 22 juin 1738, dans les environs de Clermont, en Auvergne. Il est mort le 1er mai 1813 et publia les Géorgiques de Virgile en vers français en 1769. Les Jardins ou l'art d'embellir les paysages, poëme en quatre chants, 1780. L'Homme des champs, ou les Géorgiques françaises, 1800. Poésies fugitives, 1802. Dithyrambe sur l'immortalité de l'âme, suivi du passage du Saint-Gothard, poëme traduit de l'anglais, 1802.

les déjà; il était dévoué aux principes de conservation et de monarchie, qu'il croyait le plus propres à la génération actuelle; il combattait la République avec les souvenirs littéraires de Louis XIV; il marchait à une restauration politique par une restauration littéraire, et c'est une de ces transitions qui s'opèrent le plus habituellement; dans la suite des siècles, l'une précède toujours l'autre. La Harpe son ami, après ses exaltations révolutionnaires et philosophiques, entreprenait la même œuvre de restauration littéraire; c'est un fait à remarquer que cette action première de la littérature et de la philosophie sur la politique; tous les grands mouvements dans l'ordre social arrivent par les idées; il se fait d'abord un travail d'esprit dans les lettres avant que les principes sociaux passent comme des vérités pratiques dans les gouvernements. Le *Cours de littérature* de La Harpe est une conception aujourd'hui en arrière, sèche et analytique[1]; la critique est dépourvue de cette imagination qui en fait aussi une œuvre d'art. Pour pénétrer jusqu'aux mystères du génie et à ses illuminations soudaines, pour analyser les vastes créations, il faudrait être soi-même un génie transcendant, et ceux-là, quand ils se sentent le feu à la tête, ne s'arrêtent point à de simples analyses. Le véritable travail de La Harpe, le résultat qu'il obtint, ce fut, en restaurant le goût, d'opérer une vaste reconstitution littéraire; il eut la passion des anciens et reporta la pensée vers des modèles qu'on avait oubliés. La Harpe parut dans un moment de réaction contre la pensée révolutionnaire, il servit cette réaction, parce qu'il est très difficile d'échapper aux influences de son temps et à l'autorité impé-

---

[1] La Harpe publiait alors beaucoup: son *Cours de littérature* paraissait successivement; ses quatre premiers volumes furent analysés par Fontanes, dans le *Mercure*.

rative des idées dominantes; il rendit son époque trop classique, il posa des règles trop mathématiques pour le génie qui, comme l'aigle, aime à s'en affranchir dans son vol audacieux.

Des jeunes hommes de goût se rangeaient autour de Fontanes et de La Harpe, et parmi eux commençait à briller Esménard, né sous le ciel du midi, poëte qui chanta les périls de la navigation. Les fragments de son poëme paraissaient par lambeaux dans les feuilles littéraires; il y avait de la création et de l'art véritable dans Esménard; la manie de poëmes épiques dominant les meilleurs esprits, on suait à l'œuvre sous des mille vers; et à cette époque littéraire toute production poétique exerçait une certaine influence sur le mouvement des générations [1]. Le journalisme, exilé au 18 fructidor, possédait des hommes de bonne littérature; ils vivaient dans la solitude, échappés comme par miracle à la déportation, car le Directoire les avait frappés. M. Suard, un des hommes les plus éminents du xviiie siècle; le mordant abbé Morelet, M. Michaud, qui préludait dans la solitude à son élégant poëme du *Printemps d'un Proscrit*; Geoffroy, critique si remarquable, avait fourni quelques-uns des articles qui firent une si grande impression dans *l'Année littéraire*, et plus tard dans le *Journal des Débats*. Fontanes, La Harpe, Dussault, Esménard lui-même, écrivaient beaucoup dans les journaux; belle époque pour les gens de lettres, où un feuilleton mettait les salons en émoi pour ou contre un poëte.

A travers toutes les variétés des écoles politiques et littéraires, un culte semblait seul dominer encore, c'était celui de Voltaire et du xviiie siècle. Un si grand colosse

---

[1] Esménard était un des hommes d'esprit de son époque et journaliste remarquable; on sait sa mort malheureuse après son exil politique.

ne s'abat pas tout d'un coup ; il a besoin d'être fortement secoué avant qu'on ose l'atteindre. L'esprit de Voltaire était souverain, même pour les hommes les plus avancés dans les idées de conservation ; on se faisait gloire d'impiété ; on avait la manie des petits vers si admirablement charpentés par la verve spirituelle du vieillard de Ferney. On se moquait des idées religieuses, et les partisans même de l'école monarchique, de l'unité et de l'ordre, n'osaient encore défendre les pensées chrétiennes, la puissance des religieuses doctrines, qu'avec une sorte de timidité. On craignait le ridicule que l'esprit encyclopédique avait jeté sur la foi ; bien des gens admiraient encore M. de Parny dans ses écarts de poëte : *la Guerre des Dieux* fut l'œuvre hardie d'un gentilhomme blasé, qui cherche des émotions dans les tableaux licencieux. M. de Volney, si chaud par son style d'Orient, s'était mis à la portée de tout le monde dans sa poétique composition des *Ruines*, où se déploient le vieux monde et les sociétés primitives. Dupuis publiait ses recherches d'érudit contre la Bible et la foi chrétienne ; Lalande se proclamait le prince des athées ! Un homme obscur, du nom de Sylvain Maréchal, voulut se faire un nom en se posant l'ennemi de Dieu ; il se donnait joie de prouver qu'il n'existait ni une autre vie après nous, ni un monde meilleur avec un Être immense, lumineux, s'abîmant dans sa majesté, qui présidait à la marche des astres. Il n'y avait pas de fanatisme comparable à celui des athées ; ils étaient étroits, persécuteurs, tenaces pour leurs idées, à ce point qu'ils exigeaient des adeptes une obéissance absolue à leur grand-prêtre, l'astronome Lalande. M. Sylvain Maréchal préparait un *Dictionnaire des Athées*, dans lequel il réunissait avec orgueil tous les noms propres qui, dans l'antiquité et les temps modernes, avaient nié l'existence de Dieu [1] ; il se complaisait dans ces nomenclatures; agrandissant le nombre des athées, il mentait pour se donner la joie d'étendre le cercle effrayant des créatures qui nient l'existence d'un créateur. Des esprits médiocres, groupés autour de Maréchal, s'étaient fait une espèce de renommée par leurs fanfaronnades; la société était tellement bouleversée qu'on pouvait tout dire, tout écrire; on était à l'époque, je le répète, où les temples se brûlent pour obtenir un peu de renommée [2].

Quand tout était ainsi dans le chaos, lorsqu'il était de bon goût dans un certain monde de nier la puissance des idées religieuses, on parla tout à coup d'une belle intelligence qui s'élevait, d'un jeune homme né en Bretagne, dont la vie avait été, dès son berceau, agitée par la tempête publique; il préparait (disait-on) un livre sur les *Beautés poétiques du Christianisme*. Quelle hardiesse dans ce titre, quand les prêtres étaient proscrits et la religion sans autels! Ce jeune homme, obscur encore, était né d'une famille qui avait pourtant de l'é-

---

[1] M. Ginguené lui-même se posait athée comme directeur de l'instruction publique. « Le fléau le plus terrible qui ait affligé l'espèce humaine est sans doute la superstition, puisque le despotisme même lui doit sa force et son pouvoir. Toutes les religions positives ne pouvant s'alimenter que de superstitions, sont à peu près au même rang à cet égard; et les hommes ne s'étant jusqu'à présent détachés de l'une que pour l'autre, n'ont fait aussi que changer d'esclavage, sans pouvoir passer encore de la servitude à la liberté. La Révolution française est la première qui, *dégagée de toute influence sacerdotale ou religieuse, tende réellement à l'affranchissement des sociétés humaines.* Attaquer par des fictions ingénieuses *ces religions positives ennemies du bonheur de l'homme,* verser à flots le ridicule sur ce qui fit verser tant de sang, c'est donc bien mériter de la Révolution, de la patrie et de l'humanité. » (Circulaire de M. Ginguené, directeur de l'instruction publique).

[2] Voici ce qu'écrivait Sylvain Maréchal dans son dictionnaire des Athées : « La grande et belle expérience d'une République sans Dieu est encore à faire; elle serait digne du gouvernement français. Au lieu de perdre le temps à discuter la préséance de la religion naturelle sur les révélées, il vaudrait bien mieux, ce semble, s'occuper à démontrer la parfaite inutilité et des unes et des autres. Il n'existe encore aucune institution spécialement destinée à combattre et détruire la croyance en Dieu, celui de tous les préjugés qui fait le plus de mal. »

clat; il comptait dans ses proches M. de Malesherbes; jeté par la Révolution hors de France, il avait quitté son manoir de Bretagne dont il gardait douce souvenance, pour l'Océan avec lequel il jouait enfant; il avait visité l'Amérique et, comme voyageur, il cherchait un passage au pôle; Breton, il était accoutumé au péril des mers; dans ces contemplations de la voûte étoilée, dans ses longues veilles du bord, dans son admiration de l'Océan avec ses grandes vagues, il avait compris Dieu et ses merveilles. Les déserts de l'Amérique ouvrirent pour lui une poésie nouvelle pleine d'images; plus d'une fois il écrivit sous les mille voix de l'ouragan; il rapportait les trésors en France pour semer les émeraudes et les rubis sur des pages immortelles; ai-je besoin de dire que ce jeune homme aux nobles traits, à l'œil méditatif, comme Girodet seul a su le reproduire, portait le nom de Châteaubriand. De retour en France, caché dans des sociétés choisies, il lisait les beaux fragments de son livre sur les *Beautés du Christianisme*, et M. de Fontanes aimait à dire d'avance combien étaient poétiques l'épisode d'Atala, l'histoire de Réné, ce triste cœur que le vieux monde fatigue, et que l'infortune a si amèrement éprouvé! M. de Châteaubriand, alors peu connu, marchait seul dans ces voies nouvelles qu'il ouvrait avec une hardiesse puissante; une fois apparu, il n'y eut pas de renommée qui se développa avec plus de retentissement dans les premières années du xixe siècle[1]. Ce génie débordant avec l'énergie de grandes pensées, domina la médiocrité critique et envieuse!

A côté de ces trésors de poésie, qui pourrait citer ces réputations littéraires retentissant un moment à

---

[1] La première édition du *Génie du Christianisme* est de 1801.

travers les contemporains, sans jamais atteindre les limites d'une génération nouvelle; cette époque fut celle du fastidieux Démoustier, le chantre de la mythologie, dans ces rimes doucereuses qui se traînent sur le nom d'Émilie, comme le son monotone d'une flûte dans une bergerie de Florian [1]. Enfants, ne vous souvenez-vous pas de Ducray-Duminil, l'un de ces romanciers qui obtinrent la vogue sentimentale : la renommée des *Petits Orphelins du Hameau* ou de *Cœlina l'Enfant du Mystère*, fut grande; elle parut encore populaire à côté du *Pèlerin Blanc*, mystérieuse existence qui disputa même à *Tékeli* les tréteaux des boulevards. Pigault-Lebrun, le sceptique romancier, le fanfaron anti-chrétien, commença l'école du roman populaire avec une verve de gaieté qui se manifeste au plus haut point dans le *Baron de Felsheim*. Quand on relit ces œuvres aujourd'hui oubliées, on prend en pitié le temps qui s'y intéressa si vivement; hélas! les générations qui viendront après nous, auront aussi leur moquerie méprisante pour quelques-unes de ces vogues qui expirent chaque année avec la chute des feuilles; elles brillent on ne sait pourquoi, elles tombent sans que personne en demande la cause. Que sont devenus tous ces littérateurs qui faisaient mode et retentissement sous le Directoire, comme Trénis dans une contredanse, ou Vestris à l'Opéra? Ils sont passés, parce que dans l'œuvre incessante des générations, il n'y a jamais que les vrais génies qui survivent. La main du temps s'étend implacable; elle arrache le fard des joues et les faux ornements; elle n'aime pas les couronnes de lauriers jetées sur des fronts vulgaires.

---

[1] Depuis 1796 jusqu'en 1801, ce fut la grande vogue que les œuvres de Démoustier, de Ducray-Duminil et de Pigault-Lebrun, fatale menace pour tout ce qui ne reste pas dans les grandes conditions du beau et du vrai.

La grande distraction de l'époque fut le théâtre ; il y en avait partout à Paris, la vaste cité des plaisirs ; les philosophes du xviiie siècle avaient proclamé que c'était le puissant moyen d'influencer les mœurs, et la Convention appela le peuple à ces représentations scéniques, comme le sénat réunissait les citoyens au Forum. Le goût était pour les tragédies grecques et romaines; on répétait le théâtre ancien de Corneille, les pièces de Voltaire et de Chénier, où les vieux sénateurs paraissaient sur la scène avec les costumes antiques, la robe prétexte et le laticlave. Faire une tragédie alors, c'était plus qu'une œuvre d'art ; l'éclat en rejaillissait sur toute une vie de poëte; c'était sa fortune. Avec quel retentissement ne se disputait-on pas l'honneur d'une scène ou de quelques vers déclamatoires? on drapait Agamemnon sous toutes les formes; la famille des Atrides, après tant de malheurs, éprouvait encore l'infortune d'être livrée aux poëtes [1]; elle était dépecée en mille vers médiocres. Collin-d'Harleville, après Fabre-d'Églantine, avait rendu quelque éclat à la comédie ; il la faisait avec observation et beaucoup d'esprit. Andrieux conservait la manière de Voltaire, ses petites impiétés systématiques, si gracieusement exprimées dans le *Meûnier Sans-Souci*; avec un esprit très doux, il apportait quelque chose de moqueur et de malicieux dans ses compositions les plus légères : élève des encyclopédistes, ardent disciple de Voltaire, il avait assisté, enfant, à ses funérailles, et ce souvenir se révélait partout dans ses œuvres. Quelle époque facile pour la renommée! On remuait le public avec quelques strophes; on vantait déjà avec enthousiasme le *Mérite des Femmes*

---

[1] Sous le Consulat et l'Empire nous voyons dominer encore la tragédie grec- que et romaine. Bonaparte n'avait devant ses yeux que Rome et les Césars.

de Legouvé, les épîtres de Fontanes, la *Maison des Champs* de Campenon, les gracieuses compositions de Barthe, productions de frivolité à travers les graves idées politiques.

Le petit genre théâtral commençait aussi son règne dans toute la puissance d'une réaction ; le vaudeville apparaissait tout joyeux de ses couplets de circonstance, de son application aux mœurs de la société contemporaine; on aimait ce genre, parce qu'il rappelait un peu l'ancien régime, ses habitudes rieuses et légères. Dans le vaudeville on osait quelques hardiesses sur la scène ; on parlait en termes acérés contre les Jacobins, les clubs et la Révolution ; on tournait en ridicule les carmagnoles et les mauvaises manières. Le vaudeville faisait de la politique en chansons; il servait la réaction monarchique sans le vouloir ; il présentait les marquis du vieux régime sans les rendre odieux[1]; MM. Piis, Barret, Radet, Desfontaines et Bouilly, dans leurs tout petits couplets, faisaient quelquefois de hautes doctrines sociales. Parlerai-je de MM. de Ségur et de leurs jolis essais de vaudevilles et de chansons? Il est curieux de voir un pays préoccupé d'un couplet ou d'un dîner du Caveau, et des hommes de nom et de gravité, chanter en bouts rimés *l'amour*, le *vin* et la *folie* selon les éternels refrains. Telle était l'époque : on avait vu des événements si graves, on sortait d'un temps si plein de tristes et fortes pensées. MM. de Ségur n'étaient pas d'ailleurs des rimeurs vulgaires; leurs couplets avaient du charme; ils en multipliaient les factures dans toutes les formes avec une grâce parfaite et un esprit fort heureux; et j'ai retrouvé cette vieille chanson *du temps*, spirituelle

---

[1] *Fanchon la Vielleuse*, sous le Consulat, fut la pièce la plus hardie en faveur du vieux régime et des marquis. M. Bouilly contribua au retour des bonnes manières.

et philosophique composition de MM. de Ségur; ils cachaient des pensées hardies ou fortement réfléchies dans un refrain, et ces finales en couplets spirituels étaient toujours applaudies, parce qu'elles correspondaient au mouvement des idées dans la jeune génération. En vain la vieille famille poétique de Chénier, de Lebrun, s'efforçait par de grandes œuvres de retenir la France dans les idées républicaines; elle avait soif de lui échapper. Le Français n'avait rien de grec ni de romain; comme on l'avait plié malgré lui à ces idées, il secouait cette littérature de la toge et du laticlave; il revenait impétueusement à ses mœurs, à ses usages, à ses habitudes. La Révolution avait trop emprunté à Rome; elle avait oublié les caractères nationaux et le passé historique de la France!

CHAPITRE VII.

LES SCIENCES ET LES ARTS JUSQU'AU CONSULAT.

Débris des vieilles académies. — Tendances vers les sciences exactes. — Emploi des savants dans le mouvement révolutionnaire. — Monge. — Fourcroy. — Chaptal. — Berthollet. — Laplace. — Daubenton. — Cabanis. — Institut d'Égypte. — Mouvement imprimé aux sciences exactes. — Les arts. — École de David. — La statuaire. — Formes antiques et romaines. — La musique. — Méhul. — Gossec. — Commencement de Boïeldieu. — Les théâtres lyriques. — La comédie française.

1794 — 1799.

Les temps des passions vives et profondes ne sont pas des époques d'études sérieuses ; quand les événements marchent si vite, qui peut contempler dans une méditation impassible et solitaire, les faits et les accidents d'une situation violente? Quand tout s'agite comment rester immobile dans l'examen d'un monde au dehors des réalités? Quand la terre tremble qui peut s'absorber dans des abstractions métaphysiques? La terreur n'avait point épargné les savants, et l'histoire a dit que Lavoisier ne put obtenir quelques heures pour observer un phénomène et accomplir une opération de chimie [1]. Cependant le Comité de salut public, l'expression puissante et gouvernementale de la Convention nationale, avait senti le besoin impératif de multiplier les forces de la guerre ; avec peu de ressources, il était nécessaire de

---

[1] Il fut livré à la mort, le 8 mai 1794, avec les fermiers-généraux.

développer de grands moyens; l'époque de 1794 fut pleine de prodiges scientifiques; il fallait chercher dans les sciences et dans les arts les éléments qui manquaient au milieu de la crise sociale; on dut demander aux merveilles de l'étude ce que la nation avait perdu dans la confusion de tous les intérêts sociaux. Le Comité eut recours à la science, il mit en réquisition la chimie, la physique, les mathématiques, pour créer le salpêtre, multiplier les armes et grandir les moyens de défense. La chimie pouvait beaucoup dans la composition des éléments primitifs; les mathématiques se liaient à l'art des places fortes, aux combinaisons stratégiques pour la défense du territoire. Le conventionnel Carnot, membre du Comité de salut public, dut ses plus vastes plans de campagne, non seulement aux traditions écrites qui existaient au ministère de la guerre [1], mais encore aux calculs de stratégie que les mathématiques pouvaient fournir après de longues études. Les sciences exactes gagnèrent donc dans le mouvement révolutionnaire. Comme toujours, la nécessité fit des prodiges; il fallait pourvoir à tous les moyens de sauver le territoire; chacun prêtait la main, et pourvu qu'on donnât un gage à la Révolution, le Comité de salut public vous admettait dans cette grande famille des défenseurs de la patrie qui travaillait à repousser glorieusement l'invasion.

Monge fut un des savants considérables que la Révolution fit éclore, l'homme peut-être qui appliqua avec plus de précision les sciences mathématiques à tous les résultats du travail et de la guerre [2]. Monge, l'ami de Carnot, régicide

---

[1] On n'a pas assez apprécié l'influence des anciens documents du département de la guerre sur les campagnes de la République; le Comité de salut public les étudiait continuellement; Bonaparte même en fit son profit.

[2] Monge naquit à Beaune, en 1746; mort à Paris, le 28 juillet 1818. Il fit l'*Art de fabri-*

comme lui, avait en haine toutes les têtes couronnées ; ardent républicain, il prêta un immense concours à la Révolution française ; sa conversation était haute, brillante, et nul n'exposait mieux un système dans ses applications positives ; la géométrie pratique lui dut ses plus vastes développements ; il fut le fondateur de l'école Polytechnique, cette forte création d'une époque effervescente [1] ; il sentit la nécessité d'avoir un corps de cadets privilégiés par le savoir, qui pussent s'appliquer à toutes les spécialités de la guerre : au génie, aux fortifications, aux ponts-et-chaussées, à tout ce qui se rattache à la défense et à l'administration d'un pays. Fourcroi, Chaptal [2] et Berthollet [3], forment comme une magnifique pléiade de savants qu'il nous faut admirer, parce qu'ils furent des esprits éminemment d'application ; ils mirent les expériences à la portée de tous, et grandirent ainsi le domaine des notions positives ; ils ne se tinrent pas dans un sanctuaire impénétrable au peuple ; ils mêlèrent la science à tous les besoins de la vie, à tous

---

quer les canons, Paris, an II, in-4º. Traité élémentaire de statique; Paris, 1786, in-8º. Leçons de géométrie descriptive; Paris, an III. Application de l'analyse à la géométrie des surfaces du premier et du deuxième degré. La première édition parut in-fol., dans l'an III, sous le titre de Feuilles d'analyse appliquée à la géométrie.

[1] Elle portait le titre primitif d'École des Travaux publics.

[2] Chaptal, qui a été le praticien par excellence, naquit à Nogaret, le 4 juin 1756. Mourut à Paris, le 30 juillet 1832.

On doit à Chaptal : 1º Conspectus physiologicus de fontibus differentiarum relativè ad scientias, 1777. 2º Tableau analytique du cours de chimie fait à Montpellier, 1783, in-8º. 3º Éléments de chimie, 3 vol. in-8º, 1790. 4º Traité des salpêtres et goudrons, 1796, in-8º. 5º Tableau des principaux sels terreux et substances terreuses, 1798, in-8º. 6º Essai sur le perfectionnement des arts chimiques en France, 1800, in-8º. 7º Essai sur le blanchîment, 1801, in-8º. 8º Art de faire, de gouverner et de perfectionner les vins, 1801, in-8º.

[3] Berthollet naquit le 9 novembre 1748 ; mort le 6 novembre 1822. On a de lui : Expériences sur l'acide tartareux, sur l'acide sulfureux, observations sur l'air, mémoires sur les combinaisons des huiles avec les terres, l'alcali volatil et les substances métalliques (1776, 77, 78). Recherches sur la nature des substances animales, et sur leur rapport avec les substances végétales (1780). Observations sur la combinaison de l'alcali fixe avec l'acide crayeux (1780). Essai sur la causticité des sels métalliques (1780). Observations sur la décomposition de l'acide nitreux (1781), etc.

les progrès de l'industrie ; ils indiquèrent les améliorations que les arts devaient aux prestiges de l'étude; ici, par une fusion de couleurs, là, par une suite de procédés qui servaient les besoins multipliés de toutes les classes. Comme la France avait besoin de se replier sur elle-même, comme elle n'avait plus ni commerce extérieur ni échanges lointains, ces hommes de génie méditèrent de lui rendre par la chimie les produits dont elle manquait, ces matières premières et brillantes que l'Inde et les colonies nous donnaient autrefois; ils analysèrent les substances, les combinèrent incessamment; leur esprit s'exerça à remplacer, par des moyens factices, les produits primitifs que la France ne pouvait obtenir par son commerce. On essaya, par la mécanique active et perfectionnée, de remplacer les tissus de la Chine, de l'Indoustan et de l'Angleterre; on employa la chimie pour les teindre; on eut du soufre factice, du salpêtre factice; en un mot la chimie, comme une grande magicienne, jeta sa baguette d'or pour enfanter des prodiges [1].

Pendant ce temps, Laplace mesurait la terre et contemplait les cieux; illustre collègue de Lalande, de Cassini et de Delambre, il soumettait la marche des astres à des calculs d'algèbre pour aider les progrès de la navigation et l'avancement de toutes les connaissances humaines. Les orages politiques grondaient sur la tête de ces savants, mais ils s'en consolaient dans la contemplation de cette immense armée qui peuple le firmament dans les longues nuits. Les observations astronomiques devinrent fixes et régulières ; des instruments pour mesurer l'espace se formulèrent sur de meilleures données. Le système géométrique de Laplace devint européen, et la France,

---

[1] Les progrès de la chimie, de 1793 à 1812, sont immenses.

isolée du monde par la Révolution et la guerre, conquit encore son universalité par les sciences [1]. Le vénérable Daubenton, aux formes si douces, le successeur de Buffon, arrivait au milieu d'eux à son extrême vieillesse; conservant les traditions antiques de la science, il vivait dans ce beau parc du Jardin des Plantes, cultivé de ses mains, et dont il avait étudié les magnificences sous le cèdre du Liban, planté par Jussieu [2]. Les connaissances naturelles de Daubenton s'étendaient à toutes les études des phénomènes terrestres; il appliquait son intelligence féconde à tous les règnes de la nature; enthousiaste dans ses vieux jours, il continuait Buffon, mais sa spécialité surtout était pour le règne minéral; puis, comme Jussieu, il connaissait cette longue famille de plantes que la création a semée sur le monde parmi ses merveilles; ces fleurs de grenat qui pendent sur la feuille verte comme l'émeraude, ces liliacées qui ressemblent à des colliers de perles et de corail, d'améthystes ou de turquoises; ces herbes potagères qui rampent dans leur humilité, comme tous les arts modestes et utiles. Daubenton était le patriarche de la science; sa religion pour les œuvres de Dieu inspirait un respect profond, et Cabanis lui-même, le philosophe, l'ami de Mirabeau, n'élevait pas jusqu'à

---

[1] Un décret du 25 juin 1795, ordonne la formation d'un bureau des longitudes. Il fut chargé de rédiger la connaissance des temps, de perfectionner les tables astronomiques et météorologiques. La première formation de ce bureau, type des formations suivantes, comprend : les géomètres Lagrange, Laplace ; les astronomes Lalande, Cassini, Méchain, Delambre ; d'anciens navigateurs, Borda, Bougainville ; un géographe, Buache ; un artiste, Larochez.

[2] Daubenton (Louis-Jean-Marie) naquit à Montbar (Bourgogne), le 29 mai 1716 ; mort à Paris, dans la nuit du 31 décembre 1799 au 1er janvier 1800. Il a contribué à faire les quinze premiers volumes in-4° de la grande histoire naturelle. Il a publié des articles dans la première Encyclopédie, dans les Mémoires de l'Académie des sciences (sur divers points importants de l'histoire naturelle des animaux et des minéraux); dans ceux de 1754, de 1756, de 1772, de 1781, de 1762, de 1764. Instruction pour les bergers, 1 vol. in-8°, 1782. Tableau méthodique des minéraux, 1784, in-8°. Mémoire sur le premier drap de laine superfine du crû de France, 1784, in-8°. Il a travaillé à la collection académique.

lui sa philosophie moqueuse; il respectait ses convictions naïves pour ce Dieu qui avait tout créé [1]. Cabanis, en effet, faisait alors grand bruit dans le monde philosophique : médecin renommé, il avait étudié l'homme par les nerfs, le sang et le cerveau, et de cet examen il tira des conclusions favorables à un spiritualisme matérialiste, comme si ces deux idées pouvaient se formuler simultanément [2]. Cabanis était-il athée comme on l'a dit? Se donnait-il cette manie comme quelques beaux esprits de l'époque? Tant il y a qu'il expliquait le mécanisme de l'imagination et de l'esprit sans Dieu; ses études étaient fortes, son style entraînant, sa manière pleine d'images, de telle sorte qu'il séduisit les âmes et les cœurs de la jeune et ardente génération. Les écoles de médecine suivirent avec une passion entraînante le système de Cabanis.

C'étaient là des hommes considérables, et jamais époque, peut-être, ne présenta une réunion si puissante d'intelligences fortes et de conceptions vastes; tous faisaient partie de l'Institut, création conventionnelle de l'abbé Grégoire et que le général Bonaparte avait adoptée quand il partit pour l'expédition d'Égypte. Il y eut désormais un institut attaché à la fortune et à la grandeur de cette destinée; on allait fouler la terre antique des rois en poussière et des Ptolémées, les cités en ruines, les populations qui avaient laissé des traces dans d'impérissables monuments; des hommes d'imagination et de science fouilleraient incessamment les pyra-

---

[1] Daubenton, créé sénateur sous le Consulat, mourut à quatre-vingts ans.

[2] Cabanis naquit en 1757; mort le 5 mai 1808. Il fit le *Serment d'un medecin* (imitation libre de celui d'Hippocrate), 1783. *Observation sur les hôpitaux*, 1789. *Journal de la maladie et de la mort de Mirabeau. Le degré de certitude de la médecine*. Son plus remarquable livre résume les rapports du physique et du moral de l'homme, 1802.

mides, les tombeaux, les immenses tronçons de colonnes, les sphinx, les zodiaques, les aiguilles qui rappelaient les amours d'Antoine et de Cléopâtre, la reine égyptienne aux colliers d'or : l'institut d'Égypte travailla comme si la guerre ne désolait point cette colonie; il traversa les déserts pour dessiner, étudier, avec ce courage que donnent seules les fortes études. Denon commença sa carrière d'artiste au milieu des sables, sous les feux du soleil. Nul ne sait les tourments qu'on se donne quand on s'impose une mission; on sue, on s'abîme, on recherche, on passe toute son existence devant une idée avec laquelle on naît et on meurt. L'institut d'Égypte a laissé un impérissable monument; il y a déposé une vaste science, et on ne trouve rien de pareil dans l'histoire, si ce n'est les livres de Kircher et de Zoëga, qui furent les bases du travail d'érudition de l'institut d'Égypte. Idée féconde que celle d'avoir réuni les monuments des vieux siècles en face de la civilisation moderne; les conquêtes de la guerre s'effacent, les souvenirs de la gloire périssent; le nom de France a laissé à peine un retentissement sur les rives du Nil, mais le grand travail de l'institut d'Égypte restera à travers les âges. Les monuments qu'élève l'esprit demeurent debout! les livres de la vieille Rome survivront à ses temples; et quand les pierres du Colysée tombent en poussière, les annales de Tacite nous rappellent encore les combats des gladiateurs et les spectacles de ces jeux où le blond esclave de la Germanie saluait César en expirant sous les coups du vainqueur.

Les arts, a-t-on dit vulgairement, aiment la paix et le repos; fausse idée, car c'est dans les temps d'émotions et de croyances que se produisent les belles œuvres d'artistes. Aux époques paisibles tout prend un caractère monotone et compassé; il y a absence de ce souffle puissant qui saisit un artiste par l'imagination et le cœur; les arts sont prodigieux aux temps d'orages, ils s'animent dans cette tempête des passions qui bruissent autour d'eux. Sous la Convention, il y eut une rage de fêtes et de solennités qui éleva considérablement les moyens des artistes; tout fut dessiné, colorié; l'art religieux disparut avec le catholicisme pur et vierge; on substitua des programmes qui imprimèrent à chaque fête un caractère théâtral; on avait foulé aux pieds les dogmes de l'Église, on remplaça ses pompes par des décors d'artistes; on vit alors des montagnes gigantesques et des statues colossales qui représentaient la Liberté et la Nature; on substitua Caton, Sénèque, Brutus, Cicéron, avec leur figure austère à ces douces et naïves créations que l'art catholique avait semées sur les monuments. Tout fut une imitation de l'ancienne Grèce et de Rome; les jeunes filles, aux cheveux tressés dans des réseaux d'or, tinrent des gerbes aux mains; les vieillards entourèrent les charrues traînées par des bœufs couronnés comme dans les bas-reliefs antiques. Les enfants jetaient des fleurs ou chantaient des hymnes; et ces processions étaient enlacées par des cordons aux vives couleurs comme aux fêtes du vieux paganisme : les programmes de ces solennités nous sont encore conservés dans les monuments de l'époque; et la terrible Convention elle-même semble prendre à plaisir d'en préparer les détails, comme s'il s'agissait d'un acte sérieux de la vie politique, car la démocratie est le gouvernement des fêtes publiques[1].

L'artiste qui domina cette époque fut le peintre David, républicain de principes, exalté pour Marat, Saint-Just

---

[1] Le principal de ces programmes, celui par David. Il est très remarquable même de la fête de l'Être-Suprême, fut dessiné sous le rapport poétique.

et Robespierre, fortement retrempé dans les études de l'antique. David était membre de la Convention nationale, l'ami de ses plus hardis défenseurs, le zélateur de la Montagne, le peintre de ces tableaux, admirables encore aujourd'hui, de l'assassinat de Marat et de Lepelletier de Saint-Fargeau, martyrs des idées républicaines ; son âme était énergique et de feu. Au temps des révolutions les hommes sont tellement exaltés, les esprits tellement en dehors de leurs habitudes, qu'on ne peut demander raison des actions mauvaises ; elles arrivent au cœur et à la pensée par des voies intimes et inouïes qui rappellent à l'homme la méchanceté de sa nature ; c'est la rage d'une passion qui parle et s'impose. Ainsi dans David je ne verrai que l'artiste fanatique et aux proportions gigantesques ; il avait emprunté à Michel-Ange quelques-unes de ces études d'anatomie qui brillent avec tant d'éclat dans le prodigieux tableau du Jugement dernier où les poses sont si hardies, où ces entrelacements d'hommes, ces masses de chair mêlées, confondues, forment la plus grandiose des œuvres l'école italienne [1]. David, amoureux de la forme antique et romaine, sacrifiait tout aux poses, et comme son âme républicaine se complaisait dans les scènes de la vieille histoire de Rome, il essayait son pinceau dans le sacrifice sublime de Brutus ou dans l'image de César frappé au cœur par les conjurés du sénat. Il préparait le combat des Horaces et des Curiaces, l'enlèvement des Sabines, et tant d'autres productions qui effacèrent la belle et hideuse image de Marat assassiné dans son bain par Charlotte Corday [2].

---

[1] David a plus d'un rapport avec Michel-Ange ; l'un et l'autre avaient poussé loin les études anatomiques ; mais Michel-Ange était plus hardi et peignait ses personnages d'une main plus ferme.

[2] Ce tableau existe encore ; il en a été

David dans son magnifique talent fit école; de jeunes et nombreux artistes imitèrent sa manière et se pénétrèrent de sa pensée républicaine; tous devinrent Grecs et Romains. La nature dut désormais se reproduire à nu comme dans les jeux gymnastiques d'Athènes ou de Sparte aux scènes du pugilat; la nudité académique fut la base des études; tous les sujets des grands compositeurs furent républicains, et les artistes se groupèrent autour du maître qui savait si bien draper à l'antique les mâles figures; on reproduisit la mort de César par Brutus, le jugement implacable de Virginius; tout rappela ce patricien austère qui envoyait son fils à la mort parce qu'il avait trahi Rome et faibli devant son devoir, ou bien le père qui frappait d'un poignard sa fille pour réveiller, par l'aspect du sang, l'énergie de Rome. Il y eut une affectation de rigidité dans les jeunes artistes; on les voyait sous les portiques du Musée avec la robe de pourpre et la prétexte romaine; leurs têtes bouclées portaient une bandelette sacrée comme les poëtes et les vates des anciens; ils tenaient leurs palettes à la main dans une attitude méditative; leurs pinceaux s'agitaient dans leurs doigts pour une grande œuvre, et tout annonçait, dans les draperies pendantes, la sévérité du costume et la gravité des mœurs. A toutes les époques ainsi sont les artistes; ils imitent dans leur tenue le temps qu'ils affectionnent dans leur âme, l'antiquité ou la renaissance, Rome ou François Ier; le talent subit la mode [1]. David se dit l'élève de Vien, peintre habile, tra-

---

fait de nombreuses gravures, qu'on se distribua longtemps comme des reliques.

David naquit à Paris, le 31 août 1748; mort le 29 décembre 1825. En 1775 il obtint le grand prix, le sujet était les amours d'Antiochus et de Stratonice. La peste de Marseille (1779). Bélisaire (1781). Le serment des Horaces (1784). La mort de Socrate (1787). Pâris et Hélène (1788). Brutus (1789). Serment du jeu de Paume. Les Sabines. Le Couronnement. Les Thermopyles.

[1] Il existe plusieurs gravures qui reproduisent le costume des artistes de 1793 à

vailleur infatigable, qui se donnait le mérite d'avoir effacé le mauvais goût du genre Louis XV [1]. Prétention vulgaire, comme si chaque nation n'avait pas son art, et chaque époque son caractère! Le plus triste talent est celui de l'emprunt. David forma Gérard et Girodet, ses deux élèves; Gérard alors républicain ardent comme son maître; Girodet, l'artiste poëte, qui devait colorer l'art par de si douces impressions.

La statuaire suivait le mouvement de la peinture; s'adressant aux grandes formes, elle ne reproduisait plus désormais que des modèles de Rome et d'Athènes. Si le peintre s'appliquait aux nudités mâles et prononcées, si les architectes élevaient des temples dans les proportions doriques ou ioniennes, empruntées au Parthenon de Minerve, ou au Panthéon de Rome; si la tragédie remuait tout le passé des républiques antiques, la famille des Atrides et Iphigénie désolée, la statuaire imitait les modèles et l'esprit de l'art ancien. Il fallait voir le sculpteur dans son atelier en face de son œuvre; il était drapé dans la toge; il portait ses cheveux à la Titus, ou bien en boucles ondoyantes comme nous voyons reproduits Praxitèle, Apelles ou Pygmalion dans les bas-reliefs. Le sculpteur tenait de ses mains le ciseau sacré qui allait animer le marbre; ses pieds chaussaient le cothurne et son bras imitait les poses antiques, étudiées sur les monuments. Ici pêle-mêle devant lui des blocs de marbre d'Athènes ou de Carrare; là un siége comme les affranchis au *Forum;* plus loin brûlait une lampe recueillie à *Herculanum* ou à *Pompéi,* et les parfums remplissaient l'atelier. Ce bloc de marbre recevait bientôt les formes divines de Vénus, de Mars ou le buste

---

1797, dans les gravures de la Bibliothèque royale.

[1] Vien fut aussi fait sénateur au Consulat, avec le vieux Daubenton.

d'un orateur célèbre, toujours vêtu à l'antique, et conservant son caractère républicain, sa mâle figure de tribun. Cette tendance de l'art s'empreignait au cœur de l'artiste; il était rare que les sculpteurs ne portassent pas dans leur poitrine de feu un caractère profondément démocratique, un amour inné pour cette grande Révolution; ils vivaient dans une atmosphère d'histoire et d'héroïsme qui enthousiasmait les hommes d'images et d'art; peintres et statuaires se complaisaient dans cette étude, l'orgueil de leur jeunesse; ils se disaient les amis, les élèves de David. Quand ils avaient tracé ou modelé la physionomie de Brutus ou de Cassius, comme Pygmalion ils s'identifiaient avec leurs œuvres; et ceci explique le mâle courage de Ceracci et de Topino-Lebrun, âmes ardentes, artistes fraternellement unis, qui reçurent la mort de la main du nouveau César, comme dernière imitation de la vieille Rome. Il y avait une action et une réaction de l'âme sur l'œuvre et de l'œuvre sur l'âme, mystérieuse puissance qui domine et explique toute la vie d'artiste [1].

La musique avait pris également cette teinte révolutionnaire qui pousse et entraîne les sciences et les arts à la fin du XVIIIe siècle. La Convention multipliait les fêtes pour enthousiasmer le peuple; des hymnes devaient être chantés dans toutes les solennités publiques; les armées de la France républicaine, comme celles des vieux Gaulois, avaient leurs scaldes et leurs poëtes. Au chant de la *Marseillaise* les premières victoires avaient été enlevées; il y eut des hymnes de mort, des paroles de réjouissance, des chœurs qui retentissaient dans le Champ-de-Mars ou dans les fêtes publiques données par le Directoire. La musique fut donc appelée à

[1] L'école de David et de la sculpture antique ont dominé jusqu'à la fin de l'Empire.

seconder les idées et les paroles en l'honneur des guerriers et pour célébrer la fête des vieillards, du jeune homme, de l'enfant ou des mères fécondes; il se trouva précisément des artistes du premier ordre qui poussèrent le chant solennel dans ses plus déchirantes expressions [1]. Ces idées de liberté et de république sont si puissantes sur les esprits! il y a tant de prestiges dans ces images! Méhul étudia toutes les profondeurs de l'harmonie, ces sublimes accords qui, plus tard, retentirent avec toute la gravité de la musique allemande, soit que dans le *Chant du Départ* il annonçât aux guerriers les devoirs qu'ils ont à remplir envers la patrie menacée et les nobles destinées qui les attendent, soit que dans le chœur des anciens, aux fêtes publiques, il invoquât les souvenirs des dévouements de la Grèce et de Rome. Les fêtes de la Révolution furent animées par les vers de Chénier et l'harmonie de Méhul. Gossec fut le musicien de la mort. Avec l'instinct profond d'un grand patriotisme, il possédait l'harmonie des choses funèbres quand l'urne s'élevait drapée de noir pour Viala et Barra. Gossec imita la musique d'église, il créa le *Dies Iræ* des républicains, en y mêlant la voix déchirante du tam-tam, cri de douleur au milieu des hymnes pour les glorieux trépassés. Il fallait voir le frissonnement du soldat quand le tam-tam se faisait entendre aux funérailles de Marceau, à la cérémonie funèbre de Hoche, et dans ces spectacles de deuil

---

[1] Voici les principaux chants de cette époque, dus à Méhul et Gossec.

«Hymne pour la fête funèbre célébrée par les employés au bureau de la liquidation, en l'honneur de Marat et de Lepelletier, par Mercier, de Compiègne, musique de Gossec.

Le Chant du Départ, hymne de guerre, paroles de Chénier, musique de Méhul.

Le Chant des Victoires, hymne de guerre, paroles de Chénier, musique de Méhul.

Hymne chanté à l'inauguration du temple de la Raison, dans la ci-devant métropole de Paris, le 20 brumaire de l'an II de la République française, par Chénier, musique de Gossec.

Hymne chanté à la fête de Barra et Viala, le 10 thermidor, paroles de Davrigny, musique de Méhul.

Hymne à l'Être-Suprême, par Chénier, musique de Gossec.»

qui couvrirent, comme un voile funèbre, le sépulcre des plénipotentiaires assassinés à Rastadt [1].

Cependant tout a sa fin! dans les dernières années du Directoire il se formait une réaction contre les idées, les usages et les habitudes du temps démocratique, alors confondu avec la Terreur. La solennelle musique de Gossec ne plaisait plus aux oreilles raffinées des incroyables et des élégants qui paraissaient dans les salons. On courait aux talents gracieux de l'Opéra-Comique, aux compositeurs italiens, à madame Grassini ou à Garat, le chanteur, dont la renommée éclipsait celle de M. Garat, l'homme politique; on repoussait tout ce qui se rattachait aux idées de la Convention et du jacobinisme, à la gravité des habitudes républicaines, aux fêtes qui se donnaient au milieu du Champ-de-Mars. La vieille légèreté française se réveilla ; on préférait le vaudeville à la tragédie, le chant gazouillé à la grande musique allemande, la romance aux hymnes patriotiques. La société pressentait la gracieuse musique de Boïeldieu, jeune homme plein d'avenir, s'essayant dans tous les genres avec facilité. Quand Grétry écrivait ses mémoires et que Chérubini remuait les fortes notes, Boïeldieu travaillait à la musique du poëme de Beniowski, œuvre remarquable, et il avait fait entendre dans les salons, sur le piano qu'il touchait avec une si spirituelle facilité, quelques jolis motifs d'un opéra préparé pour Feydeau, sous le titre du *Calife de Bagdad*. On raffolait de Boïeldieu, de madame Grassini et de Garat, parce qu'ils se rapprochaient davantage des formes et des idées françaises ; on ne pouvait plus supporter les habitudes antiques et compassées qui tuaient le caractère national.

[1] Ce fut, dit-on, aux funérailles de Mirabeau, en 1791, que le tam-tam se fit entendre pour la première fois.

Sous la Convention, les théâtres se contentaient de jouer la tragédie romaine et les pièces pastorales qui délassaient le dictateur Robespierre, le grave Saint-Just et Couthon, après les longues et fortes séances du Comité de salut public. Le genre Florian dominait à côté de ces spectacles terribles qui rappelaient les sublimes dévouements de l'histoire; on se complaisait dans le doux paysage, aux moutons, aux bergers, aux tendres amants, ou dans le tableau des vertus de Cassius et de Cimber; le théâtre fut destiné à donner aux mœurs une empreinte démocratique. Après le 9 thermidor, l'époque qui tua la République, les théâtres se monarchisèrent pour ainsi dire; les danses, les chœurs, tout prit un aspect, une tendance vers l'aristocratie. L'Opéra-Comique raviva les usages de la vieille France; on ne déclama plus habituellement contre les rois, comme le faisait l'école de Chénier; on pardonna aux gentilshommes; on supporta MM. de Ségur à cause de leurs romances; et plus les acteurs s'éloignèrent du ton et du genre de la Révolution française, en rappelant le menuet et les manières de l'ancienne cour, plus ils obtinrent de succès sur la scène. Qui ne connaissait alors la dynastie des Vestris, cette triple génération qui gambadait à l'Opéra avec une si hautaine dignité de soi? Le Directoire vit renaître le temps des futilités; la danse fut une affaire sérieuse, on se disputait pour un menuet de la gavotte; on avait abattu Dieu et l'Église, et l'on vouait un culte à des baladins qui déployaient leurs grâces et leurs tours de force sur la scène. L'homme a toujours besoin d'élever des autels et de se créer un culte; les esprits qui avaient proscrit les cérémonies chrétiennes adoraient les pompes de l'Opéra. Aussi les acteurs se donnaient une importance bouffonne; plus fiers que les grands seigneurs du vieux régime, ils se drapaient avec une dignité ridicule. Il fallait voir la tenue de Vestris et cet appareil de demi-dieu dans lequel il se révélait au monde, sous un nuage de poudre parfumée et d'une pluie d'eau de senteur; la fureur d'applaudissements qu'excitait un chanteur à la mode, était chose inouïe? Temps renouvelé du vieil empire, si bien décrit par Juvénal, quand la matrone romaine frissonnait pour un histrion [1].

Le théâtre français avait seul conservé les traditions de la bonne et haute comédie, des financiers et des grandes coquettes, avec MM. Fleury, Monvel, Baptiste, Dugazon, mesdames Contat, Devienne, Mezerai, etc. Puis s'élevait parmi les débris de la belle époque théâtrale, cet homme de si remarquable talent, qui acquit sa haute perfection par la méditation du génie républicain et l'étude profonde de l'histoire et de l'art. Talma fit pour la déclamation ce que Corneille avait fait pour le drame; il pâlit sur les vieilles annales avant d'entreprendre la reproduction des puissantes figures historiques. Pour lui il n'y eut plus de type d'invention; il devint un maître exercé sur les modèles; il se drapa comme David drapait ses personnages, il porta la couronne des empereurs et le manteau de pourpre; il fut enfin une médaille; il se fit de bronze pour nous reproduire les époques que Tacite avait seul écrites. Talma excita un légitime enthousiasme, car il nous fit vivre au Forum avec les empereurs couronnés des lauriers de la victoire! Son art fut antique, et voilà pourquoi il conserva cette ampleur de formes sur la grande scène. Bonaparte comprit Talma. Le Consul aimait l'histoire parce qu'il devinait la postérité.

[1] Gauit sicut in amplexis (Juvénal), satire 3).

CHAPITRE VIII.

MŒURS ET USAGES DE LA SOCIÉTÉ

A LA FIN DU DIRECTOIRE.

Réaction vers les plaisirs. — Relâchement de l'esprit de famille. — Les divorces. — La société parisienne. — Bals. — Modes. — Coutumes. — Salons de Paris. — Femmes à la mode. — Quelques gentilshommes. — Les fournisseurs. — Les incroyables. — Ruine et décadence. — Manières. — Mœurs des campagnes. — Quelques histoires de la vie de châteaux et de proscrits.

1794 — 1799.

La société, sous les lois énergiques de la Convention nationale, était restée empreinte d'une indicible terreur ; les mesures du Comité de salut public, résultat d'une nécessité impérative, avaient brisé les rapports intimes de la famille, les épanchements de l'amitié et de la confiance. De pâles figures se montraient dans les rues de Paris, tant on craignait les dénonciations qui jetaient les têtes à l'échafaud ; jamais société humaine n'avait présenté le spectacle de ces grandes tristesses, de ces grands devoirs et de ces patriotiques services ; les uns couraient aux frontières, les autres fabriquaient des armes dans les ateliers du Champ-de-Mars ou de la plaine des Sablons ; il y avait des cohues populaires, des fêtes retentissantes, mais rien ne rappelait l'ancien caractère français ; la mort avait jeté son voile sombre sur les physionomies naguère si joyeuses[1]. Le caractère français s'était entièrement modifié; on riait encore, mais de ce sourire mélancolique qui atteste toute l'amertume des mauvais jours.

Après le 9 thermidor, et sous le Directoire, il y eût une réaction vers les joies et les dissipations, parce qu'il fallait bien que l'esprit fît irruption dans ce temps d'un peu de liberté; on échappait à la Terreur, on ne craignait plus d'être livré à l'échafaud. Trop longtemps le sentiment national avait été comprimé; il avait besoin d'éclater avec ses plaisirs et sa gaieté ancienne : la société insouciante était comme sans passé et sans avenir; on se réunissait dans des bals, dans des concerts; on devint fou de dissipations, avide de tout ce qui remuait la vie. Jamais époque ne fut plus brillante et plus abandonnée; les mœurs publiques ne furent plus un préservatif suffisant pour conserver la chasteté des manières, et les devoirs du toit domestique; la Révolution qui devait tout détruire avait relâché les deux puissances qui maintiennent les rapports de la famille : l'autorité paternelle et les liens sacrés du mariage. Depuis l'Assemblée constituante on avait aboli le droit d'aînesse, l'autorité paternelle, la corporation, tout ce qui tenait les individus rattachés les uns aux autres par les devoirs de la morale et les sentiments d'une surveillance domestique[2]; tous étaient libres et isolés[3] : le fils, les frères, les serviteurs. Ce qu'il y avait de curieux dans cette liberté nouvelle, c'est qu'en imitant sans cesse Rome, elle avait

---

[1] La lecture du *Moniteur* est plus instructive sur ce point, que toutes les petites histoires de la Révolution qu'on a écrites.

[2] Mirabeau fut le grand promoteur de toutes les lois qui émancipaient le fils de famille.

[3] Il y eut alors liberté absolue de profession, d'état; tout fut confondu dans la nation.

oublié que ce qui constituait la force et la puissance de la ville éternelle, était précisément le despotisme de cette organisation de la famille, qui faisait du père le chef du sanctuaire domestique, avec le droit de vie ou de mort sur ses enfants; les fils étaient rangés parmi les esclaves; et l'expression latine de *familiæ*, employée par la loi des douze tables, le vieux monument du droit romain, et dans les plus belles pages de Tacite, signifiait la réunion des fils, des esclaves, sous l'autorité suprême du père [1]. En France, on était parti du système opposé; depuis la liberté républicaine, le fils était presque immédiatement émancipé, il secouait l'autorité paternelle. Rien ne le retenait dans le foyer domestique; il pouvait dévorer sa fortune dans les plus folles prodigalités; la seule famille pour lui était la nation.

En même temps le divorce s'introduisait, comme le résultat de l'émancipation réciproque; deux époux purent, par consentement mutuel, se prendre et se séparer; une simple déclaration commune, trois fois répétée, suffisait; on s'était donné par serment devant l'officier civil; on se quittait par une déclaration opposée. Rien de religieux désormais ne bénit le mariage; l'union des deux époux ne vint plus du ciel; ce fut un contrat civil comme l'achat, la vente ou le louage [2]; de là résulta le spectacle scandaleux de femmes qui s'étaient mariées à cinq ou six époux différents. Que devenait la chasteté dans la vie? l'unité qui est la grande pudeur de la femme fut méconnue; on se joua de la famille et du saint lien qui la fonde; des femmes eurent des enfants de trois lits, et comment, au milieu de cette confusion,

---

[1] Sous les empereurs cette loi se trouve parfaitement maintenue, même à l'égard des esclaves. Voyez Tacite, Annal. liv. v.

[2] Six mois de séparation mutuelle suffisaient pour opérer le divorce d'après les lois de la Convention nationale.

aurait-on préservé la société de la dissolution la plus déplorable dans les mœurs publiques? Quand il n'y eut plus de frein, les femmes s'affranchirent de toute contrainte : leur vie ne fut plus qu'un grand secouement des lois de la pudeur [1].

Aussi Paris fut-il saisi comme d'un vertige; on se livra à toutes les débauches; on vécut insouciant de la veille et du lendemain. Spectacle curieux à voir que la société élégante d'alors! elle avait haine de la Révolution, par esprit de bonne compagnie; elle sortait de ses saturnales, et néanmoins elle restait dans ces mœurs, dans ces facilités de rapports sous la licence la plus effrénée. Il y avait mille bals, tantôt sous les délicieux ombrages de Tivoli, tantôt à Frascati, souvenirs rapportés de Rome et de Naples, la nuit, à l'imitation des mœurs italiennes, mais sans le ciel pur et les horizons de Portici. Dans ces bals on jouait sa fortune, son honneur; les danses ne consistaient pas seulement en de sérieuses figures, en des évolutions classées avec un rigorisme mathématique; elles étaient un art développant les formes les plus voluptueuses, les plus hardies, les plus artistiques; et un homme à la mode devait être presque un danseur de l'Opéra. Événement immense que l'arrivée dans un bal d'un beau danseur! on faisait place autour de lui, pour lui voir développer toutes ses figures, ses entrechats, ses jetés, ses pirouettes. Les dames, aussi, s'appliquaient aux gestes les plus mobiles, languissants, vigoureux tour-à-tour; l'usage des châles commençait à s'introduire, et dans la danse, c'était un vêtement indispensable pour couronner un tableau quand les bras s'entrelaçaient [2]. Qui pouvait se comparer alors à la réputation de Tré-

[1] Voyez le répertoire de M. Merlin, au mot *divorce*.

[2] J'ai parcouru les gravures du temps dans la collection de la Bibliothèque royale;

nis, ce danseur qui a laissé son nom à une figure de contredanse si surannée! on parlait autant de lui, dans les salons de Paris, que des généraux Moreau et Bonaparte. Vestris, Trénis, Gardel, étaient les héros des boudoirs. Vouliez-vous écouter la plaintive romance? c'était Garat, le chanteur à la mode, le phénomène, que l'on se disputait avec rage dans les nuits brillantes de la Chaussée-d'Antin. Je ne sais si c'est habitude de notre époque sérieuse; mais quand je vois des admirations si futiles, je suis tenté de prendre en pitié une période où des baladins dominaient les salons; Rome vieillie se reproduit à mon esprit, quand un mime mettait en émoi les théâtres et les cirques. Sous les empereurs, on parlait moins des vieilles légions de la Germanie que de Bactyle, le danseur aux noirs cheveux assyriens.

Les modes étaient marquées d'un caractère plus singulier encore; le goût de l'antique s'était introduit parmi les femmes; la nudité les rapprochait de la statuaire; elles avaient les bras nus, surchargés de camées, les jambes enlacées de cothurnes étaient nues aussi jusqu'aux genoux, et l'on voyait encore ces camées qui retenaient les plis de la robe, à l'imitation des matrones romaines. Une tunique cachait à peine leur sein et leurs épaules; leurs cheveux bouclés et épars étaient le plus souvent empruntés et d'une couleur différente de leur peau; les parures brillaient sur leur front, et se tressaient en colliers et en riches bracelets. On ne distingua plus la femme pudique de la courtisane; le goût artistique domina le costume[1], pour montrer la blan-

---

rien ne me semble plus ridicule que de voir des hommes sérieux s'occuper de telle futilités; tel était le temps, et Napoléon n'aimait-il pas à danser la Monaco?

[1] Voir la collection des gravures de modes (Bibliothèque royale).
Voici ce qu'on lit dans un journal du temps : « Jamais les femmes n'ont été gé-

cheur de sa peau, ses bras ornés de camées et de perles, ses doigts de pieds enlacés de pierres précieuses. Plus la femme ressemblait aux figures d'un bas-relief d'Athènes et de Sparte, mieux elle façonnait son châle comme une draperie antique, plus elle était à la mode. Si l'on pénétrait dans son boudoir, les meubles étaient faits sur les modèles d'Herculanum; tout était imité : les lits, les urnes, les lampes de bronze, et jusqu'au jour mystérieux qui éclairait son coucher. On copia Aspasie, les courtisanes de la Grèce ; le voyage d'Anacharsis et sa pâle et licencieuse copie *le Voyage d'Anténor* furent étudiés comme les livres classiques des mœurs nouvelles, et le miroir où se reflétaient les habitudes et les modes du jour[1].

Le costume des hommes, quand il ne se modelait pas sur les artistes à la physionomie romaine, à la prétexte et au manteau ondoyant, avait quelque chose de plus singulier, de plus excentrique encore. On était ridicule par ton ; ce que l'on appelait *un incroyable*, était le composé bizarre de vêtements les plus extraordinaires que le caprice puisse inventer : une coiffure en cadenettes, ou bien en mèches de cheveux qui pendaient de toutes parts sur la physionomie demi-absorbée dans une immense cravate où le menton s'agitait à l'aise ; un gilet haut, un habit à collet noir, très élevé, qui cachait presque entièrement la tête; des culottes courtes avec mille rubans qui pen-

---

néralement mieux mises, ni plus blanchement parées. Le savon est devenu non moins indispensable que le pain. Elles sont toutes couvertes de ces châles transparents, qui voltigent sur leurs épaules et sur leur sein découvert, de ces nuages de gaze, qui voilent une moitié du visage pour augmenter la curiosité, de ces robes, qui ne les empêchent pas d'être nues. Dans cet attirail de sylphe, elles courent le matin, à midi, le soir ; on ne voit qu'ombres blanches qui circulent dans toutes les rues. C'est l'habillement des anciennes vestales ; et les filles publiques sont costumées comme Iphigénie en Aulide, sur le point d'être immolée.

[1] On ne parlait alors que des courtisanes de la Grèce, et toute la littérature se ressentait de cette tendance ; cela explique la vogue de certains livres.

daient sur des bas de soie chinés; les souliers découverts; et par-dessus tout cela des bijoux à foison, de grosses boucles d'oreilles, des breloques qui battaient jusque sur le genou, des bagues à tous les doigts, une petite canne tortue et noueuse à la main, un lorgnon aussi large qu'une loupe, un immense claque sur une tête à frisure; tel était le costume d'un incroyable; il parlait à peine et dans son accentuation il évitait les *r*, en donnant surtout sa petite *paole d'honneu*. Tout cela formait un ensemble fort ridicule, et l'on s'explique à peine, quand on voit les gravures du temps, que des hommes raisonnables aient pu se charger de ces ornements puérils; et pourtant des personnages graves étaient ainsi accoutrés; témoin M. de Talleyrand s'imposant toutes les obligations de cette vie d'incroyable, par le désir de se placer au milieu du beau monde [1].

Il y avait, dans les salons, des plaisirs incessants, beaucoup de jeux, des intrigues, et peu de causerie; on ne connaissait pas ce qu'on appelle aujourd'hui la discussion politique grave et sérieuse; on ne parlait pas affaire sous les lustres; réunis pour les joies, on s'occupait d'arts, d'artistes et d'acteurs, de danse et de baladins : une romance offrait plus d'intérêt qu'un bulletin d'armée; on entourait les femmes à la mode, alors d'une si grande renommée! Qui ne citait la belle madame Récamier, ses charmes éblouissants, toutes les voluptés de sa pose, cette nonchalance abandonnée qui révélait mille grâces dans un salon de bonne compagnie? on disait des merveilles de madame Tallien, de ce caractère fier et prononcé qui avait inspiré le 9 thermidor, et rendu le courage à plus d'un proscrit; Espagnole d'ori-

[1] Nous avons encore tous vu M. de Talleyrand avec la cravate directoriale, qu'il avait conservée à travers tous les changements politiques, comme gage d'immobilité.

gine, madame Tallien avait je ne sais quoi de puissant dans le regard qui faisait tomber la foule à ses pieds[1]. Tout le monde s'occupait de ces femmes à la mode, la distraction du jour, l'intérêt du moment; qui aurait songé à des occupations sérieuses quand ces belles fées touchaient les cœurs, de leur baguette d'or, dans des palais de cristal?

A l'époque de la société conventionnelle, il y avait un cynisme de vêtements; les formes étaient grossières, et rien n'était comparable à l'étrangeté de propos, et à l'abandon de la pose et du geste; sous la Terreur, on voyait bien que les classes infimes gouvernaient la société. Lorsque le Directoire s'organisa, quelques gentilshommes arrivèrent à Paris, pour se rapprocher du comte de Barras, lui-même de si bonne maison : l'origine de race du Directeur était vieille comme les rochers de la Provence; la noblesse allait à lui, et Barras avait conservé dans ses débordements, cet esprit et ces airs qui se font reconnaître entre mille autres; il était dissipé à la manière de la régence; le gentilhomme se retrouvait toujours, et son salon était marqué d'un caractère à part. Ces beaux appartements que vous voyez au Luxembourg, tradition du vieux régime, étaient remplis de femmes élégantes de la vieille et de la nouvelle sociétés; par sa famille, Barras était en rapport avec des gens de cour; il les préférait aux démocrates, parce qu'il y retrouvait mieux ses souvenirs et ses goûts : parmi ses maîtresses il en était beaucoup qui appartenaient à l'aristocratie; en faisant la part au ton libre et aux manières abandonnées du Directeur, il était dif-

[1] C'est pour cette partie des mœurs de salon que les mémoires contemporains offrent quelque intérêt. C'est dans ces mémoires que j'ai pris dédain pour la petitesse de cette société du Directoire et même du Consulat.

ficile que des hommes, comme lui, n'eussent l'art de conserver quelques-unes des formes d'autrefois, si parfaites, si spirituelles. La vicomtesse Beauharnais, par exemple, si familièrement admise au Luxembourg, ne pouvait, en aucun cas, ressembler à ces fortes et grossières citoyennes, qui seules, sous les comités, avaient le privilége des réunions publiques et des accolades fraternelles. Le salon de Barras, quoique composé de femmes aux mœurs faciles, à la vie légère, conservait un ton et des usages qui ne se rencontraient pas autre part : c'était de la débauche de grands seigneurs, dans les salons des filles du régent, où l'on daignait admettre quelques parvenus; mais l'homme de bonne compagnie s'y distinguait. Le comte de Barras tenait sa cour plénière, depuis le matin qu'il recevait dans son lit, jusqu'au soir dans son salon, où il faisait l'office de président du Directoire, avec des attentions d'une politesse remarquable. S'il avait quelquefois de la brusquerie de marin, des souvenirs de l'officier rouge et des gardes du pavillon, au fond le gentilhomme dominait encore ; le Directeur recevait le corps diplomatique, les étrangers, les savants de distinction, les généraux avec une tenue parfaite; il les invitait à ses grandes chasses de gros bois et à ses petits soupers du Luxembourg.

Le luxe était immense et irréfléchi; la plupart des fortunes étant nouvelles et sans passé, se montraient peu envieuses de l'avenir; comme elles s'étaient faites vite, elles se dépensaient plus vite encore. Rien n'était stable dans la société; aucune valeur ne gardait son prix; les assignats étaient tombés; les mandats territoriaux, après avoir été à 20 sous pour 100 francs, n'avaient plus qu'un taux arbitraire; de pauvres rentiers, réduits au tiers consolidé, ne touchaient même pas leurs intérêts; et à côté de cela se développaient les fortunes colossales des fournisseurs. Toute la société était un jeu; on essayait continuellement la rouge et la noire; le hasard décidait de la richesse ou de la ruine. La monnaie courante était le louis de 24 et de 48 livres; on dédaignait tout de l'ancien régime, excepté pourtant son or. On jouait à Frascati, à Tivoli, en compagnie des filles de joie, courtisanes de la Grèce : le matin, une promenade en boquey, conduit par un cheval fougueux; à trois heures, la toilette qui durait presque un quart de la journée; le soir, à l'Opéra, puis au jeu encore; telle était la vie. La coutume de beaucoup manger fut de l'époque; on faisait trois ou quatre repas par jour à l'italienne; les restaurants étaient remplis, et la mode vint de s'y montrer dans sa splendeur; la cuisine des Véry, des Robert, obtint une réputation européenne; j'ai retrouvé un des menus de Barras, véritablement choisis avec art, et les dîners se ressentaient de l'homme de bonne compagnie [1]. S'il n'y avait point dans son salon de grande retenue pour les mœurs, il y avait au moins un cachet de goût et de distinction qui séparait cette société des manières et des formes de l'époque conventionnelle. Les habitudes de la vie avaient changé : chose singulière! il fut de bon goût de parler mal alors de la Convention et de tourner en ridicule ses adeptes les plus ardents, leurs mœurs et leurs coutumes; on laissait aux

---

[1] Cette carte porte le titre suivant :

Carte dînatoire

Pour la table du citoyen Barras, Directeur de la République française, pour trente-six personnes : pour le quintidi, 25 floréal an VI; au palais du Directoire exécutif (ci-devant Luxembourg).

Quatre potages et quatre relevés,—seize entrées,—quatre gros entremets froids,— huit plats de rôt,—seize entremets,—quatre salades,—soixante plats de dessert.

Carte dînatoire

Pour la table du citoyen Directeur et général Barras, le décadi, 30 floréal. Douze personnes.

Un potage, — un relevé, — six entrées, — deux plats de rôt, — six entremets, — une salade,—vingt-quatre plats de dessert.

élèves de David, à quelques femmes exceptionnelles et à quelques hommes fervents, les formes républicaines, on se riait du brouet noir et de l'ostentation des manières sévères et patriotiques; on les poursuivait de sarcasmes; les patriotes étaient flétris du nom de terroristes. La réaction opérée dans les salons de Paris fut immense; on ne pouvait pas supporter les grossières formes de l'école antérieure; nul ne voulait se comparer aux hommes de la terreur. S'agissait-il de réunir une société littéraire? on se séparait immédiatement sous deux tentes; les amis de Chénier n'étaient pas ceux de La Harpe; ceux qui entouraient M. Garat, le prosateur républicain, proscrivaient M. de Fontanes. Il fut de bon ton, dans un certain monde, de faire de la monarchie : les mœurs révolutionnaires furent proscrites par des caricatures sanglantes; on compara les femmes qui portaient la cocarde tricolore aux furies de la guillotine; il n'y eut plus de purs que les salons incroyables. Tout ce qui était républicain fut refoulé dans la rue et dans les théâtres; les hommes du jour dominèrent les hommes de la veille, et l'on affecta les manières de marquis [1].

Tous ces accidents de la société qui précède le Consulat, ne sont pas inutiles à observer dans l'histoire; il ne faut pas croire que les événements sociaux arrivent tout à coup sans antécédents; longtemps ils sont préparés par les mœurs; lorsqu'il se manifeste une tendance dans les esprits, tôt ou tard elle domine dans les lois et dans le gouvernement. Dès que la République ne fut plus énergique et qu'on put la tourner en ridicule, elle fut finie; quand on se rit du Directoire, il y eut tendance vers un autre ordre de choses;

---

[1] Caricatures de la République (Bibliothèque royale, estampes).

qui pouvait encore parler de constitution républicaine, quand on put se moquer de ses plus énergiques défenseurs? Tout tendait à reconstituer l'unité. Il n'y a rien de frivole pour l'observateur philosophique dans l'histoire; les mœurs amènent des modifications dans les systèmes; longtemps avant le 18 brumaire, il n'y avait plus de République, et c'est ce que comprit l'instinct du général Bonaparte. Retrempant la Révolution dans la hiérarchie militaire [1], il bouleversa le pouvoir des avocats pour y substituer le gouvernement de la force et fit passer l'administration sous un principe régulier. Rien ne change dans la marche des siècles excepté les formes; les mêmes idées se reproduisent incessamment; les hommes d'armes s'emparent du pouvoir; les hommes de finesse et de ruse le leur enlèvent; puis les soldats s'en emparent encore sur les moines ou les avocats. Ainsi est l'éternelle lutte du monde moral et matériel.

Paris donnait le ton à la province : il y avait de grandes misères dans les villes, avec ce même besoin désordonné de plaisirs qui dominait les salons de la capitale. Après la terreur, Bordeaux, Marseille, Lyon, eurent leurs incroyables, leurs collets noirs, les femmes à la mode qui se réunissaient bruyamment dans les théâtres, et manifestaient leurs opinions ; ici on demandait le *Réveil du peuple*, ou tout autre air qu'inspirait la réaction sanglante contre les révolutionnaires. La jeunesse dorée de Fréron n'avait point disparu dans les provinces méridionales; elle était puissante par son nombre et par cette force morale qui résulte toujours d'une éducation plus soignée ; là, on invoquait la *Marseillaise* et ses patriotiques accents ; il y avait des luttes entre la carmagnole

---

[1] La presse avant le 18 fructidor, jetait le sarcasme à pleines mains sur tout ce qui se rattachait à la République ; l'esprit moqueur se réveillait.

et l'habit, entre les cadenettes et les catogans, et cette réaction de mœurs qui échappe quelquefois à l'historien, indique néanmoins la marche de la société vers des idées de pouvoir et de monarchie. Un pays ne peut pas rester longtemps dans les mains des hommes sans crédit; tôt ou tard il se fait une aristocratie; qu'elle vienne de haut ou de bas, de l'armée ou du négoce, peu importe, elle se forme par nécessité. La multitude, c'est l'anarchie; l'unité, c'est la force et la protection; et l'on y marche par un instinct inhérent aux sociétés humaines; on se place sous un dictateur ou sous un roi.

Si l'on quittait les villes pour visiter les campagnes, la Révolution s'y montrait plus paisible, car elle n'était que territoriale par la mutation des propriétés; les communes rurales avaient à peine changé de mœurs et de costume; les comités révolutionnaires ne les avaient pas atteintes, et l'organisation des municipalités qui remua toute la France, ne toucha que passagèrement les hameaux et les villages éloignés qui conservaient la pureté des habitudes. Vous trouviez dans chaque province les vieux types de nationalité; en Vendée, dans une fraction de la Bretagne, du Poitou et de la Normandie, le paysan était en armes pour se défendre contre les armées de la République; il conservait son antique respect pour le seigneur et le curé, double culte de sa croyance. Il y avait au Midi des imaginations ardentes, des paysans qui menaçaient le gouvernement établi; dans d'autres provinces au contraire, sur les montagnes surtout, le cultivateur était patriote; il avait assez profité des biens des seigneurs et du clergé, pour défendre au besoin sa nouvelle propriété les armes à la main; la Révolution était pour lui la plus puissante garantie. Les fils de huguenots dans les Cévennes, aux Alpes et dans les montagnes du Rhône, assistèrent avec joie à la chute rapide de la vieille monarchie qui les avait persécutés ; ils devaient venger les insultes faites à leurs pères ! la République n'avait-elle pas été rêvée déjà par leurs aïeux ? n'en avaient-ils pas multiplié les symboles ? et une gravure existe où les huguenots représentent le sceptre et la tiare brisés par la foudre de Dieu [1]. Les paysans de la montagne étaient donc patriotes dans les Hautes et Basses-Alpes, au milieu de ces rochers agrestes, où ils retrouvaient l'arquebuse de leurs ancêtres, au temps du baron des Adrets et des catholiques de la plaine.

Quelques provinces écartées avaient échappé à ce ravage des opinions politiques, à la guerre civile révolutionnaire ; là on voyait encore des châteaux isolés, retraites inaccessibles où des familles vivaient en paix, à l'abri des orages publics qui désolaient la France. Sous les ombrages solitaires, on lisait les journaux de Paris, pour suivre un peu son temps, et connaître les tristes événements du pays ; la matinée était occupée de quelques lectures, d'un travail de mains, de la promenade aux champs, cette douce vie déjà chantée par Delille. Hélas ! on craignait la proscription, et à chaque moment quelques fidèles serviteurs étaient envoyés au loin afin d'apprendre s'il n'y avait rien à redouter pour le maître et sa famille, sous le coup des dénonciations fatales ; on passait ainsi une époque de calamité, comme les ancêtres aux temps de la peste et de la famine ; on se demandait chaque soir en tremblant : « les municipaux viennent-ils ? » comme les solitaires du moyen âge qui

---

[1] Ce document est fort curieux ; il vient à l'appui de ce que j'ai dit dans *mon histoire de la Ligue* et dans *Richelieu*. L'envoi de la gravure fut fait par une municipalité du Cher à la Convention nationale ; cette gravure fut déposée par ordre, à la Bibliothèque royale, division des estampes. Elle y existe encore.

s'informaient si les barbares apparaissaient sur le seuil du monastère pour en piller les vases saints. Les jouissances de l'esprit et du cœur venaient rompre un peu l'effrayant aspect des scènes agitées qui marquèrent les journées fatales et les anniversaires funèbres de la Révolution. Quelquefois un proscrit y recevait l'hospitalité; car cette vertu n'était point effacée du cœur de l'homme! Après le 18 fructidor on vit dans ces retraites, les débris des gens de lettres frappés avec les journaux, par le coup d'état; pendant les doux loisirs de la campagne, on s'adonnait aux muses et aux distractions de l'esprit. Si les hommes d'intelligence, exilés par le Directoire, étaient poëtes, ils essayaient de chanter la *Pitié* comme Delille, ou le *Printemps d'un proscrit*, composé sous le toit de l'hospitalité bienveillante [1]. Il n'y a rien comme la proscription pour ouvrir les grandes voies du cœur; il ne faut alors que se replier sur soi-même pour faire vibrer les cordes de la harpe; la poésie, l'histoire, tout apparaît devant vous, aux solennelles heures de l'exil, l'eau du fleuve qui roule vers la patrie, le vent qui bruit comme sur votre vieux donjon, le cri de l'oiseau de nuit, le chant de la fauvette, la vue de l'enfant, du vieillard, tout vous rappelle le sol. L'exil fut aussi l'époque des grandes œuvres, et ce fut dans la proscription du 18 fructidor que M. Portalis père composa son livre *sur l'usage et l'abus de l'esprit philosophique* [2].

Il était bien important de montrer dans ce rapide tableau des mœurs, comment les esprits arrivaient successivement aux idées et aux formes monarchiques. Il est des époques ainsi faites, où la vieille société s'en va; celle-ci se manifeste en vain par des cris de colère, elle proteste, elle

---

[1] M. Michaud avait été recueilli par une famille, et il faisait un cours de littérature.

[2] M. Portalis père était alors proscrit, et dans le Holstein.

menace ce nouveau monde qui vient, cette pure vérité qui arrive; qu'importe? les idées marchent, et la résistance ne fait que hâter leur développement. Le Directoire était usé, l'ère républicaine finie, les habitudes n'en voulaient plus; on ne change pas une société par un décret, comme l'administration et les formes constitutionnelles; quand les mœurs prennent une tendance, qui pourrait les détourner? Il fallait la sombre énergie de la Convention, la force puissante du Comité de salut public, pour ployer la France aux usages républicains; quand la mort de Robespierre eut relâché ces liens énergiques, quand le 9 thermidor vint arrêter les terribles coups du Comité, tout fut dit pour les destinées de la République, elle cessa d'exister. La Révolution devait être un grand bouleversement du sol, appelant les prolétaires au partage des bienfaits de la société; tout fut perdu lorsqu'on voulut faire de la modération pour l'ambition et la quiétude de quelques hommes.

CHAPITRE IX.

LES PARTIS POLITIQUES AVANT LE CONSULAT.

Attitude des partis. — Les Jacobins. — Les patriotes modérés. — Clubs et sociétés politiques. — Les constitutionnels. — Le parti orléaniste. — Les monarchistes prussiens. — Les partisans de l'unité et de la dictature. — Les royalistes bourbonniens. — Comités. — Insurrection. — La Vendée. — La chouannerie. — Les compagnies du Soleil et de Jésus.

1794 — 1799.

Il y a toujours deux existences, deux formes pour ainsi dire dans les opinions politiques : l'une est purement philosophique, rationnelle et réfléchie ; elle n'opère pas sur la place publique au moyen de grandes émeutes et des agitations turbulentes ; elle n'agit pas par la force et la violence, elle attend tout des doctrines et des principes, de la marche du temps et des idées, elle voit son triomphe dans l'avenir. L'autre, au contraire, est active et remuante, comme une mer agitée ; elle comprend peu de chose à la réflexion, aux théories et à la philosophie ; elle ne sait rien faire que les armes à la main, c'est la portion aventureuse des opinions ; or, il est bon de remarquer que si la partie rationnelle domine dans les temps calmes ; par contre, dans les époques d'agitation et de troubles, la domination appartient à la fraction ardente et armée ; elle seule s'empare du pays. A ces périodes, il faut jeter un voile sur la statue de la modération.

On était, sous le Directoire, au dernier point d'exaltation politique; le parti jacobin avait joué un trop grand rôle jusqu'au 9 thermidor, pour abandonner pleinement son espérance, son avenir, sa force. S'il y avait eu momentanément réaction contre les Jacobins et les souvenirs de la Convention nationale, ils avaient depuis relevé la tête; ce parti possédait une constitution robuste, une fraternité de moyens et d'influence; seul il avait parfaitement compris la révolution sociale et démocratique que le XVIIIe siècle avait léguée au monde; là se trouvaient de mâles caractères, des esprits de grande portée, des hommes d'exécution, qui saisissent une pensée et osent aller jusqu'au bout : ils avaient des moyens et peu de scrupules parce qu'ils sacrifiaient tout à leur idée démocratique. Les Jacobins avaient réuni au plus haut degré tout ce qui fait la force des opinions, la puissance gouvernementale, et l'énergie des volontés; seuls ils avaient parfaitement senti qu'en matière de révolution, il faut prendre une idée et lui faire rendre tout ce qu'elle peut exprimer. Le 9 thermidor tua la République; il arrêta le mouvement. On ne pouvait faire de la modération dans les temps de crise, sans revenir à la monarchie; une république démocratique avec le calme et la pondération de pouvoirs, était une conception ridicule, et, pour aller à la démocratie pure, le Comité de salut public était seul capable d'oser; la révolution sociale devait sanctionner la révolution politique[1].

Depuis le 9 thermidor, les Jacobins s'étaient divisés; les uns étaient entrés dans le gouvernement et secondaient l'action du Directoire; ils lui avaient imprimé leur énergie et leur capacité d'exécution, toutes les

[1] Je regrette bien vivement qu'on n'ait jamais exactement écrit l'histoire du parti jacobin comme force de gouvernement et dictature démocratique.

fois qu'il s'était agi de frapper les royalistes; les autres mécontents restaient en dehors et conspiraient, comme Babœuf, pour la loi agraire, ou bien encore pour le retour vers les principes de pureté républicaine, tels que la Convention les avait proclamés dans les jours puissants de la démocratie. Tous les moyens étaient bons aux Jacobins, parce que, comme ils partaient du principe inflexible de la nécessité, ils en faisaient découler le droit absolu d'agir et de faire tout ce qui est utile pour les masses; leurs clubs s'étaient transformés en associations privées, et en plusieurs circonstances ils avaient tenté d'ouvrir des assemblées publiques et solennelles, en mémoire de leur passé; et nous verrons plus tard que Fouché, frère infidèle de la vieille société des Jacobins, fut forcé de sévir contre la réunion du *Manège*, ouverte rue du Bac. Quelquefois, cependant, le gouvernement avait eu recours aux fiers Jacobins pour se donner lui-même cet aspect de force et de résolution qui étaient le propre de cette société populaire. Quand le royalisme avait menacé le Directoire, celui-ci, je le répète, avait fait appel aux démocrates; il s'était retrempé dans leur esprit; il craignait les hommes, mais il adoptait leurs bras et leurs moyens de courage; il avait peur de revenir au Comité de salut public et à la constitution démocratique de 1795, flétrie par les thermidoriens, mais les sabres et les baïonnettes des Jacobins lui paraissaient indispensables, et les modérés les avaient invoqués au 14 vendémiaire et au 18 fructidor.

Les Jacobins étaient donc les véritables hommes d'état[1], d'administration et d'énergie de la Révolution fran-

---

[1] Ainsi le jugeaient les étrangers. J'ai trouvé une curieuse dépêche adressée à M. de Hardenberg par un agent secret à Paris en 1794, où le plus grand éloge est fait du Comité de salut public, de sa force et de sa puissance.

çaise¹ ; de leur sein étaient sortis les caractères les plus forts qui tenaient encore le timon de la République. Ceux-ci, depuis la journée du 9 thermidor qui les avait compromis, faisaient cause commune avec ce qu'on appelait les patriotes rationnels, les hommes dévoués aux principes de 1789, qui croyaient la République possible sans les excès ; et pourtant, si elle voulait réussir, la Révolution devait se faire violente et jacobine. Dans les temps de troubles, toutes les fractions raisonnables s'effacent dans les partis ; la modération disparaît ; il n'y a que la logique inflexible des faits qui réussisse ; toute opinion spéculative s'éteint ; l'action et la réaction constituent essentiellement l'esprit des époques révolutionnaires ; on ne raisonne plus quand il s'agit de faire triompher une cause. Les républicains rationnels formaient donc le petit nombre à la face des démocrates purs ; ils avaient leurs clubs et leurs sociétés politiques dans lesquels ils débattaient les principes et l'autorité du gouvernement ; ils soutenaient momentanément le Directoire, parce qu'ils trouvaient dans la pondération des conseils une sorte de bascule politique qui maintenait les partis les uns par les autres ; frappant ainsi de droite et de gauche, ils appelaient cela faire du pouvoir ; ils avaient horreur des démocrates, comme Babœuf, les seuls qui avaient pourtant compris les destinées agraires de la Révolution. Parti timide, comment les patriotes de 1794 auraient-ils osé suivre à vol d'aigle, la pensée prolétaire du Comité de salut public, qui ne visait à rien moins qu'à un renversement absolu dans la hiérarchie des personnes et des propriétés ? Tout cela était trop grand pour

---

[1] La tactique du Directoire fut d'opposer les partis les uns aux autres ; ce que l'on formula par la double statue du royalisme et de l'anarchie, brûlée aux Champ-de-Mars. On jurait haine à ces *deux monstres*. (Programme.)

les patriotes tièdes et propriétaires, et ils flétrissaient du nom d'anarchistes, les hommes conséquents et rationnels dans l'esprit de la Révolution. Les inflexibles logiciens qu'on appelait Jacobins, étaient alors au ban de toutes les opinions; on les proscrivait, et pourquoi cela? C'est qu'ils n'épargnaient personne par de timides concessions, et lorsqu'ils croyaient que les destinées de leur parti étaient embarrassées dans leur marche par une tête d'homme ou par le droit de propriété, ils ne s'arrêtaient pas, ils brisaient l'obstacle par le glaive, la résistance par les excès [1]; pouvait-on émanciper les prolétaires sans remanier tout l'ordre social?

Les constitutionnels se rapprochaient beaucoup des républicains rationnels, ils passaient même dans le monde pour professer les sentiments de la Constitution de l'an III; on les disait patriotes, ils juraient haine à la royauté dans les assemblées publiques; mais, en majorité, ils croyaient impossible l'établissement durable et positif d'une république en France. Puisqu'on repoussait l'idée jacobine, il fallait aller droit à la monarchie; seulement les constitutionnels croyaient que cette monarchie devait présenter des garanties à la liberté, se faire l'expression des idées du XVIIIe siècle. Beaucoup d'entre eux repoussaient une restauration de la famille des Bourbons de la branche aînée, qu'ils ne croyaient possible qu'avec le renversement de l'idée de 1789, leur idole; et ils tenaient alors trop fortement aux principes proclamés par les assemblées, pour revenir à la constitution surannée de la monarchie française avec sa noblesse, son clergé, son pouvoir de ministres et de cour. Pour être logi-

---

[1] Je n'ai jamais trouvé que des idées fort timidement exprimées sur la grandeur et la force du parti jacobin, qui naquit de la philosophie et du nivellement du XVIIIe siècle. Le jacobinisme tendait à l'émancipation des prolétaires. La question n'est pas vidée!

ques dans ce raisonnement, les constitutionnels cherchaient par l'ensemble des combinaisons, un système ou un homme qui pût leur assurer cette précieuse unité, condition indispensable pour le gouvernement et l'administration de la France [1]; ils avaient peur d'une dictature militaire qui aurait absorbé leur pouvoir sous des mains brutales. Prendre un général et l'élever sur le pavois, armer sa main du glaive politique, n'était-ce pas se donner un maître plus fier, plus impératif qu'un roi choisi par une assemblée élective? C'est ce qui poussait un grand nombre de constitutionnels vers le parti orléaniste, idée de transaction toujours renouvelée depuis la régence, car elle se rattachait à toutes les combinaisons possibles, à tous les éléments qui fondaient la société, à toutes les chances de l'avenir.

Le parti d'Orléans n'avait jamais cessé d'exister en France; il plaisait en ce que, devenant une garantie pour beaucoup d'existences et beaucoup d'hommes compromis, il donnait une solution pacifique aux agitations. La branche d'Orléans était née Bourbon, et par conséquent l'Europe gentilhomme n'avait pas d'objection à lui faire; elle n'offrait pas un parvenu monté sur le trône et pris en dehors d'une maison régnante; et l'Europe avait vu plus d'un de ces changements dans l'histoire. Ensuite la branche d'Orléans s'était liée aux intérêts révolutionnaires; le père du prince qui serait appelé à la couronne, était régicide; quelle sûreté pour la Révolution et pour ceux qui s'y étaient jetés avec le plus d'entraînement! Dès l'origine du mouvement de 1789, l'aîné de cette branche, Louis-Philippe d'Orléans, s'était glorifié du titre de patriote sous le nom de Phi-

[1] Une fraction de ce parti s'était pourtant rapprochée en secret de Louis XVIII, que l'on considérait comme un prince constitutionnel et fort habile.

lippe Égalité. A cette époque d'exaltation qui pouvait répondre des caractères? Quel était l'homme qui s'appartenait! Quand le torrent roule, qui peut résister aux flots? Une tête jeune et ardente devait saluer la grande foi révolutionnaire. Le parti d'Orléans grandissait par cela seul que la position était bonne; le jeune prince Louis-Philippe se trouvait en correspondance avec quelques-uns des meneurs du mouvement, avec l'abbé Sieyès surtout. Mais l'intelligence plus étendue des événements, les relations intimes qu'il avait eues avec quelques cabinets, la juste fierté de sa naissance, le dégoût de la Révolution dans ses excès, lui avait inspiré l'idée d'un rapprochement avec la branche aînée de sa maison; on négociait activement à Londres, à cet effet, et les lettres de madame la duchesse d'Orléans, douairière, annonçaient déjà l'arrivée prochaine de ses enfants qui devaient dire leurs nobles et loyaux repentirs à M. le comte d'Artois[1], l'expression la plus

---

[1] Il existe, sur le parti orléaniste, une curieuse lettre du général Dumouriez :

« Vous m'indiquez comme chef d'une faction d'Orléans ; vous m'englobez dans cette faction avec une dame, célèbre par sa plume, qui, malheureusement pour elle, a écrit contre le jeune prince qui se trouve compromis par l'accusation que vous portez contre moi. Je connais très peu cette dame, que je n'ai vue qu'à Tournai, en 1793, lorsqu'elle accompagnait la jeune et intéressante princesse, que j'ai sauvée alors de la proscription et de la rage des Robespierre et des Marat. Je n'ai pas revue cette dame depuis ; j'étais fort lié avec le jeune prince ; c'est chez moi qu'il a fait sa réponse à l'écrit indiscret qu'elle avait lancé contre lui. Ces deux pièces ont été imprimées à Hambourg, et sont connues de vous. Vous jugez donc bien qu'il ne peut y avoir aucune liaison entre nous, et encore moins l'union nécessaire à une faction.

« Je n'ai pas besoin de défendre les trois jeunes princes de la branche infortunée que les scélérats veulent séparer pour jamais de l'arbre auguste, qui a si longtemps honoré notre patrie. Je ne dirai que peu de mots sur le jeune duc d'Orléans. Il a pleuré avec moi la mort de Louis XVI ; s'il s'est réuni à moi pour la venger, il a quitté avec moi la France. Depuis lors il a continuellement voyagé en Suisse, en Danemarck, en Norwège, en Laponie, en Suède, en Amérique, à la Havane, où il est réuni depuis un an avec ses frères. Quand, par qui, avec qui, comment pourrait-il, éloigné, errant et pauvre, communiquer, intriguer, comploter avec les scélérats de Paris, qui, peut-être, abusent de son nom, et qu'il ne connaît pas? Vous pouvez, Monsieur, dans la ville que vous habitez, prendre des informations précises sur sa conduite et son caractère ; vous êtes entouré de gens qui le connaissent particu-

chevaleresque et la plus avancée des royalistes ardents[1].

Les tâtonnements du jeune duc d'Orléans, ses hésitations pour accepter la couronne, la haine qu'on inspirait pour tout ce qui était Bourbon, avait tourné les pensées des partisans de l'unité vers un prince de maison étrangère. J'ai dit déjà les négociations qui avaient sur ce point rapproché des révolutionnaires, le cabinet de Berlin, et les garanties qu'ils croyaient trouver dans un prince de la maison de Brunswick; l'abbé Sieyès en avait fait le pivot de ses intrigues en Prusse pendant sa dernière ambassade. Ceux qui l'écoutaient dans les plus intimes épanchements, remarquaient, avec une curiosité inquiète, les éloges incessamment renouvelés que l'abbé Sieyès faisait de la Prusse, de ses institutions militaires, de son administration intérieure et de la sagesse philosophique de ses rois. L'opinion semblait prévaloir : « que la forme républicaine n'était ni mûre ni convenable pour la France. » Partout se faisait sentir le besoin d'une royauté ou de l'unité de pouvoir sous une forme quelconque, large ou centralisée, militaire ou civile; le Directoire fatiguait, parce qu'il n'était ni la République ni la monarchie, sorte d'état mixte sans

---

lièrement. Il n'a montré partout où il a été que de l'application, de la constance et des vertus.

« Quant à moi, Monsieur, si j'étais chef d'une faction usurpatrice, j'aurais ménagé les scélérats que, dans tous mes écrits, j'ai couverts d'opprobres; je me serais réservé des moyens de raccommodement pour pouvoir rentrer en France, et me rallier à mes complices. J'aurais évité de me montrer toujours royaliste, toujours attaché à l'ordre naturel de la succession. Tous mes écrits font foi de mes sentiments. Oui, Monsieur, je suis royaliste, je reconnais Louis XVIII pour mon légitime souverain; tout mon espoir de la régénération de la France réside dans ses vertus, son expérience, ses lumières, sa clémence, et dans le retour de la nation à la vérité, à la raison, à l'amour de l'ordre, de ses lois et de ses rois.

Tels sont les sentiments dans lesquels je veux vivre et mourir.

J'ai l'honneur d'être, etc.
DUMOURIEZ.

(Lettre du général Dumouriez au *Spectateur du Nord*, octobre 1799.)

[1] L'entrevue eut lieu en 1800, à Londres, avec la plus vive et la plus sincère expansion. Je la ferai connaître plus tard.

vérité et sans liberté. La crise actuelle ne pouvait durer, et ce fut là évidemment une des causes qui grandirent les chances des amis de la maison de Bourbon. Si la République croulait, qui devait en recueillir l'héritage?

Les partisans d'une restauration purement royaliste étaient considérables en France; une monarchie de tant de siècles ne tombe pas sans laisser de longues empreintes; une race de rois qui avaient réuni sept provinces au territoire ne quitte pas le trône sans laisser souvenir de sa force et de sa splendeur; mais ces éléments multipliés, nul n'avait assez de crédit et d'habileté pour les mettre en mouvement. Les royalistes, si nombreux dans leur masse, se divisaient donc comme les Jacobins, comme tous les partis aux temps d'effervescence, et formaient deux fractions que nous avons dites déjà : 1° les hommes qui rationnellement voulaient amener la restauration de la vieille monarchie par la seule force des principes et la marche du temps; 2° les esprits plus turbulents et plus actifs qui, ne se contentant pas de ces méditations philosophiques sur les chances de la maison de Bourbon dans l'avenir, agissaient encore fortement pour elle au moyen de conspirations et par les armes. S'il y avait des clubs jacobins, il y avait aussi des comités royalistes, avec la même ardeur d'agitation et de bouleversements; singulière époque où tout le monde conspirait et presque librement jusqu'à ce que le pouvoir se mit en colère, et fit fusiller les agents dans la plaine de Grenelle, ou les fit déporter dans les déserts de Sinnamarry! Ainsi, pour personnifier la division que je viens de faire, on pouvait dire que MM. Royer-Collard, Camille Jordan, Quatremère de Quincy, étaient les doctrinaires des comités royalistes, les chefs de cette contre-révolution morale qui se préparait par la lassitude des esprits et la force d'un principe, conjuration pacifique qu'un pouvoir peut toujours facilement surveiller, tandis que MM. Hyde de Neuville, Michaud, Couchery, jeunes et pleins de verve et de dévouement, se sacrifiaient pour la partie active et militante des royalistes; ils formaient comme les agents les plus vigoureux et les plus intimes des princes de la maison de Bourbon; ils appelaient la Restauration par tous les moyens, et plusieurs fois ils exposèrent leur vie dans ces périlleux combats où les partis s'agitaient alors avec une légèreté inconcevable et toujours française [1].

Au sein d'une république armée qui débordait sur l'Europe avec la victoire, il n'y avait de succès possible pour les opinions qu'un mouvement qui s'appuyât lui-même sur la force des baïonnettes. Que des esprits méditatifs, dans les réflexions d'un cabinet, pussent songer à la restauration rationnelle, c'était bien sans doute : cela ferait l'objet d'un livre ou d'une dissertation métaphysique, ou bien de petites intrigues de boudoirs; mais, sur tous les points, on ne pouvait agir avec une chance décisive, que par les armes. Toutes les fois que les Jacobins menaçaient le pouvoir, c'était par l'insurrection; ils mettaient le peuple des faubourgs en émoi au son du tocsin; la multitude demandait du pain et la constitution de 1793; on l'avait vue sous les drapeaux tricolores parcourir les rues de Paris et attaquer la Convention. Les royalistes devaient également agir par l'insurrection, afin d'avoir des chances; l'époque marchait à la guerre civile, les opinions étaient à ce point exaltées que le sang ne faisait plus rien. Il y a

---

[1] Ce fut M. Hyde de Neuville qui prépara l'évasion de sir Sidney Smith, détenu au Temple, une des circonstances qui influèrent sur les événements politiques.

des temps où on le verse à flots sans s'enquérir des désolations et des larmes que l'on cause et des ravages que l'on fait. Une fois les opinions exaltées, nul n'a la puissance d'arrêter les bras; les royalistes eurent recours à l'insurrection, parce que, contre un gouvernement de violence, il n'y a que la force qui puisse agir. Le principe insurrectionnel devint malheureusement partout la loi commune des partis; les fers se croisèrent sous les drapeaux ensanglantés; le Directoire fusillait à la plaine de Grenelle ou déportait les Jacobins, les émigrés; ceux-ci l'attaquaient à leur tour sans pitié. C'était de la guerre civile dans le gouvernement comme au dehors, dans le pouvoir comme dans les partis.

La Vendée s'était plusieurs fois levée depuis le coup de tocsin de 1793; cette insurrection de paysans tenait aux époques historiques. Il y avait là un indicible héroïsme, les vieilles libertés et les vieilles croyances de la province se défendaient contre cette tyrannie qui centralisait à Paris le pouvoir et l'administration. Je n'aime pas que l'on insulte les gens qui meurent pour une cause, pour un dévouement, pour une idée; il y en a tant d'autres qui les exploitent! La tendance des guerres de la Vendée n'a pas encore été parfaitement révélée : l'esprit de la paroisse défendait ses croyances, ses foyers, son vieil autel, son vieux père, sa métairie et son château, contre la France révolutionnaire et centralisée, avec ses bras nerveux et sa tête puissante! La Vendée fit des prodiges, parce qu'il y avait une grande foi, et que cette foi inspira les traits héroïques et les dévouements sans bornes; peuple naïf, qui du sein de ses buissons se levait à la voix de quelques gentilshommes et de quelques prêtres! Et ici ce n'était pas pour maintenir des priviléges, les droits des seigneurs et des suzerains, car si les La Rochejacquelein, si les d'Elbée, les Talmont, nobles races, luttaient avec dévouement à la tête des bandes vendéennes, on y voyait aussi Charette et Cathelineau, fils de paysans et artisans eux-mêmes, tant l'esprit d'égalité éclatait partout[1] ! La Vendée, le ver rongeur de la République, avait attaqué le front haut la Convention ; elle menaçait le Directoire d'une de ces insurrections générales qui à d'autres époques avaient envahi les campagnes de Tours et de Nantes. En vain parlait-on d'une Vendée pacifiée, de traités conclus entre généraux, sortes de formules incessamment répétées ; les idées étaient trop en opposition ; il ne s'agissait jamais que d'une suspension d'armes entre des hommes qui se reposaient pour revenir plus tard aux batailles. La Vendée voulait conquérir son indépendance de paroisse et la liberté de son culte ; tant qu'elle n'obtenait pas ce but elle levait sa bannière ; les paysans portaient la croix sur leurs chapeaux contre les soldats qui insultaient le Christ ; et tandis qu'on prêtait serment de haine à la royauté sous les tentes républicaines, les Vendéens rêvaient la restauration de la monarchie que des espérances intimes, habilement semées, leur avaient promise dans les traités. Il paraît constant qu'à une certaine époque on leur avait parlé d'un avènement possible de la maison de Bourbon, et de Louis XVII, pauvre enfant captif au

[1] Louis XVIII était surtout en correspondance avec Charette : en cela il était habile, il s'adressait au roturier : « Mon cher général, l'affaire de Quiberon, ce contre-temps n'est pour moi qu'une preuve de plus, que la Providence veut que je ne doive ma couronne qu'à mes braves sujets... Je travaille aussi à prolonger la guerre extérieure, que je regarde comme un mal nécessaire, pour empêcher les rebelles de réunir trop de forces contre vous. Ceux que vous jugez dignes de la croix de Saint-Louis, je les nommerai tout d'un temps. Cette forme est moins régulière que celle d'envoyer des brevets à chacun, mais la difficulté des communications l'exige... » (Datée de Vérone, 18 septembre 1795).

Temple. Ce motif, joint au rétablissement du culte dans les paroisses, avait déterminé la pacification des chefs sous le digne général Hoche. Et cependant la Vendée fermentait encore ; les émissaires royalistes la parcouraient en tout sens dans la plus grande sécurité ; ils réveillaient les fidélités autour du foyer, comme ces agents des Stuarts aux traits magnifiques que Van Dick nous a conservés. Les armes étaient enfouies dans la terre, le canon caché dans les métairies ; au premier son du tocsin dans chaque paroisse, on pouvait se lever pour courir sur les Bleus, l'objet des vieilles haines. Avec les embarras d'une guerre extérieure, quel froissement terrible que la Vendée en armes ! Ce qui n'était rien en temps de paix devenait un danger imminent en temps de guerre ; quand il fallait défendre les frontières au nord et à l'est, l'insurrection de la Vendée appelait la présence d'une armée d'observation sur la Loire, et il y avait péril au sein de la patrie, lorsque des drapeaux de ses enfants combattaient au loin. Les Anglais profitaient aussi de la facilité de débarquement que leur donnaient les côtes pour fournir des armes et des munitions à ces populations insurgées. La sanglante scène de Quiberon n'avait pas tout fini [1] !

C'est un des malheurs des partis vaincus que d'être souvent flétris et calomniés ; la police a pour cela des expressions qu'elle invente dans le but de détruire les prestiges du courage et du dévouement ; par ces moyens, la chouannerie devint le symbole d'une sorte de brigandage armé, qui essayait ses exploits sur les grandes routes et

---

[1] Il existe la preuve, dans les anciens papiers des Comités, que l'on avait promis à la Vendée la conservation du drapeau blanc, l'abolition de la réquisition ; on lui faisait également espérer la liberté de Louis XVII, et l'on traita de la délivrance de Madame.

n'allait pas au-delà ; le mot *Chouan* fut le synonyme de brigand pendant toute l'époque du Directoire, du Consulat et de l'Empire, et les rapports du ministre de la justice même ne lui en donnent pas d'autre. Aujourd'hui cette idée existe encore dans le vulgaire jusqu'à ce qu'il vienne un jour une plume historique qui ose rendre à la chouannerie ses véritables couleurs et sa poésie de guerre civile. Quand on voit des hommes, à la taille mâle et gigantesque de Georges Cadoudal, des cœurs chevaleresques comme le comte de Frotté, des gentilshommes désintéressés comme M. de Surville[1], se poser en chefs de la chouannerie, comment peut-on croire qu'ils se soient jamais associés à des malfaiteurs, à des assassinats de grande route et à des vols? La chouannerie fut une de ces alliances de gentilshommes et de paysans, comme Walter-Scott a su les peindre après la chute des Stuarts; il y eut des excès, des vols, des violences, parce qu'il est impossible qu'une multitude se montre les armes à la main sans les employer cruellement contre ses ennemis[2]. La chouannerie fut une organisation de contrebandiers, de gardechasse, habiles tireurs, comme on en voit tant dans notre histoire, une défense provinciale de la Basse-Normandie, de la Bretagne et du Poitou ; la guerre de la Vendée

---

[1] Voici une belle lettre du marquis de Surville, une heure avant sa mort.

« Sire, je vais mourir pour la gloire du nom français et pour la cause auguste de Votre Majesté très chrétienne : c'est au concierge des prisons du Puy, dont je vais sortir, que je confie ce mot d'écriture ; il convaincra Votre Majesté de mon impossibilité à lui faire parvenir autre chose. Cet homme n'a pas été sans égards pour moi ; il m'a promis de traiter avec douceur tous mes pareils, et c'est à ce titre que j'implore en sa faveur, la clémence et les égards de Votre Majesté. Daignez, Sire, agréer les hommages respectueux du plus fidèle de vos serviteurs, et lui pardonner de n'avoir pu lui être plus utile, malgré les efforts qu'il a faits pour se montrer digne de répondre à la confiance dont Votre Majesté daigna l'honorer. Je suis, avec le plus profond respect, Sire, de Votre Majesté très chrétienne, le très humble et très obéissant serviteur.

Le marquis de Surville.

[2] Il manque une grande et poétique histoire de la chouannerie ; jusqu'à présent il n'y a que des tableaux de l'ésprit de partis.

ne fut-elle pas aussi une ligue pour protéger la religion et la liberté d'une vieille province de France? Les Chouans furent des hommes prodigieux; hardis partisans, ils ne se rebutaient devant aucun obstacle; ils étonnaient par leur promptitude, ils frappaient comme la foudre. Fallait-il attaquer les acquéreurs des biens nationaux, qui avaient usurpé leurs terres, ou les détenteurs des deniers du peuple, les percepteurs de l'impôt, les démolisseurs de la vieille église et du sépulcre de leur père? les Chouans apparaissaient en véritables partisans dans la campagne, comme le Rob-Roi des Stuarts. Aucun transport de numéraire ne pouvait se faire sans une forte escorte; les Chouans se préparaient à renverser militairement les autorités constituées à Paris, les conseils législatifs; un coup de main les trouvait toujours prêts. Le Directoire, vivement alarmé, cherchait à abaisser la grandeur de leur courage en les confondant avec les rebuts du bagne et les voleurs de diligence. La chouannerie, association de gentilshommes et de paysans, était le dernier cri de l'esprit provincial; la plupart avaient ce courage breton, têtu et persévérant, qui distingue cette fière race. Le plan de Georges Cadoudal était de venir à Paris, pour essayer ses armes contre les Bleus du Directoire et il le disait haut; il était entouré de dignes compagnons, poétiques enfants de la Bretagne, la terre des guerres civiles, et fils de ce sol qui produisit les *trente*. Cadoudal voulut plus tard essayer un nouveau combat de Trente chouans contre les trente guides qui entouraient la voiture du premier Consul[1]. Et s'imagine-t-on que Bonaparte, qui se connaissait en

---

[1] Je donnerai plus tard le plan tout entier de Georges Cadoudal: il est admirable de conception, et j'oserai dire de loyauté; la police seule a pu le dénaturer.

hommes, eût offert des grades élevés aux chefs de Chouans dans ses armées, s'il n'avait pas reconnu ces mâles vertus, ce courage exalté qu'enfantent les époques de guerre civile? Il laissait à sa police le triste soin d'appeler brigands ceux à qui, consul, empereur, il tendait sa glorieuse main pour les élever jusqu'à ses jeunes officiers.

Le midi avait aussi ses compagnies de partisans (soldats de guerre civile), connues sous le nom de *Jésus* et du *Soleil*, dont la renommée est sanglante ; elles n'avaient pas le courage froid et réfléchi des Chouans de la Normandie et de la Bretagne. Nés sous les feux de la Provence et du Languedoc, ces hommes brunis, à la taille élevée, aux yeux noirs, aux mains dures et calleuses, suivaient le mouvement de réaction qui domine toujours le midi ; ces bandes réunissaient les débris des compagnies franches que la parole de Fréron leva par de lugubres exhortations à la vengeance, car les têtes de leurs proches avaient roulé sur l'échafaud, « ils avaient déterré les ossements de leurs pères pour frapper les bourreaux[1]. » Les compagnies du midi, recrutées de conscrits réfractaires, parcouraient, les armes à la main, toutes les contrées ; le système de la Terreur avait fait beaucoup de victimes, les glacières portaient des empreintes de sang, l'échafaud avait été dressé depuis Lyon jusqu'à l'extrême frontière de la Méditerranée, à Marseille, à Toulon ; qui n'avait eu son père frappé de mort dans la terreur, ou sa mère couronnée par le martyre? Le deuil était dans les familles, et ceux qui savent quelles sont les mœurs de l'Italie et d'Espagne, peuvent s'expliquer les excès des réactionnaires du midi, quand ils arborèrent le drapeau blanc ; affreuse loi du talion dans des poi-

---

[1] C'étaient les paroles de Fréron et les *Chants du Réveil du peuple,*

trines brûlantes. Il y a là de grands drames à faire; les bardes de la patrie pourront un jour relever l'affreux courage de ces âmes exaltées qui vengèrent, par de sanglantes exécutions, les mânes de leurs pères, de leurs frères, de leurs amis! Ces populations sous le soleil ne voient rien et ne font rien froidement. Il n'est pas donné à tous d'avoir les vertus chrétiennes, le pacifique pardon ne vient pas sur toutes les lèvres, et quand on voit les dépouilles de sa propriété aux mains de ceux qui ont creusé le sépulcre des ancêtres, quand on voit les cendres jetées aux vents, hélas! le fanatisme prend le bras et le pousse à de tristes cruautés. Je ne justifie rien dans l'histoire, mais j'explique les tristes passions du cœur humain, je retrouve souvent un motif dans la vengeance des peuples [1].

Cette guerre violente entre les partis les armes à la main, se manifestait même dans les plaisirs et les distractions de la cité, tant l'époque était ardente! Partout les opinions étaient en présence; aucun ne se rapprochait d'une couleur opposée. Il y avait plus d'une fois des rixes entre ceux qu'on appelait les collets noirs, les aristocrates du temps, et les patriotes aux costumes romains et cyniques : les muscadins et les terroristes s'insultaient de paroles et de gestes; on se donnait rendez-vous aux théâtres; là, saisissant chaque allusion, on demandait un couplet, couvert de bravos ou sifflé impitoyablement. Presque toujours il s'élevait des querelles violentes; on échangeait des coups de canne ou de poignard; on se jetait dans les bassins des promenades publiques. Royalistes et républicains, aristocrates et patriotes, engageaient journellement des luttes sur le

---

[1] Les compagnies de Jésus étaient commandées par les fils des victimes de la Terreur, à Toulon, Marseille, Toulouse. Il y a là le sujet de grandes et terribles scènes.

terrain des plaisirs comme sur les grandes routes. Il n'y avait pas de police possible contre ces fatales passions, elles dominaient tout ; le chant de la *Marseillaise* ou le *Réveil du peuple*, étaient les bannières levées. Les royalistes étaient maîtres du Vaudeville, les Jacobins dominaient le théâtre Français avec Talma, guerre intestine qui était comme l'expression de la société française depuis la Ligue et la Fronde. Les chansons, les couplets et les tragédies se mêlaient à des drames plus réels et à des scènes que l'histoire doit couvrir d'un crêpe de douleur. Pour comprimer les partis ardents, il fallait une main ferme, puissante, qui ramenât tout sous son pouvoir et sa force. L'anarchie directoriale servait plus les divisions sanglantes des opinions, qu'elle ne les dominait ; le Consul lui seul comprit la grande mission d'employer toute l'énergie, toutes les facultés des partis à la gloire et aux destinées de la France.

CHAPITRE X.

LE GOUVERNEMENT DU DIRECTOIRE.

Constitution de l'an III. — Cause de sa promulgation. — Progrès des idées anglaises et américaines. — Division des pouvoirs. — Conseil des Anciens. — Conseil des Cinq-Cents. — Le Directoire. — Esprit de ce gouvernement. — Influence sur l'opinion. — Attaques de la presse. — Coup d'état du 18 fructidor. — Défiance qu'inspire le gouvernement. — Discrédit dans l'opinion.

1795 — 1799.

La journée du 9 thermidor avait porté un coup fatal à la République et à la Convention nationale qui en était la grande expression. Le Comité de salut public, présidé par Robespierre, autorité si puissante, disparaissant de la scène politique, que restait-il comme unité et comme énergie de gouvernement? Une révolution, si elle veut vivre, doit toujours marcher en avant; quand elle s'arrête, elle est perdue. La Montagne s'était bien déclarée opprimée par les Comités et la Commune; elle avait cherché à séparer sa cause de la chute de Robespierre; mais qui pouvait décharger la Convention d'une fatale responsabilité? Quels étaient les hommes qui avaient fait le 9 thermidor? N'étaient-ce pas les proconsuls vigoureux et impitoyables qui avaient parcouru les provinces au nom de la Montagne? Toutes les résolutions violentes proposées par le Comité de salut public, n'avaient-elles pas eu la Convention pour complice? Ainsi l'avaient jugé les agents de la Prusse et de l'Autriche, dans leurs rapports secrets [1]. La Convention s'était donc suicidée en frappant Robespierre et les Jacobins; c'était une querelle personnelle, une sorte de droit sauvage de défendre sa propre vie, une peur de la mort qui avait engagé les députés Tallien, Barras, Courtois, à vigoureusement attaquer Robespierre, et à renverser la dictature républicaine. Après le 9 thermidor, la Convention nationale se trouva placée sous le double coup des Jacobins amis de Robespierre, irrités de sa chute, puis de la réaction d'ordre et de royalisme qui agissait contre tous les actes révolutionnaires. Comme la Convention ne pouvait plus être terrible, elle tomba dans le mépris et la déconsidération; ainsi finissent tous les pouvoirs qui perdent leur destination primitive! La Convention avait été instituée pour révolutionner la France, pour inspirer la terreur à l'Europe; elle cessa d'être pouvoir le jour où elle voulut se faire indulgente et pacifique; car il y a des gouvernements qui ont de terribles missions à accomplir. Quand la Révolution eut signé la paix de Bâle avec l'Espagne et la Prusse [2], elle fut perdue comme propagande; quand elle renversa le Comité de salut public, tout fut dit pour elle comme puissance à l'intérieur [3].

---

[1] Dépêche d'un agent secret à M. de Hardenberg (1794). Les thermidoriens conservaient néanmoins encore la haine contre les émigrés et l'étranger et c'est ainsi par exemple que Cambacérès, Merlin (de Douai), Guyton-Morveau, etc., membres du Comité de salut public, écrivent à l'ambassadeur de la République française en Suisse, le citoyen François Barthélemy... « Nous te chargeons, citoyen, de déclarer à tous les cantons que les émigrés ne cesseront jamais d'être traîtres, et que notre juste vengeance les poursuivra partout où elle pourra les atteindre. » (Du 23 décembre 1794).

[2] Les négociations de paix de Barthélemy avec le comte de Goltz, ministre de Prusse, et don Domingo Yriarte, ministre d'Espagne, couronnées d'un plein succès, lui avaient acquis, auprès du gouvernement conventionnel, une faveur et une confiance très grande.

[3] Aussi la Convention se traîne et expire jusqu'au 14 vendémiaire; elle est violente sans être forte.

Tous les esprits sérieux sentaient donc qu'il fallait quelque chose de nouveau à une situation qui n'était plus la même ; la Convention devait disparaître avec la Montagne et les fortes idées du Comité de salut public. C'était le temps alors des constitutions ; on en improvisait pour toutes les nécessités ; elles venaient s'ajuster comme une feuille morte au grand-livre de l'histoire. Tous les hommes politiques avaient le sentiment que les destinées de la Convention étaient finies ; il fallait donc, sous un nom nouveau, présenter la division des pouvoirs et le balancement des autorités ; on revenait à l'école anglaise et américaine qu'avaient essayée dans la Constituante MM. Mounier, Lally-Tolendal et Lafayette. La Convention, unité puissante par son esprit et par sa centralisation sous la main de Robespierre, formait une démocratie pure et forte qui marchait à la dictature par l'impulsion énergique de la société des Jacobins. A travers mille vicissitudes, les idées de la pondération des pouvoirs avaient fait des progrès ; l'abbé Sieyès, M. Daunou, la coterie de madame de Staël, M. Benjamin-Constant, Ginguené, d'autres têtes encore spéculatives et d'études, avaient incessamment comparé les constitutions dans l'histoire : la république américaine avec son sénat et ses représentants, l'Angleterre avec sa chambre des lords et ses communes ; on sentit presque généralement l'impérieuse loi d'abandonner l'idée d'une assemblée unique pour délibérer sur les destinées du pays : on partit de ces bases primitives : 1° la nécessité de centraliser le pouvoir exécutif ; 2° la division entre les conseils délibérants, de telle sorte qu'une chambre pût arrêter les empiètements de l'autre et qu'on parvînt ainsi à balancer les influences absorbantes [1].

---

[1] De longs articles furent alors publiés sur ce sujet dans les journaux du temps.

Dans cette situation des esprits, dans cette crainte d'une assemblée conventionnelle et d'un Comité de salut public renouvelé, on songea à la création d'un Directoire exécutif, composé de cinq membres, ce qui ramenait successivement à l'idée d'unité dans le pouvoir d'action. Ce n'était pas la monarchie encore; il y avait pluralité parmi les membres, élection par l'assemblée, délibération dans le pouvoir; mais les monarchistes eux-mêmes entouraient avec quelque faveur, une institution qui faisait sortir la République des idées multiples pour la conduire successivement à l'action gouvernementale, leur espérance d'avenir. Les Directeurs étaient cinq fractions d'un monarque, et, comme il arrive toujours, tout en se distribuant les charges du gouvernement, un d'entre eux, sous le titre de président, devait saisir cette influence morale qui appartient à la capacité et à la fermeté dans les affaires. S'il y avait division parmi les cinq Directeurs, elle serait moins tumultueuse, moins ardente, moins terrible sur l'opinion publique, que les flots soulevés d'une assemblée démocratique, et l'on avait l'exemple tout récent encore de la Convention nationale se décimant sous les coups du Comité de salut public[1].

Deux conseils étaient établis; les Anciens formaient comme une sorte de sénat politique; on ne pouvait y être admis qu'à l'âge de 40 ans; il fallait être marié ou veuf, avoir passé, en quelque sorte, à travers toutes les émotions de la vie, et ne plus en subir les ardentes passions. Comme une république de démocrates ne pouvait chercher de garanties dans la propriété foncière ou la grande

---

[1] La Constitution de l'an III, donna lieu à la publication d'une multitude de brochures. Je crois que les rédacteurs principaux de cette Constitution, furent MM. Daunou, B. Constant, Chénier; la coterie de madame de Staël y prit une grande part. On crut travailler pour la postérité, et rien n'est plus fragile que ces éternités constitutionnelles.

industrie, on y suppléait par l'inflexible division de la vie humaine, les vieillards et les jeunes hommes, la réflexion blanchie par l'âge, et l'activité remuante des ardentes années. Cinq cents législateurs proposaient les lois avec le désir des innovations, la passion des changements[1] ; les Anciens les examinaient mûrement, approuvaient ou rejetaient les résolutions, prononçaient l'urgence ; puis le Directoire, sous la responsabilité des ministres, les exécutait[2]. Examinée philosophiquement, cette théorie était bonne ; il y avait des éléments d'action et d'examen qui se combinaient entre eux ; mais comme tous ces pouvoirs manquaient de base, comme tous partaient d'une origine populaire et tumultueuse, il devait s'ensuivre une lutte constante, susceptible d'arrêter à chaque pas la marche de la Constitution. Les auteurs du pacte social de l'an III avaient également cherché à comprimer l'influence absorbante du pouvoir militaire, qui s'avançait menaçant par la victoire : le Directoire n'avait qu'une faible escorte d'honneur ; le Conseil législatif était entouré d'une garde spéciale, sous un commandant nommé par lui ; nul corps armé ne pouvait se rapprocher de Paris, sans les ordres précis des Conseils ; on avait peur de ces généraux qui conduisaient les soldats à la victoire. Comme les légistes étaient presque tous sortis de la classe civile, comme ils étaient avocats et parleurs, ils s'étaient garantis contre le pouvoir militaire, et chose curieuse à dire, c'est ce pouvoir militaire qui les brisa dans un jour de violence et de colère ; le 18 brumaire fut

---

[1] J'emploie ici les expressions des orateurs enthousiastes de la Constitution.

[2] Voyez Constitution de la République française, 22 août (5 fructidor), et proclamée loi fondamentale de la République, en vertu de l'acceptation du peuple, le 23 décembre 1795 (1er vendémiaire an IV). Cette Constitution commençait ainsi : « Le peuple français proclame, en présence de l'Être-Suprême, la déclaration suivante des droits et des devoirs de l'homme et du citoyen. » C'était encore le style de Robespierre.

dirigé par la force des armées contre l'autorité des assemblées politiques.

La Constitution de l'an III fut accueillie comme un progrès vers les idées d'unité. En blâmant les dispositions qui perpétuaient les deux tiers de la Convention dans le conseil des Cinq-Cents, on se plut à reconnaître que le Directoire centralisé, n'était qu'une transition vers un pouvoir plus uni et plus fort, pouvoir militaire ou civil qui devait ramener l'ordre, premier besoin de la société. Cependant l'esprit moqueur des Parisiens, l'ardente polémique des partis, s'empara de tous les ridicules et de tous les côtés faibles que présentait le système nouveau; l'institution du Directoire, cette réunion de cinq petits monarques, choisis parmi des avocats, n'était pas de nature à inspirer un grand respect aux Français; la Constitution avait cherché à frapper les yeux, et David dessina les costumes; on ne vit plus que chapeaux à la Henri IV, que robes de pourpre, que prétextes sénatoriales, épées à la romaine, sceI de l'État et mains de justice [1]. Les cérémonies d'apparat furent multipliées, afin de présenter aux yeux, l'aspect des autorités constituées, et d'attirer ainsi le respectueux dévouement, et tous les appuis de l'opinion publique. Mais le costume théâtral couvre aussi bien un mime qu'un roi, un héros de tréteaux qu'un magistrat de la République, et bientôt les journaux, dans leur style spirituel, jetèrent à pleines mains le ridicule sur ces oripeaux mensongers qui n'inspiraient respect à personne. Jamais, à aucune époque, la presse ne fut plus libre et plus acharnée contre les pouvoirs; avant le 18 fructidor il y eut débordement d'injures contre les personnes; on dénonça les pil-

[1] J'ai trouvé à la Bibliothèque du roi, une curieuse image qui représente tous les costumes judiciaires et administratifs des autorités depuis l'an III.

lages des fournisseurs, la complicité du Directoire; rien ne fut respecté, et il faut bien dire aussi qu'il y avait peu de chose de respectable. La réaction se mit dans les deux Conseils; il se fit un mouvement d'opinion qui se mêla pour les uns à de simples idées d'ordre, et pour les autres à la pensée d'une restauration pour la famille des Bourbons; on vit se manifester un esprit de gouvernement et un esprit de conspiration. Le Directoire, point central, fut considéré comme une place gardée pour la royauté ou pour un dictateur militaire; la crise ne pouvait pas autrement se dénouer. Si le Directoire voulait se délivrer des Conseils, de leur influence contre-révolutionnaire, il devait naturellement s'adresser à l'armée, et par conséquent favoriser une dictature militaire. Telle était l'inévitable destinée de la Constitution de l'an III, à la face de l'esprit public; le Directoire fut entraîné au 18 fructidor comme à une nécessité, et quand le coup d'état fut consommé, il se mit à la discrétion de l'armée. En jetant la majorité des Conseils aux déserts de Sinnamarry, en proscrivant les journaux, il faisait acte de force sans doute, il se sauvait évidemment d'un danger, mais n'en créait-il pas un autre? Les soldats du général Augereau, dont le Directoire invoquait l'appui pour se débarrasser des Conseils, les adresses de l'armée d'Italie, préparées par le général Bonaparte, ces clubs militaires où l'on délibérait dans les camps, tout cela n'entraînait-il pas la formation plus ou moins immédiate d'une dictature militaire qui hériterait du pouvoir directorial[1]? Avant le 18 fructidor, le danger de la Révolution était dans une restauration bourbonienne;

---

[1] Les adresses de l'armée d'Italie déclarait que les soldats de la République sauraient bien punir les conspirateurs; c'é- tait dire qu'ils voulaient intervenir dans les délibérations des Conseils et les proscrire au besoin.

après, il fut tout entier dans l'établissement d'un gouvernement par l'armée, et la domination absolue de son général. Le pouvoir civil s'effaçait devant l'autorité militaire; il fallait un grand aveuglement pour ne pas le voir, et c'est ce que l'esprit du général Bonaparte saisit avec un admirable instinct; le 18 fructidor préparait le 18 brumaire; l'action des camps allait désormais dominer la politique des Conseils.

Ce n'est pas en vain qu'on essaie un coup-d'état; quand on en est venu là il faut en calculer la portée d'avance, et savoir où il vous conduit. La vie du Directoire, après la journée du 18 fructidor, fut tout entière de violence et de rouéries. C'est une situation précaire et faible qu'on veut masquer par des actes désordonnés. Comme on n'était plus en force pour dominer, on négociait avec les uns et avec les autres; on faisait un jour une concession à un général victorieux, à Moreau, à Bonaparte, à Augereau; le lendemain on s'ouvrait à un homme important dans les Conseils ou à une coterie politique, comme l'était celle de madame de Staël. Le Directoire renouvelant son personnel, la place vacante était donnée au parti ou à l'homme qu'on voulait ménager; il y avait de grands meneurs dont il faut dire les destinées.

M. de Talleyrand à peine arrivé avait conseillé la journée du 18 fructidor pour en finir avec les criailleries des Conseils qui importunaient la marche du Directoire; le conventionnel Fouché, non moins habile que M. de Talleyrand, cherchait à louvoyer entre les partis; il négociait tour à tour avec les Jacobins et les modérés, afin de s'adjuger la meilleure position. Puis venait la société constitutionnelle dans laquelle madame de Staël exerçait une grande puissance; les gens qui avaient fait la Révolution voulaient défendre leur œuvre; là brillaient

MM. Chénier, Daunou, B. Constant; et ces ardents prôneurs de la Constitution de l'an III préparaient chaque jour des moyens secrets de la violer. L'abbé Sieyès travaillait dans l'ombre à un gouvernement qu'il aurait dominé par sa parole solennelle; les idées monarchiques prenaient sur lui un certain ascendant; leur triomphe s'était développé depuis son ambassade à Berlin; il se complaisait dans les rêveries d'une pondération de pouvoirs, parfaite et absolue; grand faiseur de constitutions, il les prenait à l'essai; quand une fois son idée était écrite sur le papier et qu'elle était acceptée, l'abbé Sieyès ne se faisait aucun scrupule de conspirer contre l'acte qu'il avait imposé naguère comme une émanation de sa sagesse.

Il n'y avait plus alors de gouvernement, mais des intrigues et des violences; on cherchait à se maintenir en tendant la main à quelques hommes importants, ou bien en frappant de droite et de gauche avec une certaine fureur qui n'épargnait aucun parti. La liberté était voilée; les maximes les plus étranges et les plus despotiques retentissaient à la tribune dans la bouche des Jacobins convertis à la politique du Directoire. Qui pourrait soutenir aujourd'hui les déclamations contre la presse telles qu'elles furent prononcées par MM. Bailleul et Lecointre-Puyraveau? Quand on parcourt les séances des conseils des Anciens et des Cinq-Cents, depuis le 18 fructidor jusqu'au 18 brumaire, on est profondément affligé de voir les maximes atroces sur la déportation, émises avec une sorte de logique douce et onctueuse par les Montagnards ralliés. Dans la journée du 18 fructidor, on avait vu des députés raisonner sur la déportation avec un sang-froid, une philosophie pastorale et tendre, une indulgence moqueuse qui fait horreur; les députés MM. Bailleul, Boulay (de la Meurthe),

Merlin (de Douai), avaient proscrit leurs collègues avec la même élégance d'expressions, qu'ils auraient mise à un discours académique [1]. Puis, comme tous les pouvoirs faibles sont cruels, et marchent à tous les despotismes, on proclamait les lois les plus fatales à la liberté et à la fortune des citoyens, comme des maximes de patriotisme et de gouvernement des sociétés : aujourd'hui on frappait de pauvres prêtres, parce qu'ils conspiraient, disait-on, contre la République; on les emprisonnait, on les déportait par des mesures générales; le lendemain c'était la loi des otages, aussi inflexible, aussi atroce que la loi des suspects; les émigrés venaient-ils échouer par la tempête devant le port de Calais? on les traduisait devant les tribunaux sous les plus cruelles menaces; on les traînait de cachots en cachots; à Quiberon, on fusillait sans pitié les débris de la noblesse française, et de cette glorieuse marine qui sous Louis XVI avait jeté tant d'éclat.

Plus le Directoire était faible, plus il se montrait inquiet, et il trouvait des complices dans les deux Conseils pour louer ses fatales mesures; depuis le 18 fructidor, il y avait une solidarité morale entre les pouvoirs et le Directoire; tous avaient trempé dans les mêmes complots, tous avaient osé le même coup-d'état; ils ne pouvaient plus désormais se séparer pour l'ordre et pour le désordre; ils devaient vivre et mourir ensemble, et c'est ce qui explique la facilité que toutes les propositions du

---

[1] M. Bailleul avoue que les desseins des Directeurs auraient échoué au 18 fructidor, s'ils se fussent renfermés dans le cercle des lois. « Bannissons, dit-il, ces absurdes théories de prétendus principes, ces invocations stupides à la Constitution. »

« Le sang n'a pas coulé, remarque avec bénignité le député Boulay (de la Meurthe), en parlant du 18 fructidor; aucune tache de sang n'a souillé cette journée.... La déportation doit être désormais le grand moyen de salut pour la chose publique. Cette mesure est avouée par l'humanité. »

Directoire trouvaient dans les deux branches de la législature; jusqu'au 30 prairial, la majorité ne lui manqua jamais, même pour les mesures les plus opposées au parti jacobin, qu'on désignait sous le nom de terroriste. Pour faire le 18 fructidor on s'était servi des Montagnards; on avait réveillé les idées de clubs, de délibérations ardentes; eh bien! le Directoire, aidé de Fouché, prépara les mesures répressives, et quand Babœuf voulut tenter le retour de la loi agraire, et le régime des Comités de salut public, le Directoire le frappa de mort dans la plaine de Grenelle, lieu fatal, où tombaient tour à tour royalistes et révolutionnaires. Deux mots suffisaient dans un journal, pour annoncer que les émigrés étaient impitoyablement fusillés [1].

A l'extérieur ce fut le même système de violence

---

[1] Voici les annonces impitoyables des journaux du gouvernement :

« Deux émigrés ont été fusillés, hier et avant hier, à Grenelle. Leur sortie de l'Abbaye a été accompagnée de quelques circonstances qui ont excité quelque fermentation dans ce quartier. L'épouse de l'un et la sœur de l'autre se sont présentées sur leur passage, et voulaient à toute force leur parler ou au moins leur écrire. On ne le leur a pas permis. De là des pleurs et des cris qui ont produit quelque sensation.

« Les ci-devant députés condamnés à la déportation se sont embarqués à la Rochelle, le 24 pluviôse, et sont arrivés le soir même à Oleron, lieu de leur destination. De ce nombre sont Boissy-d'Anglas, Villaret-Joyeuse, Siméon, Paradis, Muraire, Cochon, Doumer, Dumolard, Mailhe et Lhomond.

« On a arrêté le 22 mars 1799, à Paris, Pierre Pabaut, dit Pallet, et le nommé Patait, comme prévenus d'émigration.

« La police a fait arrêter les citoyens Guillaumé et Amand Clousier, Montmignon Daudoucet et Antoine Le Clerc, tous imprimeurs, pour avoir imprimé, distribué et vendu des libelles tendant à amener la destruction du régime républicain.

« On a arrêté le 13 mars, le nommé Thurel, prenant le nom de Caillot. Il est soupçonné d'avoir émigré, d'avoir servi dans l'armée de Condé, d'avoir pris une part active aux égorgements de Lyon, et d'avoir été même condamné à mort.

« Le ministre de la police a aussi fait arrêter le prince de Carency, Audéoud, banquier, et la citoyenne Mayer.

« On a arrêté, à Paris, un jeune homme de 24 ans, qui a dit s'appeler Étienne de Salignac de Lamotte-Fénelon, natif de Tonne (Charente.) On ne dit pas de quoi il est accusé.

« La police a fait saisir tous les exemplaires d'un pamphlet intitulé : Le Russe à Paris. Son auteur, Leclerc des Vosges, ancien membre de la Convention et coopérateur du journal des Hommes-Libres, a été arrêté et conduit au Temple.

« L'administration centrale du département de la Seine a déclaré que l'absence, à l'époque du 18 fructidor an v, de Taillepied de Bondy, condamné à mort par contumace, pour avoir pris part à la révolte de vendémiaire, sera réputée émigration. »

et de désorganisation, tel que le Directoire l'avait conçu pour la France. Quelques tentatives de paix essayées, avant le 18 fructidor, avaient produit de bons résultats; M. Barthélemy, de l'école du duc de Choiseul, conclut le traité de Bâle avec la Prusse et l'Espagne, premier acte diplomatique de la République naissante; or, dans le choix des hommes importants du Directoire, le parti de la Prusse se fit toujours sentir; le signataire du traité de Bâle, M. Barthélemy, fut porté au Directoire, et Sieyès en obtint la présidence après son ambassade à Berlin; M. Treilhard appartenait de sympathie à la Prusse; et ce fut alors que lord Malmesbury vint à Lille avec des pouvoirs pour négocier une paix avec la France; j'ai dit le véritable but de cette négociation. Après la journée militaire, et la proscription de la majorité des Conseils, tout fut modifié dans les rapports avec l'extérieur; on ne garda aucun ménagement; les agents du Directoire ne furent plus que des hommes chargés de bouleverser les vieux droits, ou d'opprimer les pays. Des diplomates à la façon de MM. Ginguené, Faypoult, Daunou, furent les sujets de prédilection du Directoire; à Rastadt, n'avait-il pas envoyé Roberjot, régicide de théorie et d'action, démocrate sans formes! M. de Talleyrand, dirigeant les affaires étrangères, ne pouvait approuver tant de rudesse et de mauvais goût, mais alors préoccupé de reconstruire sa fortune, il suivait les traces du Directeur Barras; il imposait une sorte de tribut à l'étranger, et battait monnaie sur les cabinets faibles qui venaient négocier à Paris [1].

Toutes les affaires de gouvernement se passaient ainsi en intrigues et en police; l'idée fixe de la majorité des

---

[1] M. de Talleyrand se vit obligé de publier un mémoire justificatif sur ce point, après sa destitution de prairial 1799.

bons esprits fut dès lors d'appeler le pouvoir militaire à l'aide d'une constitution épuisée qui ne donnait plus une suffisante énergie aux corps organisés dans l'État. J'aurai plus tard à développer les causes et les résultats de la révolution du 30 prairial ; elle hâta le 18 brumaire [1], elle en fut le préliminaire indispensable. La force morale avait cessé d'exister pour le gouvernement directorial ; il se traînait à peine ; on négociait avec Augereau, avec Jourdan, avec Hoche, Joubert, Moreau, et plus tard, on s'adressa à la grande figure du temps, au général Bonaparte. On avait besoin d'en finir vite, car la déconsidération gagnait ; aucun parti ne prenait le Directoire au sérieux ; tous le croyaient une transition pour arriver à un autre ordre de choses que l'avenir mystérieux cachait encore pour le vulgaire ; on conspirait dans l'air : l'armée, les partis, tout ce qui avait une force, un pouvoir dans l'opinion, Royalistes, Jacobins, tous appelaient un changement ; on ne croyait plus au Directoire ; et c'est le plus grand malheur d'une autorité, quand on n'a plus foi en elle, quand elle se manifeste comme une divinité sans prestige. Ajoutez à cela que la victoire n'était plus sous les drapeaux ; on combattait vaillamment encore, des prodiges étaient faits aux armées, mais hélas ! nul ne pouvait se dissimuler les progrès des coalitions depuis l'expédition de Bonaparte en Égypte. Les temps heureux n'étaient plus où « la patrie triomphante », comme disaient les hymnes républicains, se faisait respecter par les ennemis du dehors ; et rien ne démoralise la nation française, comme la nécessité de reculer devant un ennemi ; alors les plaintes

---

[1] L'importance de la journée du 30 prairial n'a jamais été bien définie ; elle fut mieux jugée par les agents étrangers. Il existe sur ce point une dépêche d'un agent prussien à M. de Hardenberg : je publierai ce document.

arrivent, et tout s'élève contre ceux qui n'ont pas su préserver un grand peuple. Chez nous un pouvoir est mort lorsqu'il n'a plus pour lui le succès.

Le Directoire cachait ses tristesses sous les pompes; multipliant les fêtes au Champ-de-Mars, il visitait solennellement le temple de la Victoire; il brûlait, avec une ostentation un peu ridicule, les statues de l'anarchie et de la royauté, le symbole du jacobinisme et de la tyrannie; on avait recueilli des fêtes de la Convention nationale, le goût pastoral des arbres et des fleurs [1]; on voyait encore les vieillards, les jeunes hommes, les vierges, une palme à la main, processionner sous les réseaux tricolores dans les rues de Paris, aux Tuileries, aux Invalides; tandis que les bœufs traînaient lourdement les attributs de l'agriculture, et le symbole de la

---

[1] Je trouve d'incroyables puérilités à cette époque, en voici un témoignage.

« Le ministre de l'intérieur au citoyen Thouin, professeur au Muséum d'histoire naturelle.

« Citoyen, je suis dans l'intention de faire planter avec appareil deux arbres de la liberté dans les carrés situés au-devant de la colonnade du Louvre. Cette cérémonie aura lieu le jour de l'inauguration du Musée des antiques. Je désirerais que ces arbres fussent d'espèces peu connues en France, et surtout qu'ils pussent devenir par la suite des symboles, l'un des arts et l'autre des sciences. Nous avons, il est vrai, le laurier pour couronner nos grands poëtes, nos orateurs, nos artistes célèbres, mais cet arbre est aussi, et peut-être plus spécialement, consacré à la vertu guerrière. Ne pourrions-nous point le laisser à nos défenseurs qui ont si bien mérité d'en jouir sans partage. D'autres arbres serviraient à ceindre le front des savants et des artistes.

« Je vous invite, citoyen, à vouloir bien examiner cette idée; et dans le cas où vous l'approuveriez, de vous concerter avec le citoyen Desfontaines, pour me proposer les arbres que vous croiriez propres à devenir les symboles des sciences et des arts. Je vous prierais l'un et l'autre de me faire part en même temps des motifs qui auront pu vous diriger dans votre choix. Sans doute que vous vous serez déterminés d'après les qualités de ces arbres, leur port, par exemple, leur figure, leurs habitudes, et si je puis m'exprimer ainsi, leurs mœurs. »

Voici la réponse gravement naïve :

« Les citoyens Desfontaines et Thouin, professeurs administrateurs du Muséum national d'histoire naturelle, au ministre de l'intérieur.

« Citoyen ministre,

« Après avoir passé en revue tous les arbres, tant indigènes qu'étrangers, qui croissent et prospèrent en pleine terre dans notre climat, nous n'en croyons pas de plus propres à remplir vos vues, que le cèdre du Liban et le platane d'Orient; le premier pour être consacré aux sciences, et le second pour devenir l'emblème des arts. Nous mettons sous vos yeux l'histoire abrégée de ces arbres. »

nature féconde. Le Directoire apparaissait souvent en public sous son costume splendide, avec ses gardes, ses faisceaux, sa musique militaire ; nos armées avaient-elles conquis quelques drapeaux ? tout aussitôt le Directoire se réunissait, et le jeune aide-de-camp, porteur des trophées de la victoire, les présentait sous la tente, et recevait l'accolade fraternelle du président. Des hymnes belliqueux retentissaient sous les voûtes du Luxembourg ; des festins ornés de fleurs et de fruits étaient offerts aux guerriers de la patrie, comme à Rome et à Athènes, tandis que Lareveillère-Lépeaux, le pontife, célébrait dans le temple Théophilanthrope, les grandeurs de l'Être-Suprême, et les beautés de la Nature, déesse à la triple mamelle d'où s'échappaient le lait, le vin et le miel antique [1].

Tout ce faste n'empêchait pas le ridicule de grandir ; l'esprit des Français n'est point assez grave pour prendre au sérieux les pompes et les fêtes qui ne sont point motivées par la foi religieuse des vieux temps ; comment remplacer dans l'âme humaine ce sentiment de piété qui monte comme le parfum des autels, vers le pouvoir, lorsqu'il est antique, national ou fondé sur la tradition des âges. Le Directoire n'avait plus de force ; il la cherchait partout, et elle ne venait pas à lui ; sous la Convention, la terreur était la pensée gouvernementale ; on conduisait violemment la nation aux grandes choses,

---

[1] La Reveillère-Lépeaux, chef de la secte des théophilanthropes, prêcha, le 21 janvier 1799, contre la royauté. Le Conservatoire de musique exécuta un hymne du poëte Lebrun, dans lequel on remarque cette strophe :

Rien n'absout les tyrans. Quand un roi fut rebelle,
Toujours la nation peut dicter son trépas.
La voix d'un peuple entier n'est jamais criminelle,
Et nous le sommes tous si Louis ne l'est pas.
S'il en est qui veuillent un maître,
De rois en rois dans l'univers
Qu'ils aillent mendier des fers,
Ces Français (bis) indignes de l'être.

à la défense du territoire, à la conquête. Ce sentiment n'existait plus, il eût même été puéril de le tenter avec un pouvoir aussi faible; on tracassait sans effrayer, condition très triste pour un gouvernement; la France était couverte de proscrits, qui disaient assez les passions du Directoire au 18 fructidor. Les pamphlets et les caricatures brisaient journellement le sceptre des cinq rois; c'est ainsi qu'on nommait les Directeurs dans la langue moqueuse des journaux et des salons. La liberté de la presse, bien qu'enchaînée par la police, trouvait encore assez d'issues pour hautement s'exprimer sur les actes et les mesures du Directoire; elle est si puissante cette liberté, le jour où le pouvoir reste sans force! On ne passait rien sous silence, ni les profusions de Barras avec son luxe de roi, ses belles meutes, ses chevaux de main, ses amies élégantes, mesdames de Beauharnais, de Châteaurenaud et Tallien; on retrouvait là le gentilhomme voluptueux de la régence, l'homme du monde blasé; puis le directeur Treilhard, le procureur du Châtelet, avec son esprit processif, ses manières tranchantes, absolues; et Merlin (de Douai), le légiste ergoteur, qui justifiait les proscriptions par le texte des lois, et la tyrannie par le Digeste et le droit coutumier[1]! et Rewbell, qui s'élevait aux premières dignités de la France, à la royauté politique sur le pays, à travers les concussions que son avarice alsacienne avait, disait-on, préparées; et Lareveillère-Lépeaux avec sa robe blanche et candide, ses sermons sur la théophilanthropie, et les puérilités de l'époque!

Avant la journée du 30 prairial, si décisive, je dirai

---

[1] On disait de M. Merlin :

Merlin n'aura plus la justice,
Mais la justice aura Merlin.

comment l'abbé Sieyès entra au Directoire et après lui le général Moulins, si inconnu, et M. Gohier, l'avocat républicain, si étrangement mystifié par Bonaparte. M. Gohier avait trop de naïveté pour comprendre la portée des événements; il croyait à une constitution appuyée sur un pouvoir expirant[1]. Tous ces hommes et toutes ces choses ne prêtaient-elles pas profondément au ridicule? N'était-ce pas pitié de voir la société exposée à ces incapacités et le gouvernement en de telles mains? Barras seul avait de la force et de l'esprit; mais insouciant par nature, peu disposé à s'occuper de ces intrigues qui préparent les coups-d'état, il n'était pas redoutable au parti militaire qui devait bientôt triompher. La Constitution de l'an III était faite par les légistes dans la crainte d'une dictature soldatesque; après le 18 fructidor tout change de face; le triomphe du parti militaire devient une nécessité impérative; on peut le retarder, mais il est impossible de l'éviter dans un temps plus ou moins prochain!

[1] Je réserve pour un chapitre à part 30 prairial, événement qui prépara le l'histoire curieuse de la révolution du 18 brumaire.

CHAPITRE XI.

ADMINISTRATION DU DIRECTOIRE.

La police. — Esprit général de ce ministère. — Tendance de ses agents. — Finances. — Fonds publics. — Assignats. — Mandats. — Impôts. — Lois sur l'enregistrement. — Hypothèques et timbre. — Impôt somptuaire. — Ministère de l'intérieur. — Directoires des départements et districts. — Municipalités. — Magistrature.

1795 — 1799.

La Révolution violente telle que le Comité de salut public l'avait fortement organisée, n'avait pas besoin de police; la terreur en servait toute seule; les dénonciations de tous servaient de guide au Comité de sûreté générale. La force ne recourt pas aux petits moyens; les hommes s'observaient dans une silencieuse inquiétude; il n'y avait plus ni épanchements de famille, ni communications intimes; la société avait un aspect si effervescent, si triste, si désolé à la fois, que l'action de la police était tout à fait inutile; on vivait en dehors; l'existence se passait dans la rue. L'organisation administrative, comme la Convention l'avait conçue, était si vigoureuse qu'on n'avait besoin d'autre espionnage que ce qu'on appelait le patriotisme; les Jacobins suffisaient à tout; la surface du territoire était peuplée de comités révolutionnaires actifs, vigilants; les sections examinaient tous les citoyens, leur vie publique et privée; une loi ordonnait que nul ne pouvait habiter la cité sans une carte de sûreté, et le propriétaire était obligé d'inscrire sur la maison le nom de ses locataires [1]. Il n'y a rien de surveillant et d'attentif comme les partis arrivés au pouvoir, quand il s'agit de comprimer leurs ennemis; ils font la police tout seuls, et ils n'ont pas besoin d'espionnage salarié; leur haine et leur intérêt suffisent; ils menacent, ils découvrent, ils pénètrent avec une sagacité inquisitoriale et cruelle, la force, la faiblesse et les complots de leurs adversaires.

La Constitution de l'an III eut la prétention d'être modérée; elle créa un gouvernement faible, une révolution mitigée, deux idées contradictoires; le Directoire n'avait plus en ses mains le pouvoir discrétionnaire de la Convention, il ne pouvait plus surveiller de la hauteur des échafauds; on songea dès lors à instituer un ministère de la police qui centraliserait les pouvoirs. La force échappant des mains du gouvernement, il cherchait à ressaisir un peu d'influence par la surveillance attentive des partis; il remplaçait la terreur par l'espionnage; il ne maniait plus la proscription des classes; on avait usé la peine de mort, et comme elle n'offrait plus un frein suffisant pour les mâles courages habitués à ce sacrifice, on songea sérieusement à établir la police, une des sauve-gardes des pouvoirs faibles. Il fut créé dans le gouvernement même, un agent supérieur, un ministre spécial chargé de veiller à la sûreté publique, de recueillir les faits, de pénétrer enfin les espérances ou le désespoir des opinions [2]; l'auteur de la loi des suspects, le jurisconsulte Merlin (de Douai) accepta la mission de justifier l'institution d'un ministère de la police; il le fit par des arguments étranges

---

[1] Bulletin des lois, oct. 1792-1794. C'est le plus curieux des documents historiques.

[2] Arrêté du 1er janvier 1796.

puisés dans une sorte de légalité extraordinaire que les avocats seuls savaient trouver [1]. Ce ministère ne fut point d'abord confié à Fouché; déposé un moment dans les mains des conventionnels Merlin, Cochon, il passa dans celles de Duval, de Bourguignon, et ne fut définitivement organisé au 30 prairial qu'avec Fouché; nom terrible alors, qui avait donné des gages si cruels au Comité de salut public. J'aurai plus tard à parler de l'habileté que Fouché déploya pour dominer l'action des partis; nul ne connaissait mieux que lui les Jacobins; ayant vécu dans leurs rangs, il en avait étudié l'énergique tendance. Puis il avait conservé de ses études de clergé, une sorte d'instinct adroit qui lui révélait avec une sagacité infinie les intentions secrètes et les plans du parti royaliste. La création d'un ministère de la police, doté d'une vaste surveillance, fut sans doute un point de sûreté pour le gouvernement contre les opinions; mais il plaçait un pouvoir immense dans les mains de l'homme qui en était revêtu; Fouché devenait, par le fait, maître de la conduite et de la destinée des événements et c'est à quoi il tendait. Or si ce ministre se rapprochait un jour du parti de la dictature militaire, quel espoir pouvait-il rester au Directoire pour se sauver de l'alliance de Fouché, de M. de Talleyrand et du futur dictateur? C'est ce dont on s'aperçut, à l'époque où le général Bonaparte tenta le 18 brumaire; Fouché [2] fut consulté et y joua un rôle principal parce qu'il était le maître de ces secrets intimes et souvent honteux qui dirigent les partis; il savait la cor-

---

[1] Le discours du jurisconsulte Merlin est curieux comme monument de cette époque : il fait une sorte de pastorale sur la police. « Nous aurons, dit-il une république sage; un air pur régnera partout; partout le citoyen pourra habiter en sûreté. »

[2] Voyez chapitre xx de cet ouvrage.

ruption et le prix des consciences. Dès que la police fut centralisée sous la direction de Fouché, elle cessa d'avoir une attitude mesquine, on la fit en grand. C'est même ce qui distingua le nouveau ministre de la police, que cette largeur dans la manière de voir les hommes et les choses.

Pour deviner les desseins des partis, Fouché ne s'arrêta point à la police de babil, à cette inquisition sur les actions indifférentes qui entraîne les esprits étroits dans de si fausses mesures. Le ministre voulut tout voir sans doute, mais il s'enquit spécialement des tendances générales d'opinions; il apporta le sens éclairé et sagace que son éducation sérieuse lui avait donné, car les hommes d'état de la Révolution sortirent presque tous de l'ancien clergé. Fouché obtint une grande importance sous le Consulat, l'époque peut-être où les partis s'agitèrent le plus violemment; le ministre fut alors servi à souhait par une fraction des Jacobins, ardents et habiles hommes de police; tous savaient qu'ils avaient là un ministre à eux; ils l'entouraient pour lui faire servir leurs intérêts ou pour se mettre à sa solde. Les Jacobins étaient essentiellement des hommes de gouvernement; ils aimaient le pouvoir fort, et à l'aide de quelque argent bien distribué, le ministre put disposer de ces débris de la Révolution qui vivaient un pied dans la police et un pied dans leur parti, et par le moyen desquels on sut tout ce que rêvaient les esprits exaltés et confiants [1].

Pour les royalistes, le ministre de la police usa de plusieurs moyens de surveillance : d'abord il connaissait les habitudes un peu parleuses de l'esprit gentilhomme, ce besoin de vanterie et d'expansion qui les distingue,

---

[1] Sous le Consulat, les bureaux de Fouché étaient remplis de ces Jacobins à double face; ce furent eux qui révélèrent la conspiration d'Aréna et de Topineau-Lebrun.

cette maladresse abandonnée, cette prétention individuelle qui les entraîne à tant de fautes. Le ministre les laissait s'exprimer à l'aise, les encourageant dans leurs espérances et jusque dans leurs illusions, et par ce moyen il se trouvait souvent mieux informé de leurs propres desseins que les chefs du parti eux-mêmes. Enfin, il faut bien le dire au déshonneur de quelques gentilshommes, il en existait plusieurs qui révélaient les idées de leur parti en échange de quelques pensions sur les fonds de la police; ces flétrissures sont assez honteuses pour que l'histoire ne s'occupe pas d'en faire des personnalités. Les habitudes de dépenses, le besoin de luxe les avaient ainsi entraînés à un honteux oubli du blason; le jeu, les femmes, les plaisirs, étaient pour eux comme ce pacte infernal que jure le docteur Faust de Gœthe. Tant il y a, qu'à l'aide de ses anciens amis et de quelques agents habiles, Fouché pouvait savoir avec sagacité ce qui se passait dans les deux camps : chose indispensable pour surveiller attentivement les démarches et les actes de tout ce qui était hostile au système du Directoire jusqu'au jour où « la poire fût mûre, pour la cueillir », comme l'avait dit Bonaparte en partant pour l'Égypte [1].

Les finances, ce grand mobile des États, n'étaient pas

[1] Ce fut à cette époque que les maisons de jeu furent régularisées; elles devinrent un des meilleurs revenus de la police de Fouché. « La ferme des jeux de Paris, dit un mémoire secret, rendait, il y a quelque temps, 150,000 francs par mois, et le bail étant verbal, laissait toujours accès à un plus offrant enchérisseur. Le dernier bail donné à un banquier de jeu nommé *Perrin*, lui avait coûté, outre les 50,000 écus en question pour le gouvernement, un don particulier de 50,000 livres au ministre de la police. Quelques mois après que cette ferme eut été donnée, on la cassa pour la porter à 180,000 francs. On pense bien que ce nouveau marché fut accompagné d'un nouveau pot-de-vin, mais nous en ignorons le montant. Outre ce pot-de-vin, l'usage avait prévalu d'offrir encore au ministre un intérêt sans mise de fonds, et des croupes ou traitements journaliers à ses parents et créatures, pour leur droit de présence dans toutes les maisons subalternes de jeux, sous-affermées ou autorisées par le fermier-général.

arrivées sous le Directoire à une situation meilleure ; les ressorts qui assurent la confiance publique, manquaient absolument ; fallait-il parler d'un système financier sous la Convention nationale ? Tout ce système consistait dans un mode bien simple de parer aux besoins du trésor ; l'émission immense et désordonnée des assignats jetés par milliards. On a vanté l'habileté du conventionnel Cambon, chargé de la trésorerie, et l'art qu'il apportait à tenir régulièrement les dépenses de la République en rapport avec les recettes. Je ne discute pas la probité du conventionnel Cambon, je l'ignore ; mais quant à cette habileté si vantée qui maintint le crédit, en quoi pouvait-elle consister ? La République avait des besoins, on émettait des assignats à poignée, et jusqu'au 9 thermidor ces assignats conservèrent leur valeur presque intégrale parce qu'on devait les prendre sous peine de mort : le crédit se préserva par la terreur ; on confisquait les biens, on battait monnaie, comme on le disait, sur la place de la Révolution ; où était l'habileté dans la violence [1] ? L'office du chef de la trésorerie fut bien simple : il s'agissait d'appliquer les assignats émis, le produit des biens confisqués, l'impôt ou les emprunts forcés, aux besoins extraordinaires du service ; et quel triste service dans ces glorieuses armées qui se battaient sans pain et sans souliers ? Après le 9 thermidor, les assignats se déprécièrent avec une rapidité indicible ; la Convention en avait émis pour sept milliards ; comme leur prix n'était plus soutenu par la terreur, la banque-

---

Un journal fort accrédité nous apprend qu'après le pillage de l'Italie, les militaires vinrent dégorger leur butin dans ces tripots, et qu'une seule maison de jeu réalisa en un mois 54,000 louis, tous frais faits. Le principal fermier d'alors acheta Petit-Bourg, maison charmante sur les bords de la Seine, en face de la forêt de Sennart, appartenant à madame la duchesse de Bourbon.

[1] Dans certaines histoires ou pamphlets sur la Révolution française, la capacité de Cambon est hautement exaltée.

route parut imminente ; les biens nationaux furent vendus à vil prix ; ils n'inspiraient plus confiance. Que devint la dette publique sous le Directoire? On créa le système absurde des mandats pour remplacer les assignats, et le tiers consolidé vint arracher aux rentiers leur fortune et leur pain. La rente tomba jusqu'à 5 francs ; le trésor ne put plus faire une seule opération ; il vécut de prêts usuraires, et si les conquêtes de l'Italie, si les tributs imposés aux nations amies, alliées ou vaincues, n'avaient pas régulièrement mis à contribution les contrées riches et les populations intactes, le trésor n'aurait pu faire face à tous les besoins ; même au service des guerres qui était le plus essentiel ; n'était-on pas toujours aux expédients pour trouver des ressources [1] ?

On peut dire que sous la République il n'y eut pas de système financier; on se procura de l'argent par tous les moyens; quand tout fut épuisé, les Conseils examinèrent plus attentivement les ressources de la fortune publique, et l'on pénétra dans les besoins de la société. Depuis la Constituante, il n'existait plus d'impôt indirect, aucune denrée n'était imposée, la propriété et le luxe seuls payaient; on dut examiner s'il n'y avait pas dans le pays des impôts à constituer et des ressources certaines pour parer à toutes les éventualités de la guerre qui dévorait la République. Le Directoire et les deux Conseils offraient alors dans leur majorité, une réunion de

---

[1] « Est-ce le déficit actuel, dit Lucien Bonaparte, qui cause le défaut de crédit? non, c'est le défaut de confiance; *ce sont les sacrifices énormes que l'on exige des entrepreneurs,* avant de conclure les marchés, qui sont la cause de la cherté de ces marchés. Si le Directoire sévissait contre la corruption des gens qui l'entourent, vous verriez la cherté disparaître » Un instant après il ajouta : « On vous assure que cet impôt vous rendra 20,000,000. Adoptez-le, et demain on viendra vous dire qu'il n'en produit que 5, et qu'il en faut mettre un autre. Ainsi l'on s'est comporté dans les impôts du tabac et des fenêtres. Le premier devait produire 10,000,000, il n'en rend que 4 ; le second, 40,000,000, et cette somme est réduite à 16. » (Discours aux Conseils.)

légistes, procureurs du Châtelet, avocats de sénéchaussée, conservant toutes les traditions de procédures telles que l'ancienne chicane savait les inventer. Ils se chargèrent de la rédaction d'un code de l'enregistrement et des hypothèques, source des impôts les plus inouïs; non seulement on paya pour les mutations des propriétés, pour les inscriptions des hypothèques, mais encore pour la succession du père au fils, d'un collatéral à sa famille. Rien dans les lois fiscales ne peut se comparer à ce code d'enregistrement, œuvre des vieux procureurs du Directoire et des Conseils; ils n'oublièrent aucun acte dans leur disposition multiple; ils frappèrent tout dans leur préoccupation du Châtelet. Plus tard, ils ajoutèrent à cette impitoyable loi de l'impôt, ce qu'on appela depuis le dixième de guerre; c'est-à-dire une sorte de dîme saladine que la République imposait à tous pour servir le mouvement armé qui se dirigeait contre l'Europe. Tout impôt fut augmenté de 10 pour cent par le seul fait d'un acte législatif, sans y comprendre les emprunts forcés, les confiscations arbitraires, la vente des forêts et des biens nationaux; et c'est ce qu'on appelle un système financier [1] ! On avait antérieurement promulgué une loi somptuaire qui mettait un impôt sur les meubles, les chevaux, les chiens, les domestiques; loi peu productive dans un pays d'égalité telle que la Révolution l'avait constituée en France; car le luxe se concentrait dans un petit nombre d'hommes; il n'était le partage que de quelques-uns, le patrimoine que des privilégiés dans les fournitures; et d'ail-

---

[1] J'aurai plus tard à écrire sérieusement l'histoire de la Révolution française. Les livres jusqu'ici publiés, ne m'ont jamais paru que des pamphlets de circonstances, et depuis que quelques-uns de leurs auteurs ont passé dans les affaires, ils ont dû reconnaître l'enfantillage passionné de leurs jugements sur les hommes et sur les choses et leur ignorance complète des relations diplomatiques avec l'Europe.

leurs l'impôt sur le luxe ne retombe-t-il pas en définitive sur l'ouvrier? Enfin on inventa la contribution des portes et fenêtres, empruntée au bill sur les cheminées pendant l'époque de Cromwel et de la république d'Angleterre [1].

Ce système d'impôt, vaste, persécuteur, cette levée arbitraire sur les revenus des citoyens et des propriétés, ne créèrent point des ressources suffisantes pour les vastes dépenses de la République, et les ministres effrayèrent plus d'une fois le Directoire par l'exposé de la triste situation du trésor en face de tant d'obligations nouvelles qu'il fallait remplir envers tous. On aurait pu recourir à l'emprunt comme l'Angleterre à la voix de Pitt et à l'aspect de son admirable système; mais quelle confiance pouvait inspirer un gouvernement qui manquait à ses obligations territoriales par rapport aux assignats, et à ses engagements envers les créanciers de la dette publique par la réduction des deux tiers consolidés? Le Directoire ne trouva jamais de prêteur, si ce n'est au prix de quelque fourniture qui engageait le trésor au-delà même de ce qu'il recevait. En empruntant, l'Angleterre donnait de nouveaux gages de confiance, et en émettant des valeurs la France diminuait ces gages; système en tout

---

[1] Ce projet fut vivement attaqué.« Le projet des résolutions présenté hier au Conseil, et qui, du moins à en juger par le *Journal de Paris*, n'a pas été accueilli avec tous les honneurs de la guerre, substitue, entre autres dispositions, à l'odieux impôt sur le sel, un impôt beaucoup plus doux et plus aimable sur le jour et la lumière. Reste à savoir comment le rapporteur conciliera cette taxe sur les fenêtres, avec le principe posé comme préliminaire du projet, d'après lequel tous les impôts proposés pour combler le *déficit* doivent tomber sur des objets de luxe. Pour qu'il en fût ainsi de la taxe sur les fenêtres, il faudrait démontrer, ou bien que le jour est un objet de luxe, ou bien qu'il n'entre pas par la fenêtre. Les tailleurs, les cordonniers, les lingères et ravaudeuses, et une infinité d'ouvriers et d'ouvrières de cette espèce qui ne travaillent aucunement à des objets de luxe, trouvent que le jour est pour eux un objet de première nécessité, au point qu'il vaudrait autant les priver de pain, que boucher la fenêtre à l'aide de laquelle ils le gagnent; mais c'est là le moindre inconvénient du projet de résolution dont il s'agit. » (Extrait du *Journal des Hommes libres*.)

point vicieux. De là, l'obligation de suivre, à l'égard des puissances étrangères riches et conquises, un système de levées arbitraires qui pût venir en aide au trésor, usage renouvelé du tribut que les rois payaient à la république romaine. Chaque armée envoyait au trésor le contingent des contributions de guerre; tantôt la Hollande donnait ses ducats, ses navires pleins de riches marchandises; tantôt l'Italie se dépouillait pour apaiser ses vainqueurs insatiables; les ressources une fois épuisées, on vivait au jour le jour, et jamais situation ne fut plus périlleuse pour les finances et les revenus d'un État. Il fallait servir les ambitions, entretenir les armées, répondre à toutes les cupidités, au moyen de ces produits si mobiles et de ces éléments si incertains[1] : il n'y avait ni emprunt, ni impôt dont le revenu fût positif; l'état des partis le rendait plus précaire encore, car il se faisait un pillage presque régulier des caisses publiques par les bandes armées. Dans la Normandie, le Poitou, l'Anjou et au midi même de la France, l'impôt était refusé; de grandes compagnies, composées de conscrits réfractaires, parcouraient audacieusement les routes, comme au moyen âge; ces bandes de guerres civiles en voulaient aux caisses publiques, aux percepteurs dans les campagnes, aux diligences qui transportaient les fonds de l'État; elles faisaient des attaques subites et vigoureuses sous des chefs semblables au Rob-Roi du roman de Scott. Là s'accomplirent de fabuleuses histoires et des traits de courage merveilleux au milieu de fatals attentats!

Le ministère de l'intérieur, dans sa vaste organisation, était chargé de veiller à ce qui féconde et fortifie les res-

---

[1] Pour se faire une idée des dilapidations de cette époque, il faut lire les dénonciations qui suivirent la journée du 30 prairial; j'en parle plus tard, ainsi que des actes de MM. Forfait, Faitpoult, Rapinat, les principaux agents de ces grandes levées de deniers, le plus souvent exécutées pour le Directoire et à son profit.

sources d'un État; il était le chef naturel de ces administrations locales que le Directoire avait centralisées par départements et districts, afin de les contenir sous sa main. Pendant l'époque révolutionnaire, les municipalités, les districts, les départements, tout était multiple et formait comme l'image d'un grand chaos où dominait la démocratie avec son unité violente. Il n'y avait nul ordre; tout se faisait tumultueusement, et il fallait l'action énergique de la société des Jacobins pour maintenir une hiérarchie, une fraternité dévouée, au milieu de tant d'opinions diverses et d'individualités populaires. Tout était clubs dans la République, sous la Convention qui n'était elle-même qu'un grand club, sous l'influence des Jacobins, les seuls hommes d'énergie et de gouvernement dans la société d'alors; une fois cette dictature démocratique effacée, il fallait recourir à un système plus centralisé, si l'on ne voulait subir les conséquences de l'anarchie la plus violente, sans le contre-poids du Comité de salut public. Dans cette vue, la constitution de l'an III substitua les directoires de départements et de districts, aux assemblées tumultueuses qui les avaient précédés par communes et sections; ainsi le gouvernement trouvait son image reflétée dans chaque localité, comme moyen de force et d'action; il pouvait agir et imposer ses commandements aux points les plus extrêmes de la France. Le Directoire dut avoir un commissaire spécial auprès de chaque district et le plus souvent ce fut en ses mains que se centralisa l'exécution de toutes les mesures locales; tout marcha par l'impulsion administrative. Cependant on eût cherché en vain un point fixe de propriétés et d'aristocratie comme base de gouvernement, dans les districts et les départements ainsi composés; la propriété antique et héréditaire n'avait-elle pas reçu une rude atteinte par la confiscation prononcée contre les émigrés? Les administrations ne comptaient que des acquéreurs de biens nationaux ou des hommes qui avaient donné des gages au système révolutionnaire, sauf quelques exceptions dans les provinces centrales. Depuis l'époque de 1793, on faisait prêter aux administrateurs serment de haine à la royauté; on renouvelait toutes ces scènes régicides, capables d'inspirer du dégoût aux hommes qui ne s'étaient mêlés à aucun excès de la Révolution. Les républicains anglais, après le meurtre de Charles Ier, se réunissaient dans un banquet solennel, et le vieux Ludlow découpait une tête de cochon pour célébrer l'anniversaire du jour où la tête d'un roi était tombée! Les républicains français perpétuaient la gloire du régicide par des fêtes publiques; ils rappelaient le souvenir du 21 janvier au milieu des banquets solennels, et là, le supplice de Louis XVI était exalté. Chénier déclamait avec enthousiasme des stances brillantes contre les rois, et les hymnes de Lebrun célébraient la République, tandis que M. Garat prononçait quelques phrases académiques en l'honneur de la Révolution et de ses patriotiques enfants[1]. Ces fêtes

---

[1] J'ai trouvé quelques-uns de ces arrêtés :
« Le Directoire exécutif, considérant que l'époque de l'anniversaire de la juste punition d'un roi parjure est aussi celle du renouvellement des serments de haine à la royauté et à l'anarchie, et d'attachement à la Constitution de l'an III, et qu'il est utile de rappeler aux administrations de la République, que cet acte important doit être accompagné de cérémonies simples et augustes;

Arrête ce qui suit :

Art. 1er. Conformément aux lois du 18 floréal, an II, et 22 nivôse, an IV, l'anniversaire de la juste punition du dernier roi des Français sera célébré le 2 pluviôse prochain dans toute la République.

2. Le matin de ce jour, les autorités constituées et les fonctionnaires publics dans chaque commune se rassembleront dans un des temples destinés aux réunions décadaires. Le président de la principale administration présidera l'assemblée.

3. Après que l'*Hymne à la patrie* aura été chanté, le président prononcera un discours, et ensuite le serment ordonné par

devaient être répétées dans chaque localité; les autorités constituées y assistaient, en répétant le serment de haine à la royauté. On s'explique très bien comment ces cérémonies fantastiques, ces joies sinistres sur des souvenirs affligeants, avaient éloigné des fonctions publiques beaucoup de propriétaires paisibles qui ne se souciaient pas de cette association aux frénésies de l'époque démocratique; de sorte que les districts et les départements étaient encore composés, en majorité, d'hommes illettrés et de fonctionnaires sans éducation que la caricature spirituelle aurait pu reproduire [1]. Quand on lit les adresses délibérées et signées par les districts et les directoires des départements, telles qu'elles nous sont aujourd'hui conservées, on se rit presque de pitié de voir tant d'ignorance, et un défaut si absolu d'éducation. Les délibérations prises par ces autorités sont souvent puériles, sur des objets pitoyables, et loin de se lier à un ensemble d'idées et de résolutions, elles présentent le chaos de l'anarchie; les mots de révolution et de patrie y sont répandus en profusion; il s'y révèle un enthousiasme, une exaltation d'idées républicaines, mais rien qui se ressente de la mission locale que reçoivent les assemblées pour bien gérer et administrer. En vain vous chercheriez encore une mesure d'administration

---

la loi du 24 nivôse, an v, et qui est conçu en ces termes : *Je jure haine à la royauté et à l'anarchie; je jure attachement et fidélité à la République et à la constitution de l'an* III.

4. Les fonctionnaires présents prendront le même engagement en répétant à haute voix : *Nous le jurons.* Ils signeront ensuite individuellement le serment ci-dessus, en énonçant après leur signature la nature de leurs fonctions.

5. La cérémonie sera terminée par des imprécations contre le parjure, et une invocation à l'Être-Suprême pour la prospérité de la République.

6. Dans les communes où il y a des théâtres ouverts, les entrepreneurs seront invités à faire représenter ce jour-là des pièces républicaines, telles que Brutus, Guillaume Tell, Caïus Gracchus, Épicharis, etc. » (Arrêté du Directoire, du 7 frimaire, an VII).

[1] Il faut parcourir sur ce sujet les cartons de la Bibliothèque royale; il y a des caricatures fort significatives.

publique un peu haute, un peu grande; tout est fait dans un sens vague qui se ressent de l'idée principale qui les domine. La Révolution française y garde son vocabulaire à l'usage de la vieille école des Jacobins; tout est fait en vue d'un mouvement exalté qui n'a de régulier et de précis que le triomphe des changements politiques opérés depuis 1792.

Aussi il n'y a plus de traces d'aucune amélioration départementale; on ne songe plus même aux voies de communications, à la protection du roulage, aux canaux; les chemins sont dans un état déplorable, et les forêts délaissées, sans police; l'on coupe sans ordre, comme si l'on préparait une dévastation. Toutes ces belles habitations qui embellissaient les environs de Paris, propriétés la plupart confisquées sur l'émigration, paraissent tristement délaissées, hormis celles qui tombent au lot de quelques-uns des favoris de la Révolution et forment leur apanage, comme Chambord, Gros-Bois, Petit-Bourg; il est même heureux pour les nobles parcs et les grandes solitudes, que le directeur Barras aime les belles meutes et la chasse comme un vrai gentilhomme. Aucune sûreté dans les voyages; la loi des ports d'armes et des passeports tyrannise sans protéger; il y a beaucoup de police pour la surveillance des partis, et peu pour la sûreté des personnes. On vit tout à la fois à une époque de faiblesse et de violence; l'administration marche par soubresauts; la conscription multiplie les réfractaires, et les réfractaires se transforment en troupes armées qui désolent les départements sous des chefs de bandes dont les noms sont déjà célèbres.

La Révolution avait également changé les formes de la justice; les magistrats n'étaient plus nommés comme sous le vieux régime, ou par le roi, ou par les corporations parlementaires elles-mêmes; la démocratie élisait ses magistrats, depuis le dernier juge de paix jusqu'aux membres du tribunal de cassation, système électoral uniforme pour tous les choix. Les assemblées primaires étaient unes pour toutes les magistratures, et c'est, sans doute, à cette organisation si mobile qu'on doit attribuer des choix alors fâcheux pour l'ordre judiciaire. Les passions politiques se mêlèrent aux idées impartiales de la judicature; il y eut quelque chose d'étrange à voir un conseiller à la Cour de cassation élu sans conditions préalables d'études et de législation, par les assemblées primaires [1], et pourtant la Révolution présenta des têtes puissantes dans les questions de droit! Tous les choix étaient ainsi aux mains du peuple, même l'élection au tribunal régulateur qui devait prononcer sur l'interprétation de la loi. Indépendamment de cette magistrature si multitude, si démocratique par elle-même, la constitution créait le jury pour toutes les matières civiles ou criminelles; de sorte que dans l'absence de tout système de magistrature permanente, il n'y avait pas moyen d'obtenir les études sérieuses, et les décisions judiciaires fondées sur l'application des Codes. Que devenait la science du droit? quoiqu'on pût compter des légistes éminents, tels que Merlin et Treilhard? On répondait à cela que ce système évitait la chicane, et que la justice revenait aux principes primitifs des sociétés; ici on oubliait seulement que cette société étant profondément corrompue déjà, il ne fallait pas agir avec elle comme aux temps primitifs; on devait des garanties pour le jugement sérieux des grandes contestations humaines.

[1] Ainsi, un spirituel et léger conteur, fut élu conseiller à la Cour de cassation, fonction si grave, si exclusivement légiste.

En matière criminelle le danger était plus grave encore, car le pouvoir était sérieusement attaqué; la Convention avait compris que, dans un système révolutionnaire, s'il fallait un jury, il devait être comme une commission permanente de patriotes frappant avec la rapidité de la foudre [1]; là fut le motif de la création du tribunal révolutionnaire, qui sous le Comité de salut public ensanglanta la France pour la ramener violemment à l'unité démocratique. Le Comité de salut public tomba et fut remplacé par un système incertain, mobile comme le Directoire; un jury élu était une institution de faiblesse qui devait mettre le gouvernement dans un état constant d'impuissance contre les partis. Aussi le Directoire avait-il institué, indépendamment de ces tribunaux criminels, des commissions militaires, moyen plus expéditif contre ses ennemis.

Depuis le 18 fructidor, toutes les fois qu'il fallait réprimer un complot ou proscrire les adversaires du gouvernement, Jacobins ou royalistes, le Directoire instituait des tribunaux extraordinaires sous la tente, pour punir ce qu'il appelait la conspiration; les commissions militaires frappaient de mort dans vingt-quatre heures; les exécutions à la plaine de Grenelle suivaient immédiatement et on les annonçait à peine le lendemain [2]. Le nombre en fut considérable dans les quatre années du Directoire: un jour c'était Babœuf, partisan de la loi agraire; le lendemain Lavilheurnoy, royaliste; l'un, expression des Jacobins les plus irrités; l'autre le symbole des monarchistes

---

[1] Expressions des rapports des conventionnels Saint-Just et Couthon.

[2] Voici quelques exemples de cette justice expéditive : Le 19 brumaire, 8 novembre, on a fusillé à la plaine de Grenelle, M. *Pioger de Saint-Preux*, de Nantes, condamné à mort pour fait d'émigration, par la commission militaire de Paris.—Le 9 brumaire, on a fusillé à Marseille, MM. *Pagès, Isnard* et *Martel*, comme membres des bandes royalistes du midi, connues sous le nom de compagnies de Jésus.—Le 11 bru-

les plus imprudents. Les commissions militaires instituées par une loi devaient connaître de tous les crimes d'embauchage, et, par une disposition interprétative, tout individu, même civil, était entraîné devant la commission militaire par cela seul qu'il avait pour complice un homme qui appartenait à l'armée. La loi violente l'emportait sur la loi de justice.

Pour résumer l'administration du Directoire, elle était tout à la fois faible et tyrannique ; elle ressemblait à ces vieillards impuissants qui cherchent la force dans la cruauté. La police devint le ressort principal du gouvernement, parce que, dans les temps d'incertitude pour le pouvoir, elle le préserve et souvent elle le sauve ; les finances au contraire étaient dans une situation pitoyable, parce qu'il leur faut un gouvernement fort et une position arrêtée ; enfin l'administration, à proprement parler, était déchirée par les partis et tombait aux mains d'hommes indécis ou incapables. On ne se sauvait de cette situation que par l'intervention militaire, et voilà ce qui fit cette inévitable journée du 18 brumaire où le pouvoir du général Bonaparte triompha des avocats et des parleurs !

---

maire, on a fusillé à Valence pour la même cause les nommés *Béraud, Barbé* et *Poize*, royalistes du Dauphiné. — L'administration centrale du département de la Seine a ordonné, par arrêté du 3 novembre, la déportation de *Jacques Corentin-Royou*, ci-devant rédacteur du journal intitulé l'*Ami du roi*, et depuis, de celui intitulé l'*Invariable*.

CHAPITRE XII.

L'ARMÉE, SES PARTIS, SES OPINIONS.

Premières campagnes de la République.—Esprit général des soldats. — Officiers-généraux. — Changements dans les mœurs et les habitudes. — Dévouement de l'armée à ses chefs. — Armée d'Italie. — Armée d'Allemagne. — Armée d'Égypte. — Armée de Hollande. — Rivalité — Esprit républicain. — Conquêtes. — Ambition. — Marche vers la dictature. — Armée de mer. — Esprit de la marine. — Sa destinée.

1794 — 1799.

Dans tous les changements politiques tentés depuis le 14 vendemiaire, l'armée avait été appelée à jouer un rôle actif et dominant pour les plus hautes questions gouvernementales. En définitive c'était la force qui décidait les révolutions constitutionnelles, et le canon retentissant sur la place publique en finissait avec les partis assez osés pour attaquer le pouvoir. Le courage de l'armée, ses conquêtes, son dévouement avaient été trop immenses, pour qu'on ne la fît pas entrer comme un poids décisif dans la balance des événements. N'était-ce pas ces soldats qui, sans pain, sans souliers, avec le seul amour de la patrie, s'étaient précipités aux frontières pour la défense du territoire menacé? n'était-ce pas à leur courage que la République devait la délivrance aux jours de ses périls? Dès lors toute tentative qui avait pour objet de renverser la constitution ou de la modifier, ne pouvait s'opérer que de concert avec les chefs de corps et les généraux des armées. En vain les articles de la constitution éloignaient-ils les soldats du lieu de la représentation nationale; en vain décidait-on qu'aucun corps armé ne pouvait délibérer, ce n'étaient là que des mots; aux jours décisifs les baïonnettes devaient en finir avec les avocats et les rhéteurs.

En portant les yeux sur cette masse glorieuse de généraux et de soldats dont le courage brillait sous le drapeau, il était facile de voir qu'un grand changement s'était opéré dans les vieilles mœurs militaires depuis la Révolution française. Sous l'antique monarchie l'armée se composait de deux éléments : 1° Les gentilshommes qui payaient l'impôt au roi par le service personnel dans les armées; ils s'y ruinaient en combattant avec courage, pour acquitter cette contribution du sang, et ils apportaient la gaieté chevaleresque, cette bravoure élégante, un peu fanfaronne, qui les faisaient distinguer au milieu des armées d'Europe; on imitait partout les officiers français. A Fontenoy, on vit les gentilshommes s'entre-saluer de l'épée ou du chapeau comme s'il s'agissait d'un carrousel ou d'un tournoi; les officiers nobles étaient comme les derniers débris des champs-clos du moyen âge ou de la Fronde. 2° La masse des soldats se formait de paysans recrutés par la milice, ou bien de quelques ouvriers, gens de dissipation et d'oisiveté, si nombreux dans les capitales, et que les recruteurs séduisaient par le récit des charmes de la vie militaire. Les régiments de l'ancienne armée étaient néanmoins de fort belles troupes, témoin : Flandre, Champagne et Bourgogne, encore cités aux premières guerres de 1795; quand l'émigration eut disloqué ces régiments, ils servirent de noyau aux nouveaux corps qui se formèrent sur les frontières pour la défense du territoire[1].

Les armées républicaines, spontanément organisées, n'avaient rien de commun avec les anciennes troupes de la monarchie; les officiers s'étaient rapidement élevés, et plus d'un sergent aux gardes portait les insignes de général en chef, dans ces belles revues où le représentant du peuple à l'écharpe tricolore, au panache flottant, décrétait la victoire. Ai-je besoin de dire les glorieux trophées des armées pendant les premiers temps de la République? Ils furent immenses, ils font notre patrimoine, et l'histoire en gardera le souvenir, car il est partout gravé dans les monuments de la guerre et des arts. Comme les vieilles légions de Rome, les armées françaises ont parcouru l'univers connu; aucune barrière ne fut un obstacle à leurs pas de géants. Suis-je digne de célébrer ces fabuleuses légendes de la démocratie victorieuse? Mais une observation qui ne doit point échapper à l'historien, c'est qu'un esprit tout nouveau s'était produit spontanément au sein de ces fiers enfants de la patrie. Vous auriez cherché en vain la tendance chevaleresque et aimable qui distinguait la noblesse française dans les batailles, cette galanterie délicate des vieux temps; un caractère plus sévère, plus inflexible, plus indompté, dominait les conquérants; on semblait marcher à l'accomplissement d'un devoir austère. S'il y avait encore de la gaieté française, les gros rires de la tente, les propos héréditaires dans les casernes depuis les grandes compagnies, tout était néanmoins absorbé par un sentiment d'hos-

[1] Voyez sur ce point les aveux remarquables du général Mathieu Dumas. On reconnaît maintenant que les vieilles troupes de France firent les grandes campagnes; les volontaires ne firent que leur aider et compléter les cadres.

tilité implacable contre les gouvernements étrangers.

Les services rendus à la patrie avaient relevé la valeur morale du soldat français; il se croyait placé en quelque sorte au-dessus de la classe bourgeoise, il formait une société à part. La vieille rivalité entre le civil et le militaire existait dans toute sa ferveur; le sabre était orgueilleux de ses dévouements, le soldat se demandait pourquoi il exposait sa vie et s'il devait donner son sang pour la bourgeoisie; il avait haine des parleurs et ne respectait plus les Conseils législatifs depuis qu'il avait été appelé plus d'une fois à les décimer ou à les proscrire. Quoi! les légistes, les avocats, les fournisseurs se gorgeaient d'or, et le soldat pauvre et sans souliers ne devait penser qu'aux sueurs de la conquête! et pour cela on s'imposait d'indicibles privations. On avait vu ces armées sans vêtements, sans pain, s'élancer vers des prodiges de gloire; il y avait du Spartiate dans ces nobles cœurs, mais des ambitions fermentaient sous les habits de généraux et d'officiers; après avoir rappelé les triomphes sous les drapeaux de la France, on aspirait à la gouverner.

L'esprit de l'armée était républicain; on s'était dévoué à cette idée, à cette forme de gouvernement depuis 1793; sous les faisceaux tricolores et la hache nationale, tant de grandeur était venue au drapeau! et cette circonstance avait enfanté dans les camps un culte enthousiaste pour la République française; sa légende se voyait sur tous les symboles et faisait palpiter le cœur du soldat; les étendards glorieux portaient le cri de *Vive la nation;* cri magique qui avait déterminé les grands sacrifices et les grands triomphes en 1792. Sauf quelques exceptions l'armée ne comptait que des officiers dont la renommée, noble fleur des batailles, était éclose sous les feux de la

Convention. Généraux, chefs de brigades, officiers, vieux soldats, tout était plein encore de cette image des représentants du peuple, de ces conventionnels à l'armée, alors que, comme Saint-Just, ils parcouraient sur un cheval fougueux les avant-postes, en bravant les foudres de guerre, les mitrailles, et les mines des citadelles [1]. C'était un bien faux calcul des royalistes de compter sur le concours de l'armée pour une grande trahison au profit de Louis XVIII et des princes [2]. Les vieilles légions de Rome pouvaient bien saluer un César et mourir pour lui, mais elles n'auraient pas entouré le trône d'un descendant de Tarquin. Rien n'excitait plus d'enthousiasme dans les rangs de l'armée que ces serments de haine à la royauté; les acclamations retentissaient alors sous la tente. Toutes les fois qu'on avait eu besoin d'agir sur l'intérieur par une manifestation énergique dans le sens républicain, n'avait-on pas eu recours à l'armée? Au 14 vendémiaire c'étaient les vieux régiments de Mayence et de Toulon, les canonniers au panache tricolore qui, sous les ordres du général Bonaparte, avaient fait feu sur les sections de Paris courant sans ordre sur la Convention. Quand le Directoire voulut obtenir une démonstration favorable au coup-d'état du 18 fructidor, on vit dans l'armée d'Italie des clubs se former, et le général Bonaparte faire délibérer les régiments comme dans les assemblées politiques; les adresses furent discutées et votées par acclamations. Le général Augereau exécuta le 18 fructidor par les voies militaires; le soldat s'habitua à saisir

---

[1] Rapport de Saint-Just au Comité de salut public.

[2] Les négociations de Fauche-Borel et de Pichegru pour amener la proclamation de Louis XVIII par l'armée, était absurde; c'était une des nombreuses illusions du parti royaliste, la Restauration ne pouvait arriver qu'après que le parti militaire serait usé dans ses idées et dans ses hommes. La paix et les Bourbons étaient deux pensées corrélatives.

au collet les Anciens et les Cinq-Cents, et à les envoyer à la déportation. Rien n'était plus facile que d'entraîner les régiments à cette répression contre le royalisme dans l'intérieur; la pensée des camps était républicaine, l'armée s'était déterminée par le grand mobile de la démocratie, il avait fait son avancement et sa gloire; *liberté, égalité*, se lisaient sur toutes ses devises : sur le tambour qui battait la charge, sur le drapeau qui la dirigeait. Il n'y avait d'autre distinction que le grade, d'autre hiérarchie pour ainsi dire que l'élévation sur le bouclier; on ne voyait encore ni sabres d'honneur, ni croix d'honneur, l'armée était mue par l'instinct de l'avancement et de la gloire. Tout était rapide comme les destinées de la République, tout était brillant comme son histoire, tout était merveilleux comme ses fortunes militaires; à ces temps héroïques, le sol de la France produisait des géants!

Cependant au milieu de cette fraternité préparée par une cause commune, l'amour de la patrie, il s'élevait des séparations entre les différents corps qui combattaient l'étranger. La Révolution, qui d'abord avait eu à se défendre sur toutes les frontières, s'était étendue au loin sur l'Europe; dans ce débordement de la grande nation, d'immenses armées s'étaient formées sous des noms différents, tous également chéris du soldat dans leurs veillées, sous la tente; l'histoire a dit que la Convention en avait miraculeusement enfanté quatorze. Depuis, le nombre s'était restreint par l'affaiblissement du danger; chacune de ces armées, qu'elle marchât sur le Rhin ou les Alpes, avait un général en chef avec toute l'habitude du commandement, et connu du soldat qui l'avait entouré dans plus d'une campagne. Si ce général l'avait conduite à la victoire, s'il prenait soin de ses troupes, s'il portait haut la sollicitude pour ses soldats, une sorte de lien se formait entre lui et ses demi-brigades; on s'honorait de combattre sous ses ordres, on se groupait autour de lui pour exécuter ses desseins, et ce contrat formait un lien indissoluble entre tous les officiers, les soldats, les généraux qui composaient un corps d'armée; sorte de fraternité chevaleresque qui avait remplacé les anciens ordres militaires du moyen âge [1]. Qui ne serrait fortement la main à un ancien frère d'armes de l'armée du Rhin ou des Alpes?

Aux premiers temps du Directoire on comptait plusieurs armées principales : celle d'Italie d'abord, qui avait reçu pour chef le général Bonaparte, vie exceptionnelle, dont plus tard j'aurai à raconter les merveilles. Cette armée, la plus républicaine de toutes, la plus exaltée, comptait pour généraux de division, Masséna, Augereau et Lannes, expression de la rudesse et des opinions démocratiques, vigoureux champions de l'égalité. On ne peut dire jusqu'à quel point d'exaltation l'armée d'Italie portait le feu sacré de la liberté; elle avait semé sur ses pas l'idée populaire; d'après ses inspirations hardies, tous les gouvernements avaient proclamé la souveraineté du peuple. Il y avait du jacobinisme aux cœurs de Lannes, Masséna et Augereau; seulement la gloire du général en chef avait créé autour de lui un prestige; les généraux obéissaient à Bonaparte qui brisait les fortes colonnes d'ennemis, et foulait aux pieds l'aigle d'Autriche; on n'était point encore aux époques d'opposition [2]. Masséna, Augereau, Lannes, conser-

---

[1] On se disait soldats d'Égypte, vieux compagnons du conquérant d'Italie; soldats de Sambre-et-Meuse.

[2] Nous parlerons plus tard de l'opposition dans l'armée, une des causes de la chute du grand Empire.

vaient avec le général en chef une sorte de fraternité républicaine, tandis qu'il se formait autour de Bonaparte une multitude de jeunes officiers dévoués à sa personne, sous le titre d'aide-de-camp; tous aimaient la République comme une idole de leur cœur; mais l'amour qu'ils portaient à leur général était plus exalté peut-être, ils voyaient tout en lui. Marmont, Murat, Duroc, Junot, Eugène Beauharnais, et le jeune et malheureux Muiron, formaient une auréole brillante autour de la gloire du vainqueur, pierres précieuses de cette couronne, rêvée plus d'une fois sous la tente; ils s'habituaient à considérer Bonaparte comme un être supérieur, digne d'inspirer un culte aux grandes âmes. Dans les jours de danger, le général pouvait compter sur leurs épées. L'armée d'Italie se divisait ainsi en deux fractions bien distinctes; les généraux de valeur personnelle, tels que Masséna, Lannes, Augereau, républicains de principes, obéissaient bien à Bonaparte, parce qu'ils voyaient en lui le représentant de la Révolution française, le général d'un mérite supérieur qui obtenait le suffrage de la patrie; mais ils n'auraient point secondé sa dictature, ils l'auraient même combattue. Les aides-de-camp, au contraire, servaient le général plus encore que le pays, ils l'auraient soutenu consul, empereur, despote même, ou la couronne de roi au front; tous étaient noblement éblouis de sa gloire; et cette distinction doit être parfaitement établie afin d'expliquer les événements postérieurs; sous l'Empire elle n'était point effacée encore ! L'armée d'Italie maintint longtemps son caractère; Championnet, Joubert, lui conservèrent ce type fortement marqué de républicanisme.

L'armée d'Allemagne, qui prêtait la main aux héros d'Italie et suivait le même plan d'opérations, n'avait pas une tendance aussi exaltée; Pichegru et Moreau l'avaient commandée; les royalistes s'en étaient rapprochés par des négociations qu'on disait heureuses [1]. Une puissante rivalité déjà s'élevait entre ces deux camps et leurs généraux en chef. Pichegru, le vainqueur de la Hollande, et Moreau, après lui, avaient une capacité trop élevée pour subir la domination du général de l'armée d'Italie; leurs victoires étaient moins éclatantes, leurs opérations plus froides, moins exaltées, mais ils prenaient un soin plus attentif du soldat; leurs lieutenants Lecourbe, Gouvion-Saint-Cyr, Dessolles, Lahorie, aux traits graves, étaient des hommes d'une éducation plus avancée que les généraux improvisés de l'armée d'Italie, car parmi les officiers qui passèrent les Alpes, Bonaparte seul avait fait de larges et fortes études. Il existait une grande jalousie entre les légions qui campaient autour du Rhin et celles qui avaient passé les Alpes; des généraux elle était descendue jusqu'aux soldats, on se connaissait à peine, les drapeaux s'étaient rarement unis, et, quand on se rapprochait, de vives disputes éclataient entre les soldats des deux camps. C'étaient comme les événements précurseurs de ces guerres civiles de Rome, quand les légions de la Germanie heurtaient celles de Palestine et d'Orient dans ces duels gigantesques qui décidaient les destinées du monde [2].

Au nord, l'armée de Hollande, victorieuse d'abord sous Pichegru, marchait sous le commandement de Brune, froid et grave comme Moreau, avec des talents moins remarquables et une stratégie moins étudiée; au reste, d'une certaine capacité d'administration. Cette ar-

---

[1] Moreau était mécontent, comme l'était Bernadotte; mais ils n'étaient pas royalistes; c'est ce qu'il faut bien comprendre avant d'expliquer les événements de 1813.

[2] L'armée d'Allemagne était complétement dévouée à Moreau.

niée n'était point en rivalité avec celle d'Allemagne, elle en était, pour ainsi dire, détachée sous le général Brune, républicain de principes; l'âme du soldat éprouvait ce profond dévouement à la démocratie qui régnait alors sous les tentes. Toute idée de monarchie eût paru étrange à cette génération armée, et c'eût été folie de l'y rappeler; il existait dans les camps une sorte de fraternité entre les chefs et les soldats, un tutoiement rude et dur; si la discipline en souffrait un peu, on réparait cela le lendemain par une victoire, par l'héroïsme qui courait aux sacrifices. Comme on parlait sans cesse de l'armée d'Italie et de ses prodiges, cela blessait les autres légions qui avaient aussi fait de grandes choses; les conquêtes de Bonaparte n'avaient-elles pas été secondées par l'armée d'Allemagne?

Cette hostilité se fit sentir plus tard dans le développement des faits politiques du Consulat et de l'Empire; les généraux de l'armée d'Allemagne restèrent fidèles au souvenir de Moreau, et la plupart furent en disgrâce; la fortune du général Bonaparte traîna aux roues de son char les fidèles généraux dans la campagne d'Italie, ceux-là qu'il avait conduits depuis longues années. Dès le traité de Campo-Formio les mœurs changent dans les armées que conduit Bonaparte; une sorte de dictature s'y révèle. En Égypte, il était à peine question de la République si lointaine qui délaissait ses enfants. Désormais les soldats ne voient que leur général et s'habituent à lui pour ne plus saluer que sa fortune! Kléber, qui est l'expression des opinions républicaines, est complétement abaissé, sa haute tête fléchit devant le général en chef; il faut qu'il obéisse, lui peut-être qui a deviné l'ambition rayonnant au front de Bonaparte. Là commence le système de l'obéissance passive la plus absolue, ce culte exclusif pour le général; on oublie la République pour ce chef qui conduit le soldat à la victoire, et cette religion mystérieuse survit même aux disgrâces qu'éprouve sa fortune devant Saint-Jean-d'Acre.

Il n'en est point ainsi parmi les armées qui sont restées sur le territoire de la République, ou qui ont marché sous d'autres drapeaux; le feu de la liberté et de l'égalité s'y est maintenu. Si Pichegru a pendant quelques moments trahi la cause démocratique en traitant avec M. le prince de Condé, c'est ici une exception, un sentiment tout personnel, n'excitant aucune sympathie dans le cœur du soldat; les agents du prince de Condé se trompaient en s'imaginant que le drapeau blanc pouvait être arboré; le soldat n'aurait pas suivi son général sans le panache tricolore. Après le 18 fructidor, l'armée reçoit des chefs tout dévoués à la République : Joubert, Hoche, jeunes et ardentes imaginations nées avec la fin du siècle et qui auraient brillé comme des auréoles dans le siècle nouveau, tiges de lauriers abaissées par la mort. Masséna, le républicain exalté, commande les braves demi-brigades qui traversent l'Helvétie pour combattre les Autrichiens et le feld-maréchal Suwarow. Augereau est en Italie et montre sa vaste écharpe tricolore des vieux temps de l'armée de Sambre-et-Meuse à des officiers et à des soldats nourris dans l'amour de la patrie. Moreau reçoit un commandement en chef; Brune, aussi exalté que lui dans les idées de république, est aussi à la tête des soldats qui combattent sous les faisceaux de la nation aux couleurs brillantes. Bernadotte tient le ministère de la guerre, et il n'est point l'ami du général Bonaparte; de vieilles rivalités l'en ont fortement séparé depuis les campagnes d'Italie ; il est capable de le faire arrêter s'il conspirait contre la constitution [1].

Elle était donc républicaine l'armée française, sans que rien pût l'entraîner à soutenir une monarchie ; il fallait donc user de mille ressources pour la détacher de ses idées en la plaçant sous l'épée du général Bonaparte ; grand œuvre et grand péril que d'oser la dictature ! Il fallait éteindre surtout les derniers respects que les généraux et les officiers avaient encore pour les ordres des Conseils et du Directoire. Le système militaire dominait sans doute ; on avait vu des mises hors la loi prononcées contre un général, exécutées par ses propres soldats. Si quelques aides-de-camp personnellement dévoués pouvaient s'exposer à braver une délibération des conseils des Anciens et des Cinq-Cents et un ordre du Directoire, il en était d'autres qui par jalousie et par respect s'opposeraient à des entreprises téméraires. Les amis du général Bonaparte sentaient eux-mêmes que dans tous les coups-d'état il fallait une apparence de légalité ; si l'armée était un instrument utile, elle n'était pas tout ; il fallait savoir la mettre en action par les corps politiques. Incontestablement une révolution devait jeter le pouvoir dans les mains de l'armée, mais elle devait elle-même se personnifier dans un de ses généraux élevé sur le pavois ; quel serait-il ? Championnet, Hoche, Joubert, Bernadotte, Moreau, Masséna ou Bonaparte ? Une révolution militaire était imminente ; on avait trop employé le soldat dans le triomphe des partis pour que ces soldats à leur tour ne voulussent pas se servir du glaive pour obtenir le pouvoir et profiter de ses grandeurs.

---

[1] Voir le chapitre XIX de ce livre.

La France avait souffert le gouvernement des avocats, et des légistes, il fallait subir celui de l'armée. La dictature devait couronner le front d'un général chéri du soldat, comme une nécessité impérative ; la difficulté commençait seulement le jour où il serait nécessaire de se fixer sur ce choix; alors s'élèveraient, en effet, les jalousies d'une armée contre une autre, d'un général contre un autre général. Prendrait-on le dictateur couronné de lauriers parmi les soldats de l'armée du Rhin ou des Alpes, d'Allemagne ou d'Italie? Ce choix quel qu'il fût devait amener un conflit violent entre les armées; qui sait si, comme les vieilles légions de Rome, chacune ne nommerait pas son César, son empereur, son Auguste! Moreau ne serait-il pas opposé à Bonaparte? Bernadotte, Brune et Masséna n'avaient-ils pas des talents supérieurs à tout ce cortége d'aides-de-camp qui allaient s'élever, et devenir leurs égaux par le seul dévouement à un homme?

Si l'armée de terre était appelée à exercer une si grande puissance dans l'État, quel rôle fallait-il attribuer à la marine, à ces escadres qui portaient le pavillon tricolore au grand mât ¹ ? Dans les premiers troubles

---

¹ J'ai besoin de relever une grande erreur qui a consisté à dire que la République française n'avait pas de marine. Je publie ici l'état officiel de la flotte qui sortit de Brest, sous les ordres de l'amiral Brueix ; on semblait encore à l'époque de Louis XIV.

Noms des bâtiments qui composent l'armée navale sortie de la rade de Brest, le 6 floréal.

Vaisseaux.	Capitaines.	Canons.	Hommes.
L'Océan, amiral Bruein.	Brouillac, capitaine,	120	1,310
Le Républicain,	Berranger, idem,	120	1,313
Le Terrible,	Lecourt, idem,	120	1,023
L'Invincible,	L'héritier, chef de division,	120	1,009
L'Indomptable,	Dordelin, capitaine,	80	850
Le Formidable,	Tréhouard, chef de division,	80	898
Le Redoutable,	Moncousu, idem,	74	759
La Constitution,	Leray, idem,	74	738

révolutionnaires, le corps privilégié de la marine, si admirablement composé par Louis XVI, fut frappé et proscrit; les officiers rouges, les écoles, les grands chefs d'escadre, comme d'Estaing, n'existaient plus; on les avait remplacés par de braves marins, tirés du corps des officiers auxiliaires ou de la marine marchande, incapables de concevoir les vastes évolutions des flottes. L'Angleterre acheva l'œuvre à Quiberon, et comme ce qu'elle craignait le plus c'était que la France ne reformât une nouvelle marine, à l'imitation de Louis XVI, la Grande-Bretagne dirigea tous ses efforts contre les escadres de la République. On l'avait vue implacable à Toulon, devant Brest; partout elle avait multiplié ses plans destructeurs pour arriver au résultat d'un anéantissement complet de la marine de France, si magnifique lors de la guerre de 1775 dans l'Inde et dans les Amériques.

Si une armée de terre se constitue par des prodiges de courage, une marine est l'œuvre de la patience et du génie; si la République avait décrété la victoire sur

Vaisseaux.	Capitaines.	Canons.	Hommes.
Le Censeur,	Faie, chef de division,	74	742
Le Jemmapes,	Cosmar, *idem*,	74	700
Le Fougueux,	Bescond, *idem*,	74	720
Le Batave,	Daugier, *idem*,	74	750
Le Tourville,	Henry, capitaine,	74	713
Le Mont-Blanc,	Maistral, chef de division,	74	777
Le Watigni,	Gourdon, capitaine,	74	710
Le Zélé,	Dufay, chef de division,	74	743
Le Cisalpin,	Bergevin, capitaine,	74	760
Le Gaulois,	Siméon, *idem*,	74	710
Le J.-J. Rousseau,	Bigot, *idem*,	74	730
Le Tyrannicide,	Allemand, chef de division,	74	737
Le Jean-Bart,	Meynn, capitaine,	74	700
Le Dix-Août,	Bergeret, capitaine,	74	714
La Révolution,	Rolland, *idem*,	74	660
Le Duquesne,	Kerangall, *idem*.	74	807
La Convention,	Bozée, *idem*,	74	770

les frontières, elle n'avait pu enfanter l'habileté des amiraux de grandes flottes. Quand elle eut proscrit le corps brillant des gardes marines aux habits écarlates, aux aiguillettes d'or, elle remplaça cette forte organisation par un personnel d'officiers marchands et auxiliaires qui, avec le courage et l'expérience de la manœuvre, ne possédaient pas cette éducation première qui constitue le véritable officier-général de marine. L'armée navale obtint de braves et dignes capitaines, des matelots qui se sacrifièrent, comme sur le *Vengeur*, pour la patrie et le pavillon. Elle eut des flottes nombreuses, des escadres redoutables, mais on n'eut pas un corps d'élite instruit dans les manœuvres du commandement pour lutter avec vigueur contre ces escadres britanniques qui couvraient les mers, sous des amiraux qui n'avaient pas pris terre depuis quinze ans [1]. Il y eut des combats partiels, de brillants exploits, sous Lallemand et Truguet; quand un navire se prenait corps à corps avec un anglais, il lui faisait souvent baisser pavillon; tout au contraire, quand on agissait escadre contre escadre, division contre division, la marine anglaise conservait une supériorité incontestable; ses amiraux, lord Saint-Vincent, Nelson, Hood, préparaient avec un instinct admirable les lignes de bataille, coupaient les vaisseaux français par des mouvements hardis. Nelson inventa la manœuvre de porter tous ses feux, division par division, sur un seul point, afin de mettre les escadres dans l'impuissance de se secourir; tactique qu'il employa contre le malheureux amiral français aux bouches du Nil; et c'est en cela que son génie avait compris pour la mer, ce que Napoléon avait conçu pour les grandes journées de bataille.

---

[1] En 1814, l'amiral Pelew n'avait pas quitté la mer depuis vingt-cinq ans.

L'esprit de la marine française était fortement républicain, elle se composait presque entièrement d'officiers de fortune qui, devant leur éclat et leurs grades à la Révolution, en embrassaient avec ardeur les principes. Les marins exprimaient dans leur style grossier leur amour pour la démocratie; les vaisseaux portaient des noms chers à la Convention et aux Jacobins, depuis le *Sans-Culotte*, jusqu'au *Républicain* et *la Montagne*, vaisseaux dont les souvenirs sont restés célèbres. La marine n'avait qu'une pensée : sa haine contre les Anglais; elle se mêlait peu de politique. En dehors de toutes ces discussions qui agitaient les Conseils, la gloire et son pavillon, tels étaient les objets de son culte; néanmoins toutes les fois qu'elle fut appelée à donner son avis et ses votes, elle le fit avec un entraînant patriotisme au profit des idées les plus avancées de la démocratie. Nul principe de royalisme n'était dans la marine; les loups de mer avaient une profonde haine contre les Anglais, ils confondaient avec eux les émigrés, et comme le souvenir des officiers rouges et de leur antique rivalité était vivace dans leur esprit, ils conservaient une haine instinctive contre tout ce qui pouvait amener le régime proscrit par la Révolution française. La marine était démocrate de principes, toutefois sans influence sur le gouvernement; elle détestait le vieux régime qui, pourtant avait produit les d'Estaing, les Suffren, les Lamotte-Piquet. Cette situation des armées a besoin d'être parfaitement comprise pour s'expliquer la suite des événements et la dictature consulaire.

Depuis le 18 fructidor, la force des batailles était intervenue comme une solution obligée à tous les événements; il n'était pas un homme politique qui, songeant à une révolution, ne fît entrer dans ses plans l'appui d'un général ou d'une armée qui combattait sur la frontière; on ne pouvait arriver à un résultat sans ce secours : or, s'il y avait unité dans l'amour ardent de la République, si tous les soldats se seraient fait immoler pour leur dévouement, il existait parmi les généraux des jalousies de personnes, des rivalités de gloire et de position qui ne permettaient pas à un système militaire de triompher sans trouver aussitôt des obstacles. Supposez que le Directoire eût songé à Moreau pour opérer un mouvement, ou à Bernadotte, tout aussitôt il trouvait Bonaparte pour obstacle, l'armée d'Italie était opposée à l'armée du Rhin. Admettez au contraire le triomphe de Bonaparte, Moreau devenait son plus implacable adversaire, et Bernadotte se fût chargé, au besoin, d'arrêter l'ambitieux général qui visait à la dictature.

Ces jalousies étaient inévitables, ces rivalités tenaient à la force des choses. Commandiez-vous aux armées françaises la victoire? elles étaient unanimes pour fondre sur l'ennemi et lui arracher ses drapeaux! jamais le soldat français n'hésitait devant un sentiment de patriotisme; mais dès qu'on appelait l'armée à se prononcer sur la forme du gouvernement, la division devait se produire dans ses rangs. Comme les idées de république et d'égalité avaient un profond retentissement, un dictateur militaire, quelque chéri qu'il pût être de ses soldats, devait trouver obstacle à son despotisme dans d'autres armées; on ne pouvait renverser les autels de la liberté sans qu'un douloureux gémissement ne se fît entendre dans les rangs de ceux qui les avaient élevés. Le parti républicain fut longtemps très fort dans l'armée; Bonaparte eut besoin de sa main de fer, de son génie, de son habileté, pour en comprimer l'irritation; comment des généraux tels que Bernadotte, Masséna, Jourdan, Augereau, Moreau, Brune, habitués à l'égalité et à la fraternité des tentes auraient-ils ployé sous le joug des idées monarchiques? comment ceux qui si longtemps furent égaux se soumettraient-ils à la hiérarchie des rangs sous le sceptre d'un maître? Ce fut là le grand œuvre de Napoléon, qui commença sous le Consulat et se développa sous l'Empire. L'opposition du parti républicain dans l'armée se manifeste à travers mille difficultés et des accidents de toute espèce; elle fut un des violents obstacles aux projets de Napoléon pour élever son édifice. Conduit de merveilles en merveilles, le parti républicain de l'armée n'en frémissait pas moins sous le joug; les lauriers ne le consolaient pas de la perte de la liberté, et l'aigle aux ailes éployées sur toutes les capitales ne lui fit point oublier ces faisceaux de piques surmontés du bonnet de l'égalité française, souvenir magique qui se mêlait à l'arc-en-ciel de sa jeunesse et de sa gloire!

CHAPITRE XIII.

CARACTÈRE DES HOMMES POLITIQUES INFLUENTS

SOUS LE DIRECTOIRE.

Barras. — Fouché (de Nantes). — Sieyès. — Merlin (de Douai). — Treilhard. — Cambacérès. — Rewbell. — Lareveillère-Lépeaux. — Gohier. — François de Neufchâteau. — Boulay (de la Meurthe). — Berlier. — Réal. — Rœderer. — Bailleul. — Société de madame de Staël. — M. de Talleyrand. — Benjamin Constant. — Carnot. — Lucien Bonaparte.

1795 — 1799.

La crise révolutionnaire, en imprimant un mouvement énergique à l'esprit national, avait fait surgir une multitude d'hommes d'une certaine portée, pour diriger les destinées de la République naissante. Les Comités de salut public et de sûreté générale furent composés de capacités d'une remarquable valeur. Ces proconsuls mêmes qui traversèrent les provinces dans les temps de périls pour la patrie, furent la plupart marqués d'une empreinte supérieure, et les taches de sang qui souillaient leurs mains et leur front, ne peuvent faire oublier le talent et le courage déployés pour le triomphe de la Révolution française, cause à laquelle ils s'étaient dévoués : à mesure que les temps s'éloignent, il se manifeste quelque chose d'antique et de sauvage dans ces âmes si mâles, si fortes. Deux caractères distincts signalèrent l'existence des Comités ; ce furent l'unité de pensée et l'énergie politique; rien n'arrêtait ces cœurs si implacables, ils semblaient trempés dans une force mystérieuse que l'histoire n'a point révélée encore aux générations. Un jour viendra où l'on saisira corps à corps ces étranges et sombres courages; on n'y verra pas que de la fange et du sang; les conventionnels apparaîtront alors comme ces figures de Triumvirs et de Decemvirs au temps de Rome primitive.

Les membres des Comités ne périrent pas tous au 9 thermidor; plusieurs survécurent à la chute de Robespierre, ils ne tombèrent point avec lui, ils l'abandonnèrent, et leur force se retrouva dans l'époque directoriale. Ils étaient là debout, comme les derniers débris de la Convention. Une réaction avait eu lieu contre les Jacobins, forcés un moment de s'éloigner de la scène politique; quand le Directoire eut besoin de recourir une fois encore aux patriotes, il s'adressa aux débris des Comités, et ce fut parmi eux que s'élevèrent les hommes de capacité gouvernementale.

Le général comte de Barras, que le Directoire plaçait à sa tête, était-il autre chose qu'un de ces proconsuls qui s'étaient séparés de Robespierre, comme Tallien, pour sauver leur vie et défendre leurs jours menacés. Le général comte de Barras, je l'ai dit déjà [1], appartenait à une des plus nobles familles de Provence, vieille comme ses rochers : officier de marine dans les derniers temps de la monarchie, il avait visité l'Inde au milieu des périls de la grande mer, et dès l'enfance il s'était ainsi habitué à jouer avec la mort, et à braver les flots de l'Océan, image de son existence agitée. Le comte de Barras servit sous le bailli de Suffren aux immor-

---

[1] Les mémoires du Directeur Barras écrits de sa main, existent chez M. Rousselin Saint-Albin, qui a bien voulu m'en lire des fragments.

telles campagnes de l'Inde, et il ne faillit point à son épée; aimant les plaisirs, les femmes, le jeu, avec l'imagination provençale, dissipateur de sa fortune, il se trouvait à Paris dans les premiers temps de la Révolution française, et il s'y jeta corps et âme, parce qu'elle lui parut une source de fortune, et un acheminement vers de plus hautes destinées. Patriote exalté comme tant d'autres gentilshommes, le marquis d'Antonelle [1] et le marquis de Pontécoulant, nommé à la Convention, il vota sans hésiter la mort du roi; puis, représentant du peuple aux armées, Barras déploya toute l'énergie de son caractère; il ne tint compte ni des périls, ni des excès; et sa mission dans le Midi a laissé de longues et fatales traces, triste résultat des réactions sous les feux du soleil! Barras, menacé par Robespierre, n'hésita point au 9 thermidor, il frappa énergiquement le dictateur, et cette journée lui acquit une grande puissance d'opinion; il sauva la Convention, et l'on se souvint toujours de sa conduite contre la Commune. Le caractère de Barras était pourtant enclin à la mollesse; comme tous les hommes de plaisirs il se laissait facilement bercer par les joies et l'espérance; les fatigues et les soins l'importunaient; mais dès qu'il prenait une résolution, il se réveillait de son sommeil, et des bras d'une femme, au milieu des festins, la tête encore appesantie de volupté, il passait sur la place publique ou dans les camps, avec un courage remarquable, l'épée au poing, à la bouche du canon [2]. Barras si puissant pour un

---

[1] Issu d'une des grandes familles d'Arles, le marquis d'Antonelle faisait partie du tribunal révolutionnaire.

[2] Carnot, de son exil en Angleterre, jugea sévèrement tous ses collègues : voici ce qu'il écrivit sur Barras.

« J'ai entendu Barras gémir plus d'une fois, de ce qu'on n'avait pas assez tué en vendémiaire; et Rewbell parfaitement de son avis, proposant un jour que nous étions dans une grande pénurie, de lever sur Paris une contribution forcée de 60,000,000 dans les vingt-quatre heures. Vous voulez donc, m'écriai-je, remettre à

coup de main, se décourageait facilement dans les questions politiques; un homme habile pouvait le pressentir toujours, et le dominer quelquefois¹. Comme tous les méridionaux il était emporté et colère, et quand la fureur éclatait dans ses yeux, et l'injure à sa bouche, il révélait ses plans, ses ambitions, ses desseins, et cela contribua plus d'une fois à le compromettre vis-à-vis les habiles. Au résumé, Barras n'était point un homme vulgaire, même au milieu de cette Révolution qui produisit tant de caractères fortement trempés.

Si l'esprit de la noblesse aventureuse avait produit le comte de Barras, l'esprit prêtre, l'éducation cléricale, profonde et réfléchie, avaient enfanté des hommes d'une nature différente, mais d'un esprit également remarquable; je veux parler de Fouché (de Nantes) et de l'abbé Sieyès, tous deux sortis des ordres religieux ou du clergé. Fouché avait été prêtre de l'Oratoire, congrégation savante, toujours portée au jansénisme dans ses études. On ne saurait dire combien cette rivalité des Jésuites et des Oratoriens produisit de conséquences funestes sur l'esprit même du mouvement de 1789 : l'Oratoire fut une pépinière révolutionnaire; elle en produisit plus que toute autre congrégation, parce que le jansénisme prépara la constitution civile du clergé, qui fut le premier pas de l'Église vers la Révolution. Fouché reçut une instruction variée et savante, on le disait fort érudit; les orages politiques le prirent jeune encore, et il s'y était jeté corps et âme avec

---

l'ordre du jour la terreur et la mort? — Je voudrais qu'elles y fussent déjà, répondit Rewbell; je n'ai jamais eu qu'un reproche à faire à Robespierre, c'est d'avoir été trop doux. Et Barras répéta son mot favori, ce mot que Germain lui a ensuite reproché en d'autres termes : « Nous n'en serions pas là, si l'on avait mieux châtié les Parisiens, en vendémiaire. »

¹ On le vit au 18 brumaire, sous Bonaparte, qui trompa Barras avec une remarquable dextérité.

cette sombre énergie qui dominait les proconsuls. Depuis le 9 thermidor, sa vie au milieu des factions l'avait habitué à les ménager toutes, et à se tenir en position mitoyenne pour échapper au flux et au reflux des événements. En révolution c'est une position habile que de savoir louvoyer; on passe à travers les crises sans en être atteint; Fouché recueillit de là une finesse extrême [1], un tact infini pour saisir toutes les nuances d'une opinion; il connaissait surtout le parti jacobin; nul n'avait pénétré plus que lui dans les destinées de ce parti; il savait les causes qui l'avaient élevé, et les moyens qu'il fallait prendre pour comprimer ses desseins hardis et ses courageuses imprudences. Il était toujours bon de consulter Fouché, souvent indispensable de l'avoir pour soi. Comme il avait besoin d'agir, de se rendre important, au milieu des crises, il devenait l'acteur principal dans toutes les scènes qui se passaient sur le théâtre du monde; comme il avait beaucoup étudié, il voulait beaucoup agir et dominer tous les partis.

L'abbé Sieyès sortait des ordres comme Fouché; plein de finesse dans les vues, et d'habileté dans les conceptions, il possédait les qualités de cet esprit du clergé qui vient de l'éducation et s'empreint sur toute une vie; il avait gagné sa renommée par une brochure sur le tiers-état, œuvre très louée que l'on relit à peine aujourd'hui, une de ces productions éphémères qui passent avec les circonstances, mais frappent fort quand elles apparaissent. Autant Fouché aimait à se montrer comme le lien nécessaire des événements, autant l'abbé Sieyès désirait se placer derrière le rideau et faire agir

---

[1] Les notes et mémoires présentés par Fouché, sont écrits avec un tact parfait et le plus remarquable talent. Ses rapports de police sont des modèles.

silencieusement les acteurs sans paraître lui-même. Grand joueur de marionnettes au milieu de la Révolution française, il avait pris pour principe un mutisme absolu; alors « son silence devenait une calamité publique, » comme l'avait si bien défini le comte de Mirabeau dans son apostrophe moqueuse [1]. Sieyès s'exprimait en phrases courtes, vides souvent, élevées quelquefois, obscures toujours. On ne sait pas assez la puissance du silence quand tout le monde bavarde autour de soi; on parvient ainsi à dérouter et à dominer les entraînements de l'esprit et du cœur; ces figures flegmatiques et silencieuses sont le fléau des âmes généreuses et confiantes qui s'abandonnent à la parole humaine.

L'abbé Sieyès avait pris un rôle dans les Conseils, il négociait avec tout le monde, modifiant les complots les uns par les autres, afin de s'assurer en définitive la domination; il donnait des espérances à tous, sûr de se poser dans une situation personnelle au-dessus des hommes de son parti. Par des calculs logiques parfaitement suivis, l'abbé Sieyès était arrivé à cette certitude que l'unité monarchique seule convenait à la France; il rêvait une constitution la plus favorable pour amener ce résultat, sans le retour de la branche aînée des Bourbons, qu'il craignait comme régicide. J'ai dit déjà l'ambassade de l'abbé Sieyès à Berlin, il s'y conduisit avec dextérité et souplesse auprès d'un cabinet enclin à la paix; il flatta l'ambition de la maison de Brunswick pour un avénement au trône. Le côté faible de l'abbé Sieyès était la vanité et l'orgueil; tout le monde le connaissait, et les hommes d'état de l'Europe savaient parfaitement qu'en flattant cette faiblesse, ils le

[1] Un éloge médiocre de l'abbé Sieyès a été publié par l'Académie des sciences morales et politiques.

domineraient sans peine. L'abbé Sieyès reconnaissait que la constitution de l'an III ne pouvait plus marcher; et dans sa pusillanime frayeur des Jacobins, il adoptait tout ce qui pouvait l'en délivrer, même un coup-d'état.

Chaque profession sociale semblait avoir sa représentation dans la Révolution française; car, bien qu'on le dît, la vieille société n'était pas morte; l'esprit jurisconsulte avait produit MM. Merlin (de Douai) et Treilhard, comme l'esprit financier M. Rewbell. Merlin, caractère subtil, avocat savant, vie plus poltronne que méchante; M. Treilhard, d'une fermeté plus remarquable, austère dans ses formes, jusqu'à ce point que l'esprit républicain le domina même pendant les jours brillants de l'Empire, en adorant le maître. L'histoire législative de M. Merlin (de Douai), a quelque chose de triste et de fatal, parce que son âme n'ayant jamais eu le mâle courage des comités de la Convention, il les servait par peur. M. Merlin s'était appliqué aux travaux législatifs, comme MM. Treilhard et Cambacérès, trinité conventionnelle échappée aux tempêtes des jours difficiles, car elle avait parfaitement enseigné le moyen de dépouiller les victimes de la Révolution française sans se compromettre. Aux mains de M. Merlin (de Douai), la remarquable science de jurisconsulte ne fut qu'un moyen d'obtenir plus rapidement la mobilisation des fortunes, les confiscations odieuses et la loi des suspects [1]; il fut le rapporteur de toutes les lois immobilières sur les émi-

---

[1] Voici comment s'exprime un agent secret sur M. Merlin (de Douai). « Merlin (de Douai) est sans doute un des plus étonnants phénomènes de la Révolution. Successivement conseil du duc d'Orléans, ami de Danton, de Chabot, de Robespierre et de Larevellière, auteur de la loi des suspects, avocat des septembriseurs, ministre disgracié de la police, puis ministre de la justice; vain comme un paon, patient comme

grés. La sagacité d'esprit de M. Cambacérès, sa capacité rationnelle, fut tout entière employée à discerner les cas difficiles que pouvaient présenter les confiscations, afin de tourner les résultats au profit de la République ; M. Cambacérès devint l'auteur de la loi de présuccession, disposition fabuleuse, qui ouvrait l'héritage des parents d'émigrés, au profit de la nation, même avant la mort. Pour arriver à cette fatale conclusion, M. Cambacérès raisonnait juste dans la violence ; il avait une parole à lui, exacte, révolutionnaire ; il trouvait le moyen de demeurer logique dans ses subtilités de proscription. M. Treilhard arrivait à ses résultats, par la fermeté même de ses principes ; il concluait à la sévérité, parce qu'il était lui-même profondément austère, et sa rigidité s'appliquait aux émigrés, l'objet alors d'un régime cruellement exceptionnel.

A toutes les époques il y a des proscrits, et l'on est impitoyable contre eux ; les passions du cœur humain ne changent pas ; les gouvernements frappent leurs ennemis, moins avec la justice qu'avec la violence ; ils ne les jugent pas, ils les détruisent. MM. Merlin, Treilhard et Cambacérès eurent recours aux souvenirs de la monarchie après la révocation de l'édit de Nantes, pour y chercher leurs dispositions inexorables ; ils y trouvèrent leurs principes dans les édits portés contre les huguenots : les émigrés étaient comme les protestants de la République, race active et batailleuse, et l'on prenait contre eux les mêmes mesures que le conseil du roi Louis XIV

---

un chat, il semblait n'avoir survécu aux factions, dont il avait été l'âme, que pour accuser la justice de la Providence.

« Il voulait être dictateur ; il eut pour auxiliaires dans cette entreprise Jean Rewbell, avocat alsacien, avare, lourd et brutal ; Lareveillére, autre avocat d'Anjou, ignorant, entêté, systématique, se croyant un Lycurgue, et n'étant qu'un fou et un bavard. » Il y a ici une évidente exagération.

avait prises envers les huguenots. La nécessité impérieuse commanda à l'égard des calvinistes révoltés qui avaient fui en Hollande ou en Angleterre, ce que plus tard la sûreté des républicains commanda contre les émigrés; on les traitait en ennemis; qu'y a-t-il de neuf dans les situations qu'amène la marche des temps? Ajoutez aux noms de Merlin, de Treilhard et de Cambacérès, M. Rewbell, l'Alsacien, qui, sans aucune science dans le travail législatif, apportait une rapacité indicible; caractères de fiscalité qui viennent dévorer le dernier sentiment généreux des révolutions; les plus odieuses accusations pesèrent sur le Directeur Rewbell après l'événement du 30 prairial, et Carnot, proscrit, l'attaqua lui-même avec une grande vigueur [1].

Si l'esprit jurisconsulte et chicanier avait produit les hommes politiques dont je parle, la philosophie sentimentale et naturelle, le vague des idées avaient aussi leurs représentants dans MM. Lareveillère-Lépeaux et Gohier. M. Lareveillère-Lépeaux était une sorte de Bernardin de Saint-Pierre politique avec des jalousies et des répugnances que n'avait pas le chantre de la nature, aux cheveux longs, à la mine candide. M. Lareveillère-Lépeaux ne possédait pas deux idées d'application administrative;

---

[1] « Il est impossible d'accumuler plus de haines que Rewbell n'en réunit sur sa tête. On le regarde comme l'auteur de tous les dangers qu'entraîne la guerre actuelle ; c'est à son entêtement et à son arrogance seules que l'on attribue le refus de conclure, au mois de décembre dernier, la paix la plus glorieuse et la plus avantageuse pour la France ; et on l'accuse d'avoir ainsi mis, une nouvelle fois, la République en problème. On lui reproche une rapacité extraordinaire, une fortune scandaleuse, des liaisons avec tous les dilapidateurs, des nominations ridicules de généraux, des changements, des déplacements continuels, la déclaration de guerre à l'Autriche sans être prêt.

« Rewbell a des notes sur presque tous les membres du Corps législatif : tout ce qu'il apprend contre eux, n'importe de quelle part, il le ramasse, et le place dans son recueil ; pièce à tiroirs au moyen de laquelle il peut envelopper dans une conjuration quelconque, ceux des représentants dont il croira expédient de se défaire. » (Reproches et accusations dirigés par Carnot contre les Directeurs et législateurs. Pamphlet publié en 1799.)

rêveur haineux, il avait conservé ce sentimentalisme de nature, ce déisme matériel que la politique de Robespierre avait mis un peu à la mode parmi les Jacobins. A toutes les époques de l'histoire, il apparaît de ces hommes qui portent le théâtral dans toutes leurs paroles; admirateurs passionnés de la nature et de la simplicité, ils aiment à se montrer avec la naïveté d'un enfant, mais il ne faut pas croire que cette sensibilité qui pleure leur évite les excès, ou les conduise à une vertu pratique; ils versent des larmes sur un animal qui souffre, sur une plante qui meurt, et ils livrent systématiquement à la déportation ou à la mort des masses d'êtres humains; ils sont les vertueux par excellence, et Dieu garde les générations de ces philanthropes de parade qui ensanglantent les annales des peuples! Ainsi fut peut-être M. Lareveillère-Lépeaux ; d'une candeur extrême, d'une vertu sanglotante, il réservait sa rage pour les prêtres catholiques; il les considérait d'un œil jaloux. Comme il avait fondé un culte, dressé des autels, paré les églises de ses corbeilles de fleurs, il se croyait de toute nécessité obligé de poursuivre le pape, les évêques et les pauvres prêtres déportés. M. Lareveillère-Lépeaux persécuta le gouvernement pontifical, et il se crut victorieux le jour où Pie VI fut retenu captif par le Directoire. Il fallait voir M. Lareveillère-Lépeaux avec sa béatitude instinctive, revêtu de la robe pontificale, parant ses autels de fruits nouveaux dans le temple de la Victoire, de la Jeunesse ou de la Vertu, religion de la République : ses collègues le laissaient ainsi se draper, parce que le ridicule tuait l'homme et que la persécution servait leurs desseins de pouvoir [1].

---

[1] Carnot, dans ses grandes colères contre les proscripteurs du 18 fructidor, s'exprime

Aux jours des révolutions dégénérées, il surgit des noms inconnus, d'étranges supériorités qui fatiguent de leur nullité quand on fouille l'histoire. Qui pourrait nous dire les causes de la fortune politique de M. Gohier, honnête homme, avocat médiocre, que le flot capricieux poussa au Directoire, dans cette royauté à cinq têtes? Esprit à la façon de M. Lareveillère-Lépeaux [1], candide et béat, simple et révolutionnaire, M. Gohier parlait incessamment de nature, de vertu et de liberté, au milieu des persécutions de toute espèce qui marquent l'époque directoriale. Il y avait au moins dans le Comité de salut public une énergie sombre et vigoureuse qui sauvait la patrie avec le sang; les Jacobins demandaient des têtes, mais exposaient la leur, et ne faisaient pas les hypocrites d'humanité; ils avaient rêvé un système de sociabilité humaine et de régénération politique qui faisait passer le monde sous un niveau absolu; il me semble les voir, leur tête à la main, les jetant par conviction sous la guillotine. Mais comment expliquer ce temps si petit où les avocats gouvernent par la phrase, et les rêveurs par des flots de rhétorique? M. Gohier, a-t-on dit, fut un homme pur et calme; cela est possible, et je ne cherche pas dans le passé les tristes épisodes de concussions et de fortunes intimes dont on accusa le Directoire; toutefois il fallait que la Révolution française eût renversé bien des idées

---

ainsi sur Lareveillère-Lépeaux. « Il n'est certainement pas d'homme plus hypocrite, que Lareveillère. La nature semble avoir eu pour objet de mettre en garde ceux qui en approchent, contre la fausseté de son caractère et la profonde corruption de son cœur. Je me rappellerai toute ma vie son sourire d'anthropophage, au moment où, en sa qualité de président, il leva la séance du Directoire le 17 fructidor. Il savait que c'était ma dernière; il croyait que, dans quelques heures, il ne resterait plus de moi qu'un cadavre ensanglanté. »

[1] Les mémoires de M. Gohier ont de la curiosité, parce qu'ils révèlent une partie des secrets et de la faiblesse du gouvernement directorial.

pour que des hommes d'un mérite médiocre, comme MM. Lareveillère-Lépeaux et Gohier, fussent placés à la tête d'une nation intelligente et fière de son histoire.

Dans cette période abaissée, on chantait des hymnes, on faisait des discours d'apparat, on vivait des pompes républicaines, et c'est ce qui explique encore la renommée de M. François de Neufchâteau, l'académicien qui fut aussi l'un des ardents admirateurs du Directoire. Cet esprit n'avait pas assez d'étendue et de pratique pour concevoir des idées de gouvernement dans la vaste et forte étendue de ce mot; M. François de Neufchâteau pouvait parfaitement composer un discours, établir une théorie en phrases redondantes, et ce fut un temps bien décousu que celui qui le vit élever si haut! Aussi tout marchait à une crise; d'une part, se groupait une réunion d'avocats, de rhéteurs et d'esprits à rêveries; de l'autre, un parti militaire soigneusement éloigné du Directoire et de toute influence de gouvernement, par des exclusions méditées : le parti militaire était plein de force, il avait la victoire pour lui, des généraux de grande résolution; il devait donc absorber tôt ou tard la réunion des avocats médiocres et des parleurs dont j'ai raconté le triste gouvernement.

Autour du Directoire bourdonnait une multitude de députés, membres des Conseils, qui servaient ses desseins et facilitaient son action. Y avait-il une mesure exceptionnelle, un acte de violence inouï qui persécutait les familles, frappait les contribuables ou grandissait la terreur? Il se trouvait toujours des orateurs ou des écrivains prêts à les justifier. M. Merlin (de Douai) voyait à ses côtés MM. Boulay (de la Meurthe) et Berlier, avocats comme lui, admirables pour développer les idées de pouvoir et proscrire les systèmes et les hommes qui n'étaient pas dans les vues et les intérêts de leur gouvernement; ils remuaient toutes les violences de judicature contre les émigrés et leurs parents, les prêtres et les journaux. A eux était échue la rédaction de ces lois de finances qui embrassaient les hypothèques, les donations, les ventes d'immeubles; le fisc leur était comme incarné. Fallait-il faire la police? on trouvait tout prêt un esprit fin, adroit, enfant chéri du club des Jacobins, habile comme Fouché dans l'appréciation des petits détails, avec moins d'ensemble et de vues étendues; dois-je nommer M. Réal, journaliste alors avec un talent remarquable de rédaction; M. Réal était tout dévoué aux intérêts du général Bonaparte, parce qu'il le considérait comme l'expression de la partie forte et gouvernementale du pays. Les journaux n'avaient pas une liberté absolue; sous la terreur du coup-d'état qui les avait frappés au 18 fructidor, quelques feuilles n'en conservaient pas moins assez d'indépendance pour servir les intrigues des hommes surtout attachés au mouvement révolutionnaire : les unes prenaient le parti du Directoire, et en exprimaient les opinions, comme le faisait le *Rédacteur* [1]; d'autres favorisaient les principes de démagogie, pour organiser un gouvernement dans les vues du parti militaire; tel était le but du *Patriote*, sous la direction de M. Réal. Engageant une lutte incessante entre les idées et les partis, M. Réal savait donner une bonne tournure aux événements, et le 18 brumaire le trouva prêt à une éclatante justification. M. Rœderer si renommé au 10 août, faisait aussi de la belle phrase pour le pouvoir; il appelait incessamment l'unité et la

---

[1] C'est dans *le Rédacteur* qu'il faut pour la politique étrangère. La rédaction chercher la pensée de Barras, surtout est forte et soignée.

force à l'aide du Directoire impuissant. M. Rœderer semblait tout à fait revenu de ses anciennes opinions libérales pendant les troubles de l'Assemblée législative ; ce n'était plus le procureur du département, tel qu'on le vit auprès de Louis XVI dans les journées de deuil, M. Rœderer appelait à grands cris, un gouvernement stable qui pût sauver le pays de l'anarchie que la République avait faite; esprit fatigué et corrigé, il devait se mettre à la suite de tout événement qui centraliserait profondément l'autorité; la cause du général Bonaparte acquit presque immédiatement M. Rœderer, comme tous les hommes craignant le désordre et l'anarchie.

A la tribune des deux Conseils, certains amis du Directoire, tout en conservant la phraséologie révolutionnaire, exposaient les doctrines les plus effrayantes du despotisme; quand on voulait perdre des hommes ou une opinion, on la proscrivait sous le nom de conspirateurs, d'anarchistes ou de royalistes, d'émigrés, de Chouans et de Vendéens, expressions élastiques propres à tout. Il fallait voir quels motifs on développait pour arriver à ces conclusions; le Directoire avait à son service des orateurs qui ne manquaient jamais, tout en jurant haine à la royauté, d'exposer les théories les plus subversives de toute garantie humaine. Parmi eux se distinguait surtout M. Bailleul [1], le justificateur des coups-d'état, nécessité souvent si impérative dans les temps de révolution. Il fallait entendre ces orateurs amis du Directoire après le 18 fructidor, célébrant avec une naïveté cruelle, les mesures fatales qui proscrivaient la majorité des Conseils et condamnaient à la déportation tout ce qui gardait libres la pensée et la

---

[1] Les chefs du parti attaché au Directoire sont tous les rapporteurs de commissions, Boulay (de la Meurthe), Boulay-Paty, Bailleul, Villers, Malès, Creusé-Latouche, etc.

parole. M. Garat, par exemple, partait de l'idée que la conspiration étant flagrante, toutes les mesures étaient permises, et la déportation une indulgence; on demandait des preuves à M. Bailleul, et il répondait « qu'on ne prouvait pas la lumière[1], » et avec cette argumentation, il allait bien loin et bien fort dans la proscription. Quand on parcourt les séances des deux Conseils à cette époque, on se demande comment il était possible encore de parler de liberté avec des théories si en dehors de toute garantie humaine. Il n'y avait de sûreté ni pour la vie ni pour la fortune; ces orateurs trouvaient des motifs pour tout; ils n'avaient pas le courage des vieux et mâles républicains de la Convention, qui jouaient avec les têtes comme les fossoyeurs d'Hamlet; conservant l'esprit rhéteur qui prouvait le droit et la légalité du mal et de la violence, ils parlaient de la déportation comme d'une pastorale et d'une idylle.

Les personnages dont nous venons de parler agissaient la face découverte, dans les Conseils, à côté du Directoire, et chacun connaissait leurs discours leurs actions et leurs chants de triomphe offerts d'avance aux vainqueurs. Mais indépendamment de ces personnages, il y en avait d'autres que le Directoire employait soit dans ses missions particulières de finances, soit dans les ambassades et la diplomatie secrète, car le Directoire négociait beaucoup; ceux-ci recevaient des missions intimes et se plaçaient à la tête de toutes les intrigues politiques; c'étaient souvent des hommes à argent, comme MM. Faipoult ou Rapinat qui, sous le nom de commissaires extraordinaires, allaient dépouiller les

---

[1] « Les pièces sont chez les ministres; — on ne cherche point à prouver la lumière; votre commission croirait avoir mal saisi votre intention, si elle se présentait pour apporter des preuves, pour fournir des justifications. »

nations alliées et les neutres; quand un gouvernement étranger voulait aboutir au Directoire par la corruption, il ne s'adressait pas ouvertement à ses membres; il y avait autour d'eux des hommes qui s'offraient comme intermédiaires, pour conduire un projet à bonne fin; chaque Directeur avait ses créatures : Barras voulait-il négocier avec un parti, une opinion? il envoyait son secrétaire Botot ou bien des amis tels que Monier ou Lombard de Langres, qui vivaient dans sa familiarité et recevaient de lui des instructions nécessaires, sans que le Directeur se compromît en rien. Si la négociation n'arrivait pas à terme, si elle se découvrait de manière à trop engager le Directeur, alors Barras était toujours à temps de désavouer ses amis. Comme il n'avait pas traité en personne, il disait « que c'était la faute et la simplicité du négociateur, et qu'il restait étranger à tout ce qui s'était dit et fait à cette occasion. » Il y avait de ces milliers d'agents sous le Directoire, et la moindre affaire en voyait surgir de tous côtés. C'est par ce moyen qu'une grande partie des transactions s'accomplirent; les cabinets étrangers connaissaient tous ces aboutissants, et quand M. de la Maisonfort, au nom de Louis XVIII, ouvrit une négociation avec un Directeur, ce fut par l'entremise de ces tiers que tout fut suivi; il y eut là des trompeurs et des dupes [1]; qui joua le rôle de mystifié?

Il faut parler aussi d'une certaine coterie politique exerçant quelque influence sur les événements de cette époque et alors présidée par madame de Staël. Dans les troubles de la Révolution, la fille de M. Necker

---

[1] Le général comte de Barras nie dans ses mémoires, avoir eu jamais des rapports sérieux avec Louis XVIII; il voulait seulement étudier ses volontés, et prendre pour la République les millions qu'on lui offrait. (Mémoires manuscrits chez M. Saint-Albin.)

s'était ménagé une position neutre, de manière à caresser les hommes influents de tous les partis; madame de Staël échappa même à la Terreur. La prédilection de son esprit semblait s'être arrêtée sur la constitution de l'an III, œuvre de MM. Daunou, Chénier, et de sa propre coterie. Madame de Staël avait abdiqué le rôle de femme pour devenir véritablement le chef d'un parti qu'elle menait à sa façon, et par les voies les plus diverses. Il n'y avait qu'elle et le Directeur Barras qui tenaient un salon politique ouvert aux capacités, après les orages révolutionnaires; on y causait beaucoup sur les caractères et les choses du temps, et l'on y préparait les délibérations des Conseils; enfin son salon ne fut point étranger au 18 fructidor, et aux mesures de proscription contre les députés et Directeurs Barthélemy et Carnot.

Madame de Staël avait conservé de la fortune; un moment placée sur la liste des émigrés, elle avait obtenu plus tard la restitution des biens de son père[1], et elle en faisait un usage fort large et fort libéral. Indépendamment de ce que madame de Staël appartenait à une bonne famille, son mariage avec M. de Holstein, le représentant de la Suède, lui donnait la faculté de recevoir grande compagnie; elle y tenait bien sa place, et dans ce salon venaient se réunir tous les débris de l'ancienne aristocratie, de la Constituante surtout, débris qui s'agitaient depuis que la tempête conventionnelle était un peu apaisée. Quelques gentilshommes vivaient bien avec Barras, et lui faisaient même des avances par amour du repos ou des plaisirs; ils abondaient chez madame de Staël, parce qu'on y trouvait les

---

[1] Sauf les deux millions qui lui furent payés par Louis XVIII à la Restauration de 1814.

souvenirs des manières de la grande société ; l'aristocratie supportait la République dans les mains d'un comte de Barras.

Parmi les gentilshommes de race, celui qui tenait sa place avec le plus d'esprit et de bon goût dans le salon de madame de Staël était M. de Talleyrand, l'ancien évêque d'Autun, arrivé naguère de son exil d'Amérique ; il devait à madame de Staël son rappel et sa radiation de la liste d'émigrés ; elle lui avait fait obtenir cette faveur éclatante de la Convention elle-même ; curieuse loi, en ce qu'elle déclarait le civisme et le patriotisme du citoyen Talleyrand ! Existence bien merveilleuse que celle du cadet du Périgord, au vieux blason du Rouergue ! agent habile du clergé, il s'était jeté dans le parti de Mirabeau et des novateurs à l'Assemblée constituante ; dès lors commença sa carrière diplomatique : M. de Talleyrand avait accompagné le marquis de Chauvelin à Londres pour y faire comprendre et adopter les principes de la Révolution française par le cabinet que présidait M. Pitt. Quand M. de Chauvelin reçut l'ordre exprès du gouvernement britannique de sortir d'Angleterre, M. de Talleyrand fut compris dans cette application sévère de *l'alien bill*[1], et il s'exila en l'Amérique, au milieu de ces États-Unis, dont il avait autrefois exalté la liberté et admiré le gouvernement. Il y fit du commerce, un peu d'agiotage, toutes choses qui se liaient alors entre elles. M. de Talleyrand s'ennuya bientôt aux États-Unis, avec leur rigidité puritaine et leur éloignement de toute négociation active ; il avait laissé à Paris beaucoup d'amis de l'Assemblée constituante, et madame de Staël s'entremit pour faire rappeler en France un homme

---

[1] M. Maret resta seul à Londres deux mois encore.

d'état dont elle appréciait l'esprit. Elle s'adressa à Chénier, à Barras surtout qui connaissait l'ancien évêque d'Autun; elle vanta la dextérité de M. de Talleyrand, tous les services qu'on pourrait en tirer dans les négociations diplomatiques, toutes les ressources de cette intelligence, et M. de Talleyrand obtint la permission de revenir en Europe; il passa par Hambourg, s'assura quelque fortune à la banque, et vint à Paris tenir maison avec madame Grand; se liant de plus en plus au salon de madame de Staël, il obtint par son appui le portefeuille des relations extérieures, après le 18 fructidor, dont il fut l'un des agents actifs. M. de Talleyrand conservait toutes les bonnes manières de l'ancienne cour, et cela frappait au premier abord; il était alors très soigné et très élégant dans sa mise, avec toutes les formes des incroyables du temps : on le voyait briller dans un salon par ses bons mots, par sa causerie froide mais pétillante; et déjà l'on songeait même à l'élever jusqu'au Directoire, à la place de Rewbell, pour combler le vide diplomatique qu'y avait laissé l'exil de M. Barthélemy, le négociateur du traité de Bâle [1].

Dans la société de madame de Staël accourait aussi comme un de ses plus fervents adeptes, le jeune Benjamin Constant, dont j'ai déjà parlé comme homme littéraire. MM. Daunou, Chénier et Benjamin Constant, les grands faiseurs de constitutions, avaient dans l'esprit certains principes de théorie et de philosophie, qu'ils voulaient appliquer à toutes choses, aux situations même les plus diverses; madame de Staël exerçait sur sa propre société une grande influence; elle en était la fée, et sa baguette d'or semait les idées comme

---

[1] Au 30 prairial on verra les accusations qui pèsent sur M. de Talleyrand.

les riches pierreries de son diadème; en dehors de tout esprit de femme, elle soutenait une causerie politique avec un fort beau talent de dissertation improvisée; sous les lustres de son salon s'étaient commencées et accomplies plusieurs intrigues, qui ensuite retentirent dans les Conseils; imagination ardente, elle aimait à se mêler d'affaires. J'ai dit qu'elle n'avait point été étrangère au 18 fructidor; ses amis soutinrent cette journée de proscription parce que le mouvement royaliste n'allait pas aux idées de madame de Staël; fille de M. Necker, Genevoise de naissance, elle aimait la République par principes et par goût; elle avait rêvé la forme de gouvernement de la cité calviniste sur de plus larges proportions pour la France. Madame de Staël croyait l'ordre possible avec un Directoire et des Conseils, trois pouvoirs dans la République. Son esprit domina les affaires politiques pendant la constitution de l'an III; ce qui faisait dire aux ennemis de son salon que la République était tombée en quenouille; la loi salique en France ne fut jamais absolue!

Le parti de l'armée avait eu un moment son représentant dans le Directoire, par le républicain Carnot, déporté au 18 fructidor; mais une fois le général mathématicien disparu dans la tempête, l'armée n'eut plus d'expression, et la dictature militaire cessa d'avoir son image au pouvoir. M. Lucien Bonaparte seul, resta au conseil des Cinq-Cents pour rappeler à la France l'existence du frère illustre, dont la gloire brillait alors en Égypte. M. Lucien Bonaparte était un esprit d'une activité incontestable et d'une force intelligente; républicain de principes, il voyait néanmoins que la dictature devait, en définitive, absorber les institutions, et dans cette hypothèse son vœu et son but étaient de la placer dans les mains du général Bonaparte [1], Lucien travaillait en ce sens auprès du Directoire, des Conseils et des journaux; si la constitution de l'an III était maintenue, rien de plus simple; il fallait faire entrer le général Bonaparte dans le partage du pouvoir, et placer son épée dans le faisceau directorial : une fois Directeur, le général aurait assuré lui-même sa place et proclamé sa domination par la présidence; si la constitution de l'an III, au contraire, était jugée imparfaite, il fallait préparer un mouvement politique pour la renverser; ne l'avait-on pas déjà plusieurs fois violée cette constitution, et pourquoi la respecterait-on davantage dans cette circonstance? Il fallait beaucoup oser, et Lucien Bonaparte n'était pas homme à manquer d'audace. Comme toute la famille corse, il était dévoué à son frère Napoléon, dont il pressentait l'immense destinée!

Tous les partis regardaient le Directoire, dans sa composition actuelle, comme perdu; il fallait le régénérer, ou par le changement des hommes, ou par le changement des choses; Lucien Bonaparte avec un chaleureux dévouement travaillait à la réputation de son frère, et par les journaux, et par son activité personnelle; il voyait beaucoup les salons, il s'initiait dans toutes les coteries, il grandissait les victoires d'Égypte, il excusait les défaites, et il n'était jamais question que d'une seule chose dans ses conversations : c'était du général qui bivouaquait sous les Pyramides. Lucien

---

[1] M. Lucien Bonaparte a publié des mémoires; je les ai lus avec une vive attention; je dois dire que j'ai trouvé sa vie plus forte, plus mâle, plus saillante que les mémoires qui l'ont recueillie. Il y a bien peu d'intérêt dans son livre; il se résume tout entier dans des dissertations moitié philosophiques, ou dans des discours prononcés aux Cinq-Cents; je crois que M. Lucien Bonaparte n'a pas été complétement libre dans sa position, et qu'il n'a pas tout osé dire sur son frère et sur les événements qui ont élevé si haut sa famille.

fut l'homme peut-être qui prépara le plus largement l'avénement du Consul. Dans l'épuisement des partis, tous appelaient une solution ; les avocats n'en pouvaient plus; ils avaient invoqué tout ce qu'ils avaient de phrases, de persécutions étroites et de petites idées en matière de gouvernement. Tout le monde sentait qu'on ne pouvait se sauver que par la dictature militaire; une forte épée pouvait seule préserver le pays de l'anarchie; quel serait l'homme désigné? Qui recevrait le gouvernement de la France? Pouvait-on rappeler les Bourbons? Le système directorial avait fait son temps; on désirait de toute part l'unité réparatrice qui donnerait la forte impulsion au pays : chercherait-on la pensée du gouvernement dans une dictature militaire, ou dans une monarchie de 1688 avec le duc d'Orléans, ou dans la restauration de l'ancienne dynastie? Toutes ces questions alors s'agitaient haut; toutes avaient des partisans!

CHAPITRE XIV.

LA FAMILLE DES BOURBONS JUSQU'AU CONSULAT.

Louis XVII. — Madame Royale. —Monsieur, régent du royaume. — Le comte d'Artois. — Vie des Bourbons en exil. — La branche cadette. — M. le duc d'Orléans et ses frères. — Leur éducation. — Leur parti. — Branche des Condés. — Les gentilshommes émigrés. — Plans et fautes des Bourbons. — Avénement de Louis XVIII. — Ses négociations avec les révolutionnaires. — Situation du roi et des princes avant le Consulat. — Réconciliation de la branche cadette.

1795 — 1799.

Un lugubre anniversaire était célébré dans des commémorations solennelles, au bruit du canon sur les autels de la Patrie; comme les membres du vieux parlement de Cromwell, au temps des Têtes rondes, les conventionnels donnaient l'éclat d'une fête au jour où le roi Louis XVI porta sa tête sur l'échafaud. Le 24 janvier fut longtemps un sujet de pompeuses cérémonies; la cité resplendissait des drapeaux tricolores, les festons et les fleurs ornaient les têtes des vieillards, des jeunes filles, des enfants qui chantaient la chute du tyran; on prêtait serment de haine à la royauté; on jurait de ne jamais rétablir le système monarchique, et les hymnes s'élevaient jusqu'aux cieux pour célébrer la chute des trônes [1]. Au milieu de cette ivresse des multitudes dé-

---

[1] Les lois de la République déclaraient la perpétuité de cet anniversaire. — Lois de février 1793.

mocratiques, faut-il dédaigner les traces de cette grande et vieille famille des Bourbons que les républicains proscrivaient avec tant d'énergie? La tempête avait-elle épargné quelques faibles rejetons de la race longtemps illustre qui comptait Henri IV et Louis XIV parmi ses ancêtres? Dans quels lieux étaient-ils dispersés? Comme les Bourbons jouèrent un rôle actif au milieu de la crise révolutionnaire, comme de nombreuses tentatives furent faites alors pour amener leur restauration, il serait impossible de séparer leur existence des événements contemporains.

Les vieilles dynasties européennes portent avec elles-mêmes un principe de droit public qui garantit leur sécurité : ce principe vivace, incessamment invoqué, est l'hérédité par la primogéniture dans la ligne directe. Heureuses ou malheureuses, les dynasties réclament ce droit, tant est profonde la garantie d'un principe inflexible! Louis XVI mort sur l'échafaud, le dauphin de France, captif au Temple, prit moralement la couronne et fut salué sous le nom de Louis XVII par les royalistes, les partisans de la vieille société française. Dirai-je le martyre de cet enfant qui vécut au Temple dans une prison abjecte, entouré de geôliers au regard sinistre, et qui eut pour musique de sa jeunesse, le bruit retentissant des clefs de ses gardiens et les juremens d'une vieille femme. Louis XVII vit périr son père, sa mère et sa tante; son état maladif empira jusqu'à la mort. J'ai toujours en pitié ces pauvres enfants dont la tyrannie s'empare et qu'elle tue à petit feu. Quel sentiment mélancolique ne vous saisit-il pas à l'aspect de ces enfants d'Édouard, tels que Shakspeare nous les a reproduits : l'un avec ses beaux cheveux blonds, ses grands yeux bleus qui contemplent les verrous de la tour avec une tristesse maladive; l'autre au regard vif, impatient, à la gaieté innocente et enjouée, ce duc d'York, admirable création du poëte. Ainsi fut Louis XVII, ce pauvre enfant, dans la tour du Temple; il y mourut du poison ou du manque d'air, qu'importe! il y mourut! Les traditions veulent que Louis XVII ait survécu à ce martyre; c'est là une de ces croyances qui dans tous les âges de l'histoire se rattachent à ceux que l'on aime. Les vieilles annales racontent aussi les apparitions des faux ducs de Bourgogne et de Bretagne, morts depuis longues années; car les serviteurs les avaient adorés, et ils ne voulurent pas que leurs seigneurs eussent disparu du milieu des vivants. Louis XVII, faible enfant, inspirait encore des craintes aux idées et aux intérêts de la Révolution; il portait en lui le principe que la Convention voulait briser; plus d'une fois on avait parlé à la tribune d'en finir par un crime[1]. Ce n'était rien pour des hommes qui faisaient de la nécessité la suprême loi dans les temps de crise; il fallait conserver la République, la sauver de ses périls; pour cela rien ne coûtait, et n'avait-on pas vu, lors de la grande coalition, le Comité de salut public jeter à la face de l'Autriche, la tête de Marie-Antoinette et celle de madame Élisabeth, pour lui dire qu'on bravait la coalition des rois.

La noble sœur de celui qu'on appelait le *jeune Capet*, le *Louveteau*, Madame Royale de France, la fille de Louis XVI, était aussi dans la prison du Temple; pour quelle cause fut-elle conservée dans le désastre de sa famille? Pourquoi épargnait-on son jeune front lorsque tant d'autres roulaient sur l'échafaud? Ici se présente

---

[1] « Nous avons tant commis de crimes inutiles, qu'on aurait bien pu y en ajouter un susceptible de nous délivrer de beaucoup d'inquiétudes. » (Discours de Brival (de la Corrèze) à la Convention.) La croyance en Louis XVII existe encore.

un de ces mystères que la chute rapide de Robespierre ne permet pas de pénétrer : il fut conçu, peut-être, des desseins inouïs, des projets d'ambition qui se liaient à une dictature couronnée ; tant il y a que de toute la famille de France, Madame Royale fut la seule protégée par le Comité de salut public ; sa prison lui fut adoucie. Tandis que toutes les sources de la vie étaient éteintes dans l'âme du jeune Louis XVII, Madame Royale montrait une résignation digne de la petite-fille de Marie-Thérèse ; séparée de sa famille, elle conserva la fierté de sa naissance et la majesté de son rang. Dès que l'Autriche entra dans une négociation sérieuse à Campo-Formio, Madame Royale fut comme la pensée d'un échange intéressé de la part de la maison d'Autriche. Aucun cabinet ne possède à un si haut degré, la persévérance habile de ses plans intimes que la cour de Vienne ; abattue par la tempête elle peut un instant abaisser son diadème dans la poussière ; ce n'est que pour un temps ; elle peut céder des provinces, mais avec l'espérance de les reprendre pour sa monarchie ; si elle traite à des conditions onéreuses, elle saisira avec empressement le moyen de s'en affranchir : la maison d'Autriche espère, attend, elle a foi dans la destinée, parce que chez elle y a des traditions ; sa diplomatie est de l'histoire, elle a un passé, un présent, un avenir.

Le plan de ce cabinet, qui venait d'entrer en partage de la Pologne, était donc de rattacher, par un mariage, à ses États héréditaires, la Franche-Comté, l'Alsace, la Lorraine, que la maison de Bourbon lui avait arrachées depuis le xviie siècle ; si les troubles de la République française continuaient avec l'abaissement de la nation, si l'anarchie arrivait à son comble, un mariage de Madame Royale avec l'archiduc Charles, pouvait expliquer et justifier la réunion des trois provinces antiquement cédées, car elles étaient des fiefs féminins, et par conséquent dévolues à la fille de Louis XVI qui les apporterait à son époux l'archiduc. La loi salique n'existe pas pour la maison d'Autriche, elle était spéciale pour la race des Bourbons [1]. L'échange de Madame, avec les plénipotentiaires français, MM. de Sémonville, Maret, Drouet, retenus par l'Autriche, avait un but tout allemand; la princesse se refusa constamment à toutes les demandes qu'on lui faisait sur ce point; elle donna pour prétexte les dernières paroles de son père, la promesse qui avait engagé son cœur au duc d'Angoulême, le fils du comte d'Artois. La vérité est que la maison de Bourbon proscrite, avait néanmoins conservé ses traditions nationales, fières et hautaines; elle pouvait tout perdre, elle pouvait, errante, mendier la protection des grandes puissances, mais, en aucun cas, la fille de Henri IV et de Louis XIV n'eût acheté, par des faiblesses et de lâches concessions, les secours qu'elle recevait. Madame refusa donc l'archiduc Charles, jeune prince alors plein de gloire et d'avenir : on parlait partout de ses talents militaires, de ce qu'il pourrait faire pour l'Allemagne, de ses grandeurs et de sa puissance; tout fut refusé par Madame Royale, il faut même dire, à

---

[1] « On ne cessait de répéter à Vienne : L'Alsace, la Lorraine, les deux Bourgognes, la Franche-Comté, etc., appartiennent à Madame Royale, comme unique héritière du roi son père. Que le comte de Lille (Louis XVIII) renonce, en son nom et au nom des princes français, à tous droits sur ces provinces, et le cabinet de Vienne le reconnaîtra Louis XVIII, roi de France et de Navarre; qu'il consente au mariage de l'archiduc Charles et de Madame, et le cabinet de Vienne l'aidera de tous ses moyens, afin qu'il puisse monter sur le trône. » Louis XVIII répondait : « Je ne puis céder les provinces, la cession serait nulle; l'exemple de François Ier fera foi à cet égard ; et quant au mariage exigé, je ne puis donner mon consentement : dans sa dernière entrevue avec sa famille, le roi mon frère, Louis XVI, fit promettre à Madame Royale de n'avoir jamais d'autre époux que son cousin-germain, le duc d'Angoulême. Madame donna sa parole, et ce serment est sacré ; il ne sera point violé. » (Correspondance de M. de Montgaillard.)

l'éloge de l'archiduc, qu'il repoussa avec beaucoup de chevalerie et d'entraînement la main de Madame, sur une simple lettre qu'elle lui écrivit; l'archiduc connaissait les soucis de son cœur et l'abaissement de sa position; il ne voulut rien obtenir par la force, il rougit de se joindre à quelques violences secrètes qu'on espérait tenter contre la fille de Louis XVI, pour la contraindre à l'accepter comme époux. Un digne chevalier combattait, mais il n'abusait pas des dames captives [1].

Dès l'origine de la Révolution française, Monsieur, comte de Provence, frère de Louis XVI, s'était mêlé aux événements politiques, aux parlements comme aux états-généraux; il avait besoin d'agir et de travailler sans cesse [2]; une certaine aptitude littéraire lui rendait le repos impossible dans la vie active des événements. Monsieur aimait à disserter, il écrivait avec clarté et convenance; il n'était pas une seule crise qu'il n'eût appréciée et jugée, il se plaisait à écrire des mémoires, et il existe un document tout entier de sa main, sur les premiers actes des états-généraux dont il avait apprécié la direction et la destinée; Monsieur cependant ne fut pas le dernier à émigrer, c'était l'entraînement de l'époque; il se joignit

---

[1] Le duc d'Avaray écrivait sur le mariage de Madame Royale : « C'est avec une bien douce satisfaction que nous voyons enfin s'effectuer cette sainte alliance de l'héritier présomptif de la couronne de France avec l'auguste fille de Louis XVI. Madame Royale, cette infortunée et angélique princesse, est partie de Vienne pour Mittau, le 1er mai; et c'est à peu près au moment où nous écrivons, qu'elle doit accomplir, par son mariage, un des derniers vœux de son malheureux père.

« La famille royale avait pour escorte ces cent gardes-du-corps, respectables vétérans de l'honneur et de la fidélité, à qui l'empereur de Russie a donné pour récompense de leurs longs services, l'honorable et douce fonction d'entourer leurs maîtres, MM. les ducs de Villequier, de Guiche, de Fleury, le comte de Saint-Priest (qui a reçu le contrat de mariage), le marquis de Nesle, le comte de Cossé et quelques autres officiers ou serviteurs du roi, ont eu l'honneur de signer comme témoins l'acte de célébration. »

[2] Voyez le mémoire autographe de Louis XVIII sur la convocation des états-généraux; il est dommage que ce document précieux soit gâté par une introduction évidemment peu travaillée.

à toutes les démarches des princes, à leur manifeste jeté en Europe, alors qu'ils protestèrent contre la captivité de Louis XVI[1].

Monsieur voulut essayer le titre de Régent; ses négociateurs parcoururent les cabinets pour le faire reconnaître; ils n'y réussirent point jusqu'à la mort de Louis XVI sur l'échafaud; alors seulement l'Europe admit Monsieur comme régent pendant la minorité de Louis XVII captif[2]. Il fut également salué en cette dignité par les corps royalistes qui se formaient tumultueusement sur le Rhin. Le caractère du nouveau régent du royaume était très modéré; comme il avait beaucoup vu et beaucoup étudié, il ne repoussait pas tous les principes de la Révolution française, née de l'esprit nouveau, complément du XVIIIe siècle. Le temps avait marché, et la société avait eu besoin de se reconstituer sur des bases neuves et fortes, après le changement opéré par la philosophie! L'esprit de Louis XVIII, ses habitudes de travail, une certaine prétention à vouloir tout faire et à bien faire, l'avaient déterminé à ouvrir des négociations secrètes

---

[1] « Sire,
« Le comte de Vergennes m'a remis une lettre de Votre Majesté : je l'ai lue avec respect; mais l'ordre qu'elle contient de me rendre auprès de V. M. n'est pas l'expression libre de sa volonté ; et mon honneur, mon devoir, ma tendresse même me défendent également d'y obéir. » (Réponse de Monsieur à une lettre de Louis XVI.)

[2] « C'est avec les sentiments de la plus vive douleur que je vous fais part de la nouvelle perte que nous venons de faire du roi mon frère, que les tyrans, qui depuis longtemps désolent la France, viennent d'immoler à leur rage impie. Cet horrible événement m'impose de nouveaux devoirs, je vais les remplir. J'ai pris le titre de Régent du royaume, que le droit de ma naissance me donne pendant la minorité du roi Louis XVII, mon neveu, et j'ai confié au comte d'Artois celui de lieutenant-général du royaume. Votre attachement à la religion de nos pères, et au souverain que nous pleurons aujourd'hui, me dispense de vous exhorter à redoubler de zèle, de fidélité envers notre jeune et malheureux monarque, et d'ardeur pour venger le sang de son auguste père. Si, dans un tel malheur, il nous est possible de recevoir quelque consolation, elle nous est offerte pour venger notre roi, replacer son fils sur le trône, et rendre à notre patrie cette antique constitution qui seule peut faire son bonheur et sa gloire. » (Lettre de Monsieur aux émigrés.)

avec la plupart des hommes que la Révolution avait poussés à la tête des affaires; il s'adressait à eux pour les appeler à une restauration. Le régent, frère de Louis XVI, un Bourbon, s'était ouvert même à Robespierre, que l'Europe plaçait haut comme homme d'habileté et de force gouvernementale [1]. Monsieur savait bien que les restaurations ont besoin de beaucoup concéder si elles veulent vivre; elles doivent moins écouter leurs répugnances que leur avenir. Le régent avait une agence à Paris, une correspondance dans les provinces; son langage était plein de convenance, ses lettres parfaites de tact et d'esprit; ses formules pleines de grâces: comme il voulait reconstituer la splendeur de sa maison en Europe, Monsieur ne faisait aucune difficulté de se servir des moyens secrets, sûr qu'il était d'en effacer l'origine par une administration forte et éclairée; il aimait mieux devoir la restauration même aux républicains que de la perdre par les amis maladroits qui gâtaient sa cause.

La mort de Louis XVII, l'enfant royal, amena l'avénement de Louis XVIII; le comte de Provence, devenu roi avec la couronne au front, prit la direction absolue de la cause royaliste; sa correspondance devint plus active, ses agents plus multipliés; Louis XVIII n'hésita jamais à se mettre en rapports avec les membres influents de la République ou avec les généraux qui avaient grandi son éclat. Il s'était même adressé au jeune général Bonaparte dans ses campagnes d'Italie, et à Campo-Formio cette circonstance fut rappelée. Le roi lui avait écrit de Vérone, qui était alors le lieu de son exil; forcé de fuir, Louis XVIII ne renonce à rien; on le voit aux bords du

---

[1] Cette correspondance existait chez le député Courtois; elle fut détruite à sa mort après l'apposition de scellés ordonnée par M. Decaze; on trouva chez lui le testament de la reine et des lettres d'une grande importance.

Rhin négocier auprès du général Pichegru ; il accepte avec empressement les ouvertures qu'on lui prépare avec plus ou moins de discernement sur les intentions du Directeur Barras ; il ne repousse aucun des moyens qui peuvent amener une restauration, de quelque main qu'elle lui arrive ; il prend les hommes par leur faible, par leur vanité ou par leur ambition : au général Pichegru il offre le titre de connétable, la propriété du château de Chambord, et des avantages immenses d'honneur et de considération ; au Directeur Barras c'est une fortune de dix millions, pour qu'il puisse jouir en paix de ses plaisirs et de la mollesse, après avoir trahi la République [1]. La plupart des lettres du roi demeurent encore comme des monuments de goût, de délicatesse et d'habileté ; dans ses concessions les plus grandes, il y a une sorte de dignité qui laisse au roi de France sa place en faisant à chacun la sienne ; donne-t-il des éloges ? ils sont calmes, mesurés, délicats ; flatte-t-il l'ambition ? c'est avec un instinct profond qui sait parfaitement saisir le côté faible de l'homme. Louis XVIII fut le grand négociateur ; rien ne l'arrête dans cette mission ; on voit bien qu'il est destiné à pacifier les partis et à calmer les opinions irritées ; c'est le roi qui se prépare avec habileté pour une époque de transaction [2] toujours difficile, car plus d'une vie s'use à l'œuvre, témoin Henri IV.

---

[1] Dans les mémoires de Barras, manuscrits aux mains de M. Saint-Albin, il nie absolument sa participation à tout ce que lui fit proposer Louis XVIII. J'ai donné le rapport du marquis de la Maisonfort, dans l'*Histoire de la Restauration*.

[2] Le roi ne portait que le titre de Comte de Lille. C'était celui sous lequel il était parti de France. Ses revenus étaient fort modiques. L'Espagne lui faisait une pension de 120,000 livres. La reine en recevait autant. La cour de Sardaigne n'avait plus rien à offrir ; celle de Vienne avait ouvert un crédit de 200,000 francs. C'était le seul acte de libéralité qu'elle eût fait. Le roi étudiait beaucoup, et surtout les journaux français : il faisait des madrigaux comme un jeune poëte.

M. le comte d'Avaray lisait à Louis XVIII et à la petite cour qui entoure ce prince

Le comte d'Artois, avec plus de chevalerie et de sincérité dans l'âme que son frère, portait une haine instinctive à la Révolution et aux hommes élevés par elle ; ces répugnances il ne les dissimulait pas ; son expression était gracieuse pour ses amis, souvent fâcheuse pour ses ennemis ; le premier des princes, il avait émigré lui et ses deux fils enfants encore, qui portaient le titre de ducs d'Angoulême et de Berry. Le comte d'Artois, aimable et joyeux gentilhomme, dernier débris de la noblesse, se séparait de Louis XVIII, cœur si politique ; il aimait à se jeter tête baissée dans les entreprises et dans les menées de partis ; ne dissimulant rien et négociant peu, il faisait hardiment la guerre aux principes de la Révolution ; seulement, il lui manquait ce courage militaire qui aurait pu grandir sa destinée. Aux temps de batailles, pour faire de la chevalerie, il fallait manier la lance et l'épée, et pour arriver à une répression des idées, il fallait de l'énergie dans le caractère et la volonté de mourir pour sa cause ; le comte d'Artois avait-il tout cela ? Il compromettait le dévouement de ses amis, et n'osait les suivre dans les périls ; il avait parcouru l'Europe, et brillé dans toutes les cours par son amabilité ; il visita successivement Turin, Vienne et Saint-Pétersbourg, où Catherine II l'accueillit avec un senti-

---

quelques gazettes allemandes, qui venaient d'arriver. Il avait commencé un paragraphe tiré des journaux de Paris, dans lequel il était dit que Louis XVIII et Monsieur avaient abdiqué leurs droits à la couronne de France, en faveur du jeune duc d'Angoulême qui venait d'épouser Madame Royale. M. d'Avaray, confondu de surprise, après avoir lu les premières lignes, voulut passer à un autre paragraphe. Le roi lui ordonna de terminer la lecture de celui qu'il avait commencé, et quand elle fut finie, il dit : « Si j'avais une couronne de roses, je m'empresserais de l'offrir à ma charmante nièce ; mais comme je n'ai qu'une couronne d'épines, je la garde pour moi. » Tel était un peu l'esprit de Louis XVIII ; le madrigal dominait toujours.

ment parfait de convenances. Monsieur vint ensuite à Londres, où il s'agita pour donner un corps et une unité à la guerre de la Vendée sous le drapeau blanc; mieux eût été qu'il y parût de sa personne les armes à la main, et qu'il se jetât dans la mêlée. C'est à la tête de ses gentilshommes que Henri IV reconquit son royaume sur la Ligue; nul ne le retint quand il tira l'épée; il l'eût brisée sur le dos du conseiller pacifique qui l'aurait détourné du chemin de sa bonne ville de Paris; il fallait oser beaucoup alors, car la République était victorieuse; il fallait faire flotter le panache blanc comme le Béarnais à Coutras, à Arques ou à Ivry. Les temps de chevalerie étaient-ils passés? y avait-il encore de loyaux gentilshommes? Le cœur manquait-il aux petits-fils des Bourbons? n'y avait-il plus d'Agnès Sorel pour rappeler que le *roitelet* de Bourges mangeait à peine un gigot aux jours de fêtes, entouré de ses gentilshommes[1]! Quelques années plus tard, Charles VII portait fièrement la couronne dans Paris la grande ville. Ainsi le courage vient en aide au droit!

La rivalité de la branche d'Orléans et de la maison régnante des Bourbons était ancienne : elle partait de M. le Régent, le propre neveu de Louis XIV, pour se développer avec énergie depuis les troubles de 1789; l'histoire a recueilli les fatalités qu'elle amena. La mort tragique de Philippe d'Orléans sur l'échafaud, la fuite de son jeune fils, sous l'aile du général Dumouriez son mentor, dans le camp des Autrichiens, avaient relâché les liens qui unissaient la branche cadette et la Révolution; des réflexions plus mûres étaient nées dans l'âme des princes qui portaient

---

[1] Voir mon *Histoire de la France au moyen âge*, t. 2.

le blason d'Orléans; leur éducation sentimentale, inspirée par madame de Genlis, s'était corrigée et mûrie par des notions plus positives. Le jeune prince Louis-Philippe, qui avait écrit le journal philanthropique, si vanté par son institutrice [1], commençait à éprouver la vie positive et agitée; son nom était couvert d'un triste voile au milieu de toute l'aristocratie de l'Europe à laquelle il appartenait; noble gentilhomme, pouvait-il briser l'écu de ses armes?

Louis-Philippe, si remarquable appréciateur des événements, résolut de s'effacer, et au milieu de ce grand chaos que la Révolution avait fait, il voyagea et s'instruisit avec une ardeur indicible; il conservait peu de fortune, ses biens de famille étant confisqués; les prodigalités de son père les avaient d'ailleurs couverts de dettes, les jeunes frères d'Orléans vivaient de quelques avantages qu'avait conservés leur mère en France. Après le 18 fructidor, les Bourbons ayant été définitivement bannis du territoire de la République, les princes de Conti et madame d'Orléans douairière se réfugièrent en Espagne, tandis que le jeune Louis-Philippe parcourait les climats les plus lointains et les plus variés; il faisait pour s'instruire un voyage dans les régions hyperboréennes de la Suède, pays des glaces éternelles; il lutta contre toutes les infortunes; en Suisse, on l'avait vu utiliser ses talents. En Suède, on put le suivre tout scientifique s'adonnant aux découvertes, et recherchant en véritable savant, les causes premières de ces phénomènes qui éclatent sous le pôle aux yeux émerveillés! Puis il parcourut l'Amérique du Nord; nulle peine ne l'arrêtait, nul travail ne comprimait son esprit [2]; quelle

---

[1] Ce journal fut publié à Londres, par extrait, en 1799.

[2] La correspondance si connue de Louis-Philippe avec sa mère, est touchante et filiale,

vie pleine! quelle existence active; il appliquait les feux de sa jeunesse à tout connaître et à tout comprendre. De temps à autre il recevait des nouvelles de France, et des propositions lui venaient pour une couronne, apprenant ainsi dans les négociations avec les divers partis, à les ménager les uns et les autres, et à beaucoup dissimuler pour beaucoup réussir. Le jeune duc d'Orléans portait à un point de haute tendresse, l'esprit de famille; sa correspondance avec la duchesse douairière est touchante, il soumet à sa mère la direction de son esprit[1]. On voit encore en lui l'empire de deux intelligences remarquables : Dumouriez et madame de Genlis; Dumouriez est son mentor de guerre, l'homme qui négociait avec les partis divers depuis 1792 pour préparer l'avénement de son pupille; aussi conserve-t-il sur lui une sorte de supériorité intellectuelle; il le traite avec une familiarité intime qui résulte de son ancienne situation avec le prince. Dumouriez travaille d'abord pour l'avénement de Louis-Philippe; il voit avec justesse que la République s'en va; où donc trouver une force puissante, protectrice? Si le général paraissait pencher pour le duc d'Orléans, à Londres ses opinions se modifient. J'ai dit qu'il avait complétement adhéré au droit de Louis XVIII et de la branche aînée[2].

Avec Dumouriez, il faut également placer parmi les esprits influents sur le jeune Louis-Philippe, madame de Sillery-Genlis; mais celle-ci pédante qu'elle est, n'a pas la même confiance dans les talents et la capacité du jeune duc d'Orléans; du haut de sa chaire magistrale madame de Genlis donne des conseils à son pupille; elle

---

[1] Les lettres de M. le duc d'Orléans à sa mère ont été publiées.
[2] Voir la lettre de Dumouriez, citée chapitre IX.

lui fait voir la faiblesse de son caractère, son peu d'expérience, son défaut de fermeté; elle lui dit qu'il serait un fort mauvais roi [1]. Dans toutes les périodes de sa vie, madame de Genlis n'a de confiance qu'en elle-même; pleine d'orgueil elle a enseigné au jeune duc d'Orléans les idées philanthropiques de Paméla; elle s'est fait une religion de sa vanité; profondément active et remuante, elle veut néanmoins conserver cette teinte de simplicité et de candeur qui caractérise ses ouvrages, aux temps mêmes où elle s'affichait à la face d'une épouse outragée.

Au reste, il était fort inutile alors de songer au duc d'Orléans; le 18 fructidor avait réveillé les haines contre la maison de Bourbon. Le pouvoir était aux Jacobins ou à ceux qui professaient les principes de la Montagne, et la Révolution s'était retrempée, car les Bourbons, même les Conti, venaient d'être exilés en Espagne; on jurait plus hautement que jamais haine à toutes les couronnes, résolution vigoureuse que les républicains avaient enlevée par un vote contre les espérances du parti d'Orléans. Que pouvait-il attendre alors ce parti, quand à chaque fête publique on proférait des imprécations contre tous ceux qui chercheraient à relever le trône? Enfin les fils du malheureux duc d'Orléans éprouvaient le besoin de se retremper dans la vieille amitié de la branche aînée; ils allaient s'en rapprocher complètement dans leur entrevue de Londres [2].

---

[1] Sa lettre existe encore, elle a été plusieurs fois publiée.

[2] Voici une traduction d'une gazette anglaise sur ce rapprochement :

« Un événement aussi désiré que désirable vient d'avoir lieu. Les trois princes du sang composant aujourd'hui la branche d'Orléans, M. le duc d'Orléans, M. le duc de Montpensier et M. le comte de Beaujolais, après avoir habité ensemble pendant quelques années les États-Unis d'Amérique et la colonie espagnole de Cuba, ont pris subitement le parti de se rendre en Angleterre. Ils y sont arrivé tous les trois, un peu à l'improviste, par le paquebot de New-Yorck. Leur présence, en Europe, au moment où il s'exécutait d'aussi grands changements en France sous l'influence de

L'esprit des Condés, les cadets de Béarn et de Gascogne, se séparait essentiellement de la maison d'Orléans. Les Condés n'avaient ni politique, ni habileté ; leur courage de chevalerie ne dissimulait rien, et attaquait de toute face les ennemis. Je n'ai jamais pu comprendre ce triste plaisir qu'on a pris d'abaisser le nom des Condés, belle renommée historique. Quand on porte sur ses armes le blason de la victoire de Rocroy, quand on a pour ancêtre le grand Condé, on doit prendre l'épée en toutes circonstances et s'en servir des deux tranchants : ainsi avaient fait le vieux prince de Condé, son fils le duc de Bourbon, et son petit-fils le duc d'Enghien, triple et noble génération qui s'était jetée tête baissée contre la République française. On leur reproche d'avoir fait la guerre civile; mais n'était-ce pas l'essence de la maison de Condé de se jeter à l'aventure dans les troubles de noblesse ? ne s'était-elle pas placée toujours à la tête des malcontents ? Huguenote maudite au XVIe siècle, la race des Condés avait conduit des bandes de gentilshommes protestants contre la monarchie, et puis le

Sieyès, donnait lieu à toutes sortes de conjectures, lorsque enfin les démarches de ces princes à leur arrivée, ont rassuré tous les esprits, et satisfait tous les cœurs.

« M. le comte de Beaujolais étant tombé malade en route, et M. le duc de Montpensier étant resté auprès de lui, à Cliston près Bristol, M. le duc d'Orléans s'est rendu seul à Londres. La première démarche aussitôt son arrivée, a été de demander à Monsieur, frère du roi, une audience particulière.

1 « Cette entrevue a eu lieu le jeudi, 13 février, à quatre heures après midi. M. le duc d'Orléans avait été conduit chez Monsieur, par M. le comte de Montjoie, qui n'a point quitté les trois princes pendant leur émigration. Arrivé devant Monsieur, M. le duc d'Orléans a dit, qu'en se rendant en Angleterre, il n'avait eu en vue que de pouvoir présenter ses respects, sa fidélité et son dévouement d'une manière plus sûre, à S. M. Louis XVIII et à Monsieur ; de déposer à leurs pieds, en les suppliant de les oublier, les torts qu'il avait eus dans les commencements de la Révolution ; de les prier de vouloir bien considérer dans leur bonté, que ses torts étaient moins les actes de sa volonté personnelle que l'effet de son inexpérience et de l'influence qu'avaient eue sur lui les mauvais exemples et les mauvais principes des personnes avec lesquelles il avait vécu dans son enfance et pendant sa jeunesse ; enfin de l'assurer qu'il était prêt à répandre tout son sang pour effacer ses fautes, et pour le service du roi dont il était un des plus fidèles sujets. »

grand Condé sous la Fronde n'avait-il pas été le chef des nobles hommes rébellionnés? Il y a des races ainsi faites, elles doivent suivre leur destinée ; c'était coutume dans cette maison : quand il y avait des révoltés et des gentilshommes en armes, les Condés prenaient leur cape et leur épée de Gascogne, et allaient se mettre parmi eux pour les conduire. Ils aimaient les protestations, les manifestes contre les ministres, les rois, les assemblées ; ils avaient eu, même en leur temps, leur république protestante et frondeuse ; depuis qu'ils s'étaient placés à la tête des huguenots au xviiie siècle, les Condés croyaient toujours agir en vertu de leur droit, comme chefs de la noblesse française.

Le prince de Condé était vieux, sans tactique, avec peu de talents, mais brave, décidé; il attaquait les lignes avec une résolution digne des ancêtres et de son titre de généralissime de l'infanterie. Son fils le duc de Bourbon était froid au combat; le feu ne l'effrayait pas plus qu'il ne faisait baisser la tête de son vieux père; tous deux marchaient à la tranchée l'épée au poing et la fascine à la main. L'espoir des Condés se plaçait dans un jeune homme à la figure sereine et fraîche; petit-fils de la race, il portait le nom de duc d'Enghien et atteignait à peine sa vingtième année; les traits des Bourbons se montraient en lui avec le nez héréditaire des Condés, les yeux noirs d'une ressemblance parfaite avec les portraits de son aïeul, tel qu'on le voit aux galeries de Versailles. Le duc d'Enghien était colonel du régiment de Condé, et son habit blanc d'officier français, avec ses longues épaulettes, ses cheveux blonds qu'il dissimulait quelquefois sous une perruque poudrée qui va si bien aux physionomies de vingt ans; sa glorieuse épée bénite par le prêtre et donnée par l'amour, tout cela relevait sa fière tournure. Le duc d'Enghien avait fait ses preuves comme cadet, et en lui se réunissaient l'espoir et la gloire des Condés; quand le prince n'était point au camp, il passait sa vie aux pieds de mademoiselle de Rohan qu'un lien secret lui avait attachée [1]. Pauvre jeune homme, le nom de Condé ne devait point te préserver à la face d'une autre génération de guerriers, et fils de glorieux ancêtres tu devais tomber sous la main de fer de ce consul qui fut aussi grand que le plus grand de tes aïeux, le vainqueur de Rocroy.

C'était à la tête des gentilshommes émigrés, je le répète, que s'était placée la branche des Condés; l'histoire n'abaisse jamais les hommes qui jouent leur vie pour un dévouement, et je n'aime pas qu'on humilie les caractères aventureux qui se jettent dans les périls de la guerre. L'émigration fut un véritable mouvement de gentilhommerie comme on en avait tant vu aux vieux temps. Jamais à aucune époque, la noblesse n'était restée tranquille; lorsque des agitations séditieuses éclataient dans le royaume, elle courait alors de droite et de gauche, levant son drapeau en enfant perdu et tirant son épée; elle se battait avec courage et désintéressement; son vieux lot, elle ne l'avait point abdiqué! Comme les huguenots, elle en appelait aux reîtres et aux lansquenets. La noblesse de l'Europe ne formait qu'un corps, qu'une grande chevalerie; les gentilshommes suivaient une commune bannière; ils ne croyaient pas qu'il y eût

---

[1] Le duc d'Enghien avait cinq pieds quatre pouces; sa taille était svelte, sa démarche élégante et noble; c'était l'homme le plus adroit, le plus leste, l'écuyer le plus intrépide et le meilleur, le prince enfin le plus agile qui fut jamais! Comme le duc de Bourbon son père, et le prince de Condé son aïeul, le duc d'Enghien avait les cheveux blonds, le visage coloré; le nez légèrement aquilin, donnait à sa tête un noble et beau caractère.

de frontières quand il s'agissait de principes, de priviléges et de blasons; la noblesse était comme un corps universel dont les institutions vieillies s'étendaient à toutes les cours et sous les pennons des châtellenies.

Toutes les fois qu'un principe agit fortement sur les imaginations, le monde alors devient une seule patrie et les frontières s'effacent. Après la réforme il y eut des protestants et des catholiques, on se divisa pour une idée et la nationalité disparut; on vit les soudards anglais et écossais d'Élisabeth, combattre à côté des lances de Henri IV, tandis que les Ligueurs eurent pour frères et alliés les Espagnols, bons catholiques. Après la Révolution de 1789 il y eut des révolutionnaires et des monarchistes; le monde aussi se divisa, les frontières s'abaissèrent, on se battit pour la propagande, on proclama la fraternité universelle. Si les armées de la République appelaient l'émancipation démocratique de tous les peuples, les soldats de l'armée de Condé pressaient la main gantée de tous les gentilshommes du monde; alors l'Europe vivement alarmée vit se confondre tous les nobles sous une même bannière. Il y eut du courage dans cette armée de Condé; qui peut le nier? Il n'y a jamais de ridicule chez les hommes qui se font tuer pour une idée ou un dévouement; les martyrs sont rares dans les temps d'égoïsme, et il faut les élever haut. Les soldats de la République furent admirables de courage, de patience et de sacrifices pour leurs principes, et nul n'a dessein de les atteindre; les gentilshommes émigrés ne manquèrent pas non plus à leur épée. Ainsi le jugea plus tard Napoléon; les vaincus morts aux champs de bataille n'auraient-ils plus une place dans l'estime de la postérité? Tous les partis ont leurs mauvais jours? Tous n'ont-ils pas eu leurs émigrés et des proscrits? N'en appelèrent-ils pas à la justice des nations contre leurs persécuteurs?

Les émigrés des bords du Rhin formaient une armée comme la noblesse pouvait en composer une, c'est-à-dire brave, mais insubordonnée; il y avait de loyaux officiers, des chevau-légers au brillant uniforme, le régiment des gardes-nobles, les aigrettes flottantes, les aiguillettes d'or, et par-dessus tout, l'esprit aventureux de la chevalerie. Ces uniformes blancs, rouges ou verts, aux brandebourgs d'argent, contrastaient avec la simplicité austère des armées républicaines; spectacle magnifique dans les premiers jours de l'émigration, lorsqu'on parcourait les belles villes des bords du Rhin, depuis Mayence jusqu'à Cologne, la vieille cité. Quelques gentilshommes avaient conservé de la fortune, et ils la dépensaient joyeusement dans les festins. Il fallait avoir alors beaucoup d'argent en Allemagne; l'esprit de la bourgeoisie germanique spéculait sur les nobles, on craignait tant les soldats de la République! On n'osait pas recevoir les émigrés, on les traitait comme des proscrits; le châtelain des montagnes rhénanes était donc bien déchu pour ne point offrir le vieil asile à d'autres chevaliers proscrits? Qu'était devenu cet esprit d'hospitalité des antiques ballades quand la coupe courait à la ronde dans les manoirs des bords du Rhin? En certaines villes on confondait les émigrés pauvres avec les juifs et les mendiants qui imploraient la pitié publique; eh bien! à travers ses malheurs, l'émigré français conservait ce caractère de fierté indélébile qu'il tenait de notre nation. Le gentilhomme ruiné n'abaissait point la tête; il avait l'orgueil de son nom, de sa race, de son pays: ce qu'on lui donnait il le recevait comme une dette, un prêt de frère à frère, de châtelain à châtelain, comme à l'époque des Templiers et des Hospitaliers, quand une confraternité d'armes liait les blasons et les belles histoires de races.

La véritable place de la noblesse de France ne devait pas être sur le Rhin; son devoir n'était pas à l'étranger et dans l'Allemagne abaissée. Comment se fit-il que dès qu'il y eut une Vendée les gentilshommes ne coururent pas sur cette héroïque terre pour soutenir la cause royale? Au sein de la patrie ils devaient poser leurs tentes et planter leurs drapeaux comme les compagnons de Henri IV en Normandie. Quand les soldats de Charette et de La Rochejacquelein faisaient irruption dans le Poitou et menaçaient la Loire depuis Tours jusqu'à Nantes, comment se fit-il que les émigrés ne vinrent pas se placer dans ce centre de mouvement? Supposez un prince courageux à la tête de ses gentilshommes, levant sa grande épée comme Henri IV, et se jetant au milieu de l'insurrection vendéenne dans ses jours de gloire; combien une telle résolution n'eût-elle pas eu de succès! Il fallait tendre la main à ce peuple de héros, l'appeler à défendre la royauté, montrer son pourpoint déchiré comme le Béarnais, et dire enfin : « Mon royaume est sous ma tente au milieu de mes fidèles. »

Louis XVIII comprit la portée d'un tel plan, il offrait lui-même de se mettre à la tête des Vendéens [1]; il écrivit à Charette en termes nobles et décidés; mais

---

[1] Voici une lettre autographe que Louis XVIII écrivit au duc d'Harcourt, chargé de ses affaires politiques à Londres : « J'ai reçu, mon cher duc, votre réponse à ma lettre du 25 août. J'ai voulu prendre quelques jours de réflexion avant d'y répondre. Je ne puis qu'être très reconnaissant de l'intérêt que prend le gouvernement anglais à ma conservation.

« Ma situation est semblable à celle de Henri IV, sauf qu'il avait beaucoup d'avantages que je n'ai pas. Suis-je, comme lui, dans mon royaume? Ai-je toujours porté les armes depuis l'âge de seize ans? Ai-je

prince essentiellement occupé des institutions et de l'organisation civile d'un pays, quel rôle Louis XVIII aurait-il joué dans la Vendée? Il fallait là un roi continuellement à cheval, taillé sur le modèle du Béarnais, le haut-de-chausse troué, le front plissé de soucis, la figure hâlée, la moustache grisonnante, la barbe sale et pointue; il fallait d'abord la victoire, le négociateur serait venu plus tard. Quand la Vendée se levait que manquait-il pour faire triompher la cause des Bourbons? Un prince avec la volonté de combattre ou de succomber. Louis XVIII n'était pas dans ces conditions, il se borna constamment à négocier avec les révolutionnaires surtout, tandis que le comte d'Artois s'adonnait à une vie trop active, sans esprit militaire. Les ducs d'Angoulême et de Berry, trop jeunes, ne pouvaient prendre le commandement en chef d'une grande expédition; il n'y avait que l'armée de Condé et ses chefs les gentilshommes pour tenter un mouvement. Pourquoi n'accoururent-ils pas en Vendée? Les mystères de la diplomatie

gagné la bataille de Coutras? Suis-je à la tête d'une armée docile à ma voix? Non, je me trouve dans un coin de l'Italie. Une grande partie de ceux qui combattent pour moi ne m'ont jamais vu. Je n'ai fait qu'une campagne dans laquelle on a à peine tiré un coup de canon. Mon inactivité m'expose à des jugements défavorables de la part de ceux qui me sont restés fidèles, jugements que je ne peux pas appeler téméraires, parce que ceux qui les portent ne sont pas instruits de la vérité. Puis-je conquérir ainsi mon royaume? Et supposé que mes fidèles sujets obtiennent un tel secours q e je n'aie qu'à me présenter pour recevoir une couronne, pourrai-je par là acquérir la considération personnelle qui me serait nécessaire?

« Que me reste-t-il donc? la Vendée. Qui peut m'y conduire? le roi d'Angleterre. Insistez de nouveau sur cet article. Dites aux ministres en mon nom que je leur demande mon trône : tout autre parti, quel qu'il soit, est dangereux pour ma gloire, dangereux même pour la tranquillité de l'Europe, incompatible avec l'état présent de la France.

« Faites sentir tout ceci au cabinet de Saint-James ; ajoutez une réflexion moins importante, puisqu'elle ne regarde que moi : dites que j'éprouverais une bien douce satisfaction, de devoir mon trône, ma gloire, le salut de mon royaume, à un souverain aussi vertueux que le roi d'Angleterre et à des ministres aussi éclairés que les siens.

« Portez-vous bien mon cher duc, et comptez sur mon amitié. »

(Datée de Vérone, 28 septembre 1795.)

Signé LOUIS.

révèlent les mauvais vouloirs des cabinets pour une restauration complète ; l'Europe ne voulait pas alors franchement le rétablissement des Bourbons par la Vendée, c'est-à-dire dans le sein du territoire et par les Français; elle ne favorisait la guerre à l'intérieur que pour ses plans de conquête ; elle tenait moins à la restauration de la maison régnante qu'à un système politique qui pût lui donner sécurité et lui assurer de larges avantages territoriaux, l'Europe avait de longs ressentiments à venger depuis Richelieu et Louis XIV ; elle ne voulait point admettre une restauration dans les proportions du territoire de 1792. La monarchie eût été trop puissante alors ; chaque État s'adjugeait un agrandissement territorial ; on songeait à morceler la France de Louis XIV, parce qu'elle faisait peur.

Les fautes des Bourbons et des émigrés justifiaient peut-être ces méfiances et ces mécontentements de l'Europe ; les émigrés n'étaient ni d'accord ni paisibles ; les princes de la famille étaient également divisés ; il n'y avait pas d'unité et on allait égoïstement devant soi pour conserver les débris de la royauté s'effaçant du monde. Une restauration de la branche aînée à cette époque, eût amené confusion et désordre ; car rien n'était constitué, le passé tombait en poussière, le présent n'avait aucune consistance, l'avenir était incertain; à qui devait-on recourir ? Fallait-il appeler la branche cadette, la maison d'Orléans ? les républicains se méfiaient d'elle; ils juraient haine à la royauté, ils avaient mépris pour tout ce qui portait le nom de Bourbon : ne venait-on pas d'apprendre que le jeune duc d'Orléans manifestait le désir de ne plus séparer sa cause de la branche aînée ? n'avait-il pas demandé une entrevue au comte d'Artois ? Une réconciliation se préparait parmi les diverses branches de la maison de Bourbon. Dans l'état de déconsidération où les faits et les pouvoirs étaient tombés, il n'y avait plus qu'un parti à prendre : puisqu'on ne pouvait pas se tourner du côté des Bourbons, il fallait aller droit à la dictature militaire, qui seule devait reconstituer la société. Cette dictature à qui serait-elle offerte? qui la prendrait de son épée? qui oserait secouer de son pied toute cette organisation déchue? immense question qu'une grande vie va résoudre!

CHAPITRE XV.

ORIGINE ET DESTINÉE DE NAPOLÉON BONAPARTE.

La Corse. — Les Bonaparte. — Les Pozzo di Borgo. — Paoli. — Les Salicetti. — Les pauvres gentilshommes. — Brienne et les Minimes. — La royauté et les écoles militaires. — Fortes études. — Vendetta des Paoli et des Pozzo di Borgo contre les Bonaparte. — Décret d'infamie dans l'assemblée populaire. — Exil d'une pauvre et noble famille. — Jeune gloire de son puîné. — Bonaparte devine la force des Jacobins. — Sa puissance de répression. — Idées de gouvernement. — 14 *vendémiaire*. — Pensée diplomatique. — *La campagne d'Italie*. — Pensée d'antiquité et de grandeur. — *Campagne d'Égypte*.

1769 — 1799.

Lorsqu'un vent favorable pousse loin de terre les navires au pavillon flottant, vingt heures de navigation suffisent pour toucher la Corse. Les enfants qui jouent sur la vigie du cap Cipied, ou sur les hauteurs embaumées des îles d'Hyères, peuvent également apercevoir les montagnes de l'île couvertes de châtaigniers sauvages, noires et primitives forêts qui se mêlent à l'histoire de toutes les *vendette*. Là, au pied des monts, dans un golfe admirable, où l'eau est si claire qu'on croirait un bassin de marbre, s'élève la ville d'Ajaccio, riche cité qu'embellissent des jardins de citronniers, d'orangers, de figuiers, de jujubiers, et ce palmier d'Orient qu'on voit apparaître en Sicile, en Sardaigne, à Valence et dans l'Andalousie, comme un héritage d'Afrique. Si vous parcourez cette terre tout y reluit au soleil, le buis, les myrtes, les lauriers, et ces grenades rouges, et ces arbousiers sauvages qui répandent une atmosphère de parfums. Sur la montagne la chèvre broûte de rocher en rocher ; des pâtres à l'aspect inculte, la tête couverte d'un large bonnet de poils de chevreau, conduisent des troupeaux de moutons à la laine noire tout à côté des ruches où le miel abonde. Au sein de ces solitudes on entend le roucoulement du ramier, le sifflement des grives et des merles, durant les belles nuits d'été, éclairées par la *lucciola*, mouche brillante qui est comme la bougie du ciel sous le firmament resplendissant d'étoiles [1].

Dans cette ville d'Ajaccio, aux maisons blanches, au golfe si heureux, s'élevait une petite habitation destinée au logement d'une belle et nombreuse famille ; en Corse l'esprit de race vit profondément ; comme dans les sociétés primitives la famille est un foyer que nul n'ose outrager. Là vivait donc un homme de bonne origine dans le pays ; son nom était Carlo Buonaparte, sa généalogie était antique, car on le disait originaire de Toscane ; les tempêtes publiques, si fréquentes en Italie, avaient jeté ses ancêtres exilés en Corse. La preuve de sa noblesse résultait de plusieurs titres inscrits dans les archives ; Carlo Buonaparte avait représenté à Paris l'ordre des gentilshommes dans l'assemblée générale de l'île de Corse ; ses frères étaient chanoines des cathédrales [2].

---

[1] J'ai visité la Corse pour me donner une grande impression de l'enfance de Bonaparte. J'ai salué la place des maisons des Bonaparte, des Pozzo-di-Borgo, car je crois qu'elles n'existent plus.

[2] J'ai trouvé tous les noms de la famille Bonaparte, dans un acte notarié ainsi conçu :
« Le 16 août 1785, par-devant Dominique Forcioli, avocat au conseil supérieur de la juridiction royale d'Ajaccio, en l'île de Corse, faisant fonctions du procureur du roi, attendu l'absence de J. B. Orto, procureur du roi de l'amirauté de cette ville, est comparu le sieur Luciano de Buonaparte, archidiacre de la cathédrale, Ignace-Mathieu Costa, François Puravicini, tous deux chanoines, Jean-Jérôme Leca, François-Félix, parents au plus proche degré paternel des sieurs

La souche noble des Buonaparte était incontestable : j'aime à remonter dans les races ; quand un fleuve majestueux a débordé sur le monde, on veut en voir la source ; on remonte le Nil pour en sonder les flots mystérieux. Carlo Buonaparte avait épousé Lætitia Ramolini, aux traits largement dessinés, comme ces femmes que l'on voit dans les Apennins ; Lætitia Ramolini, depuis la mère de l'empereur Napoléon, ressemblait aux figures de Popéa et d'Agrippine, telles qu'on les trouve sur les camées antiques.

Ce noble ménage comptait huit enfants, cinq garçons et trois filles, tous vivants et à l'image de leur mère ! L'aîné des garçons avait nom Giuseppe, le second Napolione ; puis venaient Luciano, Luiggi, Gierolamo ; les filles se nommaient Marianna, Anonciada, Carletta. Une si belle lignée avait gagné l'affection du comte de Marbœuf, gouverneur général de l'île de Corse, récemment domptée. Les ordres de la cour de Versailles étaient positifs : le gouverneur devait attirer à des sentiments tout français les principaux gentilshommes influents du pays, et le comte de Marbœuf se lia d'une vive affection avec *la casa* des Buonaparte. Charles, le père, vint en France pour y faire foi et hommage à Louis XVI, l'année de son avénement au trône ; il fut, au retour, nommé assesseur près la cour de justice d'Ajaccio[1].

C'était reprendre des habitudes pacifiques, car Carlo Buonaparte avait servi avec honneur comme un digne

---

Joseph, Napolione, Luciano, Luiggi, Gierolamo, Marianna, Carletta et Anonciada, tous fils et filles mineurs de défunt messire Charles de Buonaparte. »

[1] Charles Buonaparte, né à Ajaccio, en 1745, avait étudié le droit à Rome, et se destinait à la carrière du barreau ; mais le goût des armes et l'amour de la patrie lui firent changer ces premières dispositions. Charles Buonaparte est peu connu.

patriote sous Paoli, lors de la guerre de l'indépendance. Paoli, l'image vénérée de la Corse, aimait les Buonaparte; son palais fastueux était entouré de ces familles patriciennes qui vivent là, dans les montagnes, avec les pâtres, âmes trempées de fer qui ne pardonnent jamais. Paoli fut le saint de ces bergers qui avaient pris pour drapeau la vierge immaculée. Depuis, exilé en Angleterre, il avait juré de ne jamais toucher la Corse que pour la rendre indépendante. Tout à côté de la casa des Buonaparte, en était alors une autre, surnommée Pozzo-di-Borgo. Ces deux familles étaient alliées, jusqu'alors il n'y avait eu aucune division entre elles; reconnus nobles et gentilshommes par arrêt du conseil, les Pozzo-di-Borgo vivaient en bonne harmonie avec les Buonaparte, ils avaient servi également sous Paoli [1], et ce nom qui inspirait tous les respects, suspendait aussi tous les ressentiments. Il en était de même de la casa di Salicetti, famille renommée à Ajaccio et à Corte, la cité de la montagne. Tous ces noms de Pozzo-di-Borgo, de Paoli, de Salicetti, ont exercé une trop grande influence sur la vie de Napoléon, pour qu'il soit possible d'oublier leur origine commune et nationale.

Tel fut le berceau de notre héros : quand l'enfant grandit, sa physionomie prit de plus en plus le caractère corse, le front large, les yeux beaux et perçants, le nez bien fait, les membres forts, la chair basanée, la taille petite pour son âge, mais parfaitement proportionnée. Il avait huit ans quand il vit la France pour la première fois; selon les ordres de la cour, M. de Marbœuf attirait la jeune noblesse corse en France; on a dit qu'un sentiment plus intime l'unissait

---

[1] Voir sur M. le comte Pozzo-di-Borgo, une notice que j'ai publiée dans la *Revue des Deux-Mondes*, avril 1835. Je dois à M. le comte Pozzo de curieux renseignements.

au glorieux enfant; je ne fouille point dans ces mystères; quand un homme est grand, il subit le malheur des investigations de tous, et la famille n'est plus un sanctuaire impénétrable. Le petit Napolione vint à Autun, et y resta six mois auprès de M. de Marbœuf, pieux évêque, qui en prit tous les soins qu'appelait cet enfant jeté loin de son foyer. Il existait alors une école militaire à Brienne, sous la direction des pères Minimes; dans l'admirable organisation que le catholicisme avait imprimée parmi les ordres religieux, les Capucins avaient pris tout ce qui touchait au peuple et à l'armée; les Minimes étaient très avancés en mathématiques, comme les Carmes dans la médecine et la chirurgie; sortis du peuple, ces religieux se consacraient à lui. Les Minimes dirigeaient l'école de Brienne; d'habiles professeurs prirent un grand soin de Napoléon, qui n'oublia jamais dans sa vie ce qu'il devait aux ordres religieux [1].

Ici commencent les légendes sur la jeunesse de César; on a fouillé pour rencontrer quelques traits merveilleux dans les premiers bégaiements de cette vie si extraordinaire; les uns font de Bonaparte un écolier morose et rêveur qui se sépare de ses camarades pour méditer ses plans d'avenir; les autres révèlent en lui sa destinée militaire; enfant il élevait des forts de neige, les défendait, les attaquait et les brisait; on a fait même des légendes d'amour sur Napoléon; il s'éprit d'une jeune fille, et la séduisit avec la bouillante passion des Corses; tout cela s'explique par cette grande fortune. Les légendes peuvent se colorer au milieu de tant de merveilles; on a remué cette existence jusque dans ses derniers replis pour l'éloge ou pour la calomnie. Sept ans se pas-

[1] Son professeur fut le P. Patrauld, qui, dans le cours des campagnes d'Italie, écrivit pour Bonaparte, comme secrétaire, toute sa correspondance avec le pape Pie VI.

sèrent à Brienne où de fortes études furent faites sous les Minimes; Bonaparte ne quitta ces exercices que pour entrer à l'École militaire, belle création de Louis XV; le roi voulait conserver l'esprit chevaleresque dans la noblesse de France. Quand vous passez devant l'École militaire, vous pouvez voir les débris de la cour d'honneur où Bonaparte jouait enfant, sous l'écusson fleurdelisé, alors ombragé du drapeau blanc [1]. De l'École militaire, Napoléon passa dans l'armée avec le titre de sous-lieutenant [2], au régiment de La Fère artillerie; cette arme avait fait des progrès immenses depuis l'avénement de Louis XVI : un travail intellectuel remarquable se développait dans l'artillerie, le génie, la marine; ces diverses branches de l'art de la guerre étonnaient déjà l'Europe.

Deux années de garnison à Grenoble influèrent profondément sur toute la vie de Bonaparte; tandis qu'une noblesse folle et bruyante dissipait son temps dans les plaisirs, le jeune sous-lieutenant aimait à étudier; il se passionnait pour l'antiquité. Rome fut l'objet de ses contemplations méditatives, et Rome devint la passion de sa vie; les vastes conquêtes troublaient son sommeil; plus tard il aimait à voir ses armées imiter les vieilles légions, il semblait leur dire : « Vous n'avez rien fait comparativement à Rome, ni ses grands travaux, ni les marches militaires de ses légions. » Les Césars lui paraissaient seuls gigantesques; il présentait pour exemple

---

[1] Voici la note de l'inspecteur de l'école sur Napoléon : « M. Buonaparte (Napoléon), né le 15 août 1769, taille de quatre pieds dix pouces dix lignes, a fini sa quatrième année. Bonne constitution, santé excellente, caractère soumis, honnête et reconnaissant, toujours distingué par son application aux mathématiques. Il sait passablement son histoire et sa géographie; il est assez faible dans tous les exercices d'agrément et pour le latin, où il n'a fait que sa quatrième classe; sera un excellent marin. »

[2] Il eut la huitième place dans l'examen de l'école.

à ses soldats, ces cohortes qui des rives de la Bretagne brumeuse allaient conquérir Jérusalem et les pays brûlants de la Syrie [1] ; Napoléon aima Corneille pour Rome, Talma pour Rome, David pour Rome ; esprit marqué à l'antique, il fut comme une de ces figures de consuls que l'on retrouve sur les arcs de triomphe au Campo-Vaccino. Ces études de Plutarque et des Romains, Bonaparte les poussa fort loin à Grenoble ; il lisait avec passion ; il s'essayait même à jeter ses idées sur des compositions ardentes, car sa pensée débordait.

Pendant ce temps, la famille Bonaparte faisait une grande perte ; Carlo le père commun passait sur le continent, et portait dans son sein le germe d'une cruelle maladie ; il vint à Montpellier pour se faire guérir ; il y mourut lentement de cette plaie à l'estomac qui se développa terrible chez son glorieux fils, sous le climat de Sainte-Hélène. Ainsi les Minimes élevèrent l'enfant à Brienne, les Cordeliers de Montpellier inhumèrent le père dans les caveaux de leur couvent [2] : l'homme de génie qui devait restaurer la France, avait eu les premières émotions de la vie dans la pensée religieuse. Carlo Buonaparte n'avait alors que trente-neuf ans ; la pauvre et noble famille, privée de son chef, sollicita de la cour, la faveur d'une nouvelle place à Brienne pour Luiggi Buonaparte ; Napoléon était déjà sous-lieutenant ; on espérait que sa place à Brienne serait donnée à Louis.

---

[1] Ses proclamations attestent son culte pour les Romains ; il ne fut préoccupé que de cette grande idée ; on en trouve la trace dans sa correspondance de Vérone :

« Je viens de voir l'amphitéâtre, ce reste du peuple romain est digne de lui. Je n'ai pu m'empêcher de me trouver humilié de la mesquinerie de notre Champ-de-Mars. Ici cent mille spectateurs sont assis, et entendraient facilement l'orateur qui leur parlerait. » (Lettre du général Bonaparte au Directoire.)

[2] Voici l'acte de décès : « Charles de Buonaparte, ancien député de la noblesse de Corse à la cour, assesseur à la justice royale d'Ajaccio, époux de dame Lætitia Ramolini, est décédé, âgé d'environ trente-neuf ans, le 24 fév. 1785, sur la paroisse de Saint-Denis, à Montpellier, et a été inhumé dans un des caveaux des RR. PP. Cordeliers de ladite ville. »

Les événements marchaient; la Révolution se manifestait toute-puissante; les idées de liberté et d'égalité ne se concentraient pas seulement dans le peuple et les soldats; elles s'élevaient jusqu'aux gentilshommes et aux officiers; la noblesse se suicidait à plaisir. Le jeune Bonaparte ne fut plus maître de sa destinée; Paoli revenait en France rappelé par un décret de l'Assemblée constituante; n'était-il pas l'ami de Carlo Buonaparte son père? n'était-il pas Corse et le protecteur de sa famille? Le jeune sous-lieutenant n'hésita donc pas à le suivre; il avait la patrie commune à défendre et son ambition à satisfaire; Napoléon, attaché à Paoli, le servit d'abord avec le dévouement d'une âme ardente. Bientôt les événements si rapides, si inflexibles de la Révolution, séparèrent les fiers amis; la Corse se divisa comme la France en deux partis : les aristocrates et les démocrates; Paoli s'était d'abord placé à la tête du parti démocrate, mais homme habile et pratique, il comprit bientôt que l'anarchie menaçante allait compromettre la sûreté de l'île, et quand Louis XVI fut traduit en jugement, Paoli se prononça pour le parti modéré en Corse [1]; il protesta contre les Jacobins. Des assemblées se formèrent partout dans un vaste plan de résistance; si Paoli trouva pour lui le jeune et actif Pozzo-di-Borgo, Salicetti le démocrate vit se ranger sous ses drapeaux la casa di Buonaparti. Désormais voilà des hommes qu'un sentiment de *vendetta* corse va séparer; Salicetti et Bonaparte sont d'un côté, Paoli et Pozzo-di-Borgo de l'autre; les partis sont en présence, et l'orage gronde. Des assemblées départementales s'étaient formées en Corse;

---

[1] L'homme qui connaît le plus profondément ces temps de la Corse, c'est le comte Pozzo-di-Borgo. J'ai trouvé bien du charme à l'écouter, avec sa parole vive, ingénieuse, ardente, pleine de sensations et d'images quand il parle de Paoli.

Paoli en fut élu président, et M. Pozzo-di-Borgo secrétaire. La Corse déclarée nation leva une armée régulière pour défendre son indépendance, et, chose curieuse! dans une assemblée réunie tumultueusement, le peuple Corse bannit avec solennité la famille des Bonaparte, et déclara frappé d'infamie ce nom qui fait aujourd'hui son éclat et son orgueil. Cette délibération qui paraît si bizarre, expression des temps de troubles et de désorganisation, existe encore imprimée avec les autres actes de la consulte présidée par Paoli [1].

La pauvre et noble famille exilée comme les antiques patriciens de Rome, quitta donc Ajaccio, et vint, avec tant d'autres réfugiés corses, habiter Marseille [2] la ville de commerce, aux mœurs presque italiennes, et alors elle-même livrée aux partis; que d'intérêt devait s'attacher à elle? Madame Lætitia, belle encore, veuve et malheureuse, était entourée de ses enfants, parmi lesquels trois jeunes filles si gracieuses; Marianna avait dix-huit ans, Anonciada quinze, Carletta treize; Gierolamo, le jeune fils, était auprès d'elles; Joseph avait quitté la famille; Lucien obtint un tout petit emploi; l'abbé Fesch, le frère de Lætitia Ramolini, d'abord élevé au séminaire d'Aix, avait quitté la robe au moment de la Révolution [3]. Ces pauvres réfugiés étaient ainsi bien intéressants; la calomnie avait beau s'attacher à eux, parler des mœurs un peu dissipées des jeunes filles, de Marianna et d'Anonciada, nées sous le soleil de la Corse, quel intérêt ne suivait pas la misère de ce petit mé-

---

[1] J'ai vu l'original italien de cette délibération; elle est dans les mains du comte Pozzo, avec un code tout entier de lois, que Paoli proclama pour la Corse.

[2] La famille Bonaparte logeait chez M. Clary, riche fabricant de savon, et depuis hautement élevé dans les grandeurs.

[3] L'abbé Fesch fut très avant dans ses liaisons avec la famille Isoard; le cardinal d'Isoard d'aujourd'hui fut son confident le plus intime. Les deux amis se sont peu survécu; la tombe dévore vite.

nage de proscrits, jetés par la tempête à Marseille, comme leurs ancêtres de Florence avaient été exilés en Corse? les flots furent continuellement agités dans la terre d'Italie. Je n'oublie aucune circonstance; la tradition veut qu'à Marseille, Carletta, la plus jeune, avec ses noirs cheveux d'Ajaccio et de Corse, se soit consacrée à tous les soins de la domesticité envers sa mère; elle allait chercher les petits fagots, les provisions du ménage : beau dévouement dans une enfant de noblesse pour laquelle M. de Marbœuf aurait sollicité naguère une place dans une maison royale.

Ainsi vécut pauvre à Marseille la famille Bonaparte, tandis que son puîné Napoléon saisissait l'épée et servait dans l'armée à Toulon. Napoléon alors était franc Jacobin; son origine corse avait imprimé dans son âme une teinte romaine. Bonaparte avait déjà les idées d'un pouvoir fort, les Jacobins allaient à son esprit parce qu'il rencontrait dans cette vaste organisation un principe d'unité et d'énergie, l'objet de ses rêves. Dans le pamphlet du *Souper de Beaucaire,* écrit par Bonaparte, ses sentiments se révèlent [1]; il n'aime point les fédéralistes et les Girondins, parce qu'il trouve chez eux l'anarchie, le décousu, l'absence de pouvoir. Au siége de Toulon, Bonaparte joue le tout pour le tout comme un cadet de race; il a besoin de se montrer; sa fortune est à faire, il conçoit promptement et veut exécuter de même. Tout cet épisode de la vie militaire de Napoléon se résume par l'impérative nécessité de réussir et de

---

[1] Le pamphlet révolutionnaire de Bonaparte, intitulé *Le Souper de Beaucaire*, était un dialogue entre Marat et un fédéraliste, où tous les principes de la Révolution étaient exaltés comme les plus sublimes conceptions de l'esprit humain. Marat y parlait d'une manière digne de lui et de son interprète; le parti de la Gironde y était voué à l'exécration des républicains. Ce petit écrit fut imprimé chez Sabin Tournal, à Avignon. J'en ai un exemplaire. M. Lucien Bonaparte dit que ce pamphlet est de lui.

grandir, il se jette dans le parti des vainqueurs avec exaltation; on ne peut lui reprocher les actes et les lettres de cette époque alors même qu'il les eût signés du nom de Brutus Bonaparte [1]. Chaque temps a ses mots qui lui sont propres, sa phraséologie qui passe avec les émotions du moment : les reprocher aux hommes c'est nier que le soleil brûle et que le cerveau s'enflamme.

Après la chute de Robespierre, Bonaparte s'efface; il était trop lié aux Jacobins pour ne pas éprouver le contrecoup de leur disgrâce; il tombe avec la dictature du Comité de salut public [2], pour se relever avec le 14 vendémiaire qui est le retour vers l'énergie du pouvoir. L'idée de force gouvernementale plaît toujours à Napoléon; qu'est-ce que le 14 vendémiaire? Des sections tumultueuses attaquent le gouvernement établi, la Convention menacée a l'autorité en main et doit se défendre

---

[1] On cite de lui la lettre qu'on va lire; il faut faire la part de l'époque.
Citoyens représentants,
« C'est du champ de gloire, marchant dans le sang des traîtres, que je vous annonce avec joie que vos ordres sont exécutés, et que la France est vengée. Ni l'âge, ni le sexe n'ont été épargnés. Ceux qui avaient été seulement blessés par le canon républicain, ont été dépêchés par le glaive de la liberté et par la baïonnette de l'égalité ! »
Signé. Brutus Bonaparte, citoyen sans-culotte.
Aux représentants du peuple Robespierre jeune et Fréron.

[2] Voici une de ses lettres après le 9 thermidor, plus dans son style.
Nice, 20 thermidor an II.
Le général commandant l'artillerie de l'armée d'Italie, au citoyen Tilly.
« Tu auras appris la conspiration et la mort de Robespierre, Couthon, Saint-Just, etc. Il avait pour lui les Jacobins, la municipalité de Paris, l'état-major de la garde nationale; mais après un moment de vacillation, le peuple s'est rallié à la Convention.
« Barrère, Carnot, Prieur, Billaud-Varennes, etc., sont toujours au Comité de salut public; cela n'apporte aucun changement aux affaires. Ricord, après avoir été chargé par le Comité de salut public de la notification de la conspiration, a été rappelé dans le sein de la Convention. Saliceti est dans ce moment-ci représentant à l'armée d'Italie. Nos opérations militaires seront, je crois, un peu contrariées, peut-être même absolument changées.
« L'artillerie était en avant, et le tyran sarde allait recevoir un grand coup ; mais j'espère que cela ne sera que retardé... J'ai été un peu affecté de la catastrophe de Robespierre le jeune, que j'aimais, et que je croyais pur. Mais, fût-il mon père, je l'eusse moi-même poignardé, s'il aspirait à la tyrannie. »
Bonaparte.

contre l'insubordination des assemblées électorales ; qu'importe qu'il s'agisse de frapper les citoyens de Paris et de verser le sang par la mitraille ; c'est l'unité de pouvoir que le général Bonaparte défend. On le retrouve toujours lui-même ; naguère il combattait les fédéralistes au siége de Toulon, il marchait avec les Jacobins ; maintenant il défend la Convention nationale, l'autorité constituée, par les moyens militaires les plus violents : il est ici dans sa nature. Napoléon tout-puissant ne fut au reste que la personnification du parti jacobin et de la force des Comités ; empereur il fut l'unité dans la multitude [1].

Les liaisons de Bonaparte avec Barras partent du siége de Toulon ; le président du Directoire fut son protecteur. On a voulu faire croire que le représentant du peuple Gasparin fut un des auteurs de la fortune du jeune général. Gasparin avait quitté le siége, et cet épisode fut ajouté pour décharger Bonaparte d'une reconnaissance importune envers Barras. Après le 14 vendémiaire, Napoléon reçoit le commandement de l'armée de l'intérieur, la garde réelle du Directoire ; on le voit incessamment dans les salons de Barras, il est le bras droit de son pouvoir, il le défend ; et c'est moins son mariage avec Joséphine que sa position de confiance envers le Directoire qui le fit nommer commandant en chef de l'armée d'Italie. En temps de révolution les affaires militaires ne se traitent pas par les maîtresses ; on pouvait ainsi obtenir une fourniture, mais le commandement d'une armée s'organisait dans une région plus sérieuse et plus élevée. Tallien et Barras sont les témoins qui signèrent l'acte de son mariage ; tous deux furent pros-

---

[1] Il y a un grand sens dans l'expression de madame de Staël, qui dit de Napoléon : « C'est Robespierre à cheval. » Il y a plus que de la poésie dans cette phrase.

crits[1] ; le Directoire et la Convention se personnifient dans cet acte. Le commandement de l'armée d'Italie est la récompense du 14 vendémiaire ; après avoir affermi le pouvoir à l'intérieur, Bonaparte a besoin de faire respecter la République par la conquête et la victoire sur les frontières ; il part avec cette conviction profonde qu'il lui faut des succès [2].

Quand la victoire vient et qu'elle lui donne une grande force, une immense popularité, le général parle en maître, il sent sa puissance et en use. D'abord il établit sa propre autorité dans le camp, il est entouré de généraux de division qui sont habitués comme lui à vaincre. Jaloux peut-être de voir ce jeune officier les conduire comme un chef à la bataille, Masséna, Augereau, Cervoni, Joubert, Rampon, ne subissent pas tout d'un coup le frein, il faut les dompter à force de merveilles [3] ; ils veulent rester camarades, et lui se pose en maître ; il les éblouit de ses feux de gloire, il leur impose sa supériorité par des combinaisons stratégiques d'une telle force, d'une telle puissance de talent,

---

[1] Voici le texte de l'acte civil de mariage de Bonaparte, tel qu'il est dans la mairie de Paris :

« Moi, Charles-Théodore-François Leclerq, officier public, j'ai prononcé, au nom de la loi, que Napolione Bonaparte et Marie-Joseph-Rose de Tascher, sont unis en mariage, et ce, en présence des témoins majeurs ci-après nommés, savoir : Paul Barras, membre du Directoire exécutif, domicilié palais du Luxembourg ; Jean Le Marrois, aide-de-camp capitaine, domicilié rue des Capucines ; Jean-Lambert Tallien, membre du Corps législatif, domicilié à Chaillot ; Etienne-Jacques-Jérôme Calmelet, homme de loi, domicilié rue de la place Vendôme, n. 207, qui tous ont signé avec les parties et moi, après lecture. Signé *Tallien, M. J. R. Tascher, P. Barras, Le Marrois* le jeune, *Napolione Buonaparte, Calmelet, Leclerq*, officier public. »

[2] Bonaparte partit pour Nice, vers le milieu du mois de mars, ayant pour aides-de-camp son frère Louis, MM. de Marmont, Junot, Le Marrois, etc. ; et pour secrétaire, son professeur de mathématiques, M. Patrauld, homme d'un esprit fin et étendu.

[3] Les généraux de l'armée d'Italie étaient : Cervoni, Augereau, Joubert, Masséna, Rampon, Berthier, La Harpe, etc. Le général Kellermann commandait l'armée des Alpes ; le général Serrurier était à la tête de l'armée d'observation.

que nul ne peut y atteindre ; il refoule les armées autrichiennes les unes sur les autres ; qui pourrait résister à un tel ascendant ? Son autorité, reconnue par ses lieutenants, est saluée par ses soldats, vieilles troupes habituées aux privations ; lui seul les conduit à l'abondance et à ce pillage bien ordonné qui donne à chacun sa part dans un riche butin[1]. Le voilà bien fort par sa toute-puissance militaire ! comme César il dispose d'une armée de vieux prétoriens, il leur a prodigué l'abondance et la victoire ; plus tard, en échange, ils lui donneront la couronne et la pourpre.

Cependant la crise augmente pour le Directoire, il a besoin d'une armée afin de soutenir sa puissance chancelante ; comme il est débordé partout dans les Conseils, Barras s'ouvre au général Bonaparte, il lui écrit en Italie. Le Directoire consulte l'impitoyable commandant qui sauva la Convention au 14 vendémiaire ; l'armée d'Italie n'est-elle pas fortement républicaine ? on le sait et l'on vient à elle pour demander appui. Bonaparte saisit ces propositions avec joie ; en définitive le résultat lui assure le

---

[1] Sa correspondance d'Italie est sur le ton le plus impératif :

« J'arrive à Vérone pour en partir demain. Cette ville est grande et belle. J'y laisse une bonne garnison pour me tenir maître des trois ponts qui sont ici sur l'Adige.

« Je n'ai pas caché aux habitants que si le roi de France n'eût évacué leur ville avant mon passage du Pô, j'aurais mis le feu à une ville assez audacieuse pour se croire la capitale de l'Empire français.

« Les émigrés fuient de l'Italie, plus de quinze cents sont partis cinq jours avant notre arrivée. Ils courent en Allemagne, porter leurs remords et leur misère. »

Partout c'est le même ton impérial :

Au cardinal Mattei.

« La cour de Rome a refusé d'accepter les conditions de paix que le Directoire lui a offertes. Elle a rompu l'armistice ; elle arme ; elle ne respire que la guerre, et elle l'aura. Vous connaissez, cardinal, la force et la valeur de l'armée que je commande : pour détruire la puissance temporelle du pape, je n'ai besoin que de le vouloir. Allez donc à Rome ; éclairez le saint-père sur ses vrais intérêts ; écartez les intrigants qui l'assiégent. Le gouvernement français me permet de recevoir des propositions de paix, et tout peut bien s'arranger. Je souhaite, monsieur le cardinal, que vous ayez, dans votre mission, tous les succès que mérite la pureté de vos intentions. » (Du 22 octobre 1796.)

gouvernement. C'est au 18 fructidor que le Directoire se met dans les mains de l'armée d'Italie et de son général ; des clubs se forment dans les corps et on délibère des adresses; le pouvoir militaire exprime un vœu, et ce vœu est un ordre, parce qu'il est soutenu par la force et les baïonnettes; désormais le gouvernement appartient au soldat [1]. C'est le général Augereau qui vient à Paris par les ordres de Bonaparte, et il met la main sur les députés comme pour essayer le 18 brumaire où on les jeta par la croisée. Ce jour-là, c'en est fait du pouvoir civil, l'autorité est passée au premier général heureux et ferme. Quand un homme s'est placé ainsi dans une région supérieure, que peuvent les petites oppositions, et les répugnances? il marche à son résultat par la propre impulsion des choses; la dictature existe par le fait.

Ce grand éclat qui environne le général Bonaparte rejaillit sur sa pauvre et noble famille; la mère, les frères, les sœurs ont quitté Marseille où leur misère ne leur a pas été pardonnée; ils fixent leur séjour à Paris, et comme l'union la plus intime règne là, tous s'efforcent de grandir encore la fortune et la popularité de Napoléon qui est leur orgueil. Le général a des frères admirables pour conduire et dominer les esprits; Joseph, Lucien, ne parlent que de la gloire de celui qui s'élève si haut; Lucien sera du conseil des Cinq-Cents; Joseph est intime avec les fournisseurs et les financiers; madame Beauharnais-Bonaparte réunit dans

---

[1] La correspondance de Barras et de Bonaparte après le 18 fructidor est des plus intimes : voici quelques-unes de ces lettres : « Les infâmes journalistes auront leur tour; la résolution des Cinq-Cents sera adoptée, mon cher général; termine la paix, que le Rhin soit la limite et que Venise ne soit pas à la maison d'Autriche; voilà le vœu du Directoire épuré. » Autre lettre : «Ton silence est bien étrange, mon cher général, les déportés sont partis hier; Augereau se conduit on ne peut mieux; il a la confiance des deux partis; les Bourbons partent demain pour l'Espagne. » (Lettres de Barras à Bonaparte, 20 et 21 fructidor.)

son gracieux salon tout ce que la mode d'alors a d'élégant, les gens d'esprit et les hommes du jour; on influence partout les journaux et les écrivains : « Parlez de moi, toujours de moi, a dit Bonaparte à ses amis. » On agit sur la presse, on ne cause que du général Bonaparte, de sa gloire, de ses merveilles; partout, en France comme à l'étranger, on jette à pleines mains l'éloge; à l'extérieur surtout, parce que le général est le vainqueur d'Italie, et qu'il a conservé dans ses succès inouïs, les formes jusqu'alors inconnues parmi les généraux de la République. On sent qu'il est bien né; en Italie il a traité le pape et les prêtres avec un respect qui se ressent de son éducation première, il n'a pas ces préjugés grossiers des avocats du Directoire; il a tendu la main à l'Autriche, et M. Louis de Cobentzl a trouvé dans ses rapports des formes de politesse qu'on n'était point habitué à rencontrer dans les généraux improvisés de la Convention et du Directoire.

A cette époque Bonaparte est à peu près maître de la position qu'il choisira; on lui donne l'option d'une armée et il prend un moment le titre de général en chef de l'armée d'Angleterre, puérile dénomination qui n'est qu'un jeu d'enfant pour cacher un plus grand dessein. Bonaparte éprouve la nécessité d'accomplir une campagne historique à la suite d'une de ces expéditions grandioses qui frappent vivement les générations; il lui faut quelque chose de magnifique qu'on ne puisse regarder qu'avec un sentiment d'admiration sublime. C'est alors qu'il prépare la campagne d'Égypte; les idées de Pompée et de César se marient dans sa vaste intelligence; l'Orient a quelque chose de riche et de mystérieux qui frappe vivement son imagination : les Sphinx, les Pyramides, les villes aux cent portes avec leur myriade d'habitants, leurs soldats et leurs esclaves noirs aux colliers d'or ; toutes ces pompes se déroulent majestueusement devant lui ; il sait que c'est de l'Orient que sont venus tous les hommes qui ont parlé aux croyances et aux grandes idées du peuple ; c'est de l'Orient aussi que partaient ces légions qui remuaient le monde et faisaient les empereurs ; Bonaparte rêve les grandes effigies des Alexandre. Par la Syrie il veut agir, comme un colosse, un pied sur l'Asie, un pied sur l'Europe [1]. Avec quel soin il prépare cette expédition, comme il la fait venir de loin, comme il en caresse la partie scientifique et le côté militaire! Quand il touche l'Égypte, il veut être, tout à la fois, le général habile, l'administrateur exercé, l'homme de gouvernement et d'histoire, le savant enfin qui demande à l'Institut la solution de quelques problèmes que les Ptolémées ont laissés au monde dans les écoles d'Alexandrie avec les oracles et la statue de Memnon.

En Égypte le général Bonaparte ne cesse d'avoir les yeux sur la France, il caresse l'opinion publique avec un soin tout particulier, il veut la frapper vivement par des bulletins gigantesques. Dans les revers comme dans les victoires il est grand, il emprunte à l'orientalisme ses formes et ses figures, il se déclare l'ami du Prophète, il prend dans son langage quelque chose de pompeux ; tout se ressent du soleil ardent et de ces sables immenses qui se déploient au désert et de ces quarante siècles qui le contemplent. Il n'est pas un seul discours du général qui n'ait pour objet de jeter sur sa personne quelque chose de plus grandiose, s'il est possible, que ses actions ; il veut que l'humanité disparaisse pour

---

[1] Voilà ce qui explique la haute prédilection de Bonaparte pour les souvenirs de l'Égypte. C'est sa campagne de prédilection et sa poétique idée.

ne plus laisser que le héros, le sage, le législateur ; il veut que le peuple français l'invoque dans les malheurs de la patrie comme le seul bras assez puissant pour le sauver de la crise : l'exagération, l'hyperbole, tout lui est bon ; il marche si bien à ses desseins que plus les nouvelles sont rares, plus on parle de lui. Bonaparte essaie tous les prestiges : l'éloquence et la victoire ; il lance à propos ses prophéties, ses inquiétudes et ses paroles d'amour, d'espérance et de dépit pour la France. Il ne veut pas qu'on le considère comme ces généraux qui brillent autour de lui, mais bien comme la seule pensée rationnelle et haute qui doit finir la tourmente publique et le dernier mot de la Révolution. Quand cette opinion est bien faite, quand elle est devenue populaire en France, tout à coup, sans préparatifs, comme un éclat de tonnerre, on apprend, par le télégraphe, que le général Bonaparte est débarqué à Fréjus, et que, sans préparation, sans quarantaine, il marche triomphalement vers Paris !

CHAPITRE XVI.

SITUATION DIPLOMATIQUE DE LA FRANCE

AU DÉBARQUEMENT DU GÉNÉRAL BONAPARTE.

Chute des rois de Naples et de Piémont. — Rupture de la République avec l'Autriche. — Rapprochement des cabinets de Vienne et de Saint-Pétersbourg. — Mission du comte de Cobentzl. — Marche et résultat du congrès de Rastadt. — Assassinat des plénipotentiaires. — La Prusse. — Mission du prince Repnin et de l'abbé Sièyes à Berlin. — Les forces de l'Angleterre. — Lutte acharnée. — Alliance de l'Espagne. — Déclaration de guerre de Paul Ier contre Charles IV.

1798 — 1799.

Des faits diplomatiques d'un immense intérêt avaient brisé tous les éléments de la paix générale, parce qu'ils révélaient la politique envahissante du Directoire. Le traité de Campo-Formio avait respecté deux royautés intermédiaires : Naples et le Piémont, nécessaires à l'équilibre général de l'Italie : eh bien! ces gouvernements étaient impitoyablement renversés par les ordres de la République. Le général Championnet foulait aux pieds la couronne de Naples, et le général de Grouchy chassait la maison de Carignan. Rien n'avait plus vivement frappé l'esprit des cabinets que ces envahissements successifs en pleine paix; ils ne permettaient jamais le repos et la sécurité des États, car à peine un traité était-il signé que déjà l'on songeait à sa violation. A Campo-Formio on avait promis de maintenir l'état de choses en Italie, et depuis deux ans que ce traité était signé, que d'événements accomplis et capables de bouleverser le *statu quo* des États intermédiaires! On avait détruit la puissance du pape, et Pie VI gémissait dans une dure captivité; Rome avait constitué sa liberté, ses consuls et ses tribuns; Naples, envahie par les généraux Championnet et Macdonald, renversait sa royauté, pour proclamer la république Parthénopéenne, tandis que les démocrates en finissaient avec la maison de Savoie-Carignan dans le Piémont. Le Directoire répondait à tous les reproches des cabinets : « Que ces changements ne pouvaient être imputés à sa politique ; si Rome avait fait sa révolution, c'est que les Italiens, maîtres de changer la forme de leur gouvernement, exerçaient le principe de la souveraineté du peuple; à Naples, les hostilités n'avaient point été provoquées par les Français, les Napolitains eux-mêmes, prenant l'initiative, avaient envahi Rome sous le roi; leur drapeau avait été arboré sur Saint-Pierre et les basiliques; le général Mack n'était-il pas au service de l'Autriche? L'occupation de Naples était donc la conséquence d'un événement militaire que la République n'avait pas amené; là, le peuple, comme à Rome, s'était manifesté, et on l'avait laissé libre de renverser le gouvernement royal; c'était son droit[1].

---

[1] « C'est à une terreur panique très naturelle, très facile à expliquer et très excusable, qu'il faut expliquer la perte du royaume de Naples. Du moment où sa majesté l'empereur, ou pour mieux dire le cabinet autrichien, n'a pas jugé à propos de coopérer avec le roi des Deux-Siciles, celui-ci a été détrôné. Ce n'est plus le général Championnet qui a été en face du général Mack, c'est Joubert, Augereau, Masséna, Schawenbourg, Brune, Jourdan; que sais-je, toutes les troupes de la République française, des républiques Batave, Ligurienne, Cisalpine, Helvétique, etc., les gardes nationales, la gendarmerie, les conscrits, l'institut national, l'École polytechnique, etc. Chaque soldat, chaque officier napolitain, individuellement brave et loyal, n'a plus vu une colonne de deux mille Français devant la sienne quatre fois supérieure en nombre; son imagination effrayée a vu des hauteurs d'Otricoli, une autre colonne idéale de soixante mille hommes descendant les Alpes pour venir l'écraser deux mois

Dans le Piémont, le peuple avait également agi en vertu de cette souveraineté; s'il renversait les insignes de la maison de Savoie à Turin, le Directoire n'avait rien à se reprocher; il faisait encore un acte libre, spontané, dans la manifestation des principes invariables de la souveraineté républicaine, et d'ailleurs les conventions secrètes de Campo-Formio, et les pourparlers de Seltz entre M. de Cobentzl et M. François de Neufchâteau, permettaient-ils à l'Autriche de se plaindre? Le cabinet de Vienne n'avait-il pas consenti à la cession du Piémont à la France, pour reprendre le Milanais? La maison de Savoie-Carignan n'avait-elle pas été sacrifiée comme Venise et Raguse [1]. »

Ces raisonnements diplomatiques que M. de Talleyrand répétait dans toutes ses notes, ne pouvaient apporter une profonde conviction dans l'esprit des cabinets; l'Autri-

---

plus tard, et il a préféré se rendre dès le premier jour. » (Dépêche d'un agent prussien à M. de Hardenberg, septembre 1799.)

[1] « Il y aurait beaucoup de réflexions à faire sur les articles secrets du traité de Campo-Formio, mais il vaut mieux passer sans rien dire sur une transaction aussi extraordinaire et aussi fatale. Elle explique maintenant l'irrésolution et les longs refus du cabinet de Berlin. Heureusement que la déclaration de guerre de la France à S. M. I., annule tous les traités patents et secrets, et remet les choses dans l'état où elles étaient en mai 1797. Espérons que le cabinet de Vienne, mieux instruit, par cette expérience, de la perfidie du gouvernement français, ne se mettra plus à sa discrétion comme il l'avait fait; que des négociateurs habiles éteindront les jalousies et les haines que ces conventions secrètes avaient allumées; et que les souverains des divers états de l'Allemagne verront dans ces articles mêmes, que la France, au milieu de ses protestations d'amitié, est toujours prête à les sacrifier indistinctement à sa politique du moment. Elle a beau faire pour aigrir les membres du corps germanique contre S. M. I.; elle ne peut rien publier contre le cabinet de Vienne, qu'on ne puisse également l'objecter à celui du Luxembourg. Les articles secrets étaient synallagmatiques. Quoi qu'il en soit, *mal connu*, dit un proverbe trivial, *est à moitié réparé*. Il ne reste plus au Directoire, dans son parc d'artillerie diplomatique de réserve, qu'une seule pièce à faire jouer: c'est le procès-verbal des conférences de Seltz, entre François de Neufchâteau et de M. de Cobentzl. Quelques traits jetés comme au hasard dans le message du 11 mars, nous préparent à voir bientôt l'explosion de cette nouvelle mine, mais nous croyons d'avance qu'elle ne tuera que la réputation de M. de Cobentzl, qui du reste aura dans son malheur la consolation de jouir du joli portrait de son ami Bonaparte, qu'il reçut à Seltz, de la munificence du Directoire, pour prix de ses propositions et de ses complaisances. » (Dépêche secrète du prince Repnin à Paul Ier.)

che savait à quoi s'en tenir sur cette manifestation libre des populations pour le système républicain; elle était instruite que les propagandistes français parcouraient tous les royaumes d'Italie pour les exciter à la révolte, et qu'une fois la république proclamée de nouveaux auxiliaires se donnaient à la France. Par le fait, n'était-elle pas maîtresse de Naples et du Piémont? quel diplomate pouvait se méprendre sur l'esprit et le but des nouvelles institutions dans les démocraties italiennes? Toutes asservies à la France, elles lui payaient tribut; le Directoire levait dans les cités libres, des impôts en hommes et en fournitures de guerre; il n'y avait sur ce point aucune illusion à se faire. D'autres motifs venaient encore se joindre pour déterminer l'Autriche à entrer franchement dans une lutte contre l'influence absorbante de la France: la maison de Naples était intimement liée à la grande race impériale; l'impératrice lui était tendrement unie par le sang; on la blessait au cœur en brisant le sceptre dans les mains des Bourbons des Deux-Siciles; l'impératrice avait une si grande puissance sur son époux et parmi le peuple de Vienne! Enfin la reine Caroline, si fière, si impérative, cette femme forte et violente, parcourait le continent pour l'appeler aux armes; elle était en Autriche, réunissant ses chevaleresques défenseurs autour d'elle, pour les faire entrer dans une lice commune contre la République française qui brisait sa couronne.

L'Autriche, une fois décidée à commencer la guerre; le Directoire fit tous ses efforts pour la retenir, avant qu'elle ne prît cette résolution. Le gant était jeté. On voit par les négociations secrètes et dernières du congrès de Rastadt, que la France craint vivement une manifestation militaire de l'Autriche; M. de Talleyrand écrit aux plénipotentiaires [1] à Rastadt : « de se départir, s'il le faut au besoin, de quelques prétentions sur la rive du Rhin pour retenir Vienne au moment où les hostilités peuvent éclater d'une manière si violente. » On redoute un conflit général qui peut tout compromettre; on sait à Paris le départ du comte de Cobentzl pour Saint-Pétersbourg. De son côté, le comte de Kalitschef cimentait plus intimement encore l'union de la Russie et de l'Autriche. Une coalition, plus formidable que celle de 1792, était prête à éclater.

Les derniers actes du congrès de Rastadt deviennent importants; ils révèlent les craintes de guerre dans l'esprit du Directoire. Nulle puissance ne fut de bonne foi dans ce congrès; il s'agissait de décider du sort de l'Allemagne, et si l'on se rappelle les stipulations de Campo-Formio, on a dû voir que ses destinées furent secrètement réglées entre les deux grandes puissances signataires, la France et l'Autriche. Vainqueur des armées impériales, le général Bonaparte obtint des concessions intimes; le pacificateur de l'Italie n'avait eu qu'un seul but, s'assurer les frontières du Rhin [2]; il oublia dans les articles additionnels, les ancien-

---

[1] Voici quelques dépêches de Rastadt :
« Nous ne connaissons pas encore la réponse que fera la députation de la Diète; mais nous craignons qu'elle ne soit pas plus satisfaisante que celles qui l'ont précédée. Les députés de Bade, de Darmstadt, de Francfort, ont dit assez nettement qu'il fallait se résoudre aux sacrifices. Celui de Bremen ne s'éloigne pas de la cession, mais il a insinué que les Français ne devaient pas se mêler des indemnités, parce que c'était une affaire domestique. »(Dépêche des plénipotentiaires, du 13 février 1798, à M. de Talleyrand.)
« La sûreté de la France, est compromise par la marche des troupes russes qui se trouvent dans les États de l'empereur, et qui disaient hautement qu'elles venaient attaquer la République française, et par la sortie des troupes de l'empereur hors des pays héréditaires, au mépris d'une convention secrète du 11 frimaire (1er décembre 1797) signée à Rastadt, entre *le général Bonaparte et les plénipotentiaires autrichiens, MM. de Cobentzl, de la Tour, et de Mecrfeldt.* » (Ibid.)

[2] « Je viens d'être instruit, citoyen ministre, que l'empire a enfin consenti à prendre pour base du traité de Rastadt, la cession de la rive gauche du Rhin. Les ci-

nes traditions du protectorat que la France exerçait depuis Richelieu sur les petites puissances allemandes contre l'Autriche. Pour obtenir les Pays-Bas, le général Bonaparte céda tout à M. de Cobentzl en ce qui touchait les intérêts germaniques. De son côté M. de Cobentzl, pour obtenir Venise et l'Adriatique, abandonna, et j'oserais presque dire trahit les intérêts de la confédération. Il en résultait qu'à Rastadt les deux grandes puissances principalement intéressées, la France et l'Autriche, avaient un besoin commun et exclusif de traîner en longueur les négociations, afin d'en rendre la solution impossible.

La Russie ne demeurait pas étrangère à cette influence; Paul Ier voyait aussi avec peine un arrangement définitif de l'Allemagne, dans lequel la France gagnait une si large part de territoire aux rives du Rhin; la Russie rêvait le protectorat germanique, auquel semblait renoncer la maison d'Autriche; ne portait-elle pas aussi ses aigles éployées sur le drapeau national? Paul Ier écrivit à la confédération, pour la déterminer à un mouvement militaire contre la République française [1]. Le congrès de Rastadt fut donc un échange continu de notes, de projets, de contre-projets; les négociations devaient se continuer incessamment, sans jamais aboutir à un résultat. Ainsi le voulaient les puissances principalement intéressées à la guerre.

toyens Treilhard et Bonnier, achèveront sans difficulté ce qu'ils viennent de commencer si heureusement. Mon intervention désormais devient superflue; je vous prie donc de vouloir bien m'autoriser à faire revenir de Rastadt une partie de ma maison que j'y avais laissée, ma présence à Paris étant nécessaire pour différents ordres et différentes expéditions. (Dépêche de Bonaparte à M. de Talleyrand, 5 mars 1798.)

[1] Les plénipotentiaires français adressent une note ainsi conçue :

« Les soussignés, ministres plénipotentiaires de la République française, sont chargés par leur gouvernement de faire, à la députation de l'empire, cette déclaration formelle, que, si la diète de Ratisbonne consentait à l'entrée des troupes russes

Le comte de Metternich [1], présidant la députation autrichienne, ne fut à l'aise que lorsque le rapprochement de l'Autriche et de l'empereur Paul put permettre la dissolution immédiate du congrès [2], et à ce moment la guerre fut déclarée par une marche en avant de l'archiduc Charles qui passa l'Inn avec vigueur. La cour de Vienne se trouvait néanmoins dans une position toujours fausse par rapport à la confédération germanique; les articles secrets de Campo-Formio, publiés tout exprès par le Directoire, n'étaient pas les seules pièces qui prouvaient l'abandon que l'Autriche avait fait des intérêts de l'empire; les plénipotentiaires français au congrès, Roberjot, Jean Debry et Bonnier pouvaient faire également des révélations de nature à compromettre les négociations du cabinet de Vienne [3]; ces plénipotentiaires persis-

sur le territoire de l'empire, ou si même elle ne s'y opposait pas efficacement, la marche de l'armée russe sur le territoire germanique sera regardée comme une violation de neutralité de la part de l'empire; que la négociation qui se fait à Rastadt sera rompue, et que la République et l'empire se trouveront sur le pied où étaient les deux États avant la signature des préliminaires de Léoben et la conclusion de l'armistice. »

Signé Bonnier, Jean Debry, Roberjot.
(Note adressée à M. le comte de Metternich, ministre impérial).

[1] Père du prince de Metternich actuel.
[2] Le comte de Metternich remit le 9 avril 1799, la note suivante aux plénipotentiaires français.

Note de S. E. le comte de Metternich, aux ministres plénipotentiaires de la République française, du 8 avril.

« La guerre contre l'Allemagne existant de fait, malgré les protestations de la part du gouvernement français, de son désir vif et sincère de la paix avec l'empire; mais celle-ci n'ayant eu aucun égard à la convention par laquelle on devait se prévenir de la rupture de l'armistice; une parfaite sécurité pour la correspondance nécessaire ne pouvant continuer, et la sûreté du lieu même où siége le congrès, laquelle, dans toutes les assemblées de cette nature, avait en tout temps été prise en considération particulière, n'étant pas moins menacée, au milieu du bruit des armes : le soussigné, en conséquence, a reçu ordre de Sa Majesté impériale, comme chef suprême de l'empire, de ne plus prendre part aux négociations de paix, vu que les circonstances et les rapports sous lesquels le congrès s'était réuni, sont entièrement changés, et de faire part du contenu de cet ordre de Sa Majesté impériale aux ministres plénipotentiaires de la République française.

« En exécutant cet ordre, par la présente déclaration, il assure les ministres plénipotentiaires de la République française de sa considération distinguée. »

Le comte de Metternich - Winnebourg (7 avril).

[3] Le message de guerre du Directoire à l'empereur et au grand-duc Toscane, portait

taient à demeurer à Rastadt; leur attitude impérative, leur langage fier et hautain avaient profondément blessé les négociateurs. L'histoire a dit que les plénipotentiaires français, revêtus du caractère sacré d'ambassadeurs, furent impitoyablement massacrés presque à la sortie de Rastadt, dans ce bois touffu que l'on voit tout près des eaux de Baden : des hussards de Szeckler les frappèrent de mort; Jean Debry seul se sauva; les papiers de la légation tombèrent au pouvoir de l'Autriche. Cet attentat sauvage, par qui fut-il provoqué? Quelle fut la main homicide qui dirigea cette fatale mesure?..... Bientôt l'Europe répondit par la guerre. Tout le monde fut accusé, tout le monde désavoua, cela devait être. Comme le pouvoir était tombé bien bas en France, on rejeta même sur le Directoire la pensée secrète d'un horrible assassinat, destiné, disait-on, à réveiller l'esprit public pour une guerre générale; l'Autriche fut aussi accusée, et mille conjectures s'élevèrent sur les motifs d'un acte de violence inouï [1] dans les fastes diplomatiques. La version allemande, telle qu'elle résulte des pièces secrètes, se résume ainsi : « L'Autriche avait résolu d'enlever les

---

à peu près : « que l'empereur a méconnu le principe du traité de Campo-Formio, et qu'il a refusé d'en exécuter un des articles principaux ; que la conduite du cabinet autrichien a toujours été opposée à la paix ; puis parlant de la froideur de la réception faite à l'ambassadeur de la République, Bernadotte, à Vienne ; de l'affront qu'y reçut le drapeau national ; de l'hypocrisie de la cour de Vienne, lors des négociations de Seltz ; du refus fait d'envoyer le baron Degelman, à Paris, comme ambassadeur de S. M. I. ; du voyage du comte de Cobentzl à Berlin et à Saint-Pétersbourg ; des difficultés élevées à Vienne pour ne pas recevoir l'ambassadeur de la république Cisalpine, etc., enfin le Directoire démontre que les dispositions hostiles de l'empereur s'étaient manifestées suffisamment par la marche des troupes russes à travers l'Autriche et la Moravie, pour arriver aux frontières de la Bavière, déjà occupée par une armée de cent mille Autrichiens. »

[1] Les démentis furent attestés par les certificats de tout le congrès :

« Les soussignés attestent, sur leur honneur et leur devoir, que tous les faits énoncés dans le rapport des plénipotentiaires sont de la plus exacte vérité. Nous avons été témoins oculaires de la majeure partie de ces événements, et nous avons vérifié les autres avec l'attention la plus scrupuleuse, d'après les personnes qui étaient présentes et qui y ont joué un

papiers de la légation française, parce qu'ils pouvaient compromettre ses rapports avec le corps germanique au moment des hostilités. » Les plénipotentiaires cherchèrent à se défendre, et les hussards les frappèrent de mort dans un engagement ; le cabinet de Vienne se saisit des papiers de la légation, l'objet de ses craintes. Les rapports de quelques agents attribuent à la reine Caroline, qui parcourait l'Allemagne en héroïne chevaleresque, une participation active à cet attentat : comme dans toutes les violences de gouvernement, il y a toujours un mystère qui environne les coupables, on peut indiquer beaucoup de causes, mais on ne peut pas signaler la main. Dans une dépêche secrète adressée à M. de Hardenberg, un agent intime parcourt toutes les échelles de probabilité, et il croit que dans cette catastrophe il y a deux faits bien constatés : 1° l'enlèvement des papiers par la maison d'Autriche et le besoin qu'elle avait de dérober certaines pièces du congrès compromettantes pour elle ; 2° la rencontre furtive des plénipotentiaires et des hussards de Szeckler : ce fut parce que les plénipotentiaires se défendirent qu'ils reçurent la mort comme un hasard et non point par dessein concerté[1]. Au reste, cet événement

rôle. Nous n'avons en vue que de constater les faits dans toute leur pureté, et de les mettre de bonne heure à l'abri de toute altération. Autant qu'il était possible, nous avons supprimé tout jugement, toute observation, tout accès de sensibilité.

Signé le comte de Goërtz ; le baron de Jacobi, de Dohm, de Rosenkranz, de Rachberg, de Reeden ; baron de Galzert ; comte de Solms-Laubach, Otte de Gemmingen ; baron de Kreusn, comte de Taube.

[1] « Que dire maintenant de l'Autriche ? Certes, elle paraît avoir eu seule un puissant intérêt à commettre cette horrible action ; seule, elle avait à cacher des menées secrètes et basses ; seule, elle devait vouloir faire taire les négociateurs français et s'emparer de leur papiers. Elle ne pouvait se disculper d'une terrible et publique accusation que par la recherche, le procès et la punition des assassins. Est-ce de cette manière qu'elle en a agit? Qui maintenant aurions-nous à désigner comme l'auteur du crime? Ce n'est assurément point l'empereur François II, le plus honnête homme d'un empire peuplé de gens très honorables ; non, ce n'est point cet auguste modèle de probité, de justice, d'humanité ! Mais a-t-il jamais sondé toutes les profon-

fit une sensation profonde en Allemagne, et toutes les personnes de quelque dignité se firent un devoir de désavouer un assassinat inouï dans le droit des gens. L'archiduc Charles, si fier de son rang, si noble de caractère, s'exprima avec un sentiment d'indignation bien naturel à son cœur; en face du camp français, il donna sa parole d'honneur au général Masséna que l'armée autrichienne tout entière restait étrangère à l'acte de violence commis par les hussards de Szeckler : l'archiduc se donnait d'autres destinées à accomplir[1] et d'autres ennemis à vaincre.

La Prusse avait un trop grand intérêt à compromettre la maison d'Autriche avec l'Allemagne, pour ne pas

---

deurs de la conscience de son ministre Thugut, comme les sales menées de l'agent révolutionnaire Poterat, sur les négociations entamées près du Directoire et de Bonaparte pour le partage des États pontificaux? Ce ne serait pas davantage le loyal archiduc Charles que nous oserions désigner ici; mais avait-il découvert dans ses campagnes de Flandre les coupables intrigues de Fischer? Soupçonnait-il les mystères de l'évacuation de la Belgique, et la vente pour six millions des quatre places conquises sur la frontière du nord de la France, au prix de tant de sang autrichien? Je n'en dirai pas davantage; car qui se permettrait, sans preuves positives, d'accuser un gouvernement toujours respectable et des ministres dont plusieurs méritent notre estime? Mais si le tribunal de Berlin ne condamnait pas sur d'aussi fortes apparences, un jury anglais dans son âme et conscience, prononcerait hardiment ». (Dépêche d'un agent prussien à sa cour.)

[1] Lettre de l'archiduc Charles, au commandant en chef de l'armée française (général Masséna), au quartier de Stockach, le 2 mai 1799.

« Général,

« Les rapports que je reçois aujourd'hui m'apprennent un événement qui s'est passé dans la ligne de mes avant-postes. Le commandant me rend compte, que les ministres français Bonnier et Roberjot, ayant traversé pendant la nuit la chaîne de ses postes, y ont été attaqués par les hussards et ont malheureusement péri. Les circonstances de cet événement ne me sont pas encore connues; en attendant, j'ai fait arrêter le commandant de ces avant-postes, et j'ai en même temps nommé une commission pour faire les recherches les plus exactes et les plus sévères sur les causes de cet accident. Je m'empresse de vous faire d'avance la promesse, qu'autant que mes postes avancés se seraient le moins du monde rendus coupables dans cette affaire, j'en donnerai une satisfaction tout aussi éclatante que mes ordres relatifs à la sûreté personnelle des ministres français étaient précis et réitérés. — Je ne puis assez vous exprimer combien je regrette qu'un tel désastre ait eu lieu dans la ligne de mes avant-postes; je me réserve, général, de vous faire connaître sans délai le résultat des recherches que j'ai ordonnées dès le premier avis qui m'est parvenu.

« Recevez, général, etc... »

profiter de tous ces abandons du corps germanique, consommés par le traité de Campo-Formio. Les articles secrets furent révélés par M. de Hardenberg à toutes les légations; M. de Haugwitz, plus avant encore dans le système français, communiqua intimement aux cours de Bavière, de Wurtemberg, de Saxe, de Bade, les stipulations qui cédaient à la France la rive gauche du Rhin, au préjudice des possesseurs des terres féodales, des évêchés sécularisés et des villes libres; d'où le cabinet de Berlin concluait qu'une couronne qui abandonnait si étrangement le corps germanique ne pouvait plus être dignement portée par un empereur.

L'Autriche et la Prusse demeurant fermes dans leur rivalité, le cabinet de Berlin voulut profiter de la circonstance pour abaisser à jamais la maison de Lorraine. J'ai dit comment l'abbé Sieyès, dans son ambassade à Berlin, parvint à maintenir la neutralité, objet si précieux à conserver pour la République française; la politique russe échoua devant l'immobilité. La Prusse n'osa point se lier intimement avec le Directoire par une neutralité bienveillante, qui était pour elle un agrandissement d'influence politique sur l'Allemagne; elle recevait des subsides de Paris, et, par le seul fait de cette situation neutre elle gagnait du terrain sur les états secondaires de la confédération germanique; elle les protégeait vis-à-vis de la France. La Prusse, dans sa neutralité, devenait l'arbitre de la coalition; elle pouvait faire pencher la balance; si elle s'était prononcée favorablement pour la Russie et l'Autriche, elle n'eût été qu'auxiliaire; en gardant son système, elle devenait partie principale dans une négociation définitive ou dans le remaniement de l'Europe. Tout nouveau traité pouvait lui donner une meilleure position sur le Rhin et sur ses frontières de Saxe et de Hanovre.

Ainsi la Prusse ne se prononçait pas dans le mouvement armé, elle restait immobile devant les vives sollicitations de la Russie; Paul Ier, habile même dans ses écarts, suivait les vieilles traces de la politique de Saint-Pétersbourg, qui consiste à cacher l'influence positive et militaire sous des paroles de modération et de générosité chevaleresque. Paul Ier résolut de tout entraîner dans une grande croisade pour la restauration des trônes, poétique passion qui parlait à son âme. Les hommes d'état de Saint-Pétersbourg voyaient loin et haut; ils savaient qu'en intervenant en Allemagne et en Italie, les Russes se faisaient connaître à l'Europe occidentale, et qu'en se posant ainsi ils devenaient les arbitres du Midi; leur cabinet prenait de l'influence dans tous les rapports, même les plus lointains; il cessait d'être puissance orientale : le feld-maréchal Suwarow ne recevait-il pas le commandement de l'armée coalisée des Autrichiens, des Bavarois et des Russes? Une fois cette campagne achevée, rien ne se faisait plus désormais en France, en Italie, que par l'influence de la Russie. Naguère on soupçonnait à peine la grandeur de cette cour; sous Louis XIV on la désignait avec mépris sous le nom de Moscovite, elle était absorbée par les guerres contre les Turcs; un siècle après, elle allait devenir la pensée souveraine de toutes les résolutions de paix ou de guerre en Occident.

Un tel agrandissement était le résultat de la bonne position prise par Paul Ier : ce prince entrait en première ligne dans la coalition, avec le désir d'en finir par un coup de massue porté à la face de la Révolution française, l'objet de sa haine. Dans ce but il avait déclaré prendre sous son épée la cause de Louis XVIII et du rétablissement des Bourbons en France, à Naples, et de la maison de Savoie en Italie. La Russie cherchait un appui à son vaste système dans l'Occident; la restauration des vieilles dynasties lui créait des alliés fidèles en lui donnant d'utiles auxiliaires dans ses propres guerres. Une fois les Bourbons restaurés, la Russie trouvait une alliance toute faite contre l'Autriche et Paul fournit dès lors un généreux asile à Louis XVIII. Le frère de Louis XVI put habiter Mittau; le prétendant cessa de s'exiler de ville en ville, et de mendier l'hospitalité; la Russie prit à sa solde l'armée de Condé, et recueillit beaucoup de gentilshommes dans ses armées : les Richelieu, les Langeron, les Damas, dignes de leur nom et de leur rang. Le corps des émigrés, qui s'élevait encore à 10,000 hommes, fut incorporé à la grande armée de Suwarow : la Russie obtint la grande place dans la coalition, et fut en première ligne dans le mouvement européen. Ainsi la croisade contre la République aurait enlacée ses frontières d'une vaste enceinte d'acier, si la Prusse y avait pris une part active. Berlin garda son immobilité, et par là cette force immense se déployant contre la Révolution, trouvait un vide à son extrémité nord. Le cabinet de Prusse attendait qu'une circonstance décisive fît pencher la balance d'un côté; il comptait sur la promesse d'agrandissement que lui avait faite la France. Plus tard cette politique expectante perdit la cour de Berlin; elle l'entraîna de fautes en fautes dans l'abaissement absolu de la monarchie prussienne sous l'épée de Napoléon [1].

---

[1] Je distingue très particulièrement la politique de M. de Hardenberg, de celle de

La puissance la plus active, la plus remuante dans ce mouvement européen fut toujours l'Angleterre; Pitt avait redoublé d'efforts pour arriver à la ruine de la France. Jamais sa politique habile n'avait produit une œuvre plus complète; ses deux ambassadeurs à Saint-Pétersbourg et à Vienne, lord Witworth et sir Morton Eden, avaient déployé de remarquables talents pour cimenter des liens si difficiles à former entre ces deux cours; William Pitt envoya les pleins-pouvoirs pour promettre des subsides proportionnés aux services; on ne devait rien négliger afin de rendre la coalition décisive [1]. Plus on en savait les éléments disparates, incohérents, les parties mal jointes, plus il fallait redoubler d'attention et de zèle pour rattacher les liens d'un édifice composé de pierres si mobiles et si menacées; chose inouïe! les Russes et les Turcs marchaient sous le même drapeau; leurs flottes naviguaient simultanément sur la mer Noire; on avait vu dans les Dardanelles leurs deux escadres sous un commun amiral; on parlait d'un débarquement de Turcs, de Russes et d'Anglais, prêt à s'effectuer en Italie; l'Autriche et la Russie, naguères décidées à se disputer les lambeaux de la Pologne, s'étaient entendues à ce point de confier le commandement suprême à Suwarow; l'orgueil autrichien avait cédé à des nécessités impératives. Cette fusion d'intérêts si différents pourrait-elle se prolonger? les antipathies de généraux et de races ne se manifesteraient-elles pas au plus haut point dans une campagne lointaine?

Les subsides et l'habileté de M. Pitt, la persévérance

M. Haugwitz; il est incontestable que M. de Hardenberg doit être placé parmi les premiers diplomates de l'Europe.

[1] Dépêche de M. Pitt à lord Witworth, juin 1799.

et la ténacité de son caractère avaient amené le résultat désiré. Le ministre avait une majorité puissante dans le parlement; l'opposition s'était amoindrie en face des dangers de la patrie; Fox, Shéridan, Erskine, faisaient en vain entendre leurs voix puissantes, ils n'étaient pas écoutés. Tout s'opérait comme merveilleusement en Angleterre; le cabinet avait besoin d'emprunts considérables, et il les effectuait à un taux presque au-dessous de cinq pour cent; les ressources financières de l'Angleterre étaient immenses; le cabinet n'avait qu'à manifester un désir d'emprunt, pour qu'il fût effectué; la banque prêtait, le commerce de l'Inde était florissant[1]; la compagnie venait de conquérir Séringapatam et les États de Tippo-Saëb; les villes indouses, cités aux palanquins d'or, brillaient comme une rangée de perles orientales dans le diadème des directeurs de la compagnie. A mesure qu'une conquête était faite par les flottes, on l'inondait de produits manufacturés dans Manchester et Birmingham; si l'on signait un traité de subsides avec l'Autriche, on stipulait en même temps les avantages commerciaux sur l'Adriatique; les vaisseaux anglais transportaient les produits de la Grande-Bretagne partout où les ports leur étaient ouverts. En accordant des subsides à Paul Ier, lord Witworth obtenait des avantages commerciaux dans la Baltique, et une introduction absolue de marchandises manufacturées. Ce qu'il faut bien remarquer dans ces conventions, c'est que la plus grande part des subsides en argent, se transformait en fournitures matérielles; ainsi l'Angleterre confectionnait les armes, les vêtements, les uniformes fournis aux armées russes et autri-

---

[1] Voir l'*Annual Register*, ad ann. 1799.

chiennes, et par ce moyen elle favorisait le travail de ses manufactures[1]. Dans cette nouvelle coalition, l'Angleterre resta toujours la puissance dominatrice et l'âme des événements qui allaient surgir. La Russie prêtait les armes et la force immense de ses armées, l'Angleterre donnait la grandeur de sa propre civilisation.

La situation diplomatique du Directoire, à la face de ces vastes armements de l'Europe, n'était pas bonne; la République française avait à ses côtés des alliés et des gouvernements neutres dont chacun devait prendre une position dans la paix et dans la guerre; elle avait d'abord pour alliées ses sœurs de liberté s'étendant du nord au midi, depuis la Hollande jusqu'à la république Parthénopéenne avec Naples sa capitale. Tous ces gouvernements éphémères dépendaient du Directoire; il les faisait mouvoir et agir à son gré; un ordre des commissaires français suffisait pour lever de l'argent et des troupes ou pour changer la forme de leur constitution; le gouvernement du Directoire trouvait dans cette soumission absolue une facilité pour l'exécution de ses ordres. Toutefois il y avait au sein de ces républiques des éléments de décadence et de faiblesse; si la Hollande soumettait ses flottes au pavillon français avec un abandon d'elle-même remarquable, son œuvre démocratique était néanmoins exposée aux tourmentes du parti orangiste qui grandissait dans toutes les cités commerciales; Amsterdam et Rotterdam étaient épuisées, la plupart de ses colonies tombées au pouvoir de l'Angleterre; le cap de Bonne-Espérance cessait de voir flotter le vieux pavillon du commerce hollandais; comment compter sur un concours

---

[1] La preuve résulte de que le change de Vienne, Saint-Pétersbourg, Francfort, fut toujours favorable à l'Angleterre.

actif et puissant de la part d'une population ruinée par la guerre? Les républiques d'Italie sous leurs emblèmes lombards ou goths, loin d'entrer en lice avec des forces respectables, appelaient sans cesse l'appui de la France; ces démocraties obérées et sans consistance étaient des embarras plus encore que des alliés et des appuis. Les Autrichiens, par une campagne heureuse en Italie, pouvaient faire tomber ces gouvernements sans vie, ces institutions éphémères en qui nul n'avait foi. Il ne restait, pour la République française, d'allié sur lequel elle pouvait compter que la monarchie espagnole; il était triste et curieux de voir dans l'ébranlement commun de tous les trônes, lorsque tous se déclaraient pour une croisade politique destinée à restaurer les Bourbons, un petit-fils de Louis XIV, seul, se prononcer hautement pour la République qui avait frappé de mort sur l'échafaud les aînés de sa race.

L'esprit chevaleresque disparaissait de la race des Bourbons; la terreur et l'apathie semblaient dominer tout entier le cabinet de Madrid, et se partager l'empire; là, où brillait, dans les vieux siècles, l'orgueil castillan, on ne voyait que soumission et obéissance; la chasse bruyante était la distraction unique de Charles IV et de ce prince de la Paix couvert des ordres des Castilles. Sous le Directoire, l'ambassade de l'amiral Truguet avait semé des vues d'ambition au sein de ce cabinet, et la conquête possible du Portugal tourna ces faibles têtes politiques; Charles IV entrevoyait avec joie la cité de Lisbonne se réunir à son blason de Castille, et le roi aurait ainsi réalisé, avec la République française, le plan de fusion que l'ancienne monarchie lui aurait vu, peut-être, accomplir avec quelque crainte. Le Directoire comptait sur l'appui actif de l'Espagne; ses flottes pesantes de gros navires, étaient à la disposition des amiraux français; on allait lentement, parce que le caractère espagnol marche toujours ainsi; mais les alliés auraient invoqué en vain le concours de l'Espagne, il était dévolu à la République française; les cadets des Bourbons dédaignaient l'amitié des couronnes, pour la protection des faisceaux.

Quand cette résolution fut bien connue, Paul Ier, qui se posait comme le chef de la coalition diplomatique contre la France, n'hésita pas à prendre une résolution vigoureuse à l'égard du cabinet de Madrid; il déclara personnellement la guerre à l'Espagne [1] dans un manifeste solennel, et il ordonna à ses vaisseaux et à ses troupes de la comprendre dans les hostilités qui allaient commencer contre la France. Le langage de l'empereur Paul était aigre, impératif : Charles IV lui répondit avec une hardiesse d'expressions qui lui était dictée sans doute par l'ambassadeur de la République; la fierté

---

[1] Saint-Pétersbourg, le 31 juillet. « Nous, par la grâce de Dieu, Paul Ier, empereur et autocrate de toutes les Russies, etc., informons tous nos fidèles sujets, que nous et nos alliés sommes résolus à renverser le gouvernement sans loi qui domine la France, et que c'est à cet effet que nous nous sommes levés avec notre puissance, contre lui. Dieu a béni nos armes, et a couronné jusqu'à ce jour, du succès et de la victoire, toutes nos entreprises. Dans le petit nombre des puissances européennes qui paraissent extérieurement lui être dévouées, mais qui en effet ne craignent que la vengeance de ce gouvernement rejeté de Dieu, et qui touche à ses derniers instants, l'Espagne, plus que toute autre, a donné des preuves de sa crainte et de son dévouement envers la France, non seulement par les secours réels qu'elle lui a prêtés, mais encore par les préparatifs qu'elle a faits pour les rendre efficaces. En vain avons-nous employé tous les moyens pour ouvrir à cette puissance le vrai chemin de l'honneur et de la gloire, en l'engageant à se réunir à nous, elle a persisté opiniâtrement dans des erreurs et des mesures qui n'aboutiront qu'à sa destruction, et nous nous sommes vus enfin dans la nécessité de lui faire connaître notre mécontentement en renvoyant son chargé d'affaires à notre cour, Quix. Mais apprenant à présent que notre chargé d'affaires, le conseiller Batzow, a été obligé de s'éloigner des États du roi d'Espagne, dans un délai déterminé, nous ne pouvons regarder cet acte que comme une offense à Notre Majesté, et nous lui déclarons la guerre par la présente. En conséquence, nous ordonnons de mettre le séquestre sur tous les vaisseaux espagnols qui se trouvent dans nos ports, de les confisquer, et d'envoyer à tous les commandants de nos forces de terre et de mer, l'ordre de procéder hostilement partout et contre tous les sujets du roi d'Espagne.

(Signé) PAUL.

espagnole se réveille contre ceux qu'elle appelle barbares, et le roi persiste à maintenir son alliance avec le Directoire. Dans ce heurtement diplomatique, l'Angleterre profitait des colonies espagnoles alors en son pouvoir; elle en convoitait d'autres : Manille avec sa pêche de perles et sa cochenille rouge comme le corail, Cuba la puissante, et Mexico, et le Pérou couvert d'or sous le soleil; ses croisières étaient à la piste de ces galions chargés de quadruples et de lingots qui venaient deux ou trois fois l'année alimenter les trésors de Sainte-Ildefonse et du Buen-Retiro. Une guerre contre l'Espagne était tout profit pour la Grande-Bretagne, gagnant des richesses et n'exposant rien; elle agrandissait son commerce, s'emparait des colonies et des vaisseaux de haut bord, vieux cétacés des mers pacifiques stationnés à la Corogne ou à Cadix. L'alliance de l'Espagne avec la France, mortelle pour la monarchie de Charles-Quint, lui attirait les hostilités de l'Angleterre, riche du commerce et de l'industrie espagnole.

Si la France avait peu d'alliés, pouvait-elle compter sur des neutralités sincères, en cas de revers surtout? J'ai déjà parlé de la Prusse que le prince Repnin n'avait pu entraîner dans la coalition, quelles que fussent ses démarches actives. Tout en revenant satisfait de sa mission de Berlin, l'abbé Sieyès n'avait pas dissimulé au Directoire, «que la neutralité de la Prusse tenait à des causes accidentelles, et que si la coalition obtenait des succès éclatants, la Prusse se joindrait à elle pour en finir avec la Révolution française, et avoir sa part dans les dépouilles.» Ce n'était donc qu'une neutralité armée et expectante devant les événements, on pouvait y compter dans la prospérité; au cas de revers, le neutre deviendrait hostile et prendrait rang parmi les ennemis pour un partage, ou pour le triomphe ultérieur d'une cause qui ne serait plus celle de la Révolution. Ces sortes de neutralités pèsent souvent plus aux cabinets qu'elles ne leur sont utiles; mieux vaut un ennemi déclaré; on sait alors à quoi s'en tenir[1].

Le Danemarck et la Suède conservaient leur neutralité commerciale et la franchise de leur pavillon; ces deux États ne pesaient pas assez dans la balance de l'Europe pour compter activement au milieu d'une coalition qui embrassait l'Angleterre et le continent; les Suédois et les Danois formaient comme une ligne commerciale imposante, et ils trouvaient un immense intérêt à maintenir leur pavillon sous un système de neutralité entre les puissances ennemies; ils servaient de navires intermédiaires. A cette époque les bâtiments danois et suédois transportaient de port en port, les marchandises, même les contrebandes de guerre, source de bénéfices immenses; pourquoi auraient-ils échangé cette situation pour un système politique tranché? Leur neutralité tenait à leur existence, à leur industrie, à leurs richesses. Plus tard, lorsque Gustave IV sortit de cette situation impartiale et lucrative, une révolution politique bouleversa sa couronne: le roi voulut donner de la chevalerie à un peuple qui n'était plus que commerçant. Les Suédois de Gustave-Adolphe avaient disparu!

Le simple exposé de la situation diplomatique de l'Europe, en l'année 1799, constate qu'un changement considérable s'était opéré depuis le départ du général Bonaparte pour l'Égypte jusqu'à son débarquement à Fréjus. Quand le général quitta le sol français, indé-

---

[1] Voir un rapport secret de l'abbé Sieyès au Directoire, mars 1799.

pendamment de la neutralité bien reconnue de la Prusse, l'Autriche avait traité avec la France à Campo-Formio, après la conquête de l'Italie; la paix faite, l'on ne parlait plus d'hostilités. La Russie n'intervenait que faiblement dans les affaires occidentales; Paul Ier, demeuré neutre, laissait l'Autriche seule se débattre dans la querelle s'agitant entre le cabinet de Vienne et la France; le congrès de Rastadt, tentative de paix avec le corps germanique, établissait une suspension de batailles avec les puissances intermédiaires; la Porte ottomane n'était point engagée dans la coalition, et l'Angleterre se trouvait la seule puissance fortement hostile. La disposition des forces était telle que le Directoire pouvait attaquer de front la puissance britannique; n'avait-on pas organisé une armée d'Angleterre?

Quel changement s'était donc opéré pendant l'absence du général Bonaparte? Il avait laissé la France en paix avec tout le monde; il la retrouve vivement agitée par une nouvelle coalition. Sans doute on exagérait à dessein la différence des temps! J'ajoute que l'expédition d'Égypte et la prise de Malte sous les ordres du général Bonaparte, avaient puissamment contribué aux hostilités de l'Europe et de la Turquie, surtout contre la République; mais en aucun cas les époques ne pouvaient être comparées; la France était en paix, et on la retrouvait à la face d'un ennemi victorieux par les armes! Quelle force morale ne dut pas recevoir Bonaparte de cette situation! Tous considéraient le général comme un homme de guerre remarquable, un diplomate habile et un noble pacificateur! L'Europe et la France avaient confiance en lui; il avait mis des formes nouvelles et jusqu'alors inconnues dans les rapports de la République avec les cabinets; l'Europe pouvait traiter avec Bonaparte vainqueur aux larges idées, tandis qu'elle mettait une certaine répugnance à négocier avec les agents discrédités du Directoire; et cette circonstance d'une opinion publique si favorable, ne laissera pas d'influer sur le 18 brumaire !

La paix était en ce moment un besoin aussi impérieux que le rétablissement de l'ordre et d'un gouvernement fort. Bonaparte tirait sa puissance des doubles titres de vainqueur et de pacificateur, légende inséparable dans l'enthousiasme public qui le salua sur le rivage de Fréjus !

CHAPITRE XVII.

GOUVERNEMENT DE LA FRANCE AU DÉBARQUEMENT
DU GÉNÉRAL BONAPARTE.

L'abbé Sieyès. — Ses projets avec la cour de Berlin. — Ses idées politiques. — Il entre au Directoire. — Préparatifs d'un mouvement au 30 prairial. — Division dans les Conseils. — Parti des Bonaparte. — Parti du Directoire. — Accusation contre les directeurs Treilhard, Merlin et Lareveillère-Lépeaux. — Leurs démissions. — Gohier. — Roger-Ducos. — Moulins. — Nouveau ministère. — Le général Bernadotte à la guerre. — Club des Jacobins. — Sa clôture. — Décousu du gouvernement. — Fatale mesure d'administration. — Expulsion du général Bernadotte. — Situation des esprits dans les Conseils.

1799.

La mauvaise situation diplomatique du gouvernement de la France sous le Directoire rendait plus nécessaire l'énergie du pouvoir. La République menacée à l'extérieur devait prendre un parti vigoureux pour repousser l'invasion. Le Directoire n'avait rien de cette résolution qui sauve un état en périls; j'en excepte Barras, caractère prononcé, brave comme l'épée d'un gentilhomme. Quel secours pouvaient prêter, dans une crise militaire et politique, les Directeurs Merlin, Rewbell, Treilhard et Lareveillère-Lépeaux, tous esprits médiocres, au-dessous des circonstances, et subissant l'influence mobile de la jalousie ou de la peur? Il n'y avait pas là une tête politique capable de prendre une mesure de force et d'unité; c'étaient des esprits tracassiers, persécuteurs, incapables de s'élever jamais aux vastes idées politiques. La puissance de la République était menacée, et Barras seul possédait assez de résolution pour défendre la constitution de l'an III et le territoire confié à la dignité nationale.

Au milieu de cette crise si imminente, l'abbé Sieyès arriva de son ambassade de Berlin. Je répète que l'envoyé de la République française avait conquis une certaine importance auprès des hommes d'État de l'Europe. Dans des conférences fort intimes avec l'abbé Sieyès, le cabinet prussien, tout en justifiant le principe de sa neutralité et en déclarant s'y maintenir, s'était ouvert à l'ambassadeur sur le peu de consistance que présentait la situation politique de la France incessamment remuée. Comment traiter régulièrement avec un système aussi mobile qui ne présentait ni fixité ni durée ? Quelle alliance pouvait-on offrir à une autorité changeant tous les trois mois ! L'abbé Sieyès approuva ces pensées développées avec chaleur par le comte de Haugwitz et le baron de Hardenberg ; il leur répondit que : « comme eux, il désirait l'unité [1] ; la monarchie sous une forme quelconque lui paraissait le système le mieux en rapport avec les mœurs et les habitudes de la France. » L'abbé Sieyès reparla de son projet favori : l'élévation d'un prince de la maison de Brunswick comme roi constitutionnel des Français, ou comme protecteur de la nation, transition nécessaire pour ménager les sus-

---

[1] « L'abbé Sieyès est accusé de s'entendre avec la cour de Berlin, pour l'exécution d'un plan qui tendrait à rétablir en France un roi constitutionnel qui consacrerait par sa sanction tous les crimes, vols et usurpations qui ont eu lieu. On fait circuler à cet égard un plan de capitulation » (Note du prince Repnin à l'empereur Paul).

ceptibilités des membres des deux Conseils qui juraient haine aux rois dans leurs séances journalières. Ces conversations s'étaient plusieurs fois répétées à Berlin avec un grand intérêt.

Plein de ces idées, l'abbé Sieyès arrivait à Paris. Après avoir pendant quelques jours étudié profondément la situation, il eut un rapprochement intime avec Barras sur ses négociations à Berlin; républicain zélé, le Directeur songeait néanmoins à un système d'unité qui lui permettrait une plus absolue participation au pouvoir; le comte de Barras avait pris en dégoût sa situation passive dans le Directoire; sans estime pour ses collègues, gêné par eux, il savait leur incapacité inouïe, leur caractère étroit et tracassier; Barras n'obtenait quelque résolution vigoureuse qu'en faisant peur. Il n'y avait plus de gouvernement, mais une misérable police exerçant ses dépits, ses persécutions et ses vengeances sur les opinions naïves et sincères. Rewbell, perdu dans tous les partis, était accusé hautement d'une fortune inexplicable et de rapines publiques; il suait la vénalité au milieu des mauvaises passions de son pouvoir irascible et brutal. M. Merlin avec son aptitude de judicature n'avait aucune idée large et forte du pouvoir; persécuteur de tout ce qui s'élevait un peu au-dessus du barreau, il s'absorbait dans l'idée du pillage judiciaire de la propriété des émigrés. M. Laréveillère-Lepeaux, esprit si médiocre, était tombé dans le ridicule par sa théophilantropie et son sentimentalisme, ses discours et ses sermons patriotiques. Que pouvait être M. Treilhard dans sa nullité comme homme d'État? S'agissait-il des ministres? aucune opinion n'osait défendre Schérer qui présidait au département de la guerre; on l'accusait, comme M. Rewbell, de dilapidations et d'incapacité plus encore. Les armées étaient dans un tel état de dénuement qu'on ne croyait pas possible de les reconstituer. Ramel, le ministre des finances, n'avait aucuns fonds dans le trésor pour pourvoir à toutes les nécessités d'une situation exceptionnelle: la défense du territoire contre la coalition. Les relations diplomatiques étaient tellement compromises, que M. de Talleyrand ne pouvait faire appel à son habileté, pour s'opposer à l'invasion menaçante; les cabinets échappaient tous à l'influence de la France; la coalition ne s'était-elle pas formée pendant son ministère? Le congrès de Rastadt n'existait plus; les alliés et les neutres ne fournissaient aucun secours; la diplomatie était faible et sans crédit à l'extérieur. Les autres ministres avaient perdu tout ascendant en face d'une vive opposition dans la presse et les deux Conseils; et tout présageait un mouvement très grave dans le gouvernement des affaires publiques [1].

Les ouvertures faites par Sieyès au Directeur Barras les avaient entièrement rapprochés; appréciant la situation du même point de vue, sans être d'accord précisément sur les moyens, tous deux comprenaient que l'état de choses ne pouvait se prolonger; il fut bien entendu qu'une place serait réservée dans le Directoire à l'abbé Sieyès afin de soutenir la voix de Barras et de préparer de concert le mouvement politique indispensable dans les circonstances critiques. D'après la Constitution il y avait lieu au remplacement d'un Directeur; le sort devait en décider, mais quand il s'agit de ces hasards, sorte de nécessité déguisée, une main habile sait toujours les arranger d'avance. On voulait se débarrasser du directeur Rewbell,

---

[1] Les attaques, dans les deux Conseils, contre le Directoire commencèrent du mois d'avril 1799. Le feu croisé des journaux et des Cinq-Cents, déborda bientôt les Directeurs. Il y a un curieux intervalle qu'il faut étudier dans l'histoire des événements.

la boule noire lui échut à point nommé comme chose entendue. Rewbell une fois sorti du Directoire on dut choisir un successeur au scrutin ; les esprits étaient prêts, et tous les suffrages se portèrent sur l'abbé Sieyès, qui réunit les voix les plus diverses parce qu'il assurait la neutralité de la Prusse; le parti du Directeur Barras obtint ainsi la victoire, et la majorité lui fut acquise dans les deux Conseils[1]. L'abbé Sieyès, reçu avec solennité, mit de l'apparat dans son discours, et, déplorant avec pompe les malheurs de la République, il annonça hautement la volonté d'y mettre un terme [2]. Les circonstances exigeaient que l'on parlât ce langage; l'abbé Sieyès fut dès lors un fort appui pour Barras dans la direction des affaires.

Ce n'était point assez pour obtenir un résultat ; il fallait disposer les Conseils à un remaniement du Directoire sans commotion violente, et, par une circonstance remarquable, l'opposition s'était grossie de manière à présenter bientôt une majorité très dessinée contre les trois Directeurs Merlin, Treilhard et Lareveillère-Lépeaux. On arrivait à la même situation politique qu'avant le 18 fructidor, lorsque Barthélemy et Carnot disposaient de la majorité des Conseils pour opérer un mouvement en dehors du Directoire. Bonaparte, en partant pour sa campagne d'Égypte, recommanda vivement

---

[1] Conseil des Anciens, séance du 16 mai 1799.

Sieyès est élu Directeur à la place de Rewbell.

On procéda dans cette séance au scrutin pour la nomination d'un nouveau directeur. Les cinq candidats présentés par le conseil des Cinq-Cents étaient :

Sieyès, ambassadeur à Berlin,
Duval, ministre de la police.
Gohier, membre du tribunal de cassation.
Lambrechts, ministre de la justice.

Charles Delacroix, ancien ministre des relations extérieures.

Le dépouillement du scrutin, fait à haute voix, a produit deux cent cinq suffrages, dont cent dix-huit à Sieyès, soixante-quatorze à Duval, sept à Gohier, cinq à Lambrechts, et une à Charles Delacroix. En conséquence, Sieyès réunissant la majorité, a été proclamé membre du Directoire exécutif.

[2] Il est tout entier dans le *Moniteur*; je ne donne pas des pièces si publiques.

à ses frères Joseph et Lucien de préparer une opposition constante et vive contre le Directoire, en exceptant Barras; ses instructions portaient impérativement qu'on eût sans cesse à mettre en hostilité les Conseils et le gouvernement directorial, afin qu'à son retour il pût trouver place dans le sein du pouvoir et le dominer. Lucien exécuta avec une grande habileté les ordres de son frère; il était homme ferme et capable; le nom de Bonaparte n'avait-il pas un grand prestige? Il remuait les imaginations, et Lucien put travailler en paix à l'accomplissement de son œuvre; Joseph et madame Bonaparte le secondèrent dans ce dessein.

Il se formula donc dans les Conseils une résistance très vive qui se montra violente sur toutes les questions. Si le Directoire avait pour partisans des députés très dévoués, tels que Bailleul, Boulay-Paty, Villers, Creuzé-la-Touche; il y avait également une opposition compacte qui se composait de députés plus influents, ménagés par l'opinion publique, tels que Lucien Bonaparte, Briot, Berlier, et les Jacobins que conduisaient Talot, Aréna et Destrem. Autant les orateurs ministériels étaient frappés par le mépris, autant l'opposition était soutenue par ce cri populaire qui flétrissait le Directoire. Lucien Bonaparte, rapproché des Jacobins par Destrem et Talot, avait tendu la main aux patriotes, et, avec le secours simultané de tous les mécontents, il put vivement frapper le Directoire ou le dominer par une contradiction incessante. Or, comme il arrive toujours quand les crises publiques s'aggravent, l'opposition devenait plus impérative. Qui ne savait la triste situation à l'intérieur et à l'extérieur? la victoire n'était plus à nos

---

[1] Les séances des Conseils à cette époque offrent le caractère d'une grande curiosité. Nul historien n'a parfaitement dessiné cette révolution morale du 30 prairial.

drapeaux dans les armées démoralisées; on parlait de l'invasion menaçante. La tristesse était dans tous les cœurs; les républiques d'Italie tombaient sous les Russes et les Autrichiens.

Dans les malheurs de la patrie, l'opposition est générale, le pouvoir est délaissé, on lui jette mille reproches au front, on l'abaisse quand il est faible; au lieu de lui prêter des forces morales on les lui enlève comme à plaisir. Sous prétexte de grandir les libertés, on prive le gouvernement de ses moyens d'action; l'opposition est toujours la même, elle part de l'idée populaire pour lier d'impuissance l'autorité publique. Lucien Bonaparte et ses amis invoquèrent incessamment les grandes lois de l'indépendance constitutionnelle. Hélas! chaque bulletin arrivant d'Italie, des Alpes, de l'Allemagne, était alors défavorable à nos armées! Il servait de texte et de motif aux violences; on accusait le Directoire, on lui prodiguait les mots les plus durs; et quand il lui fallait des hommes et de l'argent, on lui demandait la liberté de la presse et les garanties individuelles. Tout parti qui veut arriver aux affaires se sert des mêmes arguments, c'est la loi éternelle; il s'enveloppe du manteau de la liberté; puis arrive le jour où il exerce lui-même le pouvoir et il brise alors la statue des dieux qu'il a d'abord encensée. Pendant de longues séances les Conseils ne retentirent plus que des mâles accents de la liberté; on demanda l'exécution franche et nette du pacte constitutionnel déchiré au 18 fructidor, prétexte tout trouvé pour arriver à la pleine et entière possession de l'autorité politique [1].

Ce résultat ne pouvait s'obtenir qu'avec la majorité

[1] Ce fut M. Lucien Bonaparte qui se montra le plus vif, le plus chaleureux partisan de la liberté de la presse.

du Directoire, et jusqu'à ce moment l'opposition ne l'avait pas ; le triumvirat des Directeurs Treilhard, Merlin et Lareveillère-Lépeaux, paraissait indissoluble pour se maintenir au gouvernement ; il fallait donc délier ce faisceau de dictature ; et comment y parviendraient les Conseils ? Sans recourir à la violence on trouva un moyen de chicane et de légiste. En examinant la nomination de M. Treilhard on découvrit qu'il manquait quelques jours pour légaliser sa promotion au Directoire : la constitution voulait qu'un an fût accompli après que le candidat serait sorti du corps législatif ; alors seulement il pouvait être promu au Directoire ; et trois jours manquaient à M. Treilhard ; on l'avait ignoré pendant les deux ans de sa gestion, et on le trouva tout exprès pour préparer un changement dans les affaires.

En politique il y a toujours un motif réel à côté du motif légal ; ce n'est pas une nullité qui produit une révolution ; elle lui sert de prétexte ; le conseil des Cinq-Cents saisit cette illégalité, et comme on voulait en finir avec la majorité du Directoire, la nomination de M. Treilhard fut brisée par un acte législatif[1]. Il y avait dès lors modification dans la pensée du gouvernement ; Barras et Sieyès triomphaient, et ils se hâtèrent de dominer l'élection de leur nouveau collègue : ce fut l'avocat breton Gohier, alors sous le patronage de l'abbé Sieyès, troisième candidat dans la première élection, caractère peu dangereux et facile à tromper. La majorité appartint désormais aux hommes qui avaient dirigé le mouvement d'opposition, dans les Conseils ; l'expulsion de MM. Treilhard et Rewbell donna une grande force morale au parti de Sieyès ;

---

[1] Séance du 18 juin.

on put arriver à une victoire complète et renverser l'ancien système représenté par MM. Merlin et Lareveillère-Lépeaux. L'opposition se servit de deux moyens : 1° elle jeta le mépris sur le précédent Directoire ; 2° elle favorisa les développements des libertés et les garanties afin de se donner l'appui d'une certaine popularité dans le pays ; il fallait abîmer ce qui était vieux, relever ce qui était jeune et fort : tel était le principe qu'adopta le parti de Lucien Bonaparte.

Le résultat fut acquis ; l'opposition à Merlin et à Lareveillère-Lépeaux, derniers débris du Directoire devint immense ; on les traita avec mépris, la presse déchaînée se livra contre eux à toutes les investigations ; il n'y eut plus de mesure en rien, on jeta la moquerie sur l'ancien système ; les Directeurs, les ministres, tous furent hautement accusés ; jamais réaction morale ne fut plus absolue. Comme la popularité de Lucien Bonaparte avait invoqué l'appui des Jacobins, comme elle avait serré la main à Destrem, Talot, Aréna [1], il fallut rouvrir leur club et leur faire des concessions. Ils se réunirent donc sous la présidence de leurs chefs les plus ardents dans le local du Manége : tout y rappelait les jours terribles des Comités de salut public et de sû-

[1] «Depuis la loi qui autorise le rassemblement des sociétés patriotiques, les anciens Jacobins se sont réunis dans la salle des séances de la Convention nationale, au Manége des Tuileries. Ils sont déjà au nombre de huit cents, et ils y tiennent des séances régulières, comme ils le faisaient autrefois dans la salle des Jacobins de la rue Saint-Honoré. C'est de là que partent aujourd'hui toutes les pétitions et les dénonciations qui servent de texte aux résolutions que prennent les deux Conseils. C'est là que se fait l'épuration des membres des anciennes autorités, et que les *frères et amis* se partagent toutes les places ; opération provisoire, indispensable pour la réorganisation du système de la Terreur. Plusieurs membres patriotes des deux Conseils se sont affiliés à cette réunion inconstitutionnelle, espérant sans doute la diriger dans leur sens, et déjà l'on y compte Lucien Bonaparte, François de Nantes, et quelques-uns des principaux auteurs de la révolution du 30 prairial » (Note au cabinet de Berlin.)

reté générale[1] ; on y demanda vivement la démission des Directeurs et la mise en accusation des ministres. Lucien Bonaparte parut plus d'une fois à la tribune; il avait là des amis; il savait que les Jacobins étaient la force puissante du gouvernement révolutionnaire, et qu'en les déchaînant à son profit, il viendrait plus tôt à bout de jeter la confusion et de préparer ainsi l'avénement du général Bonaparte. Enfin la conjuration législative fut si bien conduite, si parfaitement menée, que les Directeurs Merlin et Lareveillère-Lépeaux furent forcés de donner leur démission; ils le firent sans résistance parce que c'étaient deux avocats timides et poltrons; le cœur leur manqua comme à Treilhard; Barras n'eut qu'à parler fermement pour être obéi[2]. Avec la démission des Directeurs, tous les ministres se retirèrent. On vit ainsi disparaître de la scène politique MM. de

---

[1] « Destrem est *régulateur* (c'est-à-dire président) de l'assemblée du Manége; Lucien Bonaparte, Bordas, Marbot et Choudieu, *notateurs* (c'est-à-dire secrétaires). Le nom est changé pour paraître obéir à la Constitution qui défend à ces assemblées d'avoir un président et des secrétaires.

« La société du Manége, dit Garat, se compose de bons patriotes. En 89, les Jacobins rendirent des services; en 90, ils en rendirent encore; en 92, ils en rendirent de sublimes : ils concoururent puissamment avec les sections de Paris, à déjouer les trames contre-révolutionnaires du château... »

[2] A cinq heures le Directoire transmet un message dont la teneur suit : « Les citoyens Merlin et Lareveillère-Lépeaux viennent de déposer sur le bureau la démission que chacun d'eux donne de sa place de membres du Directoire. »

Signé BARRAS, ex-président.

Suit la teneur de la lettre de Merlin : « Lorsque d'affreux déchirements menacent la patrie, ceux dont la présence cause des mouvements politiques, ou leur sert de prétexte, doivent s'éloigner des fonctions publiques. Ces motifs seuls m'ont décidé à donner ma démission. Je ne suis mu par aucun espoir. Je reste au sein de ma famille, toujours prêt à rendre compte de ma conduite, parce qu'elle a été constamment dirigée par le patriotisme le plus pur et le plus désintéressé. »

Signé MERLIN.

La lettre de Lareveillère est conçue dans les mêmes termes.

Poulain-Grandprey : Je demande 1º que le Conseil déclare qu'il accepte la démission des citoyens Merlin et Lareveillère ; 2º que leurs lettres soient insérées au procès-verbal, et envoyées au conseil des Anciens ; 3º que ce soir à huit heures le Conseil reprenne sa séance pour procéder au remplacement des deux membres démissionnaires du Directoire.—Ces diverses propositions sont adoptées. La séance est suspendue jusqu'à huit heures.

Talleyrand, Schérer, François de Neufchâteau, Ramel, tout ce qui composait le ministère directorial; le changement fut absolu. Il ne resta de l'ancien Directoire que Barras; et c'est ce qu'on appela le 30 prairial, journée pacifique qui fut pourtant une révolution d'idées et d'hommes. Le peuple était tellement habitué aux changements qu'il n'y prit garde. Que lui importait quelque mouvement dans le Directoire?

On remarque ainsi une dégénération complète et progressive dans l'énergie de la Révolution. Sous la Convention nationale, rien ne se faisait sans l'échafaud et les proscriptions législatives; au 9 thermidor, il y eut encore des exécutions, des exils; au 14 vendémiaire le canon tonna dans les rues de Paris ensanglantées; au 18 fructidor, ce fut la déportation en masse, et dans la journée du 30 prairial tout s'opéra par un mouvement de boules et par un scrutin de majorité. On voit donc ici le principe révolutionnaire se détériorer; une nouvelle époque s'avance, car un pouvoir fort est nécessaire : il va succéder et prendre l'héritage de tous ces petits caractères qui se disputent l'autorité; le 30 prairial prépare le 18 brumaire : il ne faudra qu'une formule de constitution pour en finir avec la République qui s'use aux bras du Directoire[1].

Les hommes qui avaient si vivement attaqué le Directoire avaient invoqué la liberté de la presse et les garanties politiques : c'était l'arme convenue. A peine l'élection

---

[1] « Cette révolution qui était assez clairement annoncée par la tournure qu'avaient prise subitement les discussions dans les deux Conseils, a enfin eu lieu comme on s'y attendait, et le corps législatif a chassé à son tour la majorité du Directoire exécutif. Treilhard, Merlin et Lareveillère-Lépeaux ont été mis à la porte du Luxembourg, et dépouillés de leur manteau directorial, en deux fois vingt-quatre heures, avec aussi peu d'appareil et de cérémonies, ou, pour mieux dire, avec autant de marques de mépris, que des laquais fripons ou stupides que l'on congédie. » (Extrait du *Times*, 25 juin 1799.)

de Roger-Ducos et de Moulins était-elle accomplie pour remplacer les Directeurs sortants, qu'il fallut compter avec ces concessions. Ici commence la difficulté; un ministère d'abord s'organise et se forme; aux affaires étrangères, M. Reinhard, l'ami de M. de Talleyrand le remplace dans ses rapports avec l'étranger; M. Reinhard, caractère calme, à idées fixes et un peu germaniques, garde provisoirement le portefeuille [1]. Le conventionnel Quinette prend le ministère de l'intérieur en remplacement de M. de Neufchâteau, l'homme aux phrases retentissantes. Fouché se réserve la police, c'est à dire qu'il reste maître du gouvernement; la police n'était-elle pas une des forces du Directoire? Déposée dans des mains trop habiles pour se contenter d'une action secondaire, Fouché s'en servira au profit du système qui lui offrira le plus de garanties. Enfin, pour la guerre, un général de première capacité est appelé : c'est Bernadotte, dévoué aux idées patriotiques, capable de prendre un parti dessiné et fort dans toutes les circonstances. L'administration de la guerre est à reconstituer tout entière. Les finances ne sont plus dans les mains de Ramel : Robert-Lindet, membre du Comité de salut public aux époques fatales, le remplace. Enfin, Cambacérès, jurisconsulte instruit, le rapporteur des législations violentes, prend le portefeuille de la justice. La Convention compte quatre membres dans le ministère, et les Jacobins ont des amis dans le Directoire et parmi ses ministres [2].

---

[1] « Prudent, intègre et modéré, Reinhard a préservé la Toscane du saccagement qu'a subi l'Italie; sa conduite a contrasté avec celle de Rapinat en Suisse, de Trouvé à Milan, de Faypoult à Naples, et de tous ces commissaires exacteurs dans les contrées occupées au nom de la République. Ce nouveau ministre sera très agréable à la cour de Vienne, si les conjonctures permettent d'essayer des ouvertures auprès d'elle. » (Note d'un agent prussien à M. de Haugwitz.)

[2] « L'ex-conventionnel Cambacérès, si renommé au Comité de sûreté générale, re-

Ce ministère plus fort, plus habile que le précédent, s'installa immédiatement. Le Directoire lui-même se trouvait mieux composé sous la main de Barras et de Sieyès qui en étaient la tête; on devait agir, et la position était si difficile à la face de tant d'opinions et de partis! On avait déchaîné la presse et les clubs, les deux grands instruments de l'opposition. Le Directoire, placé au centre du mouvement jacobin, croyait être assez fort pour résister; les gouvernements épuisés se font souvent illusion, ils s'imaginent qu'ils pourront jouter avec l'opinion publique, ils la défient hardiment et cette opinion les tue. Quel pouvoir aurait pu vivre avec la double action des clubs et de la presse? Elle se déchaîna d'une manière effrayante; jamais rien de comparable à aucune époque. Les discours publics parmi les Jacobins étaient comme des menaces incessantes non seulement contre les monarchistes, mais encore contre les thermidoriens qui avaient renversé Robespierre : on demandait la tête des Directeurs et des ministres; il y eut des pamphlets capables de bouleverser tout gouvernement établi; que fallait-il faire encore? Le nouveau Directoire n'était-il pas le fruit de cette presse et des clubs? Avec leur secours il avait opéré la journée du 30 prairial; devait-il, pouvait-il les briser? C'est souvent un besoin impérieux des gouverne-

çoit le portefeuille de la justice. François (de Neufchâteau,) qui se complaît à diriger le département de l'intérieur, comme un professeur de belles-lettres fait sa classe, cède son écritoire à Quinette, ex-conventionnel, très recommandable pour avoir été livré par Dumouriez, en 1793, et rendu en échange de Madame, fille de Louis XVI, en 1795. Le général Bernadotte, retiré de la diplomatie après l'éclat de sa mission à Vienne (13 avril 1798), démis du commandement de l'armée d'observation au commencement de l'année 1799, et par conséquent étranger aux derniers revers de Jourdan, Bernadotte accepte le gouvernement de la guerre. Un Jacobin de la première race, Robert Lindet, qui siégea longtemps au Comité de salut public, reçoit le portefeuille des finances. En outre, le citoyen Talleyrand-Périgord, auquel les apprêts du 15 fructidor ouvrirent l'hôtel des relations extérieures, négociera sa retraite à ce moment.» (Note d'un agent anglais, du 10 juin 1799.)

22*

ments nouveaux, que de comprimer l'instrument de leur triomphe, car cet instrument les menace eux-mêmes. Toute révolution se résume en une démolition; or, la première nécessité d'une faction lorsqu'elle est triomphante, consiste à étouffer précisément le germe révolutionnaire qui a brisé la vieille force du gouvernement[1].

Ce qui effrayait surtout dans cette polémique, c'est que les Directeurs Barras et Sieyès, Fouché lui-même n'étaient pas épargnés; ils étaient flétris par les journaux et par les clubs comme thermidoriens. Barras connaissait les Jacobins; vivant au milieu d'eux, il savait toute leur énergie; on ne lui pardonnait pas le 9 thermidor. Il y avait une queue de Robespierre toujours vivante, partout prête à se montrer; les faubourgs retrouvaient leurs ardentes insurrections et leurs émeutes menaçantes. Dans une telle crise, fallait-il disparaître encore emporté par une nouvelle tempête? Les Directeurs Sieyès et Barras se réunirent à Fouché et à Cambacérès pour convenir d'une mesure qui pût sauver le pouvoir, fût-ce même avec violence, de la double action de la

---

[1] Voici un résumé des nouvelles de Paris données par les journaux allemands.

« Les papiers de France jusqu'au 8 juillet (1799) nous arrivent à l'instant; ils confirment ce que nous avions prévu sur les résultats de la révolution du 30 prairial. Toute la jacobinaillerie de France demande à hauts cris le jugement et la punition des Directeurs disgraciés.—Joubert est nommé général en chef de l'armée d'Italie, à la place de Moreau. — Le général Bernadotte est nommé ministre de la guerre. — Un ancien commis des bureaux de la marine, nommé Bourdon ou Bourdeaux, est nommé ministre de la marine.—La prise de la citadelle de Turin a fait la plus profonde impression sur la faction qui domine aujourd'hui.—On n'a osé publier aucune relation des batailles de la Trébia; en revanche on fait sonner très haut l'avantage remporté le 20 juin près Tortona, par Moreau, sur M. de Bellegarde, qui n'avait que dix mille hommes à opposer à quinze mille.—Il ne s'est rien passé aux armées en Suisse.—Le quartier général de Masséna a été transféré à Lentzbourg. — Le nouveau Directoire est déjà accusé d'une partie des griefs reprochés à l'ancien. — Le directeur suisse, Ochs, le Sieyès des treize cantons, a été chassé du directoire helvétique, comme un brigand.—Un directeur cisalpin, Moscati, a été pendu à Milan.—Les insurrections deviennent de jour en jour plus formidables dans les départements de l'Ouest; en un mot, le mécontentement est universel, et tout annonce une grande crise fort prochaine. »

presse et des clubs; le ministre Fouché, avec sa parfaite intelligence de l'esprit des partis et de la force des opinions, leur déclara hautement qu'il fallait arrêter deux résolutions: la première serait dirigée contre les journaux et les écrivains: « Il n'y avait pas moyen de gouverner, disait-il, avec ce tapage et ces accusations envenimées qui ôtaient toute force morale au pouvoir; » il demanda sur-le-champ à mettre les scellés sur les presses, à supprimer la majorité des journaux comme fauteurs d'anarchie et de royauté; puis il décida de déporter ou de mettre sous la surveillance de la police les écrivains principaux qui rédigeaient les feuilles organes des partis.

La déportation ne devait pas avoir ce caractère cruel du 18 fructidor; il fallait qu'on empêchât les journalistes d'écrire et voilà tout; Fouché les envoyait à Oléron[1] : par ce

---

[1] L'arrêté du 12 fructidor, an VII, est trop curieux pour ne pas être rapporté:

« Le Directoire exécutif,

Vu la loi du 19 fructidor, an V, qui frappe de déportation les propriétaires, entrepreneurs, directeurs, auteurs et rédacteurs des journaux désignés par cette loi;

Vu l'arrêté du Directoire exécutif, en date du 3 frimaire, an VII, rendu pour l'exécution de la loi du 19 brumaire précédent, concernant les individus frappés par les lois des 19 et 22 fructidor, an V;

Vu les tableaux formés par les administrations centrales des départements de la Seine, de la Seine-Inférieure, de la Dyle et du Rhône, en conformité de l'arrêté du Directoire exécutif du 3 frimaire, an VII, des individus reconnus pour avoir coopéré à la rédaction, ou avoir pris part à l'entreprise des journaux désignés par la loi du 22 fructidor, an V;

Vu pareillement l'arrêté du Directoire exécutif, du 28 nivôse, an VII;

Après avoir entendu le rapport du ministre de la police générale;

Arrête ce qui suit:

Art. 1er. Seront déportés, comme propriétaires, entrepreneurs, directeurs, auteurs, rédacteurs des journaux ci-après désignés:

Savoir:

Mémorial. Les nommés Laharpe, Fontanes, Bourlet de Vauxcelles;

Messager du soir. Langlois (Isidore), Lunier, Porte;

Le Miroir. Beaulieu, de Tallerac, Bridel-Souriguères;

Nouvelles politiques nationales et étrangères. Boyer, Throuet;

L'Observateur de l'Europe. Robert;

Perlet. Perlet, Lagarde, Fontanilles;

Le petit Gauthier, ou la petite Poste. Lucet;

Le Postillon des armées, ou Bulletin général de France. Nicole;

Le Précurseur. Duval;

La Quotidienne. Marchand, Geoffroy, Riche et Ripert;

Rapsodies du jour. Villiers fils, Montmignon, Daudoucet;

Le Thé. Bertin-d'Antilly;

La Tribune publique. Leblanc, Dupré;

moyen, et comme nul ne savait mieux toute l'influence du talent, le ministre se réservait la faculté de négocier avec les principaux journalistes pour les entraîner à lui, et se servir de leur action sur l'opinion publique; il leur offrait la persécution ou une pension sur la police. Ce que Fouché maniait habilement, c'était la corruption intime; il faisait servir toutes les forces intellectuelles d'auxiliaires au gouvernement; il était passé maître sur ce point, et il n'ignorait pas la partie malheureusement corruptive des hommes de talent.

La seconde mesure fut de faire fermer les clubs; ce grand désordre, les voix si mâles des Jacobins, retentissant à la tribune, effrayaient l'opinion publique. La classe bourgeoise avait crainte d'un retour vers l'anar-

Le Véridique. Poujade, Ladevèze;
L'Argus. Lefebvre-Grandmaison, Pontcharraux dit le Romain
Annales catholiques. Sicard;
Actes des Apôtres. Barruel-Bauvert;
L'Accusateur public. Richer-Serizy, Migneret l'aîné;
L'Aurore. Grosley, Lasalle, Grimaldy;
Le Censeur des Journaux. Gallais, Langlois;
Courrier de Lyon. Pelzin;
Courrier extraordinaire. Caillot, Denis;
L'Anti-terroriste. Brouillet, Meilhac;
Courrier républicain. Feschelles frères, Poncelin, Jardin, Auvray;
Le Déjeûner. Tulot, Detain;
L'Écho. Wasselin;
L'Éclair. Bertin-de-Vaux, Neuville;
L'Europe littéraire. Guth;
Gazette française. Fiévé, Debarle;
Gazette universelle. Rippert;
L'Impartial Bruxellois. Brackeniers;
L'Impartial Européen. Morneweck;
L'Invariable, Royou;
Le Journal des Colonies. Chotard, Daubonneau, Clausson;
Le Journal général de France, ou le Gardien de la Constitution. Jolivet-Barallère, Teulières.

Art. 2. Le lieu de leur déportation est déterminé à l'île d'Oléron, aux termes de l'arrêté du 28 nivôse, an VII.

Art. 3. Les individus dénommés en l'article 1er, qui se seraient soustraits à la déportation, ou n'auraient pas fait leur déclaration dans le délai prescrit par la loi du 19 brumaire dernier, seront portés sur la liste des émigrés, conformément à la même loi.

Art. 4. Leurs biens seront séquestrés en exécution de l'art. 2 de la loi du 22 fructidor, an VI.

Art. 5. Le ministre de la police générale prendra de nouveaux renseignements, pour découvrir les propriétaires, entrepreneurs, directeurs, auteurs, rédacteurs des journaux: Le Spectateur du Nord, le Tableau de Paris, le Cri public, les Frères et Amis, le Défenseur des vieilles institutions, le Journal des Journaux, le Grondeur et l'Abréviateur universel; ainsi que tous autres individus frappés par les lois des 22 fructidor, an V, et 19 brumaire dernier et omis dans le présent arrêté.

chie; elle était inquiète à l'aspect de ces vociférations éclatant parmi les enfants perdus du Jacobinisme. Fouché n'hésita point encore : il avait imposé la censure aux journaux et mis sous sa main les journalistes; il ordonna que nulle réunion ne pourrait avoir lieu sans l'autorisation de la police, ordre inflexible qui passa dans le code de nos lois. Qu'importaient les idées de liberté? Le public ne s'en occupait guère alors, on était surtout ami de l'ordre ; la lassitude était dans les esprits, tout bruit importunait; on voulait que l'opinion publique se manifestât paisiblement, et les cris des Jacobins faisaient peur. Le ministre fut secondé par toute la bourgeoisie de Paris.

La presse et les clubs comprimés, le pouvoir put agir plus librement en matière d'administration; on avait besoin d'un peu de silence pour arrêter quelques mesures de gouvernement et de finances, seules capables de préserver l'ordre de choses établi. Cambacérès, ministre de la justice, qui avait fortement contribué à la loi des suspects avec Merlin et à la loi du 14 vendémiaire an IV sur la responsabilité des Communes, proposa une autre mesure épouvantable de sévérité et de police : la loi des otages qui rendait les parents responsables des actions commises dans la guerre civile, par les fils, les frères. Tous les liens de la famille étaient bouleversés, on allait établir dans son sein des dénonciations et des lâchetés; rien de plus atroce ne fut conçu ; on recourrait au système de la Convention sans la gloire, sans le grand but de ses mesures. Puis Robert Lindet proposa un emprunt forcé de cent millions, comme loi de finance, pour le service des armées, avec la condition expresse d'un remboursement toujours illusoire. Le budget de l'armée fut considérablement augmenté par une dîme de guerre levée pour repousser l'invasion; l'emprunt forcé pouvait-il se réaliser? Y avait-il quelque chose de comparable à cette inquisition que l'on jetait dans la famille pour rechercher la fortune de chacun et ses facultés d'argent? On expliquait toutes ces mesures par la nécessité de se défendre contre l'invasion, et par le besoin de multiplier les ressources [1]. Chose singulière! un Directoire qui s'était annoncé comme réparateur et libéral, devenait plus violent, plus avide, plus déconsidéré que le quadriumvirat de Rewbell, Lareveillère-Lépeaux, Treilhard et Merlin.

Tel était le dessein peut-être des auteurs de la révolution du 30 prairial et des Bonaparte surtout. Que voulaient-ils, en effet? C'est que, dans cet abandon de toutes choses, quand le despotisme et l'anarchie s'établissaient hautement, quand l'autorité enfin se montrait sous des dehors si odieux, toutes les pensées vinssent se rattacher à leur frère le général Bonaparte, la dernière solution à la crise, le génie appelé à sauver la France! On essayait de tous les systèmes, on les usait successivement; on voulait que dans l'affaissement de tous les caractères, on portât les yeux avec un indicible intérêt vers cette magnifique renommée de Bonaparte qui alors remplissait l'Égypte. Cet éloignement mystérieux, le grandiose d'une campagne orientale servaient admirablement les desseins des amis politiques de Bonaparte. A Paris, le général se fût usé comme les autres; membre du Directoire, il se fût au moins compromis; mais, dans l'éloignement, sa réputation politique restait chaste et pure; il n'avait jusqu'ici participé à rien, si ce n'est à la victoire et à la paix; il n'avait paru à la tête de la République que pour la pacifier. Quelle différence avec ces Directeurs et ces mi-

---

[1] Voyez ces dispositions épouvantables juin et du 12 juillet 1799. Elles excitèrent dans le Bulletin des Lois, en date du 28 des soulèvements dans le midi.

nistres qui ne se manifestaient au pays que par la violence et la rapine! Tel était le langage des amis du général.

Lucien et Joseph se consacrèrent à l'œuvre fraternelle avec un dévouement de famille véritablement touchant, comme on en rencontre dans le foyer corse; frères, sœurs, femme, parents, tous réchauffaient l'enthousiasme pour le général qui portait sa noble tête sous les Pyramides; on le faisait voir comme l'homme de la destinée appelé à fermer les plaies de la Révolution en grandissant sa partie énergique. Tous ceux qui avaient participé à la journée du 30 prairial n'étaient pas complices de la conjuration bonapartiste, mais tous éprouvaient ce sentiment qu'il fallait en finir avec la situation actuelle; elle n'était pas tenable. La ferait-on renverser par les Conseils ou par le parti militaire? Et parmi les généraux quel était celui que l'on choisirait pour l'appeler à l'œuvre[1]?

Telle était la préoccupation des faiseurs de mouvements politiques et de constitutions; tous unanimement reconnaissaient qu'il fallait changer; des cris s'élevaient dans toutes les branches de l'administration publique: Directeurs, ministres, avaient le même sentiment sur le besoin de réparer les plaies du pays. Seulement on différait sur les hommes et sur les choses; était-il nécessaire de renverser la constitution de l'an III? Le Direc-

---

[1] Barras même n'était plus épargné; voici ce qu'on lit dans les journaux anglais :

« On crie encore, avec une bruyante affectation, dans les rues, ce titre entier d'un pamphlet intitulé : *Quatre à pendre, et le cinquième qui file sa corde.* Quoique le fond présente toute autre chose que ce que le titre fait soupçonner, comme c'est le titre que l'on crie aux oreilles de tout le monde, et que peu de gens lisent les pamphlets, il nous a semblé que cette publication était un artifice pour préparer l'opinion publique à quelque nouvelle attaque, dont on pourrait entrevoir le but dans un libelle encore plus nouveau sous ce titre non moins piquant : *La vérité dévoilée au peuple français sur le Directeur Barras et sur ses intrigues avec ses favoris.* Dans toutes ces productions patriotiques, Merlin, Lareveillère, Duval, etc., sont fort méchamment et fort grossièrement traités. »

teur Sieyès était dans cette opinion; il croyait cette œuvre usée et flétrie, une feuille de papier morte que le vent des passions avait emportée. Depuis son retour de Berlin, Sieyès travaillait à une organisation plus forte, plus centralisée, à une présidence de république, à un protectorat, à une royauté constitutionnelle, ou à l'organisation de deux consuls : l'un pour la paix, l'autre pour la guerre. Barras n'était pas si avancé, il croyait le maintien de la constitution possible, pourvu qu'on la plaçât sous la main de quelques hommes de force, et il ne répugnait même pas à admettre un général capable parmi ses collègues : Joubert, Moreau ou Bonaparte. Quelques-uns lui prêtaient la velléité de restaurer Louis XVIII; le prince s'était adressé à lui comme un roi Bourbon à un gentilhomme de vieille race [1]. Au fond, le directeur Barras s'annulait alors tant qu'il le pouvait, cédant à l'abbé Sieyès la direction des affaires publiques et par conséquent leur responsabilité. Gohier et Moulins étaient, dans le Conseil, l'expression du parti patriote et des Jacobins; ils avaient pied dans les clubs et n'avaient pas assez d'importance pour contrarier une résolution concertée entre Sièyes et Barras. Quant à Roger-Ducos, votant constamment avec l'abbé Sieyès, il devait être un auxiliaire et jamais un obstacle.

Pour bien résumer les faits et les idées du gouvernement au 30 prairial, l'autorité était à bout de ses moyens; elle était ballottée entre le parti jacobin qui la poussait aux mesures extrêmes, et les Bonapartistes qui invoquaient sans cesse les souvenirs du général. Dans toutes les circonstances, Sieyès manifestait sa peur des clubs;

---

[1] Voir sa correspondance dans mon *Histoire de la Restauration*, tome 1. J'ai déjà dit que les mémoires manuscrits de Barras aux mains de M. Saint-Albin, nient tout à fait cette participation. Ce n'est pas ainsi que les royalistes ont jugé les faits.

président du Directoire, il fut appelé plus d'une fois à exprimer ses principes politiques dans les solennités, et il parla contre l'anarchie plus vivement encore que contre la royauté; par l'anarchie il désignait le parti jacobin, se réveillant de son suaire du 9 thermidor, reparaissant hardiment à la tribune [1]; ce parti, appuyé sur deux généraux d'une certaine capacité, Jourdan et Augereau, avait de nombreux amis dans les Conseils, et il venait d'essayer la motion de faire déclarer la patrie en danger, résolution qui avait pour but de jeter le pouvoir dans les bras des Jacobins : la patrie en danger, c'était le canon sur le Pont-Neuf qui détermina le 2 septembre. Dans les sombres calamités d'une grande défaite, les opinions extrêmes triomphent, parce qu'il faut manifester de l'énergie au nom du peuple et pour le peuple; la douleur prend les masses par toutes les fibres : la patrie en danger, c'étaient les faubourgs en armes. Cette proposition, rejetée à une faible majorité, affecta l'abbé Sieyès; la peur des Jacobins le dominait absolument; à qui allait-il s'adresser? Ne valait-il pas mieux pactiser avec Lucien et Joseph Bonaparte, et séparer les Bonapartistes des Jacobins? Sieyès avait tâté tout le monde : Bernadotte, Moreau, pour le changement qu'il préparait; il craignait le caractère de Bonaparte, mais il avait besoin de son épée, et il lui avait écrit en Égypte au moyen de l'ambassadeur de Prusse à Constantinople; par la finesse, il croyait se sauver de la dictature militaire. C'est ainsi que marchaient

---

[1] Les Jacobins avaient fait en effet irruption après le 30 prairial. A peine avait-on permis de former des réunions politiques, qu'ils se livrèrent à des dénonciations et à des accusations de toute espèce. « Il faudra en venir à fermer le lieu de leur rassemblement, dit un agent étranger, pour la quatrième fois. Déjà ils ont été expulsés de la salle du Manége des Tuileries; mais ils se sont portés de l'autre côté de la Seine, dans l'église du couvent des Jacobins, rue du Bac, faubourg Saint-Germain. »

les affaires publiques à l'intérieur quand le général Bonaparte mit le pied sur le sol français! Aux époques calmes et régulières, la finesse est une arme qu'on peut utilement employer; mais dans les temps de crise, que devient la duplicité? Quand la force s'exprime et réclame son droit, que peut-on lui opposer? On ne peut sauver une situation violente par les termes moyens; il faut souvent l'épée pour couper le nœud gordien; et alors vient un soldat!

CHAPITRE XVIII.

SITUATION MILITAIRE DE L'EUROPE

AU DÉBARQUEMENT DU GÉNÉRAL BONAPARTE.

Plan des alliés. — Leurs généraux et leurs armées. — Russes. — Suwarow. — Korsakow. — Autrichiens. — L'archiduc Charles. — Mélas. — Kray. — Anglais. — Duc d'Yorck. — Abercromby. — Triple invasion. — Armées de la République. — Jourdan. — Schérer. — Moreau. — Lecourbe. — Joubert. — Opérations militaires dans la campagne d'Italie, de Suisse et de Hollande. — Guerre civile. — La Vendée. — Les Chouans. — Situation maritime. — Campagne de mer.

1799.

Les révolutions qui agitaient l'intérieur avaient leur source principale dans la crise militaire que subissait la France sur ses frontières. Rarement aux jours de triomphe, les accusations s'élèvent pour dénoncer le pouvoir; quand une administration est heureuse, les reproches n'ont aucune efficacité; ils viennent s'émousser devant le mur d'airain qu'oppose la victoire. Le Comité de salut public pouvait répondre à tous ses ennemis par les succès de 14 armées; mais le Directoire en était-il là? La situation militaire en Suisse, en Italie, en Allemagne, n'était-elle pas menacée? Le gouvernement avait-il répondu aux besoins impérieux de la patrie? Avait-il rempli les grands devoirs de sa mission? Triste infirmité de l'âme humaine! Ce qu'elle pardonne le moins, c'est le malheur; l'opposition grandit toujours dans les crises du pouvoir; plus il est faible, plus l'orage gronde autour de lui; la fortune est la compagne de la force et de la confiance.

Les négociations diplomatiques telles que nous les avons retracées entre les puissances alliées, avaient eu pour objet de concerter un grand mouvement militaire contre les frontières de la France. Les voyages fréquents du comte Louis de Cobentzl à Pétersbourg, les négociations de lord Witworth auprès de la Russie, de sir Morton Eden à Vienne, avaient amené la fusion complète des puissances intéressées à briser la prépondérance absolue du système républicain. Le czar avait renoncé pour le moment à pousser la Prusse vers un mouvement hostile[1], mais le prince Repnin écrivait avec quelque certitude : « qu'une fois les victoires obtenues, le cabinet de Berlin se dessinerait dans une croisade générale, et soutiendrait

---

[1] L'empereur Paul avait sommé la confédération germanique de marcher avec lui dans la coalition :

« S. M. l'Empereur de toutes les Russies, toujours animé du même zèle pour la cause des souverains, et désirant mettre un terme aux ravages et aux désordres qui ont été répandus par le gouvernement impie sous lequel la France gémit, jusque dans les pays les plus éloignés; — étant absolument déterminé à envoyer ses forces de terre et de mer pour le soutien des malheureux et pour rétablir la royauté en France, sans admettre néanmoins, aucun démembrement de ce pays; à rétablir les anciennes formes du gouvernement dans les Pays-Bas unis et dans les cantons suisses; à maintenir l'intégrité de l'Empire germanique et à n'en chercher sa récompense que dans le bonheur et la tranquillité de l'Europe; la providence a béni ses armes, et jusqu'ici les troupes russes ont triomphé des ennemis des trônes, de la religion et de l'ordre social.

« S. M. l'Empereur de toutes les Russies ayant ainsi déclaré ses vues et les motifs qui le dirigent, adresse cette déclaration à tous les membres de l'empire germanique, en les invitant à unir leurs forces aux siennes, afin de détruire leur ennemi commun aussi promptement que possible et fonder sur ses ruines une tranquillité permanente pour eux et leur postérité.

« Si Sa Majesté Impériale de toutes les Russies, s'apperçoit qu'ils secondent ses vues et qu'ils se rallient autour de lui, au lieu de ralentir son zèle, elle redoublera d'efforts, et ne remettra point son épée dans le fourreau, avant d'avoir vu la chute du monstre qui menace d'engloutir toutes les autorités légales. — Mais, si elle est abandonnée à elle-même, elle sera obligée de rappeler ses forces dans ses États et d'abandonner une cause si mal soutenue par ceux qui auraient dû avoir la plus grande part à son triomphe.

A Gatschina, le 15 septembre, 1799,
(Vieux style).

les Anglo-Russes en Hollande. » Le plan des alliés était vaste; le mouvement central devait s'opérer en Allemagne et sur les bords du Rhin; les Autrichiens et les Bavarois marchaient de concert sous l'archiduc Charles; par la Suisse on donnait la main aux opérations militaires en Italie, confiées aux Russes et aux Autrichiens de Suwarow; une armée débarquait à Naples et favorisait l'insurrection de toutes les provinces méridionales, tandis que dans la Hollande 50,000 Anglo-Russes se déployaient pour s'emparer des arsenaux et des flottes bataves. Après avoir insurgé les Belges, ils devaient se porter en masse sur les départements du Nord; enfin la chouannerie dans la Bretagne, la Normandie, et les Vendéens attaqueraient dans l'intérieur les forces de la République.

Ce large plan militaire était secondé par l'apparition en Italie et sur le Rhin d'une armée de 80,000 Russes dont on exaltait le caractère sauvage, la discipline, l'obéissance et la résolution martiale. L'armée anglaise elle-même qui devait opérer en Hollande, comptait dans ses rangs un corps auxiliaire moscovite, et l'on faisait entrer dans les moyens de la campagne, la prévision d'un débarquement de 30 ou 40,000 Turcs qui, après avoir chassé les Français d'Égypte, devaient se présenter en Italie, et mêler leur bannière aux soldats catholiques de Naples et du souverain pontife même; singulier spectacle d'une croisade chrétienne sous le croissant, et dirigée contre l'esprit du xviiie siècle [1]!

---

[1] Je donne ici le traité de paix et d'alliance conclu entre les Russes et les Turcs. Art. 1er. « Il y aura à jamais paix, amitié et bonne intelligence entre L. M. l'Empereur des Ottomans et l'Empereur de toutes les Russies, leurs empires et leurs sujets, tant sur terre que sur mer, de manière que par cette alliance défensive il s'établira entre eux une union si intime qu'ils auront à l'avenir les mêmes amis et les mêmes ennemis. En conséquence, leurs Majestés promettent de s'ouvrir sans réserve l'une à l'autre sur tous les objets qui concernent leur tranquillité et sûreté respectives, et de prendre toutes les mesures nécessaires pour s'opposer à toute entre-

La coalition était puissante, mais elle portait avec elle-même les germes d'une profonde dislocation; ses armées se composaient d'éléments hétérogènes. C'était un tour de force de la diplomatie anglaise, que d'avoir réuni sous un même drapeau des cabinets si divers, des intérêts si hostiles les uns aux autres; n'était-il pas à craindre qu'une fois en campagne surtout, les armées ne fussent frappées de la singulière position qu'on leur avait faite? Il y avait là des caractères bizarrement accouplés, de justes ambitions, et surtout des pensées différentes dans la manière d'envisager la fin de la campagne.

Paul Ier se proposant une idée générale de restaurations européennes, voulait conquérir pour la Russie l'ascendant moral qui résulte toujours d'un événement préparé par un concours militaire; le czar s'était donné mission de rendre aux rois de Naples et de Piémont, leurs couronnes, telles qu'ils les tenaient brillantes avant les révolutions populaires; il songeait à rétablir les Bourbons sur le trône de France, et avec eux, l'esprit de chevalerie et de noblesse; cette manie de reconstruction de l'ordre social ancien, allait chez l'empereur à ce point qu'il s'était déclaré souverain de l'ordre de Malte, comme s'il pouvait remuer encore un fantôme de gouvernement, comme si un Grec schismatique était apte à saisir l'épée du grand-maître orthodoxe. Les ordres de chevalerie n'étaient-ils pas morts avec l'esprit chevaleresque? Qui pouvait relever la bannière de l'ordre, flétrie par d'indignes chevaliers? La chevalerie était alors comme ces corps de hauts barons noircis par les âges, que l'on retrouve dans la tombe avec l'armure rouil-

prise hostile et qui leur serait nuisible, et pour rétablir la tranquillité générale. » (Traité d'alliance défensive entre S. M. l'Empereur des Ottomans et S. M. l'Empereur de Russie. (Datée de Constantinople, le 23 décembre 1798).

lée et le gantelet rongé par le temps. Le résultat politique de cette croisade, était pour la Russie une question d'influence sur le midi de l'Europe; le czar habituait les peuples à voir les Russes apparaître dans les affaires qui se traiteraient en Italie, en France et en Allemagne; toutes ces restaurations accomplies, le cabinet de Saint-Pétersbourg devenait la première puissance dans l'ordre politique. Les Russes n'avaient qu'un vœu, qu'un désir, c'était de toucher le sol de la France; leur imagination orientale saluait déjà les tours de Notre-Dame. Paul Ier voulait restaurer les Bourbons sous l'oriflamme fleurdelisée protégée par l'aigle des czars.

Le cabinet de Vienne n'était pas préoccupé de la même idée; pour lui, la restauration des Bourbons n'était qu'un but de second ordre, et l'on peut ajouter que cette cour était opposée à la reconstitution absolue de la monarchie française avec l'Alsace, la Lorraine et la Franche-Comté; si la cour de Vienne était décidée à rétablir le roi de Naples par l'intérêt que lui portait l'impératrice, il ne voyait pas avec le même sentiment de sollicitude le rétablissement du roi de Piémont et de Sardaigne. La victoire couronnant les efforts des puissances alliées, le plan de l'Autriche était de profiter des riches dépouilles en Italie, et d'une meilleure frontière en Suisse, sur le Rhin, de manière à grandir son territoire et son influence dans le présent et l'avenir. La Révolution avait déjà donné à l'Autriche, par le traité de Campo-Formio, Venise, l'Istrie et la Dalmatie; quelques succès heureux, en lui assurant la paisible possession de la Lombardie, pouvaient également lui attribuer un meilleur tracé de forteresses dans le Piémont[1]. L'Autriche sacrifiait au

---

[1] Dépêche de M. de Kalitschef, ambassadeur de Paul Ier à Vienne.

besoin la maison de Carignan, liée depuis un siècle à la monarchie de France; elle aurait volontiers consenti à un partage qui fît disparaître la royauté du Piémont, pour donner une indemnité à la France dans un traité définitif de paix avec la République. Avec sa pensée d'égoïsme militaire et politique, l'Autriche n'avait pas le même intérêt que l'empereur Paul, et ce dissentiment sur les principes, devait nécessairement amener de l'incertitude et du mauvais vouloir dans la marche simultanée des alliés sur nos frontières.

L'Angleterre à son tour avait son idée fixe, et des résultats invariables dominaient sa politique. Les armées anglaises n'opéraient effectivement que sur trois points : l'Égypte, la Sicile et la Hollande; dans l'Égypte, la flotte et les troupes de débarquement turques ou anglaises, avaient pour mission d'expulser les Français du territoire, parce que de là ils menaçaient l'Inde; on voulait en finir avec la colonisation de l'Égypte sous le drapeau tricolore; la mort de Tippoo-Saëb mettait à la disposition de l'Angleterre des forces considérables, et, chose merveilleuse, une expédition de plus de trente mille hommes, composée de Cipaïes, d'artillerie anglaise et écossaise, s'embarqua dans la mer Rouge, pour prendre les Français en revers, et les refouler vers le Nil [1]; on en revenait aux époques fabuleuses d'Alexandre et des Ptolémées. A Naples, les Anglais poursuivaient leur idée commerciale; ils avaient besoin d'un point d'appui dans la Méditerranée, poste avancé de Gibraltar; ils bloquaient Malte prête à se rendre; ils convoitaient avec ardeur les îles de la mer Adriatique, et la Sicile devait leur servir comme d'un grand grenier pour alimenter

[1] Il y a sur cette expédition un livre fort curieux de M. le comte de Noë qui avait un poste d'officier supérieur dans cette expédition des Cipaïes pour l'Égypte.

leurs établissements dans la Méditerranée. Enfin les Anglais opéraient également en Hollande, de concert avec les Russes : ici leur campagne se liait à une pensée de prépondérance maritime; le cabinet de M. Pitt voulait s'emparer de la flotte batave, brûler les arsenaux d'Anvers, de Rotterdam et du Zuiderzée [1]. Si les ministres anglais parlaient encore d'une restauration de la maison d'Orange et des Bourbons, c'est qu'ils espéraient par ce moyen obtenir la même influence sur le continent, que la Russie désirait elle-même, par l'appui qu'elle prêtait aux vieilles dynasties. En résumant la situation respective des alliés, on pouvait conclure qu'il y avait coalition momentanée, plus encore que cohésion de principes et d'intérêts; chacun avait son plan distinct et son ambition séparée. Ce vaste échafaudage devait crouler à la première résistance d'un gouvernement fort, et d'une armée hardiment menée au combat.

Les généraux que l'Europe mettait à la tête de ses armées n'étaient pas capables de concilier des intérêts si divers et une politique si incohérente. Comme talents, ces généraux étaient remarquables; jamais peut-être il n'y eut une réunion d'officiers plus habitués au métier de la guerre. La Russie donnait le commandement à Suwarow, le vieil et antique défenseur de l'empire, le général qui montra sa bannière aux Turcs et aux Polonais vaincus. Suwarow avait peu d'instruction militaire; Russe par l'esprit et les manières, spirituel, moqueur à la manière des barbares, il n'avait pour plan de bataille qu'une seule maxime : marcher en avant; compris et aimé par le soldat russe, c'était plus encore son père, son pontife de guerre que son gé-

---

[1] Voir la discussion du parlement (*Annual Regist*, 1799) : dix ans plus tard cette pensée se reproduisit dans l'expédition d'Anvers en 1809.

néral; une superstition religieuse se mêlait à l'obéissance que l'armée lui portait. Suwarow était pour le soldat un Dieu, il riait et pleurait avec lui; il commandait l'obéissance la plus absolue ; les Russes souffraient quand Suwarow souffrait lui-même; ils étaient joyeux de ses victoires, fiers de ses décorations et de ses triomphes [1]. Suwarow avait cette intrépidité qui tient lieu de génie, ce coup d'œil juste qui saisit toutes les fautes de son adversaire pour en profiter sur le champ de bataille. On a cherché du ridicule dans cette physionomie ; en France, tout ce qui n'a pas le type français est soumis à de moqueuses paroles; Suwarow est resté grand parmi les Russes. Korsakow, son lieutenant, n'avait pas les talents militaires de Suwarow, ni cet instinct subit qui sait prendre une résolution ; ses mouvements étaient lents, parce qu'il commandait à des soldats qui, sachant mourir, ne connaissaient aucune de ces manœuvres alertes, aucun de ces entraînements admirables, qui tant de fois assurèrent la victoire aux Français. Korsakow allait agir en Suisse, tandis que son général en chef Suwarow se porterait en Italie avec rapidité ; tous deux devaient se réunir au pied des Alpes et se prêter la main dans l'invasion des provinces du Rhône et de l'Isère.

Les Autrichiens étaient placés sous les ordres de l'archiduc Charles, prince jeune alors, un des tacticiens les plus remarquables de la nouvelle école; Moreau

---

[1] « Suwarow est d'une petite stature, maigre, un peu voûté; ses cheveux, blancs comme la neige, déposent de ses soixante-dix ans ; mais chacun de ses muscles est encore animé d'une rapide et redoutable élasticité. Le feu, la promptitude sont dans ses pas, dans tous ses mouvements, comme le laconisme dans toutes ses paroles, qui sont presque autant d'apophtegmes. Tout son art consiste dans la terrible énergie qu'il sait donner à l'âme de ses soldats, qui sous lui se croient invincibles. » (Note de M. Seume, officier au service de Russie.)

l'avait ainsi jugé [1]. Comme il arrive toujours en Autriche, l'archiduc était placé sous les instructions du conseil aulique, méthodique et vieilli, qui dictait les plans de campagne et arrêtait les opérations militaires. Nul ne présentait peut-être un aussi beau caractère que l'archiduc Charles; il avait de la franchise, une loyauté à l'épreuve, des sentiments chevaleresques si nobles, qu'on eût dit le premier gentilhomme d'Europe; la politique du cabinet n'entrait pas dans sa tête, les subtilités lui étaient étrangères; il ne savait que le champ de bataille, beau livre qui s'ouvrit devant lui plus glorieux encore à Esling! Deux généraux de premier ordre combattaient à ses côtés pour la cause de l'Autriche : Kray, un des officiers remarquables de l'armée allemande, manœuvrait en Suisse, et devait s'unir à Korsakow dans un mouvement commun par le Saint-Gothard, tandis que Mélas préparerait les voies aux Russes de Suwarow par une marche parfaitement combinée en Italie. Ainsi le Rhin, la Suisse, la Lombardie et le Piémont, étaient les points principaux par lesquels les alliés devaient faire irruption dans le cœur de la France; ils s'étaient donné rendez-vous dans l'Alsace, la Lorraine et la Franche-Comté, pour faire ensuite leur jonction sur la Seine [2].

Les Anglais avaient pour chef le duc d'Yorck, prince de la maison royale, officier de courage comme tous les Brunswick, mais avec des talents limités et un manque absolu de volonté et d'énergie. Le prince d'Orange représentant le stathoudérat, devait également marcher sur le continent; mais l'Angleterre voulait rester maîtresse en définitive des résolutions à prendre en ce qui touchait les Pays-Bas; elle ne se souciait pas que le

---

[1] Napoléon eut toujours une grande estime militaire pour l'archiduc Charles.

[2] C'est le plan de campagne des alliés en 1814.

prince d'Orange prit trop d'ascendant dans la guerre, et elle en avait déféré la partie active au général Abercromby, un des officiers les plus distingués de l'armée britannique; le corps auxiliaire russe restait sous les ordres du duc d'Yorck, selon la méthode anglaise qui consiste à épargner le sang national en employant celui des auxiliaires et des étrangers. Les instructions étaient formelles; le cabinet de M. Pitt en voulait surtout aux arsenaux et aux flottes bataves [1]. En envisageant donc de bien près la coalition qui se développait contre la République française, il y avait mille intérêts hostiles, des jalousies, des rivalités; on voyait des nations, vieilles ennemies, marcher sous le même drapeau, et tout cela devait rendre essentiellement faibles les premiers efforts militaires des alliés en Italie, en Suisse et en Allemagne.

Néanmoins, cette coalition si mal jointe présentait à l'extérieur, un aspect formidable, et le Directoire dut songer à une de ces grandes résistances qui sauvèrent la patrie aux jours périlleux du Comité de salut public. Le plan de campagne, dont il reste encore les éléments principaux aux archives de la guerre, était parfaitement combiné et d'une hardiesse peu commune; il fut l'œuvre de Joubert et de Moreau: par les révolutions de Naples, du Piémont et de Rome, la République n'avait plus à craindre l'intervention des armées piémontaise et napolitaine; les généraux Championnet et Macdonald maintenaient le repos et l'obéissance au sein de ces populations ardentes pour la révolte. La pointe militaire sur Naples, si hardie, avait réussi, grâce à la lâcheté des armées napolitaines, se dissipant comme les nuées sur le Vésuve. D'après le plan de campagne adopté par le Direc-

---

[1] Discours au parlement, septembre 1799.

toire, les coups principaux devaient se porter en Allemagne; le général Jourdan marchait à la face de l'archiduc Charles, dans la Souabe au-delà du Rhin; Masséna recevait le commandement de l'armée d'Helvétie, opposée aux Autrichiens du général Kray, et un peu plus tard, au corps russe de Korsakow. En Italie, Schérer reçut la mission décisive de refouler le général Mélas avant l'arrivée des Russes du feld-maréchal Suwarow [1]; au nord, enfin, du côté de la Hollande, la garde de la frontière contre l'invasion des Anglais du duc d'Yorck et d'Abercromby, fut confiée au général Brune, promettant de rejeter les Anglais dans la mer. Le Directoire avait invoqué la force et le dévouement de ses meilleurs généraux; Jourdan, ardent républicain, avait alors une certaine réputation militaire; Masséna était un des meilleurs lieutenants de Bonaparte; Macdonald pouvait citer de belles campagnes, et Brune comptait l'invasion de la Hollande sous Pichegru, parmi ses titres de gloire; Schérer, le plus incapable de tous, devait sa position, en Italie, à la confiance de Rewbell qui lui avait donné le ministère de la guerre; Championnet n'était pas sans talents et sans intrépidité; il avait secondé Macdonald dans sa marche si rapide, si décidée sur Rome et Naples.

Les premiers mouvements militaires ne furent point heureux pour les armes françaises; le général Jourdan, hardiment avancé dans l'Allemagne, éprouva une défaite

---

[1] « Schérer parut, et fut accueilli avec des murmures et des huées. Lorsque Moreau arriva, les soldats se précipitèrent autour de lui, baisèrent ses bottes et son cheval, et le proclamèrent hautement en disant : « Voilà notre sauveur, notre cher Moreau, c'est lui qui est notre général. Schérer n'eut rien de mieux à faire qu'à prétexter une maladie, et se retirer, et le Directoire n'a pu de son côté se dispenser de nommer général en chef, ce même Moreau qu'il n'a aucune raison d'aimer. » (Dépêche du ministre de Prusse au comte de Haugwitz.)

complète : l'archiduc Charles profita de ses fautes; nos bataillons épars revirent les eaux du Rhin. En Italie, d'autres échecs firent peser sur les généraux français une triste responsabilité; Schérer fut battu à Vérone, à Maniano; Moreau fit des prodiges, mais la victoire, femme capricieuse, avait cessé d'être fidèle aux soldats de la République. Masséna éprouva une défaite devant les fortifications de Feldkirch; depuis ce moment les Français furent en pleine retraite en Italie, en Suisse et en Allemagne. Le plan qui consistait à empêcher la jonction des Russes et des impériaux ne réussit pas; les corps du général Macdonald se retirant de Naples, furent un moment coupés. Jamais, depuis l'invasion de 1792, la France n'avait été dans un si grand péril [1]. Au nord, une dépêche télégraphique annonça le débarquement de la flotte anglaise avec une armée considérable sur le Texel; encore quelques malheurs et les alliés touchaient les frontières; les Cosaques déjà insultaient le Dauphiné, et Mélas se proposait d'opérer sur le Piémont et le Var. On rêvait de nouveau au siége de Toulon.

Cette triste situation militaire précéda la Révolution du 30 prairial; le changement du Directoire avait amené plus d'unité dans les forces du gouvernement; le général Bernadotte prenait le département de la guerre, et on

---

[1] Aussi la plus grande renommée entoure les généraux alliés; on exalte Suvarow, et voici un ukase de l'empereur Paul :

« Afin de perpétuer jusque dans la postérité la plus reculée le souvenir des exploits de notre feld-maréchal, le comte de Suwarow Rimniski, qui, à la tête de nos armées victorieuses et de celles de l'empereur d'Allemagne, a dans quatre mois délivré toute l'Italie de ses impies conquérants, et rétabli les royaumes et les institutions légales; et voulant lui donner à la face de l'Europe une marque de notre satisfaction, nous lui avons conféré, à lui, général feld-maréchal comte Suwarow Rimniski, la haute dignité de prince de l'empire russe, avec le titre de l'Italique. Nous voulons, et il nous plaît que cette dignité soit héréditaire à tous ses successeurs, mâles et femelles, et qu'il soit et signe, le prince Italique Alexandre Basilowitch, comte Suwarow Rimniski. »

Fait à Paulowsck, le 8 août 1799.

PAUL.

lui doit cette justice historique, qu'il déploya dans les périls communs une énergie, une force, une prévoyance qui ne furent pas inutiles au premier Consul bien avant la bataille de Marengo [1]. Bernadotte, administrateur surtout, avait sous sa main peu d'éléments d'organisation : l'argent manquait, les conscrits hésitaient à se rendre sous les drapeaux où ils demeuraient sans vêtements, sans armes. Le ministre ne négligea rien; l'administration prit une impulsion nouvelle et forte; ses proclamations aux armées eurent une teinte antique et républicaine; il invitait généraux et soldats à faire de nouveaux efforts pour sauver la République.

Le ministre avait auprès de lui un jeune secrétaire, fils de la Révolution, aux fortes études, et lié par ses antécédents à la société des Jacobins; il fut secondé par sa sagacité et son ardent amour pour la patrie. Le général Bernadotte cherchait à réveiller dans les camps cet esprit public qui semblait s'effacer de l'armée; si le général Bernadotte donnait un commandement en chef à Championnet, le Directoire, par l'organe de l'abbé Sieyès, indiquait pour conduire l'armée d'Italie, le jeune Joubert, sur lequel se rattachait plus d'une espérance, tant le mouvement politique se liait alors à une révolution militaire [2]; on ne croyait pas possible de sortir de la crise sans l'appui d'une armée et d'un général; l'abbé Sièyes voulait organiser la victoire au profit de ses plans de constitution.

---

[1] Les circulaires de Bernadotte existent en original aux archives de la guerre.

[2] Voici ce que Joubert écrivait au Directoire :

« Citoyen Directeur, comptez plus encore sur mon dévouement que sur mes talents militaires. Si je ne meurs pas en combattant les ennemis de la République, soyez bien sûr que je ne vivrai que pour la défendre. Je pars pour l'armée avec l'intention de ne pas laisser aux Austro-Russes le temps de réunir toutes leurs forces, déjà trop nombreuses. A mon arrivée je leur livre le combat. Dans peu de jours, attendez-vous à recevoir la nouvelle d'une grande victoire ou celle de ma mort. »(Lettre de Joubert au président du Directoire.)

Le général Joubert se rendit lentement à son poste [1]; ses négociations avec le Directoire, son amour pour mademoiselle de Montholon, ces fleurs, ces roses jetées sur ses pas, l'empêchèrent d'accomplir sa destinée; la mort le frappa à la sanglante bataille de Novi; les bardes de la République purent célébrer les funérailles d'une si belle renommée.

Depuis le 30 prairial il y eut plus d'énergie; les armées se réorganisèrent, mais les causes réelles du succès obtenu par les républicains, furent surtout les querelles intestines et les jalousies qui s'élevaient de toutes parts entre les généraux russes et autrichiens dans cette campagne. A mesure que le plan des alliés recevait son exécution, les rivalités se formulaient d'une manière plus complète; les Autrichiens, presque maîtres de l'Italie, voulaient en disposer à leur gré; pleinement satisfaits

---

[1] Voici quelques-unes de ces circulaires du général Bernadotte.
Le ministre de la guerre à l'armée d'Italie.
Paris, le 11 fructidor an VII (28 août).

« Caché dans les rangs obscurs, il y a trois ans, Joubert était à peine connu; il meurt aujourd'hui, fixant les regards et l'estime de l'Europe entière. Quel est le secret de cette réputation si grande, soldats de la patrie? Ce prodige est encore un de ceux de la liberté. Elle élève jusque dans le ciel ses généreux défenseurs.

« Joubert fut un des plus ardents; il ne croyait pas que même sous la tente un soldat eût le droit de se croire étranger à la République. Incertain, il y a six mois, s'il combattrait encore pour elle en Italie, il avait courageusement renoncé à sa propre renommée.

« La constitution a repris son empire, Joubert doit reprendre du service; le moment est venu de rejoindre ses frères d'armes; impatient de continuer sa gloire, il n'est pas arrivé, qu'il périt à la fleur de l'âge au milieu de vous.

« Tombé de cheval, il vous criait en expirant : « Camarades, c'est aux ennemis qu'il faut marcher. » Vous avez entendu sa voix mourante, vous avez juré sur sa tombe de le venger; vos larmes ne seront point stériles.

« Si dans ce fatal combat, qui n'est point une défaite, il a été commis une faute, c'est celle de la vaillance immodérée. Je n'ai qu'un conseil à vous donner; la sagesse dans le courage.

« Ralliez-vous autour du principe éternel des victoires, la discipline. Elle vous rendra tous les avantages qui ne sont que différés. Des renforts nombreux de toutes armes vont vous seconder : que les vieux soldats donnent aux jeunes conscrits l'exemple de l'ordre et du devoir.

« Braves amis, avancez, la patrie vous appelle. Non, quoi que fasse la coalition, la source des généraux n'est point tarie. On a pu dire sous les rois, que la nature se repose quand elle a produit un grand homme; je vois parmi vous plus d'un Bonaparte et d'un Joubert. La liberté a changé la nature. »
Signé : Bernadotte.

d'avoir délivré le Milanais, ils portaient leur attention alors sur le Piémont pour assurer une nouvelle frontière, et les vieux projets de la maison d'Autriche se réveillaient contre les Carignan. Le cabinet de Vienne voyait avec dépit et quelque crainte secrète, les Russes prendre possession des villes, et parler, au nom de leur czar, des Carignan et des Bourbons, comme si l'Autriche ne devait pas rester maîtresse des négociations ultérieures. Ensuite un échange de mots durs avait lieu continuellement entre les officiers généraux des deux armées; Korsakow manifestait un mépris profond pour les officiers autrichiens, déjà blessés de marcher sous la conduite des Russes; il résultait de ces dissidences une grande incertitude dans les mouvements militaires.

La haute tête de la campagne, le prince Charles, était tombé malade presque au début de la guerre, on disait même qu'il s'était retiré de dépit; l'armée autrichienne manquait d'unité et de résolution; elle se croyait seule capable, par sa civilisation et sa tactique,

Le ministre de la guerre au général Championnet.

Paris, le 11 fructidor an VII (28 août).

« L'armée des Alpes est réunie à celle d'Italie. Le Directoire exécutif vous a nommé pour commander l'une et l'autre. Championnet succède au républicain Joubert. L'Italie sourit à son nouveau libérateur; elle attend celui qui avait renversé le trône de Naples.

« Rome rendit des actions de grâces à ce consul qui n'avait point désespéré du salut de la République; Rome a détruit Carthage et fait la conquête du monde; loin de nous ces pensées de l'ambition? Fonder notre liberté, seconder nos alliés, faire une paix durable, voilà notre ambition; vos moyens sont grands pour la réaliser.

« La terrible armée du Danube flanque votre gauche. L'intrépide Lecourbe est prêt à vous donner la main; vous avez avec vous de valeureux soldats et des généraux éclairés : les Delmas, les Saint-Cyr, Grenier, Suchet, Duhem, Victor et tant d'autres, sont vos dignes compagnons. Que ne pouvez-vous pas avec l'union de pareils hommes!

« Je sais combien cette union est le premier besoin de votre âme. Vous fûtes des braves de cette glorieuse armée de Sambre-et-Meuse. Nous avons vu quatre-vingt mille hommes présenter l'image d'une seule famille. On n'y connaissait qu'une rivalité, celle du bien public : probité, sobriété, discipline austère et nerveuse, tels sont les puissants mobiles qui la conduisirent à la plus haute renommée; ils vous conduiront encore à la victoire. »

Signé : Bernadotte.

de lutter contre les armées françaises, et c'est dans ce moment d'incertitude et de découragement que le général Masséna engagea l'affaire de Zurich sur un champ de bataille de près de trente lieues. Cette magnifique action dura plus de quinze jours ; elle fut décisive contre Korsakow, et dès lors les Russes qui avaient une si grande part à la coalition, furent mis en dehors de ligne et n'influèrent plus que légèrement sur les opérations militaires [1]. Les Autrichiens seuls demeurèrent avec leur supériorité de position en Italie ; les frontières furent sauvées, et toute invasion devint impossible pour les alliés. On prit sur quelques points l'offensive ; les Autrichiens, au reste, ne se souciaient pas de passer les Alpes ; il ne s'agisssait pas pour eux d'une campagne de restauration pour les vieilles dynasties ; leurs armées ne s'étaient point ébranlées pour un principe, mais pour des conquêtes effectives et réelles ; ils voulaient pour le Milanais une meilleure frontière du côté du Piémont ; la guerre changeait ainsi de face et de but, et on pouvait la continuer d'après d'autres bases plus complétement militaires et diplomatiques.

[1] « J'ai quitté, dit Suwarow, l'Italie plus tôt que je n'aurais dû ; mais je me conformais à un plan que j'avais adopté de confiance plus que de conviction. Je combine ma marche en Suisse : j'en envoie l'itinéraire ; je passe le Saint-Gothard, et je franchis tous les obstacles qui s'opposent à mon passage. J'arrive au jour indiqué à l'endroit où l'on devait se réunir à moi, et tout me manque à la fois ! Au lieu de trouver une armée en bon ordre, dans une position avantageuse, je ne trouve plus d'armée. La position de Zurich, qui devait être défendue par 60,000 Autrichiens, avait été abandonnée à 20,000 Russes. On laisse cette armée manquer de vivres. Hotze se laisse surprendre ; Korsakow se fait battre. Les Français restent maîtres de la Suisse, et je me vois seul avec mon corps de troupes, sans artillerie, sans vivres ni munitions, obligé de me retirer chez les Grisons pour rejoindre des troupes en déroute. On n'a rien fait de ce qu'on avait promis.

« Un vieux soldat comme moi peut être joué une fois ; mais il y aurait trop de sottise à l'être deux fois. Je ne puis plus entrer dans un plan d'opérations dont je ne vois sortir aucun avantage. J'ai envoyé un courrier à Pétersbourg : je laisserai reposer mon armée et ne ferai rien avant les ordres de mon souverain. » (Extrait d'une lettre de Suvarow, du 9 novembre 1799.)

Si l'invasion échouait du côté de l'Italie et de l'Allemagne par la bataille de Zurich, elle était aussi fortement arrêtée en Hollande par la marche savante et hardie du général Brune; le duc d'Yorck était en pleine retraite. Comme au temps de la première coalition, la campagne des Anglais sur ce point n'avait politiquement que deux objets : la capture de la flotte batave et la destruction des arsenaux. Une fois ces deux résultats accomplis, l'Angleterre était satisfaite; et aucun ministre de cabinet à Londres, n'avait la présomption de lutter sur le continent avec les soldats de la République et de renouveler la campagne de 1795. Sans doute si la coalition victorieuse dans l'Italie et l'Allemagne, s'avançait vers le centre de la France, l'Angleterre marcherait à son tour par les frontières du Nord, sur Anvers, puis sur Dunkerque, comme elle l'avait essayé en d'autres temps; mais la victoire revenant aux armées républicaines, que pouvait faire un corps anglo-russe en Hollande? Le cabinet de M. Pitt avait donné mission au duc d'Yorck de s'emparer de la flotte; ce but était rempli; les Anglais, maîtres de l'escadre du Texel, capitulèrent avec Brune pour le rembarquement des troupes, et le duc d'Yorck obtint de bonnes conditions. Plus tard on se demanda pourquoi le général anglais s'était si rapidement rembarqué? c'est qu'il n'avait plus rien à faire sur le continent; il n'en voulait qu'à la flotte. Dans l'histoire de la Grande-Bretagne, on ne trouvera jamais qu'une seule pensée, celle d'affaiblir les marines de ses ennemis ou des neutres : elle les brûle ou elle les prend, sans se détourner un moment de son but.

En suivant ainsi la situation des armées, au moment où le général Bonaparte débarqua à Fréjus, elles n'étaient pas dans une situation mauvaise; un préjugé historique a répété que le premier Consul ramena la victoire sous les drapeaux ; rien n'est moins exact. Au mois d'octobre 1799, la France était victorieuse en Hollande, en Suisse, en Italie, les Russes étaient en pleine retraite, et la ligne des Autrichiens compromise par le grand vide que laissaient Suwarow et Korsakow. S'il n'y avait pas dans le pouvoir ce nerf puissant et militaire, cette unité qui seule pouvait donner un développement à la situation politique de la France, au moins le territoire était préservé. Les généraux Masséna, Lecourbe, Soult, Moreau, Brune, Macdonald, avaient tiré leurs épées avec honneur et gloire, et l'administration du général Bernadotte imprima une grande impulsion au système de guerre : les temps étaient passés où l'armée manquait de tout ; elle avait reçu récemment des approvisionnements considérables, et les registres du département de la guerre constatent l'activité déployée par Bernadotte, ministre organisateur. La part du consul Bonaparte est assez belle pour qu'on puisse la faire juste à chacun ; Masséna, Brune, Macdonald, Bernadotte, accomplirent de glorieuses choses, et seuls ils préservèrent la France de l'invasion[1] ! On a confondu deux époques : avant et après le 30 prairial ; le triomphe était revenu à nos drapeaux au 18 brumaire, et la belle bataille de Zurich avait fait luire un nouvel éclat sur les armées de la République.

A l'intérieur, la guerre civile, sans être complètement éteinte, était au moins apaisée, car il venait d'y avoir une nouvelle pacification de la Vendée, sous le général Hédouville ; les provinces de l'Anjou et de la Bretagne ne présentaient plus que des bandes isolées, et la plupart

[1] Napoléon a été très passionné dans le jugement qu'il a porté contre le général Bernadotte et sur son administration de la guerre : Napoléon avait un trop grand mépris de tout ce qui n'était pas lui. La jalousie perçait trop dans ses appréciations.

des chefs signaient l'acte de pacification. Comme il arrive toujours après les longues guerres civiles, il restait debout quelques troupes armées, lesquelles, impatientes de toute domination, se jetaient à l'improviste de droite et de gauche pour commettre du désordre et s'assurer le butin. La Vendée s'était transformée en chouannerie, dégénération de la grande guerre civile de 1794. Les paysans insurgés, si redoutables aux républicains se réunissaient sur des signes particuliers, dans les genêts touffus de la Vendée, au milieu de ces buissons épais, de ces métairies isolées où l'on attendait les bleus. La soumission absolue était impossible; il y avait toujours des hommes hardis qui portaient la croix sur leur chapeau à larges bords, comme les derniers débris des klans d'Écosse, armés sous les Stuarts.

Dans la Basse-Normandie, la chouannerie n'était point éteinte; au milieu des ombres de la nuit on entendait mille voix confuses et inconnues qui se jetaient à travers les vents, des signes de convention pour prendre les armes[1]. S'il n'y avait pas de guerre civile véritable, des expéditions de partisans pillaient les caisses publiques et tourmentaient les acquéreurs des domaines nationaux; le fanatisme politique était poussé loin, et alors parurent les chauffeurs, bandes sauvages qui, pour faire déclarer des trésors enfouis, faisaient placer sur des brasiers ardents de pauvres femmes et des enfants à peine dans la vie, tristes fruits du désordre et de l'exaltation des partis, affreux et sanglant délire de la guerre civile! Les répressions contre de tels excès rentraient dans le domaine de la police active et de la justice; quelques régiments de gendarmerie mobile suffisaient, et l'on pouvait ainsi

---

[1] Je regrette vivement qu'on n'ait pas poétiquement raconté la Chouannerie et l'épisode de cette guerre civile, fatale et acharnée.

disposer de toutes les forces militaires pour les jeter sur la frontière dans la vaste lutte contre les coalisés[1].

L'armée navale de la France n'était pas dans une mauvaise situation, car elle offrait en ligne 84 vaisseaux de haut bord. L'escadre abîmée à Aboukir par l'amiral Nelson n'était pas le dernier espoir du pavillon de France, et au moment où le général Bonaparte mettait le pied sur le territoire, appareillait de Brest une flotte magnifique qui comptait 44 vaisseaux de ligne se déployant dans l'Océan, comme à la grande époque de Louis XIV; phénomène curieux que cette activité immense de nos arsenaux, quand on parlait de la décadence de la marine! L'Empire de Napoléon, même dans ses jours de gloire, n'offrit pas le spectacle d'une armée navale aussi considérable, traversant le détroit de Gibraltar pour louvoyer paisiblement dans la Méditerranée; elle effraya la Grande-Bretagne. Aucune escadre anglaise ne se présenta devant elle; l'amirauté n'avait pas prévu la réunion d'une si grande flotte, et les ordres ne purent parvenir à temps pour livrer une bataille navale qui aurait eu pour théâtre l'Océan ou la Méditerranée. La flotte française entra paisiblement à Toulon après une campagne courte, mais qui ne fut pas sans utilité pour l'instruction de la marine; on vit une magnifique flotte sur mer, devant laquelle fuyaient les escadres inférieures sous le pavillon britannique; l'amour-propre de l'officier et du marin de France grandit; on put invoquer dans les longues nuits du bord les souvenirs de Suffren et de Lamothe-Piquet[2].

---

[1] Fouché fit le premier entrer la police dans les répressions des troubles de la Vendée.

[2] Il ne faut pas oublier que la jeune période de la vie de Barras avait été consacrée à la marine : il put donner l'impulsion à nos escadres. Il avait goût pour l'organisation des escadres.

Cette situation militaire de la République au moment où le général Bonaparte revint d'Égypte doit être bien constatée, afin de relever les erreurs qu'une puérile adoration a jetées dans l'histoire. La constitution de l'an III était perdue depuis le coup-d'état du 18 fructidor; on avait accoutumé le peuple à voir les Conseils décimés et les majorités déportées par de simples mesures de sûreté générale; cette constitution ne pouvait désormais protéger ni les personnes, ni les propriétés. Partout on sentait le besoin d'un changement; s'opérerait-il par la force militaire, ou par un simple mouvement d'avocats et de légistes?

Depuis longtemps la querelle était engagée entre l'armée et l'autorité civile; cette armée avait rendu d'éclatants services et tous les pouvoirs l'invoquaient à l'aide de leurs projets. Les révolutions politiques avaient pris pour appui l'épée d'un général, depuis le 14 vendémiaire qui s'accomplit sous l'influence de Barras et de Bonaparte, jusqu'au 18 fructidor où présida Augereau. Ce grand duel devait donc se vider aujourd'hui, demain, qu'importe! Il y avait dans les Conseils, dans le Directoire, comme dans le pays, ce sentiment unanime que ce qui était ne pouvait durer; quand le peuple a cette opinion, il est rare qu'un pouvoir puisse se maintenir, car il n'inspire aucune confiance; chacun lui donne des successeurs, ou cherche à l'être. On en était arrivé à ce point que les Directeurs ne croyaient plus à leur propre puissance, et l'abbé Sieyès lui-même déclarait qu'un changement était indispensable.

La bourgeoisie jugeait même le mal plus grand qu'il n'était; on croyait la patrie menacée; la victoire était revenue avant Bonaparte, et on put dire et écrire au 18 brumaire qu'elle était arrivée par lui, et qu'il la conduisait par la main comme la compagne brillante de sa vie. Ce qui manquait réellement au Directoire, c'était la vie et la force gouvernementales ; il n'y avait pas d'unité dans le pouvoir, aucune force morale dans l'administration ; on avait peur des Jacobins, peur des émigrés, peur des généraux. Une sorte de vacance se manifestait au sein de l'autorité, et c'est le moment où un homme audacieux peut s'en emparer. On a dit que les intrigues agirent beaucoup pour préparer la journée que nous allons décrire; en politique il y a quelque chose de plus fort que l'intrigue, c'est la nécessité inflexible qui domine les hommes et les événements. Bonaparte avait dit en partant pour l'Égypte : « La poire n'est point mûre encore » ; à son retour elle était mûre, il ne fallait plus qu'une main décidée à la cueillir !

CHAPITRE XIX.

PRÉPARATIFS DU 18 BRUMAIRE.

Arrivée d'Égypte. — Avis de la Prusse et de l'Angleterre. — Bonaparte à Fréjus. — Situation du gouvernement. — Marche sur Paris. — Enthousiasme. — Irrésolution du Directoire. — L'abbé Sièyes et les Jacobins. — Bernadotte et Marbot destitués. — Bonaparte à Paris. — Sa famille. — Ses rapports. — Intrigues avec les corps constitués. — Rapprochement de Bonaparte et de Sieyès. — La décade qui précède le 18 brumaire.

Octobre et novembre 1799.

Le 17 vendémiaire (8 octobre 1799), une dépêche télégraphique conçue en ces termes arrive au Directoire : « Le général Bonaparte est débarqué à Fréjus suivi des généraux Berthier, Lannes, Murat, Marmont et Andréossy; il se dispose à partir pour Paris [1]. » Cette nouvelle inattendue dans les circonstances difficiles où se trouvait le Directoire, jeta une vive inquiétude dans l'esprit surtout des Directeurs Gohier et Moulins, expression des Jacobins. Que vient faire le général? Quel était le but de son apparition si subite sur les côtes de France? Dans les temps de crise, l'événement même le moins grave excite une grande sollicitude, et l'arrivée du général Bonaparte devait menacer un pouvoir divisé, chancelant, qui cherchait en vain une solution à ses difficultés poli-

---

[1] La dépêche en fut portée à Barras pendant son dîner; il en fit prévenir Gohier, président du Directoire.

tiques. L'audace du général Bonaparte surprenait toutes ces âmes incertaines. Que veut-il? Quels sont ses desseins? Pourquoi a-t-il subitement quitté son armée d'Égypte? A quels avis devait-il la résolution inattendue de son retour en France? Y avait-il une conspiration avec un but prémédité contre le Directoire? Des traîtres s'entendaient-ils avec Bonaparte pour le renversement de la constitution [1]? Tous ces raisonnements se faisaient parmi les amis de la faible administration qui gouvernait la France. Un pouvoir fort, sans hésiter si longtemps, aurait agi; le général Bonaparte ne s'était-il pas placé en dehors des lois? Déserteur de son armée, il l'abandonnait sur les rivages de l'Égypte, comme si aucun devoir n'était imposé à un général en chef; à Fréjus, s'affranchissant des règles sanitaires, il violait les principes qui garantissaient la sûreté des côtes; le Directoire avait mille motifs pour s'emparer du général et le faire juger par une commission militaire. Mais quand une autorité expire que peut-elle tenter encore? Tout ce qu'elle résout tourne contre elle ; tout ce qu'elle arrête tombe impuissant et sans force. Le Directoire avait fini sa carrière; désormais, c'en était fait de lui, il ne fallait que de l'audace pour le renverser, et la faveur publique secondait trop ouvertement le général

---

[1] « Au milieu des grands événements qui ont attiré notre attention depuis un mois, il n'en est aucun qui ait causé autant de surprise que l'arrivée inattendue de Bonaparte en France. Cet homme, dont la carrière a été jusqu'à présent si extraordinaire, a débarqué à Fréjus, mauvais petit port en Provence, le 9 vendémiaire (1er octobre) ; sa suite consistait dans le général Berthier, les généraux Lannes et Murat (l'un et l'autre blessés), le général d'artillerie Andréossy, le général de brigade Marmont, le chef de ses guides Beyssières, les trois membres de l'institut national d'Égypte, Monge, Berthollet et Arnault; quelques Mamelouks, quelques Arabes et quelques guides. La flottille qui les a apportés en Europe consistait dans les deux frégates, la *Muiron* et la *Carère*, l'aviso la *Revanche* et la tartane l'*Indépendance*, et était sous les ordres du vice-amiral Gantheaume. » (Dépêche du ministre de Prusse au comte de Haugwitz, 2 octobre 1799.)

Bonaparte pour qu'on pût arrêter sa personne et frapper contre lui un coup de force et de sûreté [1].

Cependant la position personnelle du général n'était pas aussi bonne que les avis reçus de France semblaient le lui faire entendre ; il s'était déterminé à quitter l'Égypte sur les dépêches qu'on lui avait fait parvenir par les voies de Berlin et de Londres [1]. Le système neutre qu'avait gardé la Prusse lui permettait d'envoyer des agents politiques sur tous les points, et lors de l'ambassade de l'abbé Sieyès à Berlin, un émissaire confidentiel fut dépêché par le ministère prussien à Constantinople, afin d'exposer à Bonaparte les périls de la patrie et la nécessité de se placer à la tête du gouvernement par une révolution constitutionnelle, car le pacte de l'an III était sans valeur. La coalition étrangère refoulait alors les

---

[1] « Il se forme aujourd'hui en France un parti qui, au rapport de quelques voyageurs instruits, donne beaucoup plus d'inquiétude au Directoire que toutes les troupes russes, allemandes et turques à la fois. C'est un parti que l'on pourrait appeler celui du général Bonaparte, puisque c'est une réunion de sentiments qui se manifestent hautement en faveur de ce général. Toutes les classes, soldats, habitants des faubourgs, républicains, banquiers, négociants, honnêtes gens, sont tous aujourd'hui d'opinion que cet homme a été sacrifié aux frayeurs ou à la perversité des triumvirs qui ont fait le 18 fructidor. La situation affreuse dans laquelle il se trouve, depuis dix mois ; le courage et la persévérance avec lesquels il lutte depuis ce temps contre un peuple barbare, un climat affreux, le dénûment absolu de tout, l'ont grandi prodigieusement aux yeux des habitants de Paris, et même de ceux qui n'avaient vu dans ses succès d'Italie que les avantages d'un jeune audacieux sur des généraux caducs ou stupides. Aujourd'hui on ne se cache plus pour dire, et on entend répéter partout, que si Bonaparte fût resté en France, il eût *forcé* le Directoire à faire la paix, ou qu'au moins on n'aurait pas éprouvé les défaites honteuses et sanglantes que la France vient d'essuyer. La réimpression de la *correspondance interceptée* a produit, et produit encore chaque jour un effet incalculable. Chacun y reconnaît les siens ; et l'on ne peut plaindre leurs malheurs, les affronts qu'ils ont reçus des Arabes, les dangers auxquels ils sont exposés, et l'improbabilité de leur retour, sans accuser ceux que l'on croit les auteurs de cette extravagante expédition, première cause de la ruine future de la République. Dans tous les groupes et dans tous les cafés, on en accuse hautement Rewbell, Barras et Larevellière. Les frères de Bonaparte se taisent par prudence ; mais comme, en perdant leur frère, ils perdraient leur grande influence, ils ne sont pas inactifs auprès des membres des Conseils. » (Rapport d'un agent secret au comte de Haugwitz, septembre 1799.)

armées françaises sur les frontières, les périls étaient grands, et toutes les opinions demandaient un dictateur pour sauver la France menacée. L'émissaire prussien avait joint Bonaparte après l'expédition de Saint-Jean-d'Acre qui abaissa la fortune du général; il lui avait communiqué les dépêches de ses amis, des hommes surtout qui exerçaient une certaine influence sur les Conseils. L'abbé Sieyès lui adressait un mémoire sur la situation de la République, en engageant le général à revenir sur le sol français pour en finir avec l'anarchie [1].

Aux avis venus par les voies de la Prusse s'étaient joints les renseignements perfides du cabinet anglais. Dès que la coalition fut cimentée et qu'on vit les armées alliées sur les frontières, les amiraux anglais et sir Sidney Smith surtout, se hâtèrent de mettre sous les yeux de Bonaparte les journaux qui indiquaient la situation désespérée de la République. Ils avaient pour cela deux motifs : d'abord les malheurs de la patrie détruiraient le sentiment moral de sa supériorité dans l'armée d'Égypte, et par conséquent on l'entraînerait plus facilement à une capitulation déjà dans les prévoyances de l'Angleterre; puis, en appelant Bonaparte sur le continent, il y avait chance de s'emparer de sa personne par les escadres qui croisaient incessamment dans la Méditerranée; s'il débarquait en France, l'Angleterre en finissait avec les projets gigantesques sur l'Inde qu'avait conçus le général dans ses poétiques rêveries [2].

---

[1] Ou M. Lucien Bonaparte ne connaissait pas les papiers d'état de Berlin, ou il a complétement méconnu l'exactitude des faits, en disant dans ses mémoires, que le général Bonaparte, en Égypte, n'avait reçu aucun avis de France.

[2] L'Angleterre publiait avec ostentation tout ce qui lui venait d'Égypte, et les correspondances intimes des généraux. Depuis Saint-Jean-d'Acre sir Sidney Smith était en rapport avec Bonaparte. Déjà le mot de capitulation avait été prononcé, et les instructions du général en chef à Kléber l'indiquent formellement.

PROJETS DE BONAPARTE (1799).

Aussi Bonaparte était-il instruit des moindres circonstances ou des moindres accidents qui pouvaient alarmer son esprit sur la situation de son armée ; les amiraux anglais multipliaient les communications et les avis intimes, et aucune nouvelle désastreuse sur l'état de la France ne lui manquait à la face du désert, quand l'idée de patrie lui prenait au cœur dans les jours de tristesse et de désespoir. Au moment où le général Bonaparte résolut de quitter l'Égypte, il était dans la conviction profonde de la nécessité d'une dictature qui lui serait offerte par les Conseils mêmes, tant le territoire était en danger ! Ce caractère indomptable montra beaucoup d'audace dans l'exécution de ses projets ; il revenait de Saint-Jean-d'Acre, expédition malheureuse où il avait vu ses soldats arrêtés devant une ville ouverte ; sa réputation avait souffert de cet échec, et les journaux anglais tournaient en moquerie sa capacité de général et jusqu'à sa vie intime [1]. Bonaparte retrouva la gloire en refoulant l'armée du visir dans la mer ; avec son habileté ordinaire, le général exalta comme une victoire décisive un combat de troisième ordre où une armée, forte de courage et de discipline, avait chargé à la baïonnette des masses confuses de Turcs et d'Albanais au large tromblon, au brillant cimeterre, soldats ballottés par les flots sur un sable mouvant [2]. Cette vic-

---

[1] La presse anglaise avait excité sa jalousie sur la conduite fort légère de madame Bonaparte ; on publia les lettres de Bonaparte à sa femme et à ses frères. Il en est une fort curieuse ; le *Times* la donna avec une sorte de mauvaise orthographe italienne : elle est adressée à Joseph :

« J'ai beaucoup de chagrin domestique, car le voile est entièrement levé. Toi seul me restes sur la terre, ton amitié m'est bien chère. Il ne me reste plus pour devenir misanthrope qu'à te perdre et te voir me trahir. C'est une triste position que d'avoir à la fois tous les sentiments pour une même personne dans son cœur, tu m'entends. » (Correspondance de Napoléon.)

[2] L'armée du visir n'était que de 7,000 hommes ; cela est constaté par une dépêche officielle qui précéda la bataille.

« Le jeudi 7 séfir (11 juillet), Mustapha-Pacha a débarqué, et après sept heures de combat la victoire s'est décidée en faveur des Musulmans. Le château a capitulé. Il y avait environ 500 infidèles, et aucun d'eux

toire, Bonaparte l'avait agrandie par ses récits; ses amis ardents la publiaient partout dans des bulletins enthousiastes; on disait avec une sorte d'orgueil le bel état de l'armée d'Égypte et de ses vieux prétoriens au moment du départ de Bonaparte, et la correspondance confidentielle de Kléber, qui dénonçait en termes si aigres la fuite du général[1], n'avait pas encore été publiée; on cherchait partout à relever sa grande vie militaire.

Et pourtant Bonaparte en touchant le sol de la France ne la trouvait pas dans une situation désespérée; il avait raisonné sur l'hypothèse d'une invasion menaçante, il avait cru les armées républicaines acculées sur la frontière. D'immenses événements s'étaient opérés depuis; la victoire était revenue aux drapeaux; la bataille de Zurich était bien autrement importante que les derniers succès en Égypte; Masséna avait rendu bien plus de services contre la coalition que le général Bonaparte transfuge et fugitif, violant les règles de la quarantaine et de la santé publique. Le général Brune ne venait-il pas aussi de délivrer la Hollande d'une invasion anglaise?

---

n'a pu se sauver. Le général Bonaparte est arrivé à Rhamahnieh avec 10,000 hommes, nous ne sommes que 7,000, mais Dieu nous fera triompher par la protection des prières du Prophète. » (Rapport adressé à Mustapha, et daté du 21 séfir.)

[1] Cette correspondance fut répandue avec profusion par le *Times* et le *Courier*, mais après le 18 brumaire seulement. En voici une lettre :

« Le général Bonaparte a épuisé toutes ses ressources, et n'a pas laissé à son départ un sou dans la caisse, mais un arriéré de 12,000,000 de francs; que l'Égypte, quoique tranquille en apparence, n'est rien moins que soumise; que les Mameloucks, quoique dispersés, ne sont pas détruits; que 2,000 Mameloucks et 30,000 hommes de l'armée du visir sont à Acre; que la crise approche. El-A'rych, est un méchant fort n'ayant que pour quinze jours de vivres; les Arabes seuls étaient dans le cas de faire des convois; mais tant de fois trompés, ils s'éloignent, se cachent, et l'armée du grand-visir enflamme leur fanatisme. Alexandrie n'est qu'un camp retranché; il était défendu par une nombreuse artillerie de siège, mais nous l'avons perdue dans la désastreuse campagne de Syrie. » Puis il ajoutait par post-scriptum · « Le Capitan-Pacha nous a renvoyé un soldat pris à El-A'rych; il lui avait fait voir toute son armée; quant à moi, il me serait de toute impossibilité de réunir plus de 5,000 hommes. » (Lettre du général Kléber au Directoire, du 20 septembre 1799.)

La guerre avait pris une nouvelle face, et l'on n'avait pas besoin précisément du général Bonaparte quand on avait Moreau, Bernadotte, Macdonald, et d'autres officiers encore qui commandaient glorieusement dans les derniers événements militaires.

Puisque j'ai parlé de Bernadotte, j'ai besoin de dire ici que, ministre de la guerre, ce général n'avait point hésité à manifester son opinion en plusieurs circonstances sur la situation de Bonaparte en Égypte. Il ne professait pas cette admiration de tous pour le vainqueur d'Arcole et de Rivoli; il ne considérait pas la campagne d'Égypte comme un chef-d'œuvre militaire. Une conversation curieuse, qu'il eut avec Joseph Bonaparte, avait même révélé les intentions du ministre de la guerre au cas où Bonaparte débarquerait en abandonnant son armée. Joseph avait pressenti le ministre sur cette éventualité; Bernadotte l'écouta avec inquiétude et impatience. « Il veut donc abandonner son armée, s'écria-t-il ? — Non, dit Joseph, mais puisque l'Égypte est conquise, que ferait-il là encore? — Dites qu'elle est envahie et non conquise, répliqua Bernadotte, et vous serez dans le vrai. » Et son accent fut tellement expressif que Joseph se vit obligé de démentir la nouvelle qu'il avait d'abord jetée en avant [1].

On doit donc répéter qu'à Fréjus la situation du général Bonaparte n'était pas bonne; en touchant le sol de la patrie, il le trouvait délivré de toute invasion; le Directoire, s'il avait eu quelque force pour défendre la constitution de l'an III, pouvait le traduire devant une commission militaire et le faire fusiller. Rien n'arrêta le général; il connaissait les hommes à qui il avait affaire et sa puissance sur l'opinion publique; Bonaparte dut se hâter d'aller à Paris sans précaution, sans quarantaine, sans re-

---

[1] Note communiquée et dont la source est authentique.

tard surtout. Supposez Bonaparte quarante jours à Fréjus, tout était compromis pour lui ; le Directoire serait revenu de son étonnement et de son effroi, et la vie du général était ainsi menacée. Une cause se perd par les délais et les hésitations. Bonaparte s'avança donc rapidement sur Paris, il fallait aller vite. Quand une fois il vit l'opinion de la France, il se crut inviolable [1]; l'enthousiasme fut grand partout, en touchant le pays ; on le considérait comme l'homme qui avait réalisé le premier, d'une manière complète, la pacification de la République; ne lui avait-il pas donné la victoire et la paix? On ne voyait pas son expédition d'Égypte comme un coup de fortune manqué; il se rattachait au contraire à cette campagne quelque chose de mystérieusement poétique impossible à décrire ; il semblait qu'on était plus qu'un homme quand on avait touché cette terre, et le bulletin de la bataille d'Aboukir circulait partout avec des commentaires grandioses.

Quand Bonaparte vit Lyon, la ville commerçante, abaisser devant lui son diadème et déployer ses riches draperies de soie, il dut se croire appelé à une restauration sociale; il marcha droit à la dictature sans hésiter. Qui pouvait lutter avec lui de popularité? Tout ce qui voulait l'avenir de la France avait les yeux sur une si grande fortune! Il se crut et put se dire l'homme de la destinée; elle l'entraînait par une marche irrésistible vers un avenir immense. Il se trouva même que ses frères ac-

---

[1] « C'est le 16 octobre que Bonaparte est arrivé à Paris. Toutes les villes et tous les villages par lesquels il a passé pour se rendre dans la capitale, ont été illuminés. La ville de Lyon s'est distinguée surtout par la réception qu'elle lui a faite. On y a composé et joué dans la même soirée une petite pièce, bien mauvaise sans doute, pour le fêter. Elle était intitulée : *Le retour du héros*. Il a fallu, bon gré mal gré, que le héros y assistât, et se vît jouer tout vif. Il va sans dire que les couronnes de laurier lui furent prodiguées. César Berthier commandait à Lyon, et tout en fêtant Bonaparte, il fêtait également son frère Alexandre. » (Dépêche d'un agent prussien à son gouvernement, novembre 1799.)

BONAPARTE EN FRANCE (1799).

courus au-devant de lui sur la route de Bourgogne, ne le rencontrèrent pas; ils auraient pu tempérer son audace; madame Bonaparte, qui voulait balancer, par des conseils de prudence, les influences secrètes de Lucien et de Joseph, ne put le voir [1]. Le général arrivait seul soutenu par sa renommée; sa puissance devait être bien grande pour que nul ne s'inquiétât de la contagion et de la peste. Il y a des temps où l'enthousiasme ne calcule rien : un homme est alors maître d'un pays; c'est la royauté d'opinion, souveraine aux bras vigoureux, à la forte couronne. Le général courut modestement se loger dans sa maison de la rue Chantereine pour y attendre là les événements, les propositions et les intrigues de chaque parti. Sa retraite s'illumina de toutes les confidences.

Depuis la révolution directoriale du 30 prairial les affaires à l'intérieur avaient marché avec plus d'ordre dans le gouvernement; l'abbé Sieyès prenait une action de plus en plus forte depuis que Barras plein de dégoût ne témoignait qu'un seul désir, celui d'abdiquer les affaires publiques en se faisant la meilleure fortune possible; or, la préoccupation de l'abbé Sieyès, sa peur semblaient être l'effet de l'influence des Jacobins; il manifestait une terreur profonde contre ce qu'il appelait les anarchistes; il le disait haut au Directoire et dans les Conseils; ses discours au 14 juillet, au 10 août, n'avaient été qu'une longue déclamation contre les clubs [2]. Cette tactique ne tenait pas seulement à la pusil-

[1] Le général ne vit intimement aucun chef de parti qu'à son arrivée à Paris. Dans sa route, il n'était accompagné que par M. de Bourrienne.

[2] L'abbé Sieyès prononça dans sa présidence trois discours : le premier, très remarquable, fut destiné à rappeler les malheurs qui accompagneraient une restauration politique. Ce discours, tel que je le rapporterai, fut inséré dans une adresse aux Français, au moment des succès de Suwarow,

lanimité de son caractère, mais encore aux engagements que l'abbé Sieyès avait pris à Berlin durant sa légation. L'ambassadeur s'était dit assez fort pour ramener le pouvoir vers des conditions d'unité, et préparer les voies à l'avénement d'un prince de la maison de Brunswick. L'obstacle qui pouvait s'opposer aux desseins monarchiques de l'abbé Sieyès, étaient donc les Jacobins, la seule partie forte, vigoureuse de la République. Dans ce but, il les attaquait constamment; il savait que la faction militaire, représentée par Bernadotte, Augereau et Jourdan, était complétement liée avec le parti jacobin. Jourdan assistait avec assiduité aux séances de la rue du Bac, et Bernadotte accordait son appui à toutes ces réunions où Talot, Destrem et Charles de Hesse [1], présidaient avec chaleur aux résolutions les plus décisives.

L'abbé Sieyès savait aussi que les Bonaparte n'étaient pas restés étrangers aux dernières intrigues de l'opposition de prairial et aux agitations des clubs [2], et il voulut dès lors neutraliser la force qui s'opposait à ses desseins de monarchie. Après avoir prouvé la nécessité du système monarchique, l'abbé Sieyès voulait également constater l'impossibilité de ramener la maison de Bourbon sur le trône; il appelait une monarchie sans eux, l'unité militaire ou civile, en dehors d'une restauration. Dans un de ses discours les plus verbeux et les plus réfléchis, l'abbé Sieyès avait fait le tableau le plus vif, le plus acerbe, des conséquences produites par le retour de Louis XVIII; il disait tous les malheurs qui en résulteraient, les proscriptions

---

[1] Ce fut une singulière existence que celle de Charles de Hesse, d'une famille princière, le plus exalté des Jacobins de Paris avec le comte Duroure, son ami.

[2] M. Lucien Bonaparte déclare dans ses mémoires qu'il était resté étranger aux clubs; pourtant il y fut porté à une dignité et il assista à plus d'une séance.

contre tous ceux qui avaient plus ou moins directement pris part à la Révolution; les acquéreurs des biens nationaux, les membres des assemblées, le peuple, la bourgeoisie, rien ne serait épargné ; le vieux régime allait reparaître avec ses plus arbitraires conséquences [1]. L'abbé Sieyès avait son motif; il voulait réaliser la monarchie, l'unité, sans les Bourbons, en marchant à la révolution de 1688, qu'expliquait et développait un pamphlet récent de Boulay (de la Meurthe [2].)

[1] « Vous ne savez pas combien les royalistes, sous le pouvoir desquels les puissances coalisées veulent vous faire rentrer, sont rigoureux dans l'examen de la conduite, dans le jugement des opinions. Apprenez que le ressentiment de vos ennemis vous menace tous, et que vous seriez tous frappés par leur vengeance. Les constituants, les législateurs de 1791, et les conventionnels de 1792, sont solidaires aux yeux de la coalition, du renversement du despotisme et du renversement du trône. Le serment fait au Jeu-de-Paume à la liberté, est pour eux un crime égal à tous ceux qui depuis ont été faits à la République. Sans doute les premiers coups frapperont sur les hommes les plus ardents. Mais à la suite de ces premiers sacrifices qu'exigera la vengeance royale, il en sera de plus obscurs que le monarque donnera à exploiter aux passions subalternes ; de plus lentes, dont l'action progressive parcourra tous les rangs, atteindra tous les états, embrassera toutes les époques. Alors serait atteint le militaire qui n'a pas voulu fusiller les provocateurs des États-Généraux, les membres des États de Bretagne et de Dauphiné, en 1788. Alors seraient poursuivis les signataires des nombreuses adresses d'adhésion, qui, de toutes les parties de la France, arrivaient aux États-Généraux devenus Assemblée nationale. Alors seraient attaqués les généraux plébéiens qui organisèrent, armèrent, commandèrent cette garde nationale, dont fut couvert en un moment le sol de la France régénérée. Alors seraient sacrifiés ces honorables transfuges de la caste privilégiée qui vinrent se ranger dans les bataillons des hommes libres, et rendre hommage à l'égalité. Alors seraient livrés à l'anathème sacerdotal les prêtres qui ont secoué le joug de Rome en 1790, comme ceux qui ont abjuré leur culte en 1793 ; ceux qui ont conservé leurs fonctions, et ont juré d'être fidèles aux lois de la République, comme ceux qui ont changé d'état, et se sont soumis aux lois de l'hymen. Alors seraient persécutés tous ces magistrats qui se sont honorés du choix du peuple ; qui, après s'être assis sur les fleurs de lis, ont jugé dans les tribunaux populaires. Leur probité ne les justifierait pas aux yeux de leurs ennemies, irrités de ne pouvoir donner un faux motif à leur cruauté. Alors les haines particulières redoubleraient d'activité. Alors les agents royaux recevraient toutes les dénonciations, serviraient toutes les fureurs ; le républicanisme deviendrait le crime de quiconque aurait un ennemi, un envieux, un jaloux. Le royaliste même serait atteint par la calomnie, et la sûreté personnelle n'existerait pour aucun citoyen. » (Adresse du Directoire aux Français, juin 1799.)

[2] Ce livre de M. Boulay (de la Meurthe) traitait de la révolution d'Angleterre. M. Benjamin Constant lui répondit par une autre pamphlet sous ce titre : *Des suites de la contre-révolution de 1688 en Angleterre.*

Le premier acte de l'abbé Sieyès fut d'essayer une double destitution pour rester maître du pouvoir sans contrôle. Bernadotte, ministre de la guerre, était redouté du directeur parce qu'il avait une force et une volonté positives; le général avait le sentiment trop républicain pour sacrifier les intérêts de la patrie à l'abbé Sieyès qu'il méprisait; en aucun cas, il ne lui aurait laissé accomplir un coup-d'état contraire à la constitution de l'an III. Bernadotte avait une foi exagérée en lui-même, comme tous les esprits de Gascogne et de Béarn, et son administration de la guerre avait été assez heureuse pour ramener la victoire sous les drapeaux, avec les généraux Masséna, Brune et Macdonald [1]. Le commandement militaire de Paris était confié au général Marbot, intimement lié aux Jacobins, et se mettant en rapport avec eux par ses affiliations aux clubs.

Comment l'abbé Sieyès pourrait-il travailler à l'aise à son œuvre lorsque les deux commandants de la force militaire étaient précisément ses plus rudes adversaires? Dans cette situation, Sieyès, président du Directoire, n'eut plus qu'une pensée : la démission de Bernadotte et le remplacement du général Marbot; il fallait user de dissimulation et de ruse; Sieyès agissait seul alors, car Barras s'était annulé, et comme, dans un moment de mauvaise humeur, Bernadotte, se plaignant de la direction incertaine du gouvernement, n'avait manifesté aucune répugnance pour reprendre le commandement d'une armée après sa démission du ministère, le président du Directoire saisit cette circon-

---

[1] Les écrivains qui ont fait parler Napoléon à Sainte-Hélène, se sont laissé entraîner à leur haine contre Bernadotte, en soutenant que son administration fut stérile. Les cartons du département de la guerre constatent le contraire.

stance pour supposer une démission qu'on n'avait pas donnée, et un message de Sieyès, activement envoyé au général Bernadotte, dans des formes perfidement louangeuses, lui annonça qu'il allait reprendre son activité aux armées, et que le portefeuille de la guerre était donné, par intérim, au général de division Milet-Mureau [1]. A cette lettre, un arrêté était joint qui acceptait la démission du général Bernadotte [2].

L'abbé Sieyès avait joué son jeu de finesse; le ministre allait envoyer sa démission et son portefeuille, lorsque son jeune secrétaire, plus ferme, plus résolu, lui fit connaître que cette sortie du pouvoir ne serait ni noble, ni patriotique, et qu'il fallait s'expliquer plus hautement à la face de l'abbé Sieyès. « Alors le général Bernadotte écrivit qu'on ne pouvait accepter une démission qu'il n'avait pas donnée, » et il demanda sur-le-champ son traitement de réforme, ce qui était plus complet. Sieyès, le jour même, accorda la réforme à un général de premier ordre, par un acte de sa propre volonté, coup de parti décisif à l'égard de Bernadotte et des Jacobins [3]. On suivit la même méthode envers le général Marbot, mais avec moins de formes; il fut remplacé par le général Lefebvre,

---

[1] Paris, 28 fructidor an VII.
« Le Directoire exécutif, citoyen ministre, d'après le vœu que vous lui avez si souvent manifesté de reprendre votre activité aux armées, vient de vous remplacer au ministère de la guerre. Il charge le général de division Milet-Mureau du portefeuille de la guerre *par intérim*. Vous lui en ferez la remise. Le Directoire vous recevra avec plaisir pendant le séjour que vous ferez à Paris, pour conférer sur tous les objets relatifs au commandement qu'il vous destine. »
Signé: Sieyès, président.

[2] « La démission donnée par le citoyen général Bernadotte de ses fonctions de ministre de la guerre est acceptée. »

« Je reçois à l'instant, répond Bernadotte au Directoire, votre arrêté d'hier 28, et la lettre obligeante qui l'accompagne. Vous acceptez la démission que je n'ai pas donnée. »

[3] 30 fructidor an VII.
« Vu la lettre du citoyen Bernadotte, général de division, du 29 de ce mois, par laquelle il demande sa réforme;

« Le traitement de réforme est accordé au citoyen Bernadotte, général de division. »
Signé: Sieyès, président.

sans opinion bien déterminée, et sur lequel l'abbé Sieyès pouvait compter dans un mouvement décisif contre la constitution ; il lui fallait des hommes sans caractère, des généraux dont il pût disposer pour soutenir une résolution politique fermement arrêtée.

Barras et Sieyès s'étaient rapprochés de Fouché qui craignait, comme eux, le parti jacobin ; il y avait de grandes ressources dans ces intelligences d'examen et d'action On remarquait que le président du Directoire s'agitait plus que de coutume ; les hommes qui visitaient le beau jardin du Luxembourg pouvaient voir l'abbé Sieyès à cheval, dans le Manége, s'essayant, avec une hardiesse un peu lourde, à des exercices d'équitation au milieu des touffes de fleurs ; comme il préparait un coup de main, le goût des choses de la guerre lui était venu. Qui pouvait défendre la constitution de l'an III ? Gohier et Moulins soutenaient Bernadotte, et les Jacobins du Manége trouvaient appui dans la minorité. Barras, alors en rapport avec tous les partis, même avec les royalistes, semblait s'abdiquer ; Roger-Ducos obéissait à Sieyès, qui avait acquis une réputation d'habileté immense. Et c'est au milieu de cette dissolution de gouvernement que le général Bonaparte arrivait dans sa modeste maison de la rue Chantereine, où devaient se préparer les grands coups.

A peine avait-il touché l'atmosphère de Paris que le général Bonaparte aperçut parfaitement la situation des hommes et des partis ; il vit deux tentes tout à fait distinctes, et avec son esprit si vif et si prompt à saisir les nuances, il put distinguer immédiatement l'opinion à laquelle il devait se rattacher comme à la plus forte. Les patriotes mécontents avaient avec eux Augereau, Jourdan, la population des faubourgs, l'esprit du 14 vendémiaire et du 18 fructidor ; un mouvement militaire dans ce but eût parfaitement convenu à une majorité du conseil des Cinq-Cents et à une forte minorité des Anciens. Ce parti ne répugnait pas à créer une dictature militaire, pourvu qu'elle fût instantanée et dans les mains des démocrates. Les Jacobins l'avaient déjà tenté ; la motion faite par le général Jourdan afin de déclarer la patrie en danger n'avait que cette pensée ; les patriotes auraient offert au besoin la dictature démocratique à Bonaparte. Ses agents travaillaient avec eux, Lucien vivait avec leurs chefs, et l'on sait quelle était sa puissance au Manége. L'autre parti se composait de la bourgeoisie et des modérés ; il tendait à un système monarchique déguisé sous des formes républicaines ; on voulait l'unité politique et constitutionnelle, ce qu'on appelait le rétablissement de l'ordre avec quelques formules de liberté. Dans ce parti, le général Bonaparte trouvait également un point d'appui ; les Directeurs Barras et Sieyès le jugeaient ainsi, et les avis qui vinrent à Bonaparte en Égypte eurent leur source dans cette opinion générale et commune : « qu'il fallait restaurer l'ordre politique par le pouvoir et donner à la France un gouvernement plus fort et plus stable. »

A peine le général Bonaparte eut-il étudié la situation, qu'il fut maître des secrets qui pouvaient lui donner une grande influence sur les déterminations de Barras et de Sieyès ou les compromettre. Fouché, comme ministre de la police, lui avait révélé les démarches faites auprès de Barras pour la restauration des Bourbons [1], la correspondance de Louis XVIII, et les lettres-patentes que l'imprudent marquis de la Maisonfort avait

---

[1] Voyez mon *Histoire de la Restauration*. Tome I (pièces).

adressées au Directeur. A tort ou à raison Barras pouvait être frappé comme conspirateur; son crédit était usé. Bonaparte avait été aussi informé, par des lettres confidentielles de Berlin, des plans de l'abbé Sieyès pour l'avénement d'un prince de la maison de Brunswick, chef d'une nouvelle monarchie. Vrais ou faux, tous ces renseignements avaient de l'importance pour l'homme d'énergie qui voulait dominer les partis ; comme ils compromettaient singulièrement les deux Directeurs, ils pouvaient servir à un coup-d'état contre eux, ainsi qu'on l'avait fait au 18 fructidor ; les révélations n'étaient-elles pas les mêmes? Au 18 fructidor M. Bailleul avait pu dire : « qu'on ne prouvait pas la lumière » dans la conjuration de Barthélemy et de Carnot, et cela avait suffi pour déporter en masse; il se trouverait tel autre représentant qui prononcerait ces mêmes paroles contre Sieyès et Barras pour les proscrire à leur tour comme conspirateurs. Cette situation excellente pour Bonaparte n'était pas sans être compromettante pour les deux hommes importants avec lesquels il devait se mettre en rapport.

Le général Bonaparte, ainsi parfaitement informé, pouvait tenir les fils d'une grande intrigue politique; tout ce qui était mécontent viendrait à lui. Comme la situation présente était finie, ceux qui rêvaient une situation meilleure devaient entourer un général de si vaste renommée, appuyé sur la force morale de l'opinion. Sa maison de la rue Chantereine, cet ermitage au milieu du petit parc qui bruyait sous le vent, était incessamment envahie par des chefs de parti qui venaient s'entendre sur une solution à la crise. Bonaparte les accueillit tous pour savoir les secrets de chacun, afin de délibérer ensuite sur la meilleure conduite à tenir.

Avec l'esprit fin et sagace qui distingue la famille corse, Napoléon vit bien que, pour opérer un mouvement, il fallait qu'il s'adressât à l'armée et aux fonctionnaires civils : à l'armée, parce que, s'agissant d'une dictature militaire, l'armée seule en définitive devait décider la victoire ; aux magistrats civils, parce qu'un peu d'habitude des révolutions lui avait fait comprendre que la violence n'a de durée que lorsqu'on sait l'entourer de certaines formules légales ; le sabre a besoin d'une sanction.

En partant de ces notions premières, Bonaparte dut se rapprocher des principaux chefs qui commandaient les armées alors à Paris ; il avait vu et caressé Moreau, franc républicain avec une certaine foi candide dans les idées bourgeoises, caractère sans énergie qu'on pouvait dominer pleinement. Moreau, ne connaissant qu'une partie du plan du général Bonaparte, n'en appréciait pas la portée définitive ; il ne pensait pas qu'il pût s'agir d'une dictature complète, absolue, d'un consulat, mais seulement d'une modification dans le Directoire, laquelle donnerait à la République plus de tenue à l'intérieur et plus de considération à l'étranger. Ce qu'il n'osait pas pour lui-même alors, ce qu'il ne désirait même pas, Moreau le souhaitait pour un de ses compagnons d'armes avec une franchise toute militaire. Bonaparte avait tenté un rapprochement avec le général Bernadotte, il le vit plusieurs fois, et quoique lié de famille, il trouva chez lui une résistance brusque, hautaine, susceptible de le dégoûter de toute espèce d'épanchement ; il l'avait pressenti sur la constitution de l'an III, il n'était pas allé au-delà. La conduite du Directoire avait blessé Bernadotte sans le décider pourtant à prendre un parti contre le pouvoir. Puis ce qui excitait de profondes répugnances, c'était la rivalité naturelle entre des généraux de premier ordre; Bonaparte ne pouvait donc compter sur Bernadotte[1]. Il y avait encore Augereau, républicain de principes, mais lié à son général en chef par les souvenirs d'une confraternité d'armes en Italie; Augereau se rappelait avec fierté le vainqueur d'Arcole et de Rivoli, il avait conservé l'obéissance d'un officier secondaire pour son général en chef, la soumission d'un esprit médiocre pour une incontestable supériorité! Que de prestige dans ce front méditatif de Bonaparte! Avec quelques paroles bienveillantes le général obtint la parole d'Augereau, et ses offres furent acceptées avec des restrictions qui le firent hésiter au 18 brumaire. Quant à Masséna et à Brune, ils étaient aux armées vainqueurs dans de glorieux combats, mais sans aucun ascendant sur les événements de Paris; une fois la révolution faite, on leur ferait de grandes ouvertures pour satisfaire leur ambition. Pourquoi ne les écouteraient-ils pas? Le parti militaire avait besoin de saluer son chef.

Aucune autre capacité de guerre n'était assez haute pour lutter contre la fortune et la destinée de Bonaparte; qui aurait pu hésiter? les soldats marcheraient avec leurs chefs; ils avaient l'instinct qu'il s'agissait de faire triom-

---

[1] M. de Savary lui-même en fait l'aveu : « A l'exception de Bernadotte, qui alors ne voyait le salut de l'État que dans la République, et la République que dans le jacobinisme, tous les généraux de l'armée d'Italie se rallièrent à leur général : Berthier, Eugène Beauharnais, Duroc, Beyssières, Marmont, Lannes, Lavalette, Murat, Lefebvre, Caffarelli (frère de celui qui était mort en Syrie), Merlin, fils du directeur, Bourrienne, Regnault de Saint-Jean d'Angély, Arnault (de l'Institut), le munitionnaire Collot, firent preuve de zèle et de dévouement; il n'y eut pas jusqu'aux vingt-deux guides récemment arrivés d'Égypte, qui ne se montrassent empressés : chacun servait le général Bonaparte à sa manière.

« Augereau, lui-même, qui intérieurement le détestait, se rallia à lui, quoique après quelque hésitation. Peut-être fut-ce parce qu'on l'avait négligé qu'il vint offrir ses services : « Est-ce que vous ne comptez plus sur votre petit Augereau? » dit-il au général Bonaparte. »

pher l'armée sur les avocats, l'action sur la parole, le drapeau sur la tribune, et en pareil cas rarement les baïonnettes hésitent; les vieilles répugnances se réveillent entre l'épée et la toge. N'était-ce pas ainsi que Cromwell avait agi avec le Parlement? César avec le sénat? Jamais l'homme des camps n'apporta une main tremblante dans l'exécution d'un ordre pour proclamer la dictature et chasser les rhéteurs; car la dictature c'est la force et l'élément de l'armée; elle sait bien qu'elle en profitera pour sa fortune. Ensuite il y avait à Paris une multitude d'officiers mis à la réforme par le Directoire, tous sans emploi et pour ainsi dire à la disposition du premier ambitieux qui les rassemblerait le sabre à la main. Bonaparte se présentait, il leur offrait un avenir, une cessation de disgrâce, des grades supérieurs s'ils réussissaient. Dans cet enthousiasme de l'armée pour le général Bonaparte, il n'y eut pas jusqu'à Jourdan qui ne s'annulât un moment, quoique Jacobin très zélé, pour faire triompher l'ordre militaire sur l'ordre civil, but définitif et avoué de la conspiration.

Le général Bonaparte, l'esprit haut et plein d'avenir, dans ce chaos de volontés, songeait à élever le mouvement au-dessus d'une émeute de prétoriens dans le Forum; il cherchait à lui donner une empreinte civile pour en préparer la durée et la légalité [1]. Sans doute on devait s'as-

---

[1] Voici ce qu'écrivait un agent du baron de Hardenberg sur le général Bonaparte : « Bonaparte est plus connu par ses talents militaires que par ses idées en législation; mais on se rappelle sa modération en Italie, ses sages conseils aux Génois, lorsqu'il les abandonna à eux-mêmes, le respect qu'il montra pour la religion, et le ton de vénération sur lequel il écrivait au pontife. On sait qu'il est avide de renommée, que la soif de la gloire le dévore, qu'il compte sur la fortune, que quatre ans de succès extraordinaires justifient en quelque sorte cette confiance, et que son nom n'est terni d'aucune des taches de la Révolution. Vainqueur en Italie, négociateur de la paix avec l'Autriche, conquérant de l'Égypte, partout heureux, partout comblé d'hommages, pour monter encore, il avait besoin de circonstances comme celles où il a trouvé Paris, ou plutôt son gouvernement; et c'était sans doute mé-

surer des chefs militaires, la véritable force d'action, mais Bonaparte se mettait simultanément en communication avec les principaux membres du Directoire et des Conseils. Dès son arrivée à Paris, deux hommes importants lui offrirent leurs services : le premier, momentanément retiré du ministère des affaires étrangères, avait néanmoins conservé de grands rapports avec l'Europe; M. de Talleyrand gardait ce tact éclairé, cet instinct des choses qui le trompaient rarement dans l'examen des faits, dans l'appréciation des hommes; il était donc allé tout simplement à la fortune de Bonaparte pour la saluer; il aimait le bonheur, il se passionnait pour les heureux. Le général l'accueillit comme un homme de valeur qui lui était nécessaire, car il devait justifier son projet aux yeux de l'Europe, et le faire adopter surtout par l'ancienne coterie de madame de Staël : Cabanis, Benjamin Constant, Daunou, Chénier, qui tous exerçaient un certain ascendant sur les affaires publiques. A côté de M. de Talleyrand se plaçait aussi Fouché, capable tout à la fois de satisfaire les Jacobins, de les allécher ou de les dominer au besoin par la police et la violence [1]; nul ne pouvait refuser les services de Fouché, maître absolu du secret des partis.

Autour de ces hommes d'incontestable supériorité se groupaient des capacités secondaires qui devaient aider les mouvements dans les Conseils. Jamais sollicitude semblable à celle de Lucien Bonaparte dans cette conjuration fraternelle contre le Directoire; il présidait le conseil des Cinq-Cents, la partie active et bruyante de

connaître son caractère ou de telles circonstances, que de le croire arrivé d'Égypte pour reprendre le rôle de général subordonné au Directoire. »

[1] « On distingue parmi les hommes habiles et capables de conduire un mouvement politique MM. Rœderer, ancien député à l'Assemblée constituante; de Volney, Talleyrand de Périgord, Cabanis, Réal, Fouché et Regnault de Saint-Jean d'Angély, qui vient de quitter l'administration de l'île de Malte. » (Dépêche du ministre de Prusse à M. de Haugwitz, novembre 1799.)

la constitution, il y faisait la popularité de son frère. Au conseil des Anciens un changement dans le sens de l'unité devait être plus favorablement accueilli. On comptait parmi les meneurs, les hommes les plus considérables; fatigués déjà de tant de révolutions, ils préparaient dans l'ombre tous les éléments de succès pour la dictature politique

Mais la circonstance la plus grave, l'alliance la plus significative, fut le rapprochement successif de Bonaparte et de l'abbé Sieyès. Pouvait-on se passer de la majorité des Directeurs comme de la majorité des Conseils? La dissolution actuelle du gouvernement directorial n'était au fond qu'un fait moral; il n'y avait encore aucune démission donnée, aucun abandon officiel de la chose publique par les Directeurs. Bonaparte devait s'adresser d'abord à Barras, l'homme qui avait si puissamment aidé sa fortune politique; or Barras s'abdiquant lui-même, paraissait dans une indifférence profonde [1]. Le général Bonaparte lui fit peu d'avances, il ne tenait pas précisément à lui faire jouer un rôle trop actif; l'annuler c'était tout; et qu'importaient les services que Barras lui avait rendus dans les commencements de sa carrière? Un fait que l'humanité présente, hélas! dans ses parties intimes, c'est que rien n'importune plus que les bienfaits qu'on a reçus petit quand la

---

[1] « Telle était la sécurité de Barras, que le 29 vendémiaire, c'est-à-dire dix-neuf jours avant le 18 brumaire, il me faisait écrire par son secrétaire : « Tout va bien ; tranquillisez-vous, et annoncez à vos commettants que, sous peu de jours, vous pourrez leur porter de bonnes nouvelles. »

« Tout était prêt pour l'exécution du mouvement projeté; il ne s'agissait plus que de se distribuer les rôles. Dans les premiers jours du mois de brumaire an VIII (9 novembre 1799), les conjurés se réunirent à un souper chez madame T..... Il fut arrêté que Barras (c'était précisément lui qu'on trompait; il était juste de lui donner le plus beau rôle), il fut, dis-je, arrêté que Barras serait à la tête du gouvernement provisoire avec le titre de premier consul, et qu'il aurait pour le seconder Sieyès et Bonaparte, sous la dénomination de deuxième et troisième consuls. » (Récit de M. Cornet sur le 18 brumaire.)

grandeur vient à vous; la plaie des puissants est dans ceux qui ont trop pénétré les intimités de leur vie naissante. Le Directeur Barras traitait le général Bonaparte avec trop peu de ménagements et comme une existence qu'il avait faite; celui-ci le craignait à son tour parce qu'il lui savait un caractère de résolution énergique, et son plan était plutôt de l'annuler que de l'employer.

Bonaparte n'avait pas plus de sympathie pour l'abbé Sieyès; tous deux s'étaient témoigné à la première entrevue une sorte d'éloignement[1], feint ou réel. Les rêveurs en politique étaient une classe d'hommes que Bonaparte n'aimait pas, et il avait en antipathie les faiseurs de constitutions; avec un instinct merveilleux il avait deviné néanmoins que l'abbé Sieyès lui donnerait le parti mitoyen et trembleur qui voulait l'ordre, l'unité, la force du pouvoir; pouvait-il heurter ce petit abbé hargneux, comme il le disait? Le conseil des Anciens, il l'aurait par Sieyès, comme il essaierait de dominer le conseil des Cinq-Cents par son frère Lucien. Trois têtes capables entraient dans ses intérêts: Fouché, M. de Talleyrand et l'abbé Sieyès, débris de l'étude, de l'esprit et de l'habileté du vieux clergé. Quant aux Directeurs Gohier et Moulins, on ne les jugeait pas assez importants pour prendre à leur égard des mesures et garder des ménagements; on obtiendrait tout d'eux par la force ou par la ruse; ils avaient tant d'illusions! Le seul objet des conjurés était de les maintenir dans une sorte de béatitude; Gohier

[1] Gohier le raconte ainsi dans ses mémoires: « Qu'avez-vous fait? me dit madame Bonaparte en l'apercevant dans mon salon. Sieyès est l'homme que Bonaparte déteste le plus, c'est sa bête noire! » En effet, Bonaparte ne dit pas un mot à Sieyès; il affecta même de ne pas le regarder. Sieyès, en se levant de table, sortit furieux. « Avez-vous remarqué, me dit-il, la conduite de ce petit insolent envers le membre d'une autorité constituée qui aurait dû le faire fusiller? »

et Moulins, comme tous les hommes médiocres qui tiennent le pouvoir, avaient foi en eux-mêmes; ils pensaient que nul n'avait assez de hardiesse pour les détrôner, eux qui étaient placés si haut. Il y a des hommes qui se croient puissants parce qu'ils ont le vêtement de la force et les ornements de l'autorité; « qui oserait, disaient-ils, porter la main sur les Directeurs de la République! » Bonaparte se contente de leur jeter quelques fallacieuses promesses et des engagements de patriotisme: il n'y a rien de si curieux que l'importance que se donne M. Gohier à l'égard du général; il traite du haut de son pouvoir la tête immense qui prépare l'organisation de l'Europe [1].

Ainsi la conspiration marchait à bonne fin; on était convenu par des amis communs entre l'abbé Sieyès et le général Bonaparte, que la constitution de l'an III ne pouvait plus aller, les cinq Directeurs étaient une institution usée; ridicule; il ne fallait pas rayer les mots républicains, les dénominations romaines qui allaient aux habitudes reçues; seulement on devait leur donner un caractère plus sérieux, et arriver successivement à une centralisation véritablement monarchique. Sieyès proposa au conseil intime la création de trois consuls: l'un pour la paix, l'autre pour la guerre, le troisième pour l'administration et la justice; tout naturellement il se réservait une place dans le Consulat, et il croyait, dans sa prévoyance, s'assurer le gouvernement politique de la société, tandis qu'il laisserait au consul Bonaparte la direction du département militaire. Tout devait s'accomplir légalement, mais au besoin l'épée en déciderait. Il s'agissait d'abord de faire adopter ce plan par les Conseils; en était-on maître?

---

[1] Mémoires de Gohier; ils sont naïfs et d'une bien grande sincérité.

La majorité des Cinq-Cents, dominée par les Jacobins, serait-elle prononcée contre toute modification portant atteinte à la constitution de l'an III? Or, tandis que le général Bonaparte s'assurait le concours de tous les généraux et des forces militaires, Sieyès arrêtait avec ses principaux complices un plan de campagne législatif parfaitement combiné : 1° Comme on était maître de la commission des inspecteurs, sorte de questure du conseil des Anciens, il fut résolu qu'on ne convoquerait à la séance que les membres gagnés à la conjuration ; on devait envoyer tardivement des billets aux opposants afin qu'ils ne fussent point à la discussion première et décisive que prendrait le Conseil ; 2° Un décret constitutionnel transportait la représentation nationale à Saint-Cloud, afin d'éviter tout à la fois un mouvement de jacobinisme à Paris ; et le spectacle d'une violence soldatesque, si les conjurés croyaient indispensable de se servir de ce dernier moyen pour en finir ; 3° Toutes les forces de la division militaire devaient être mises à la disposition du général Bonaparte, commandant en chef ; une proclamation expliquerait le mouvement des troupes que les habitants verraient le lendemain au milieu de Paris. Ces trois mesures parfaitement combinées pour le succès de la journée, Fouché mit à la disposition des conjurés toutes les forces de sa police afin d'empêcher une opposition de peuple. Réal répondait des municipalités et du département de la Seine, et M. de Talleyrand se chargea d'expliquer au corps diplomatique l'esprit et la portée du mouvement qui allait s'accomplir[1], dans le but de préparer une pacification générale en Europe.

---

[1] M. le sénateur Cornet a publié une notice fort étendue sur l'histoire secrète du 18 brumaire. On y trouve les plus curieuses révélations sur ce coup-d'état.

La dernière décade qui précéda le 18 brumaire fut absolument occupée à mettre en jeu ces divers ressorts avec une activité que tout le monde pouvait deviner. Il y avait un gouvernement constitué avec un Directoire, et il se formait au dehors de lui une force plus puissante, plus énergique. Je ne sache rien de plus inexplicable que l'aveuglement du président Gohier et du général Moulins, qui, pendant tout un mois, se laissent tromper par l'attitude du général Bonaparte; ils accordent des audiences, ils acceptent des conversations officielles. Le général demande humblement une place de Directeur, et Gohier la lui refuse parce qu'il n'a pas l'âge constitutionnel, comme s'il s'agissait encore de constitution! On se donne des fêtes, le temple de la Victoire s'orne de drapeaux tricolores, et l'on prépare un banquet fraternel à Saint-Sulpice où le général assiste froidement en souverain ; et passe à travers les députés comme un maître.

Des conversations intimes se continuent entre le président du Directoire et Bonaparte sur de vagues paroles ; M. Gohier ne s'aperçoit pas qu'il est mis hors de cause ; tout lui échappe dans la conspiration et il ne le voit pas, parce qu'il se revêt encore de sa toge de président. Il y a des esprits pour qui le costume c'est le pouvoir; M. Gohier croit qu'il commande aux événements, et que son autorité imprime partout le respect; et c'est seulement le 17 brumaire qu'il commence à comprendre qu'une invitation adressée par madame Bonaparte à sa femme et à lui-même, est un guet-apens pour lui arracher une démission.

Dans l'histoire des grandes crises publiques, souvent il arrive que tout le monde voit la chute imminente du pouvoir; et nul n'a plus les yeux bandés que le gouvernement qui tombe!

CHAPITRE XX.

JOURNÉE DU 18 BRUMAIRE.

Le pavillon de la rue Chantereine. — Conciliabule militaire. — Les généraux présents. — Moreau. — Visite de Bernadotte. — Augereau. — Ordre de la journée. — Le conseil des Anciens. — Préparatifs. — Décret pour la translation du Corps législatif. — Commandement confié au général Bonaparte. — Le Luxembourg. — Les Directeurs. — Barras. — Gohier. — Moulins. — La soirée du 18 brumaire.

18 brumaire 1799.

Dans le beau quartier de la Chaussée-d'Antin, alors tout brillant des hôtels de la banque et de la finance, il y avait un bien petit pavillon qui donnait par sa porte cochère sur la rue Chantereine (depuis le retour du héros d'Italie, cette rue portait le nom de la *Victoire*). Ce petit pavillon semblait comme une tente jetée au milieu d'un bois, image peut-être de la glorieuse vie et de la merveilleuse fortune de celui qui l'habitait. Si vous vous êtes quelquefois arrêté devant ce modeste hôtel, vous avez dû voir encore les vestiges de quelques faisceaux d'armes, et des fresques de drapeaux [1] tricolores détrempés par la pluie, empreinte mélancolique des souvenirs qui passent et des empires qui tombent. Tout se ressent de la modestie de son premier propriétaire; des petits salons en forme de

---

[1] Cet hôtel porte le n. 52. Je l'ai visité plus d'une fois comme une relique; je m'explique les pèlerinages du vieux temps pour les grands souvenirs qui remuent.

rotonde, empruntés à l'Italie, quelques sphinx ici-là jetés en mémoire des Pyramides et du désert, et au sommet la forme d'un camp avec des trophées d'armes et des casques qui en couronnent l'édifice.

Par une matinée nuageuse de novembre, le 9 (qui correspond au 18 brumaire), la petite avenue qui conduit au pavillon, ombragée de chênes et de hêtres, tapissée de lierre, puis la cour que l'on voit après, et les petits salons d'attente [1] étaient remplis d'une multitude d'officiers généraux en tenue militaire, tels qu'on les voit sur les vieilles estampes de la République; l'habit brodé d'un or usé, à grands pans, à larges revers; le vaste chapeau couronné d'un panache tricolore; le col noir et haut, le sabre traînant sur le pavé en dalles; tous attendaient là les ordres du général Bonaparte qui avait invoqué leur dévouement et leur ambition, ou avait parlé à leur vieille amitié militaire; le but apparent était un déjeûner auquel Bonaparte les avait invités pour assister à une visite de l'état-major de la garde nationale [2].

On voyait là les officiers généraux des armées de Sambre-et-Meuse, de la Hollande, de l'Italie; Augereau lui-même, et chose plus étonnante, Moreau au front toujours calme, mais Moreau qui ne connaissait point le dernier mot du général Bonaparte; il était venu à l'hôtel Chantereine avec l'idée de renverser le gouvernement directorial, parce qu'il croyait ce gouvernement mauvais; il ne pensait pas prêter la main à une dictature, et assister au dernier soupir de la liberté républicaine. D'ailleurs, Moreau n'avait pas été heureux dans les dernières cam-

---

[1] La forme est ovale, elle a été religieusement conservée.

[2] J'ai recueilli des témoins oculaires les plus petites circonstances; tout est ici essentiel, parce que tout est grand et dramatique : le mouvement d'un pouvoir vers l'ordre et l'unité est une immense chose;

pagnes d'Italie, et il avait cette modestie d'un soldat qui ne peut montrer ses victoires. Le général Bernadotte y parut un moment, mais vêtu en bourgeois, ce qui fut remarqué; Bonaparte ne put s'empêcher de lui dire : « Comment, général, vous venez au milieu de tous vos camarades, sans porter l'uniforme? » Bernadotte, plus habile politique, avait compris les projets d'une ambition souveraine, et il ne voulait pas s'associer à la ruine de la constitution. Qu'allait faire Bonaparte? Quel rôle lui réservait-il?

Et d'ailleurs Bernadotte avait été blessé de quelques paroles de Bonaparte qui semblaient accuser l'administration du dernier ministre de la guerre [1]; avec son esprit éminemment scrutateur, Bernadotte jeta les yeux sur les officiers et le cortége qui entouraient Bonaparte à l'hôtel Chantereine. Il y en avait un grand nombre de disgraciés ou en retraite; quelques-uns étaient fort exaltés. Quand Bonaparte lui dit : « Général, où est votre uniforme? Bernadotte répliqua : Général, je ne suis pas de service! — Vous allez en être bientôt. — Je ne le prévois pas, répliqua Bernadotte. » Alors Bonaparte le prit par la main, le mena dans une pièce à côté et lui dit : « Le Directoire gouverne mal; si nous n'y prenons garde, il tuera la République; le conseil des Anciens va me nommer commandant général des troupes; je vais aller aux Tuileries, allez mettre votre uniforme et suivez-moi. » Bernadotte déclara qu'il ne voulait pas prendre part à une rébellion de ce genre. « C'est bien, dit Bonaparte, mais vous resterez ici jusqu'au décret du conseil des Anciens. » Bernadotte haussant la voix s'écria : « Je suis un homme que vous pouvez tuer, mais garder prisonnier je vous en défie! — Il n'est pas question de cela, répliqua

---

[1] Note communiquée. Je puis répondre de la source officielle sur tout ce qui concerne les rapports des généraux Bonaparte et Bernadotte.

Bonaparte, mais donnez-moi votre parole que vous n'entreprendrez rien contre moi. — Oui, comme simple citoyen ; mais si une autorité légitime me l'ordonnait, je marcherais. » Et Bonaparte étonné dit : « Qu'entendez-vous par ces mots : comme citoyen. — Cela veut dire : que je n'irai pas sur la place publique pour soulever le peuple, ni dans les casernes pour entraîner le soldat. — C'est bon, répliqua Bonaparte, quant à moi je ne désire que sauver la République, puis je me retire à la Malmaison. » Bernadotte sortit en jetant un regard fort significatif sur tout le cortége qui attendait les ordres du général Bonaparte. Il y aperçut Augereau lui-même ; Augereau, franchement démocrate, sans aucune portée d'esprit, avait cru en secondant la réunion de la rue Chantereine, favoriser une révolution qui mettrait le pouvoir dans les mains de Bonaparte, le général du 18 fructidor, le soutien des institutions républicaines, le Jacobin qui faisait délibérer son armée en clubs pendant la campagne d'Italie. Augereau était satisfait [1] !

A midi le brouillard se levant un peu, le soleil parut magnifique, comme dans les grandes journées de Napoléon ; les allées et les venues de tous ceux qui remplissaient le pavillon de la rue Chantereine, devenaient plus actives ; on vit entrer successivement Fouché, Réal, Berlier, Boulay (de la Meurthe), la voiture de M. de Talleyrand. Les salons s'emplissaient et se désemplissaient de messagers, et au milieu de tout cela les propos militaires, les espérances et les craintes, le désir de connaître quelle serait la fin de la journée qui se préparait ; on interrogeait les jeunes aides-de-camp ; Murat au costume déjà brillant et chevaleresque [2] ; Eugène Beauharnais

---

[1] Note communiquée.
[2] Il était guéri de ses blessures. Voici ce qu'on lit dans les journaux qui annoncent les détails de ce fait :

presque enfant sous le casque, Marmont, Andréossy, tous jeunes hommes dévoués au général ; il n'était pas jusqu'aux regards de M. de Bourrienne[1], le secrétaire intime, qui ne fussent profondément étudiés par tous ; qu'allait-on faire ? où voulait-on les conduire ? De temps à autre le général Bonaparte paraissait dans la cour du pavillon ; sa figure était calme ; seulement on voyait sur son teint habituellement blême et noirci par le soleil d'Égypte, comme l'argile du Nil, ces petites pommettes de rougeur qui attestent une agitation intérieure ; il parcourait les rangs, causait avec dignité et affection, calmait l'impatience des uns, annonçait partout que la patrie était en danger, et qu'il fallait attendre la décision du conseil des Anciens alors réunis pour résoudre quelques mesures militaires. A midi environ, M. Cornet (de la commission des Anciens), remit une enveloppe au général Bonaparte, et le bruit circula dans les rangs que les assemblées législatives étaient transportées à Saint-Cloud, afin d'éviter le tumulte populaire ; on ajoutait que le général Bonaparte serait chargé des mesures de sûreté militaire, et du commandement en chef de la division pour assurer l'exécution des décrets.

Quels événements s'étaient donc passés dans les Conseils ? comment se faisait-il qu'on proclamait ainsi les dangers de la patrie, quand tout paraissait calme à Paris et dans la France ? Or voici le récit fidèle des faits : Tandis que les généraux et l'état-major de l'armée se trouvaient réunis dans la rue Chantereine, sous le commandement

« Les généraux Murat et Lannes se sont rendus de Fréjus à Toulon, afin de se rétablir de leurs blessures, avant d'entreprendre le voyage de Paris. Lannes ne pouvait marcher que soutenu sur des béquilles, Murat avait le cou percé à jour par une balle. »

[1] J'ai assez connu M. de Bourrienne pour affirmer qu'il n'est auteur que d'une certaine portion des mémoires publiés sous son nom. Il y a eu d'indicibles additions dont tout le monde sait la source.

PRÉPARATIFS DU 18 BRUMAIRE (1799).

de Bonaparte, le palais des Tuileries, où siégeait le conseil des Anciens, était témoin d'une résolution qui en finissait avec la constitution de l'an III. On a vu que dans les conciliabules qui précédèrent le 18 brumaire, diverses mesures avaient été préparées d'avance; on arrêta tout pour régulariser le mouvement militaire si l'on était obligé de recourir à la violence. La commission des inspecteurs agit auprès du Conseil d'une manière fort habile pour préparer la séance solennelle des Anciens.

Depuis la Convention nationale, les Tuileries étaient destinées à la réunion des assemblées politiques; les Anciens s'y rassemblaient, et le palais des rois de France avait servi de théâtre à ces discussions animées dans lesquelles se proscrivaient tour à tour les partis. C'est une maxime invariable : toutes les fois qu'une assemblée est appelée à délibérer sur une mesure de sûreté générale, il faut préparer la résolution de telle manière que cette assemblée n'ait plus qu'à sanctionner par un vote, et c'est ce qu'avaient compris les principaux meneurs du 18 brumaire. La commission des inspecteurs s'était réunie, et bientôt l'abbé Sieyès et le Directeur Roger-Ducos parurent pour donner l'impulsion au mouvement convenu; tous les actes étaient prêts, tous les projets concertés. Pendant la nuit on avait travaillé dans la commission des inspecteurs à volets fermés, afin que nul ne pût savoir ce qui s'y passait; il ne s'agissait plus que d'obtenir la sanction de l'assemblée politique, et l'on se rappelle que les convocations avaient été envoyées [1] de manière à ce qu'il ne se trouvât réunis en séance que les membres des Anciens sur lesquels on pouvait compter dans l'intérêt du mouvement bonapartiste.

---

[1] La nuit du 17 au 18 fut employée à expédier les lettres de convocation. Ce fut le député Courtois qui se chargea de ce travail.

Tel était d'ailleurs le caractère du conseil des Anciens, qu'il y avait fatigue dans beaucoup d'esprits, et un besoin impératif d'ordre et de repos parmi ces hommes qui en avaient fini avec les passions de la vie. On ne trouvait pas au cœur des Anciens ces sentiments impétueux qui poussent les assemblées vers des résolutions soudaines et imprévues, privilège souvent fatal des âmes jeunes et ardentes; le conseil des vieux était une réunion d'esprits fatigués, qui la plupart avaient besoin de clore les révolutions par une dictature; ils appelaient comme solution à la crise, cette stabilité que la République n'avait pu trouver encore. Aussi bon nombre d'entre eux étaient-ils entrés dans la conjuration du 18 brumaire; puis le triage avait été si bien fait par la commission des inspecteurs, qu'il n'y avait présents au conseil que les représentants desquels on était sûr dans un vote définitif.

Il était neuf heures du matin, temps fixé pour la convocation extraordinaire; à peine un tiers des membres étaient présents. A l'appel nominal on remarqua qu'il n'y avait pas un seul affilié des Jacobins, un seul député d'opposition ardente : ils avaient été omis tout exprès dans les lettres des inspecteurs. Le silence était profond, lorsqu'un membre du Conseil, corps et âme dans la conjuration, un des bras actifs du 18 brumaire[1], M. Cornet, monta en toute hâte à la tribune pour exposer la triste situation de la République, et les motifs de la réunion des Anciens : « Il n'y a plus de corps politiques, citoyens représentants, s'écrie-t-il, il n'y a plus de liberté! il n'y a plus de République! Les symptômes les plus

---

[1] Cette circonstance est rapportée par le sénateur Cornet. Je n'ai pas besoin de dire que pour tous les faits le *Moniteur* a étrangement tronqué la vérité.

alarmants se manifestent depuis plusieurs jours! les rapports les plus sinistres nous sont faits! Votre commission des inspecteurs sait que les conjurés se rendent en foule à Paris; que ceux qui s'y trouvent déjà n'attendent qu'un signal pour lever leurs poignards sur les représentants du peuple, sur les membres des premières autorités de la République, si de promptes mesures, si le conseil des Anciens ne met pas la patrie et la liberté à l'abri des plus grands dangers qui les aient encore menacées... L'embrasement devient général! on ne pourra plus en arrêter les dévorants effets!... la patrie sera consumée!... Représentants du peuple, prévenez cet affreux incendie, ou la République aura existé, et son squelette sera entre les mains des vautours qui s'en disputeront les membres décharnés!..... »

Il n'y avait dans cette déclamation du représentant Cornet aucun fait précis, aucune dénonciation positive qui pût donner lieu à un décret de salut public. Ces images terribles et de mauvais goût : les squelettes, les vautours acharnés, indiquaient même une absence complète de documents positifs pour amener une conclusion; mais quand les événements sont mûrs, il n'est pas nécessaire de raisonnements ni de discours pour arriver à un but; il ne se fit donc presque pas de discours dans le Conseil; tout était prêt, et le représentant, M. Cornet, proposa de transformer en résolution le plan arrêté dans le conciliabule de la nuit. La minute écrite de la main de l'abbé Sieyès portait : « Le Corps législatif est transféré dans la commune de Saint-Cloud; les deux Conseils y siégeront dans les deux ailes du palais. Ils y seront rendus demain, 19 brumaire, à midi. Toute continuation de fonctions, de délibérations, est interdite ailleurs et avant ce terme. Le général Bonaparte est chargé de l'exécution du présent décret ; il prendra toutes les mesures nécessaires pour la sûreté de la représentation nationale. Le général commandant la 17ᵉ division militaire, la garde du Corps législatif, les gardes nationales sédentaires, les troupes de ligne qui se trouvent dans la commune de Paris, dans l'arrondissement constitutionnel, et dans toute l'étendue de la 17ᵉ division, sont mis immédiatement sous ses ordres, et tenus de le reconnaître en cette qualité ; tous les citoyens lui prêteront main-forte à sa première réquisition. Le général Bonaparte est appelé dans le sein du Conseil pour y recevoir une expédition du présent décret et prêter serment. Il se concertera avec les commissions des inspecteurs des deux Conseils. Le présent décret sera de suite transmis par un messager d'état au conseil des Cinq-Cents et au Directoire exécutif. Il sera imprimé, promulgué, affiché et envoyé dans toutes les communes de la République par des courriers extraordinaires [1]. »

Ce décret, voté sans discussion par les conjurés eux-mêmes, mettait le gouvernement en dehors de l'action populaire des Parisiens ; il laissait la capitale à la dispo-

---

[1] D'après un document que j'ai sous les yeux, les membres du conseil des Anciens qui votèrent le décret, ne s'élevaient pas au-delà de quarante-deux. Ils le firent suivre d'une proclamation solennelle aux Français ; elle était écrite par l'abbé Sieyès ; la voici :

« Le conseil des Anciens aux Français.

« Français, le conseil des Anciens use du droit qui lui est délégué par l'article 102 de la Constitution, de changer la résidence du Corps législatif. Il use de ce droit pour enchaîner les factions qui prétendent subjuguer la représentation nationale, et pour vous rendre la paix intérieure. — Il use de ce droit pour amener la paix extérieure, que vos longs sacrifices et l'humanité réclament. — Le salut commun, la prospérité commune : tel est le but de cette mesure constitutionnelle : il sera rempli. — Et vous, habitants de Paris, soyez calmes ; dans peu la présence du Corps législatif vous sera rendue. — Français, les résultats de cette journée feront bientôt foi si le Corps législatif est digne de préparer votre bonheur, et s'il le peut. — Vive le peuple, par qui et en qui est la République ! — La présente adresse sera imprimée, proclamée et affichée à la suite du décret de translation de la résidence du Corps législatif, comme en faisant partie. » *Signé* Cornet, président ; Delneufcourt, Chabot, secrétaires ; Boutteville, secrétaire. »

sition militaire du général Bonaparte et à la police, sous Fouché, si intimement lié à la conjuration. Le département était dirigé par M. Réal, l'écrivain moqueur et le commensal de la famille Bonaparte. Une fois donc les Conseils à Saint-Cloud, tout pouvait s'opérer violemment ou par adresse. A Paris, on avait à craindre les faubourgs, les mouvements du peuple vivement agité par l'aspect d'un attentat dirigé contre les représentants; Saint-Cloud était une commune isolée, entourée de bois sur une hauteur, et l'on pouvait facilement, par un coup de main, s'emparer des Conseils et les dominer en les violentant. On n'avait à craindre ni faubourgs, ni peuple armé; le coup d'état, s'il était nécessaire, se passerait comme en famille, entre quatre murs, et le lendemain les journaux censurés par la police, rendraient compte de l'événement, comme le pouvoir triomphant saurait l'entendre et pourrait le dicter. Le résultat obtenu, l'autorité une fois aux mains du général Bonaparte, qu'importaient ensuite quelques récits clandestins qui n'iraient pas jusqu'au peuple; n'en finirait-on pas toujours par un coup de force avec les partis? Le Directoire serait mort, le Consulat formé, Bonaparte maître du gouvernement; qui oserait toucher à son épée?

Ce fut le député Cornet, l'auteur même de la proposition, que l'on chargea de porter le décret des Conseils au général Bonaparte [1]; il traversa l'avenue, la cour de l'hôtel Chantereine, revêtu de ses insignes des Anciens, et de la robe prétexte, car il fallait cet appareil pour autoriser le mouvement militaire à se déployer avec quelque légalité constitutionnelle. Dans ses coups les plus violents, l'autorité doit garder les formes, si elle veut se faire res-

---

[1] Voyez les détails précis donnés par M. le sénateur Cornet, sur le 18 brumaire.

pecter; car ce que le peuple regrette le plus, ce sont les apparences; il perd souvent la liberté, mais il n'abandonne qu'avec murmure les costumes, les noms qui la lui font reconnaître et saluer. Le général Bonaparte reçut le message du conseil des Anciens, avec tous les témoignages du plus profond respect, comme une émanation de l'autorité nationale, et l'acte des représentants du peuple. Sur-le-champ il monta sur son cheval de bataille et lut le décret de translation des Conseils aux officiers qui l'entouraient, et tous crièrent : Vive la République! Puis on vit ce beau groupe d'officiers généraux marcher de concert vers les Tuileries, où les Anciens étaient réunis; on traversa les jardins, les cours. Le général, précédé de ses aides-de-camp, entra dans la séance la tête découverte, comme s'il voulait rendre hommage au peuple souverain dans ses représentants.

Bonaparte ne devait dire que quelques mots de remerciement pour l'acte de confiance qu'il recevait, et attendre les ordres. Le général voulut haranguer les Anciens, et comme il avait peu l'esprit des assemblées politiques, il resta dans le vide et dans la déclamation en phrases coupées et insignifiantes. Autant le général Bonaparte avait l'instinct des paroles brûlantes en face de l'armée, autant il était incapable de parler devant ces assemblées civiles qui supposent les conditions froides et positives d'une discussion sérieuse. Il faut au soldat des paroles enthousiastes, des figures soudaines et saisissantes; le général était merveilleusement propre à de telles harangues, mais ses hyperboles paraissaient souverainement ridicules à la face des hommes graves des Conseils; Bonaparte fit sa profession de foi sur son amour pour le gouvernement républicain, ce gouvernement, hélas! qu'il allait éteindre et étouffer: il déclara qu'il voulait la République forte et grande, mais en dehors de l'anarchie, avec des formes libérales et constitutionnelles. « Plus d'anarchistes, » s'écria-t-il à plusieurs reprises, et le général insista sur ce mot, afin de bien faire comprendre sa pensée aux Anciens, et à l'abbé Sieyès qui avait tant peur des Jacobins. Quand il eut tracé les conditions de la République telle qu'il l'entendait, il s'adressa aux officiers qui le suivaient, en s'écriant d'un ton enthousiaste : « Cette République, nous la voulons dans ces conditions, nous l'obtiendrons parce que telle est la volonté des compagnons d'armes qui me suivent. » On entendit dans la salle des paroles d'approbation, un murmure flatteur des militaires; les officiers généraux et les aides-de-camp qui suivaient Bonaparte agitèrent leurs chapeaux aux cris de : Vive la République! vive le général [1] !

Il n'y avait donc plus ici de déguisement; la force militaire manifestait sa volonté, et disait l'esprit et les destinées du gouvernement de ses vœux; elle exprimait une opinion sur les institutions politiques du pays, et cette opinion impérieuse, l'armée la jetait à la face du pouvoir civil, revêtu de sa toge et de ses insignes; une révolution tout entière était accomplie. Ce qui arrivait était la suite et la conséquence du 18 fructidor; les soldats allaient s'emparer de l'autorité par la dictature de leur chef. Quelle était la force qui pouvait s'opposer à cette irrésistible puissance, à cette impérative nécessité? Le gouvernement militaire commençait avec ses formes de commandement absolu.

---

[1] Ce discours a été tronqué dans le *Moniteur*; il faut s'en rapporter aux témoins oculaires, à MM. Cornet, Gohier, Bailleul, qui ont écrit les moindres circonstances du 18 brumaire. Voici la réponse du président au discours du général Bonaparte : « Général, le Conseil reçoit vos serments, il ne forme aucun doute sur votre sincérité et votre zèle à les remplir. Celui qui ne promit jamais en vain des victoires à la patrie, ne peut qu'exécuter avec dévouement ses nouveaux engagements de la servir et de lui rester fidèle. »

Aussi Bonaparte, peu à l'aise devant le conseil des Anciens, le haranguant avec difficulté et maladresse, se retrouva dans toute sa puissance vis-à-vis ses soldats, les vieux prétoriens d'Italie et d'Égypte. Tandis qu'en vertu du décret qu'il venait de rendre, le conseil des Anciens s'ajournait au lendemain pour se réunir à Saint-Cloud, et que la journée était finie pour lui, elle commençait pour le général Bonaparte ; revêtu de l'uniforme sévère qu'il portait à la bataille des Pyramides, suivi de son état-major brillant de costumes, ombragé de plumes tricolores, Bonaparte, le front méditatif, l'œil inquiet, descendit les quelques marches qui séparent le château de la cour des Tuileries ; et traversant une partie de cette cour qui alors n'était point encore spacieuse, large et protégée par une grille de fer, il marcha en toute hâte vers les troupes réunies par grandes masses avec leurs canons échelonnés ; les tambours battirent aux champs, un roulement commanda le silence et le général, parlant en maître, s'écria d'une voix forte et accentuée[1] : « Soldats, vos compagnons d'armes qui sont aux frontières sont dénués des choses les plus nécessaires. Le peuple est malheureux ! les auteurs de tant de maux, ce sont ces factieux contre lesquels je vous rassemble aujourd'hui. J'espère sous peu vous conduire encore à la victoire, mais auparavant il faut réduire à l'impuissance de nuire tous ceux qui voudraient s'opposer au bon ordre et à la prospérité publique. »

Telles furent les paroles du général ; sans avoir un sens bien précis, elles conviaient néanmoins les soldats à prendre part au gouvernement politique de la société ; Bonaparte ne faisait plus de l'armée seulement une force passive et obéissante ; le général appelait ses

---

[1] J'ai pris cette description sur une gravure (Bibliothèque royale) qui rappelle et peint tous les événements du 18 brumaire.

troupes à délibérer et à agir, comme l'avait fait l'armée d'Italie au 18 fructidor pour la déportation des députés et l'exil de la majorité. Les soldats voyaient en Bonaparte le vainqueur des Autrichiens, l'homme prodigieux dans les grandes choses; qui aurait pu se refuser à le suivre? Il y eut un véritable enthousiasme dans la troupe, Bonaparte fut applaudi et tous jurèrent d'accompagner le général pour accomplir le dessein de sauver la République menacée. On ne voyait pas le danger, mais le général l'avait vu; César avait parlé aux légions et sa parole était plus puissante que celle du sénat avili [1].

Jusqu'ici tout marchait merveilleusement; les Conseils ne pouvaient plus se réunir qu'à Saint-Cloud. D'après la constitution de l'an III, la promulgation des lois, l'action tout entière du gouvernement, devait appartenir au Directoire exécutif [2]; tant donc que ce Directoire existait, lui seul pouvait notifier les décrets du Corps législatif : dans cette vue, les conjurés du 18 brumaire avaient compté parmi leurs moyens, la démission des Directeurs, parce qu'en l'absence d'une autorité constituée, on devait nécessairement créer une autre forme, un autre principe de gouvernement. Les Directeurs Sieyès et Ducos, entrés dans la conspiration consulaire, n'hésitèrent pas un moment à se démettre de leurs fonctions; ils avaient même présidé à tous les actes politiques de la commission des inspecteurs au conseil des Cinq-Cents. Mais Sieyès et Roger-

---

[1] On s'étonne des déclamations du général Bonaparte contre le 18 fructidor, quand on se rappelle que c'est Bonaparte, général de l'armée d'Italie qui l'avait inspiré en quelque sorte; il fut le promoteur des clubs avec Augereau dans le sein des demi-brigades.

[2] Voici quelle était la formule : « Le Directoire exécutif ordonne que le décret ci-dessus sera publié, exécuté, et qu'il sera muni du sceau de la République. Fait au palais national du Directoire exécutif, le 18 brumaire an VIII de la République française, une et indivisible. Pour expédition conforme, signé Gohier, président; par le Directoire exécutif, le secrétaire-général Lagarde; et scellé du sceau de la République. »

Ducos ne formaient pas la majorité; il y avait encore Barras, Gohier et le général Moulins qui faisaient partie du Directoire; on devait négocier leur démission, ou l'imposer par la violence, si l'on voulait éviter, pour le lendemain, une résistance [1] qui rendrait le succès très douteux.

Différents moyens furent arrêtés pour arriver à ce dessein; ils étaient tous en rapport avec les caractères; auprès de Barras avec quelle arme fallait-il agir pour obtenir une démission? Le Directeur était arrivé à ce moment de dégoût où l'on subit comme un poids énorme, la charge du pouvoir; il avait assez de ses fonctions, il en était blasé; négociant avec tout le monde pour sa retraite, il désirait surtout la jouissance paisible des derniers reflets de sa vie sensuelle; on devait lui promettre sécurité pour sa personne, et le pousser dans cette voie de riche et douce quiétude, qu'il espérait pour terminer son existence politique à Gros-Bois, avec sa meute et ses gracieuses amies. Barras n'agissait jamais directement; il envoya son secrétaire Botot auprès de Bonaparte pour savoir le dernier mot de tout ce qui se faisait, et le général lui notifia sèchement que le seul moyen d'en finir avec une mauvaise situation, c'était de se démettre des fonctions directoriales; Bonaparte parla avec violence [2],

---

[1] Ici les révélations de M. Gohier ont de la franchise et de la naïveté.

[2] On a depuis arrangé les paroles de Napoléon qui dans le fait avaient été fougueuses, altières, impératives et désordonnées, envers l'homme qui lui avait ouvert sa grande carrière : « Qu'avez-vous fait de cette France que je vous ai laissée si brillante? Je vous ai laissé la paix, j'ai retrouvé la guerre. Je vous ai laissé des victoires, j'ai retrouvé des revers. Je vous ai laissé les millions de l'Italie, et j'ai trouvé partout des lois spoliatrices et la misère. Qu'avez vous fait des 100,000 Français que je connaissais, tous mes compagnons de gloire? ils sont morts!... Cet état de choses ne peut durer; avant trois ans il nous mènerait au despotisme.... Il est temps enfin qu'on rende aux défenseurs de la patrie la confiance à laquelle ils ont tant de droits. A entendre quelques factieux, bientôt nous serions tous les ennemis de la République, nous qui l'avons affermie par nos travaux et notre courage : nous ne voulons pas de

il oublia même ce qu'il devait à Barras, l'homme qui l'avait élevé aux hautes fonctions où il se trouvait placé, le seul peut-être qui eût compris et deviné sa destinée, celui qui avec Tallien avait signé son contrat de mariage, et l'avait uni à madame de Beauharnais.

Bonaparte alla jusqu'à ce point de menacer Barras d'une exécution militaire ou d'un jugement public, si la démission n'arrivait pas sur-le-champ; il insinua même qu'on savait quelque chose des négociations de Barras avec les Bourbons. Cette circonstance, rapportée par M. Botot, secrétaire de Barras, ne fut peut-être pas sans influence sur la détermination définitive du Directeur. Bonaparte alors radouci lui dépêcha M. de Talleyrand, l'amiral Brueix, Fouché, tous intimes de Barras, pour stipuler avec lui, les meilleures conditions d'une retraite pacifique. La négociation se poursuivit avec une grande activité, et Barras à la fin donna sa démission en termes dignes et convenables [1]. Comment se fit-il qu'un homme de grande énergie, le chef des Thermidoriens, consentit ainsi à se laisser dépouiller

---

gens plus patriotes que les braves qui ont été mutilés au service de la République,»

[1] Voici la lettre de Barras par laquelle il donne sa démission :

« Citoyen président.

« Engagé dans les affaires publiques uniquement par ma passion pour la liberté, je n'ai consenti à partager la première magistrature de l'État que pour la soutenir dans ses périls par mon dévouement, pour préserver des atteintes de ses ennemis les patriotes compromis dans sa cause, et pour assurer aux défenseurs de la patrie ces soins particuliers qui ne pouvaient leur être plus constamment donnés que par un citoyen anciennement témoin de leurs vertus héroïques, et toujours touché de leurs besoins.

« La gloire qui accompagne le retour du guerrier illustre à qui j'ai eu le bonheur d'ouvrir le chemin de la gloire, les marques éclatantes de confiance que lui donnent le Corps législatif, et le décret de la Convention nationale m'ont convaincu que, quel que soit le poste où l'appelle désormais l'intérêt public, les périls de la liberté sont surmontés, et les intérêts des armées garantis.

« Je rentre avec joie dans les rangs de simple citoyen, heureux, après tant d'orages, de remettre entiers, et plus respectables que jamais, les destins de la République, dont j'ai partagé le dépôt.

« Salut et respect,
Barras. »

du pouvoir presque sans résistance? C'est que, je le répète, la lassitude l'avait gagné; il en était arrivé à ce moment de dégoût où les affaires vous ennuient, où l'on a hâte d'en finir avec le pouvoir; on n'en veut plus à quelque prix que ce soit, il vous pèse sur le cœur; abdication morale, qui arrive bien souvent dans la vie des hommes. Au 9 thermidor, au 14 vendémiaire, Barras, caractère de force et de jeunesse, marchait hardiment à la conquête et à la pleine possession de l'autorité; au 18 brumaire, il fut comme ces vieux rois qui, après un long abus du pouvoir, allaient cacher la fin de leur vie dans un monastère, et son monastère, à lui, fut le parc magnifique de Gros-Bois.

Barras étant un homme de résolution militaire, Bonaparte avait dû prendre des ménagements et des précautions; sa démission fut un grand succès parce qu'elle plaçait le Directoire dans un état absolu de dislocation. Avait-on besoin de garder tant de réserves à l'égard des Directeurs Gohier et Moulins, les partisans absolus et naïfs de la constitution de l'an III? Gohier, un des amis de madame Bonaparte, son conseil même pendant l'absence du général et qui connaissait quelques-unes de ses faiblesses, était revêtu du caractère de président du Directoire; il en était fier et heureux avec cette béatitude qui est le caractère de certains hommes au-dessous de leurs fonctions. Pendant la campagne d'Égypte, madame Bonaparte, une des convives habituelles de M. Gohier, venait le voir au Luxembourg, dans une amitié confiante, car M. Gohier avait une famille honnête et un foyer respectable[1]. Depuis son retour d'Égypte, le général Bonaparte vint aussi plus

---

[1] Voyez les *Mémoires de Gohier*, tom. I.

d'une fois chez le président du Directoire; en diverses circonstances il avait entraîné la conversation sur l'état de faiblesse et de déconsidération de l'autorité; Bonaparte semblait toujours lui dire « : Président, que ferez-vous de moi? » et Gohier, s'imaginant exercer un pouvoir réel, une autorité véritable, lui promettait le commandement d'une armée, là où la fortune et la gloire de Bonaparte pouvaient briller si magnifiquement. Le général qui voulait à tout prix le gouvernement réel, avait sondé Gohier avec plus ou moins de sincérité, sur la question de savoir si lui, Bonaparte, le général d'Italie et d'Égypte, pourrait entrer au Directoire, et le président, avec une gravité burlesque, lui avait répondu : « que la constitution s'y opposait, parce que le général n'avait pas l'âge. »

Ainsi M. Gohier avait vu le 14 vendémiaire, le 18 fructidor sans se plaindre; mais la violation d'un article réglementaire soulevait tous ses scrupules; triste petitesse du caractère avocat; les procureurs au pouvoir font de la politique une procédure, ils laissent périr le pays pour sauver un article du Code. Les bonnes relations qui avaient existé entre madame Gohier et madame Bonaparte permettaient les invitations, même faites à l'improviste, et le 17 brumaire, la veille même du coup d'état, Joséphine, dans un billet de la meilleure grâce, avait prié à déjeûner le président du Directoire et sa femme [1]. Le but de ce déjeûner était d'attirer Gohier à l'hôtel de la rue de la Victoire; Bonaparte lui aurait dit la marche invariable des événements, afin de le déterminer à y

---

[1] Voici l'autographe : Au citoyen Gohier, président du Directoire de la République française.

Ce 17 brumaire an VIII.

« Venez, mon cher Gohier, et votre femme, déjeûner avec moi demain à huit heures du matin, n'y manquez pas; j'ai à causer avec vous sur des choses très intéressantes.

« Adieu, mon cher Gohier, comptez toujours sur ma sincère amitié

Lapagerie Bonaparte. »

prendre part; le général offrait au président du Directoire la place de ministre de la justice sous le nouveau gouvernement consulaire. Si Gohier était venu au déjeûner, la conjuration marchait plus vite, car il avait les sceaux de l'État à sa disposition et il sanctionnait l'acte des Anciens; sa femme seule accourut à l'invitation de Joséphine, tandis que le président s'acheminait, avec toute la gravité de ses fonctions, vers la salle du Directoire au Luxembourg

Ce noble et bel édifice avait tour à tour servi de prison aux suspects et de palais au Directoire; ses vastes salons, ses portiques, ses galeries élégantes, où le style de la renaissance se mêle au souvenir de Louis XV, étaient alors occupés par Barras et ses collègues[1]. La première visite de Gohier fut pour Barras, car déjà le plan de Bonaparte transpirait à Paris[2]; Gohier et Moulins exposèrent à leur collègue la nécessité d'une résistance au profit de la constitution de l'an III. En ce moment les choses étaient changées de face; Barras n'était plus maître de sa démission, et tandis que Gohier et Moulins réunis dans la salle des Conseils cherchaient les moyens de se garer de la crise, ils purent voir se déployer dans les cours et la rue de Tournon, un grand appareil militaire sans doute destiné à leur garde; ne fallait-il pas s'arrêter à un parti? Les directeurs firent demander quel général était à la tête des grenadiers; on leur répondit que Moreau commandait la garde du palais.

Seuls, isolés au Luxembourg, après avoir reçu la notification officielle du décret de translation des Anciens[3],

---

[1] L'appartement particulier de Barras était au petit Luxembourg.
[2] *Mémoires de Gohier*. tom. I.
[3] Citoyen président,
« La commission s'empresse de vous faire part du décret de translation de la résidence du Corps législatif à Saint-Cloud.
« Le décret va vous être expédié, mais des mesures de sûreté exigent des détails dont nous nous occupons.

GOHIER ET MOULINS (18 BRUMAIRE 1799). 415

Gohier et Moulins résolurent de se rendre dans le sein de la commission qui siégeait aux Tuileries, désirant voir par eux-mêmes quels étaient les moteurs de l'événement, comme si cet événement n'était pas déjà accompli! Ils voulaient juger si tout était légal; or, ce qui se passait était chose fort simple et depuis longtemps prévue; la force militaire envahissait le pouvoir civil, et par le fait le gouvernement était déjà dans les mains du général Bonaparte. Les Directeurs se dirigèrent donc vers les Tuileries en costume, et à peine étaient-ils entrés dans la commission des inspecteurs en permanence, que le général Bonaparte vint à eux; il avait déjà la parole plus haute, plus impérative que dans la matinée; sa position était bonne; il invita par quelques phrases obligeantes, les Directeurs Gohier et Moulins à venir s'associer à l'œuvre, pour sauver la chose publique[1], et

« Nous vous invitons à venir à la commission des inspecteurs des Anciens ; vous y trouverez vos collègues Sieyès et Ducos.
« Salut fraternel. »
Signé. Barailon, Fargues, Cornet.
[2] Voici la conversation de Gohier et de Bonaparte :
« Le décret tout entier est proclamé, dit Sieyès; avez-vous vu le général?...
GOHIER. Quel général?
SIEYÈS. Le général Bonaparte.
GOHIER. Non... mais qu'on le prévienne que le président du Directoire est ici. »
Bonaparte ne tarda pas à paraître.
« Je vois avec plaisir, nous dit-il, que vous vous rendez à nos vœux, à ceux de vos deux collègues.
GOHIER. Nous nous rendons au vœu de la loi, général; elle veut que le décret qui transfère les séances du Corps législatif soit proclamé sans délais. Nous devons remplir le devoir qu'elle nous impose, et bien déterminés à la défendre contre les attaques qu'on voudrait lui porter.

BONAPARTE. Votre zèle, président, ne m'étonne point, et c'est parce que vous êtes connu pour un homme attaché à votre pays que vous allez vous réunir à nous pour sauver la République.
GOHIER. Sauver la République!... Il fut un temps, général, que vous aviez l'honneur d'en être le soutien, mais aujourd'hui c'est à nous qu'est réservée la gloire de la sauver.
BONAPARTE. Avec les moyens que vous donne votre constitution?... Voyez donc comme elle croule de toutes parts. Cette constitution-là ne peut plus aller.
GOHIER. Qui vous a dit cela, général? des perfides qui n'ont ni le courage ni la volonté de marcher avec elle. Eh ! tous ceux que je vois ici n'ont-ils pas, il y a à peine quelques jours, proclamé encore l'excellence de cette constitution, et surtout le danger d'y porter atteinte? Des palais où se tiennent les séances du Corps législatif, les serments prêtés spontanément n'ont-ils pas été entendus et répétés dans toute la

lorsque le président Gohier, aveuglé sur la gravité des circonstances, développa les droits du Directoire, et la plénitude de ses pouvoirs, le général impatient ne put s'empêcher de s'exprimer avec un mouvement de colère : « Vous savez, s'écria-t-il, qu'il n'y a plus de Directoire. —Il n'y a plus de Directoire! et qui l'a supprimé, général?»

Les choses allaient toujours ainsi en s'échauffant, lorsque M. Boulay (de la Meurthe), un des hommes les plus actifs du mouvement, au 18 brumaire, ajouta : « Laissez dire le citoyen Gohier, général, laissez-le protester, un bout de décret arrangera tout cela. » M. Boulay avait raison; un décret de plus ou de moins, ne changeait rien; il ne s'agissait plus des pouvoirs constitutionnels, ils étaient finis. En matière de coups-d'état, qu'est-ce qu'un acte arbitraire en ligne de compte? Le Directoire était mort; en vain la vieille autorité protestait! La vie des institutions politiques résulte de certaines conditions ; quand elles manquent, qu'importe une protestation pour les sauver ; le temps en est accompli [1]. Le général Bonaparte s'exprima

---

France? Connaissez mieux, général, notre position. A peine êtes-vous depuis quelques jours en France ; vous avez débarqué au bruit de nos victoires. Partout la République est triomphante sans vous, et vous venez vous offrir pour la sauver !... Tiendriez-vous un autre langage si elle était vaincue et sous le joug de l'étranger? »

[1] Voici le dernier acte en forme de protestation de Moulins et de Gohier ; il fut arrêté à la porte du Luxembourg.

Message aux conseils des Anciens et des Cinq-Cents.

« Citoyens représentants,

« Un grand attentat vient d'être commis, et ce n'est sans doute que le prélude d'attentats plus grands encore. Le palais directorial est livré à la force armée ; les magistrats du peuple à qui vous avez confié la puissance exécutive, sont en ce moment gardés à vue par ceux-là mêmes que, seuls, ils ont le droit de commander.

« Leur crime est d'avoir constamment persisté dans l'inébranlable résolution de remplir les devoirs sacrés que leur impose votre confiance, d'avoir rejeté avec indignation la proposition d'abandonner les rênes de l'État qu'on veut arracher de leurs mains, d'avoir refusé de donner leur démission.

« C'est aujourd'hui, représentants du peuple français, qu'il faut proclamer la République en danger, qu'il faut la défendre. Quel que soit le sort que ses ennemis nous réservent, nous lui jurons fidélité, fidélité à la constitution de l'an III, à la

dans cette séance avec un ton hautain qui décelait un maître; on vint lui dire que Santerre soulevait le faubourg Saint-Antoine; alors, s'adressant avec un œil perçant et significatif au Directeur Moulins, il lui dit : « Général, vous êtes parent de Santerre? — Non, répondit celui-ci, mais je suis son ami. — Eh bien! on m'écrit qu'il agite le faubourg; vous pouvez lui écrire que s'il ne cesse ses menées, je le fais fusiller sur-le-champ. » Moulins se hâta de répliquer : « Général, vous n'en avez pas le droit, et si Santerre agissait, ce ne serait qu'en vertu des ordres des autorités constituées. » Hélas! le général Moulins croyait encore à la République! Ces paroles n'étaient pas échangées sans dessein; Bonaparte savait les rapports de Moulins avec le parti démocratique; le Directeur pouvait disposer des Jacobins; et combien n'était-il pas important de les contenir! Le général Moulins répondit avec énergie, parce qu'il appartenait à un parti qui n'avait pas peur; s'il avait eu une portée d'esprit égale à son caractère, Moulins pouvait, en s'entendant avec Jourdan et Augereau, lutter corps à corps contre le 18 brumaire.

Qui pouvait croire à la fortune et à la durée du Directoire? Et néanmoins Gohier et Moulins allèrent au Luxembourg pour se réunir de nouveau dans leur salle de délibérations, comme si le pouvoir était encore à eux. On n'avait pas à les redouter comme gouvernement : leur règne était fini; mais le Luxembourg pouvait servir de centre au parti jacobin, représenté par les deux Directeurs : des protestations pouvaient émaner d'eux et faire connaître sous un jour défavorable les événements qui

---

représentation nationale dans son intégrité. « Puissent nos serments n'être pas les derniers cris de la liberté expirante!

« Les deux Directeurs, prisonniers dans leurs palais. »

Signé. Moulins, Gohier, président.

s'étaient passés. Il fallait mettre Gohier et Moulins dans l'impuissance d'agir, et sous une surveillance telle qu'aucun chef de parti ne pût arriver jusqu'à eux. Au Luxembourg les patriotes avaient un drapeau tout trouvé : l'ancien Directoire, deux généraux mécontents et exaltés, Bernadotte et Jourdan ; ils disposaient des faubourgs et d'une partie des municipalités de Paris. Le conseil des Cinq-Cents souffrirait impatiemment une dictature ; le palais du Luxembourg pouvait devenir un centre commun qui réunirait toutes les forces républicaines, et les deux Directeurs leur serviraient de bannière. S'il s'agissait d'une résistance, le parti jacobin avait peu de scrupules ; il invoquerait l'insurrection au besoin, et tandis que les corps constitués siégeraient à Saint-Cloud, ils pouvaient tenter à Paris une violente émeute, comme en prairial.

Dans un but politique et de sûreté générale, le Luxembourg fut mis sous une surveillance militaire, et les Directeurs gardés à vue. Par une combinaison parfaitement réfléchie, le général Bonaparte chargea Moreau de cette mission ; il le savait patriote, et déjà pris comme point d'appui par l'opposition ; n'était-il pas habile de le compromettre, en le faisant geôlier des Directeurs ? Moreau dut plus d'une fois se repentir dans sa vie de cette condescendance envers Bonaparte. Comment, lui, le rival du Consul puis de l'Empereur, était-il descendu à ce point de le servir au-delà même de ce que le dévouement honorable commande ? C'est que Moreau avait une âme faible, irrésolue ; il ne savait jamais prendre un premier rôle. Ses dernières armes n'avaient pas été heureuses en Italie ; il était modeste avant sa seconde campagne d'Allemagne, et la gloire de Bonaparte l'éblouissait. Qui pouvait résister à l'attrait d'une popularité si retentissante? Il fallait être très fort pour oser une opposition contre la destinée! Tout s'explique en histoire par les entraînements; aucune puissance alors ne pouvait lutter contre la fortune de Bonaparte.

Le 18 brumaire au soir rien n'était terminé encore; toutes les questions étaient chanceuses; la force militaire seule avait parlé; si l'on voulait accomplir ce mouvement, il fallait l'appui des Conseils, le vote de la majorité, la forme légale en un mot dans le succès militaire. Jusque-là ce qui était arrivé pouvait se dire une surprise : la démission de Barras, la délibération des Anciens, tout était arraché par un coup de force et un faux semblant. Les conjurés marchaient sur un terrain mobile, le moindre accident pouvait le faire écrouler. Qu'allait-il se passer le lendemain, quand le jour se lèverait sur la belle résidence de Saint-Cloud?

CHAPITRE XXI.

PARIS ET SAINT-CLOUD.

Mesures de police. — Esprit public. — Pouvoir départemental. — Nuit de Bonaparte et des conjurés. — Nuit des Jacobins. — Préparatifs. — Route de Saint-Cloud. — Départ de Bonaparte. — Le château. — Le Conseil des Anciens. — Conseil des Cinq-Cents. — Tumulte. — Triomphe du parti militaire. — Dispersion des Conseils. — La Dictature.

18 et 19 brumaire 1799.

Paris avait pris part à tous les mouvements de la Révolution française; son immense population s'agitait comme une vague tumultueuse. Qui ne se rappelait les figures de ses faubourgs et ses masses de prolétaires armés qui promenaient le bonnet de la République dans ses rues envahies? Toutes les passions mauvaises trouvaient à Paris un aliment; la corruption se glissait dans la révolte, et les mœurs dissolues d'une grande capitale alimentaient les pensées de séditions et d'émeutes. Depuis quelques années cependant la bourgeoisie paisible avait repris ses habitudes d'ordre; elle craignait les Jacobins et le retour des excès révolutionnaires qui avaient dévoré sa fortune [1] : la présence d'une force armée permanente, le triomphe des troupes au 14 vendémiaire et au 18 fructidor avaient fortement dominé les Parisiens; toutes les classes avaient appris à redouter l'habit militaire si glo-

---

[1] La bourgeoisie s'était vivement alarmée de l'apparition des clubs; elle avait peur des Jacobins du Manége; elle avait demandé la fermeture de ces sociétés démocratiques.

rieux de souvenirs. Lorsque les vieilles demi-brigades défilaient dans les rues, à travers les places publiques, sous les drapeaux criblés de balles, quand les dragons se déployaient au Carrousel ou dans les Champs-Élysées avec l'artillerie du Rhin ou d'Arcole, tous ces soldats, couverts de poussière, imprimaient un double sentiment d'orgueil et de terreur ; on savait qu'ils avaient remporté mille victoires, un éclat inaccoutumé brillait sur leurs étendards, leur tournure était mâle et fière, nul n'osait les regarder de face et braver leur amour pour le général ; on éprouvait une sorte de fierté à compter ces hommes-là pour frères et pour compatriotes, j'oserai même dire pour dominateurs.

Ainsi le mouvement préparé par le général Bonaparte, appuyé sur le parti militaire, devait être obéi par la population calme et régulière de la cité ; six mille hommes de vieille troupe étaient suffisants pour contenir les opposants. L'opinion publique n'était pas favorable au Directoire : depuis longtemps ce pouvoir était condamné à mourir ; il tracassait le peuple sans lui donner la liberté et l'ordre ; il n'avait plus de crédit sur les masses, plus de puissance sur les esprits : on désirait un changement pour arriver à une situation régulière et forte ; et toutes ces causes soutenaient la tentative du général Bonaparte contre la constitution de l'an III qui tombait en lambeaux. Fouché et Réal, restés à Paris, menaient tous les ressorts de la police et des municipalités ; ils avaient dès le matin préparé les esprits aux événements de la journée [1] ; les barrières fu-

---

[1] Bonaparte lui-même avait adressé une proclamation aux habitants de Paris :

Citoyens,

« Le conseil des Anciens, dépositaire de la sagesse nationale, vient de rendre le décret ci-joint. Il y est autorisé par les articles 102 et 103 de l'acte constitutionnel :

« Il me charge de prendre des mesures

rent un moment fermées pour qu'on ne se portât point en masse à Saint-Cloud; on répandit des proclamations qui promettaient le triomphe des principes pour l'avenir, la sécurité et le bien-être pour le présent; on y parlait de la souveraineté du peuple et de la liberté, avec un sentiment de respect qui devait flatter l'amour-propre de la bourgeoisie de Paris; on distribuait partout des pamphlets imprimés pour réveiller l'opinion publique en faveur de Bonaparte.

Un de ces pamphlets, en forme de dialogue, justifie la translation des Conseils à Saint-Cloud : la constitution l'avait ainsi voulu; la République était en péril, il fallait la sauver[1]. La police favorisait la circulation de ces écrits vulgaires, s'adressant aux masses pour leur expliquer le but du général et son respect pour la constitution : on y parlait surtout de la gloire de Bonaparte, de cette grande vie qui s'était dévouée au salut de la patrie. Fouché voulait favorablement disposer le peuple un peu étonné de la translation des Conseils à Saint-

---

[1] Voici quelques fragments d'un de ces pamphlets.

Le Cinq-Cents. — Entre nous, cependant, mon ami, je crains l'intervention de Bonaparte dans cette affaire. Sa renommée, sa considération, la juste confiance du soldat dans ses talents, et surtout ses talents eux-mêmes, peuvent lui donner le plus redoutable ascendant sur les destinées de la République? S'il était un César!... un Cromwel!...

L'ancien. — Un César! un Cromwel...... *mauvais rôles, rôles usés, indignes d'un homme de sens, quand ils ne le seraient pas d'un homme de bien. C'est ainsi que Bonaparte, lui-même, s'en est expliqué dans plusieurs occasions. Ce serait une pensée sacrilége*, disait-il une autre fois, *que celle d'attenter au gouvernement représentatif dans le siècle des lumières et de la liberté. Il n'y aurait qu'un fou*, disait-il encore, *qui voulût, de gaieté de cœur, faire perdre la gageure de la République contre la royauté de l'Europe, après l'avoir soutenue avec quelque gloire et tant de périls.*

pour la représentation nationale. Sa translation est nécessaire et momentanée. Le Corps législatif se trouvera à même de tirer la représentation du danger imminent où la désorganisation de toutes les parties de l'administration nous conduit.

« Il a besoin, dans cette circonstance essentielle, de l'union et de la confiance des patriotes. Ralliez-vous autour de lui, c'est le seul moyen d'asseoir la République sur les bases de la liberté civile, du bonheur intérieur, de la victoire et de la paix.»

Bonaparte.

Cloud; il voulait surtout enlever les prolétaires à l'influence du parti jacobin.

Ce parti, en effet, si puissant, si énergiquement organisé, avait eu connaissance des premières tentatives de Bonaparte auprès du conseil des Anciens; ce décret, qui transportait à Saint-Cloud les délibérations des représentants du peuple, lui révélait les projets de dictature militaire. Talot, Destrem, Charles de Hesse, Duroure, Antonelle, Aréna connaissaient Sieyès et les principaux meneurs des événements, et leur volonté de briser la constitution par un coup de main, « et ce qu'on n'osait pas à Paris, disaient-ils, on le tenterait à Saint-Cloud, sous l'ombre des grands bois et de la solitude. » Toute la journée du 18 brumaire fut donc occupée, dans les réunions clandestines des Jacobins, aux préparatifs d'une résistance, soit par le peuple, soit par les armées. La constitution de l'an III, si usée et que les révolutionnaires trouvaient eux-mêmes imparfaite, devint le point de résistance du parti jacobin : il s'y rallia fortement, ce fut son drapeau ; était-il assez puissant pour réveiller la résolution et la force dans une population habituée à une indicible mobilité pour les principes politiques ! Depuis six ans que de changements n'avaient pas été faits? Quels pactes n'avait-on pas violés? Que de dispositions méconnues ! On s'était tellement accoutumé à ces sortes de révolutions politiques qu'on n'y prenait plus garde; les constitutions étaient comme des feuilles éparses que le vent des partis emportait dans d'incessantes tempêtes; Paris s'inquiétait à peine de ces changements : il aspirait au luxe et au repos. La République était morte [1].

---

[1] La police attaquait toujours les opinions et les hommes du parti jacobin : voici encore un de ses phamphlets. *La grande trame dévoilée, ou le secret de Bonaparte.* (Dialogue entre un Jacobin et un honnête homme, ci-devant son ami.)

Les Jacobins, néanmoins, actifs démocrates, cherchaient un point d'appui à leur résistance : les faubourgs étaient pour eux ; tous les officiers généraux n'étaient pas tellement dévoués à Bonaparte qu'on ne pût trouver des chefs militaires prêts à prendre parti contre le 18 brumaire; il y avait des jalousies et des rivalités. Bonaparte pouvait-il absolument compter sur Bernadotte, Jourdan et Augereau lui-même? Le point d'appui et de résistance qui allait le mieux à l'esprit et aux habitudes des hommes d'action et d'intelligence du parti patriote, était l'opposition des Conseils et particulièrement des Cinq-Cents; pour légaliser un mouvement militaire, le général n'avait-il pas besoin de l'assentiment des deux branches de la législature? Si donc on parvenait à faire refuser ce concours, si les

Le Jacobin, abordant son ancien ami :
Quò patria? quò libertas? Le voilà donc enfin ce grand événement, mon frère! Je l'avais bien prévu! Les lâches! Comme ils ont trahi leur patrie ! Comme ils ont vendu sa liberté ! La voilà donc renversée, cette sage constitution, qu'avaient si longtemps défendue les foudres de l'éloquence des Briot et des Bergasse, qui trouvait un appui éternel dans les lois sages et surtout vigoureuses de Destrem, de l'invincible Jourdan, du profond Poulain.

L'honnête homme.— Tout doux! mon ci-devant ami ; tout doux ! A votre fougue verbeuse, on voit bien que vous avez été à l'école des très illustres personnages que vous venez de citer. Mais nous ne sommes plus au temps de la fièvre. Le peuple est calme aujourd'hui. Il y voit, il raisonne. Voyons et raisonnons de même. A votre première question je répondrai que la patrie et la liberté sont sous la sauve-garde de la sagesse et de la victoire. En second lieu, que le titre de frère est tout au moins inutile entre nous ; I ne sera point mon frère, celui qui s'est emparé de ma fortune, celui qui m'a embastillé, celui qui a conduit à l'échafaud mon père, ma mère, mes frères, mon épouse ; il ne sera point mon frère, enfin, celui qui s'est nourri deux ans entiers des larmes de la France, et qui aujourd'hui rugit de ce qu'on lui ôte les moyens d'immoler de nouvelles victimes.

On a renversé la constitution, dites-vous? Mais existait-elle, cette constitution que vous implorez? Depuis longtemps elle gémissait, abattue sous les pieds de la scélératesse. La présence même d'une bande de factieux, qui se disaient ses amants et n'étaient que ses bourreaux, n'en était-elle pas une violation continuelle? Au point où nous avait conduits la folie de ces insolents démagogues, il fallait ou laisser tomber la République en lambeaux, ou nous livrer à leurs griffes, ou remettre notre sort aux mains du courage et de la vertu. Et dans tous ces cas, violer la constitution était une nécessité. Les bons l'emportent : la République restera debout ; la liberté aura des temples ; la victoire donnera la paix.

Conseils protestaient énergiquement, le général n'aurait plus pour lui qu'une fraction de l'armée, une autre se prononcerait pour la constitution, et le mouvement ainsi comprimé n'aurait pas le résultat qu'en espéraient les Bonapartistes [1]. Qui ne savait que le vote du conseil des Anciens de la veille était une véritable surprise? La translation des Conseils à Saint-Cloud avait été arrachée par un subterfuge, il n'y avait pas le tiers des membres présents. Le 19 au matin tout le monde serait prévenu : les deux Conseils étant convoqués, chacun serait à son poste; on se proposait d'invoquer tous les souvenirs de la liberté, tous les mots magiques qui réveillaient le peuple. Quel serait le bras assez téméraire pour attenter à la représentation nationale? N'avait-on pas ce décret de mise hors la loi qui frappait comme la foudre le rebelle à la souveraineté du peuple.

Les esprits ardents, les hommes d'énergie, se donnèrent donc rendez-vous à Saint-Cloud. Nul n'oserait attenter aux droits des représentants : généraux, soldats, franchiraient-ils ce sanctuaire des lois pour insulter à la toge antique? Romains, on saurait mourir sur les chaises curules! Représentants de la nation, on parlerait le langage de la patrie aux enfants armés de cette grande nation.

---

[1] Bonaparte était très occupé du parti militaire de Bernadotte ; voici comment il s'exprime sur son compétiteur :

« Bernadotte a tout su : j'aime mieux cela. Je lui ai dit que son Directoire était détesté, sa constitution usée; qu'il fallait faire maison nette et donner une autre direction au gouvernement; puis, j'ai ajouté : Allez mettre votre uniforme; je ne puis vous attendre plus longtemps; vous me retrouverez aux Tuileries, au milieu de tous nos camarades....... Bernadotte, ne comptez ni sur Moreau, ni sur Beurnonville, ni sur les généraux de votre bord. Quand vous connaîtrez mieux les hommes, vous verrez qu'ils promettent beaucoup et tiennent peu. Ne vous y fiez pas. Bernadotte me dit alors qu'il ne voulait pas prendre part à ce qu'il appelait une rébellion. Une rébellion! Un tas d'imbéciles! Des gens qui avocassent du matin au soir dans leurs taudis! Tout a été inutile ; je n'ai pu vaincre Bernadotte; c'est une barre de fer. Je lui ai demandé sa parole de ne rien entreprendre contre moi; voici ce qu'il m'a répondu : Je resterai tranquille comme citoyen, mais si le Directoire me donne des ordres d'agir, je marcherai contre tous les perturbateurs. » (Paroles de Bonaparte.)

Ainsi disaient les membres les plus fervents de la Société des Jacobins. Ici on se demande ce qu'étaient devenues dans cette journée les têtes militaires opposées à Bonaparte? Comment se fit-il que Bernadotte et Moreau lui-même aient laissé s'accomplir l'œuvre d'une dictature militaire? Pourquoi ne se mirent-ils pas à la tête d'un parti, dans la nuit du 18 au 19 brumaire, pour s'opposer aux menées des conjurés? Il paraît certain que les généraux Bernadotte et Moreau se virent le soir de la séance des Anciens, que tous deux s'occupèrent de la chose publique de concert avec quelques députés pleins de zèle pour la constitution. Moreau était honteux du rôle qu'on lui avait fait jouer auprès du Directoire; était-il destiné à être geôlier pour le compte de Bonaparte? La première démarche vint de Moreau; il envoya auprès du général Bernadotte l'adjudant-général Rapatel pour demander conseil sur un mouvement contre la dictature. Bernadotte répondit : « Que Moreau se place à la tête des soldats qu'il commande au Luxembourg; il leur annoncera l'attentat contre la constitution, et aussitôt je monte à cheval avec mes aides-de-camp pour me placer sous ses ordres[1]. » Moreau n'osa rien, parce qu'en ce moment le vent soufflait pour le triomphe de Bonaparte et que nul ne pouvait l'empêcher.

Bernadotte ne perdit point toute espérance; sa maison de la rue Cisalpine fut envahie le soir par une multitude de députés du conseil des Cinq-Cents; il y eut là des conférences avec Salicetti, Augereau, Jourdan, Talot. Que faire alors dans la crise publique? Il fut arrêté que le conseil des Cinq-Cents, réuni le lendemain, conférerait à Bernadotte le commandement de la garde du

---

[1] Note communiquée.

Corps législatif et de toutes les troupes de la capitale. Le temps du vieil empire romain se réveillait ; il y aurait deux sénats, deux Césars. deux généraux, deux dictatures! Le député Salicetti s'entremit pour amener une transaction au milieu de cette vaste guerre civile; que faire? On proposa un moyen terme ; Bonaparte se vantait d'avoir empêché Sieyès de lancer un décret de déportation contre les Cinq-Cents; on parla de sa générosité, de son désintéressement; il ne voulait le pouvoir que pour l'abdiquer. « Eh bien ! dit Bernadotte, convenons tous : que Bonaparte reste général du conseil des Anciens et que le conseil des Cinq-Cents me désigne, moi, comme le commandant des forces militaires à sa disposition. Alors si Bonaparte reste dans la constitution, je marche avec lui ; si, au contraire, il en sort, vous le mettrez hors la loi, et vous avez un général pour faire exécuter le décret[1]. »

Ainsi se passa la nuit du 18 au 19 brumaire parmi les patriotes; que pouvaient-ils faire? Quelle fortune oserait s'opposer à Bonaparte? Bernadotte avait des services, une incontestable capacité; mais y avait-il dans sa pensée un plan aussi bien concerté que dans la tête des conjurés du 18 brumaire? Avec qui était l'opinion publique? De quel côté poussait la force sociale? La France en était-elle arrivée à ces rivalités du vieux monde romain ! Bernadotte défendait une cause perdue; la constitution de l'an III et le Directoire étaient finis; la société appelait l'unité de toutes ses forces, elle voulait un gouvernement; Moreau et Bernadotte ne pouvaient plus rien. Il est curieux de voir ce rapprochement et cette ligue des deux généraux au 18 brumaire ; elle se retrouve plus tard sur

---

[1] Note communiquée.

un autre champ de bataille. Les événements de l'histoire ont une grande unité ; au temps de la fortune de Bonaparte, Bernadotte et Moreau luttent en vain pour arrêter la destinée ; quand la décadence arrive, c'est encore Moreau et Bernadotte qui paraissent, en Allemagne, se donnant tous deux la main, à la suite d'une grande coalition de rois et de peuples ; mais alors ils y viennent pour les aider à la chute du colosse dont les destinées étaient accomplies !

Le pont de Saint-Cloud, au pied d'un coteau boisé, fait de cette royale résidence un des points les plus fortifiés contre le mouvement de Paris ; quelques pièces de canon braquées sur les dalles de droite et de gauche du pont, des compagnies placées en tirailleurs dans le parc, pouvaient garantir la sûreté de toute force armée agissant pour seconder le triomphe de son général. Lorsque vous quittez ces beaux parcs, ces cascades ondoyantes où la mousse croît si verte sur les vieux faunes et les naïades, vous pouvez contempler ces gracieux bâtiments élevés et embellis par les ordres de Monsieur, frère de Louis XIV. Là, vous voyez se déployer les deux ailes qui enlacent le pavillon du centre ; les fenêtres du rez-de-chaussée sont presque de plain-pied avec les portes d'issues qui donnent sur le parc et les jardins réservés. C'était dans ces deux ailes aux vastes galeries, l'une désignée par le nom de Mignard, qui la décora, l'autre qui formait l'ancienne orangerie, que les deux Conseils devaient se réunir pour délibérer sur les mesures de salut public. La police avait fait répandre le bruit que la République était en péril.

Dans la nuit du 18 au 19 brumaire, les conciliabules bonapartistes se réunirent à Paris [1], il fallait se tenir

---

[1] « J'ai la certitude, disait Bonaparte, que l'on arrête dans ce moment, à la commission des inspecteurs de la salle, ce que l'on fera demain à Saint-Cloud ; j'aime mieux

tout prêt pour le lendemain; les conjurés qui devaient seconder le mouvement militaire du général Bonaparte s'étaient réunis à l'hôtel Breteuil, et là, sous la présidence de l'abbé Sieyès, on avait rédigé les discours et déterminé les mesures qui seraient prises dans les deux Conseils pour assurer le succès de la conjuration [1]. M. Cornet devait présider les Anciens et leur enlever, par une résolution prompte, le temps de la réflexion. Lucien Bonaparte, l'habile et hardi tribun, devait, lui, présider le conseil des Cinq-Cents; tous deux très avant dans la conjuration, prendraient hardiment l'initiative; ils étaient décidés à donner aux deux Conseils l'impulsion indiquée par les chefs du parti militaire. A cette délibération de l'hôtel Breteuil assistèrent MM. de Talleyrand, Fouché, Berlier, Réal, Boulay (de la Meurthe), Cabanis, Lucien, Joseph, Bérenger, Gaudin, Daunou, car une fraction du parti de madame de Staël s'était réunie à Bonaparte. Tout devant être prêt pour le lendemain, la nuit entière fut consacrée à la rédaction de toutes les pièces qui devaient servir plus tard à assurer le succès du mouvement militaire [2].

que ce soient ces gens-là qui le décident; cela flatte leur amour-propre. J'obéirai aux ordres que j'ai concertés. »

[1] Mémoires de M. le sénateur Cornet sur le 18 brumaire.

[2] Voici la liste des officiers généraux et secondaires qui s'engagèrent avec Bonaparte le 18 brumaire et le 19 au matin.

L'amiral Brucix.

Généraux de division.

Lefebvre, Berthier, Serrurier, Leclerc, Murat, Beurnonville, Moncey, Saint-Remy, Dupont, Boudet.

Généraux de Brigade.

Gardanne, Sauriac, Amegeil, Debilly, Andréossy, Solignac, Léopold Berthier.

Adjudants-généraux.

Fontaine, Lavallette, Luthier, Jubié, Verlet, d'Halancourt, David, Bonamy, Bremon, Guidal, Dumonier (de la marine.)

Chefs de corps ou aides-de-camp.

Sebastiani, Cauro, Dutailly, Duroc, Beyssière, Durand, Beaumont, Millet.

Officiers supérieurs du Directoire.

Berruyer, Humbert, Fusil, Ochler.

Chefs d'escadron ou aides-de-camp.

Lavalette, Louis Bonaparte, Béclair, Barthélemy, Christophe, Thierar, Maupetit, Bousson, Bruyère, Sparre.

Chefs de bataillons.

Simon, aide-de-camp du général Lefebvre; Deconchy, aide-de-camp du général Dupont; Sébastiani, Delose.

Aides-de-camp.

Eugène Beauharnais, aide-de-camp du général Bonaparte; Royer, aide-de-camp;

Cette même nuit, il se tenait un autre conciliabule plus ardent et décidé à tout; les Jacobins, prévenus par des convocations de Charles de Hesse, réunis à quelques amis du Directoire, délibérèrent avec toute la chaleur des opinions exaltées sur les moyens de sauver la démocratie et la constitution de l'an III. Là, sous les quinquets enfumés de la société du Manège, dissoute pourtant, on voyait Talot, Aréna, Destrem, Bertrand (du Calvados), Poulain-Grandprey, Duroure, Blin et d'autres Jacobins dévoués aux fortes idées du Comité de salut public, et rassemblés sous une commune loi; tous étaient décidés à résister aux attentats que les hommes du 18 brumaire essayaient contre la représentation nationale. Dans ce conciliabule que favorisaient les ténèbres de la nuit, les résolutions les plus fortes, les projets les plus vigoureux furent arrêtés; on eût dit de ces propos mâles et romains qui appartenaient aux époques exaltées de la Révolution; il leur manquait seulement un homme autour duquel ils pussent se grouper, un panache tricolore qu'ils pourraient suivre dans la mêlée; serait-ce Bernadotte, Jourdan ou Augereau?

Dans les conjurés du 18 brumaire, il n'y avait qu'une seule pensée : Bonaparte; dans les Jacobins, il y avait de l'énergie, une volonté de triompher par tous les moyens; mais ce qui leur manquait, ce qui était et devait être l'âme de tout complot, c'était un chef reconnu et salué; il fallait opposer Bernadotte à Bonaparte, Jourdan à Berthier, Augereau à Murat; il fallait entourer Moreau tout incertain, lui ouvrir les yeux sur le danger, lui donner la suprême puissance militaire. A un dictateur il fallait

---

Tritz, aide-de-camp du général Lefebvre; Lefebvre, aide-de-camp du Directoire; Dumoulier, idem; Morin, aide-de-camp du général Dupont; L. Laas, ingénieur, aide-de-camp du général Frégeville.

opposer un dictateur; et c'est ce qui manqua aux Jacobins dans cette fatale journée [1].

La belle route de Saint-Cloud par l'avenue d'Auteuil présenta dès le matin un aspect animé; pendant la nuit, les troupes, artillerie, infanterie, s'étaient massées autour de la commune; on vit là défiler les 6e, 79e et 86e demi-brigades, vieux soldats de l'armée d'Italie qui connaissaient Bonaparte d'ancienne date et le saluaient comme leur général. Le bois de Boulogne fut traversé par les 8e et 9e de dragons qui prirent position dans la partie basse du parc en face la lanterne de Diogène sous les bois touffus, au pied des belles eaux, jusque sous la cascade. L'artillerie et les grenadiers des Conseils se placèrent dans la cour intérieure du château, prêts à agir au premier roulement du tambour dans le mouvement qui se préparait. La journée était belle encore à travers les brouillards; les derniers reflets du soleil de novembre se

---

[1] La police chercha dès le matin à dépopulariser le parti patriote en distribuant la brochure suivante contre les Jacobins : *Séance des Jacobins réunis rue des Boucheries.*

L'assemblée est nombreuse; la confusion y règne. Le président monte sur un baril d'eau-de-vie, agite son bonnet rouge, et le désordre augmente. Il détonne : *Allons enfants de la patrie*, etc., et l'assemblée détonne de concert. Le chant terminé, le président s'adresse à l'assemblée et dit :

Frères et amis, ce sont les dangers de la patrie qui nous ont réunis. Nous allons aviser aux moyens...

Un membre. — De l'eau-de-vie!... *l'assemblée entière* : Appuyé! appuyé! rasade!

Le président. — L'assemblée a raison. Pour sauver la patrie, il ne faut point de demi-mesures (l'assemblée boit).

Un membre. — Aux mânes du grand Robespierre

Un autre membre. — A la juste colère du Père-Duchêne!

Un autre membre. — Oui : buvons à ces hommes illustres, à ces pères de Jacobins. Qu'ils portent aujourd'hui dans notre sein toute leur sainte fureur! Qu'ils incendient nos cœurs du feu de la vengeance! qu'ils nous inspirent des desseins magnanimes, funestes aux tyrans! Frères et amis, y a-t-il un Brutus parmi nous, qu'il se montre! la patrie le réclame : (*une voix* : De l'eau-de-vie!). Oui, tu en auras, de l'eau-de-vie. Viens, mon fils! viens, Brutus! et tue.

La voix. — Frère, donne le verre; garde le fer pour toi.

Le président. — Le préopinant a raison. Le courage est indigne des Jacobins. Robespierre leur donna d'autres leçons, d'autres exemples. Qu'on n'outrage point sa mémoire. Parcourons les fastes du Comité de salut public. C'est là que nous trouverons notre conduite tracée. Il est de ces moyens astucieux, que réprouvent les pitoyables préjugés de la vertu, mais dont sait adroitement profiter l'homme qui est à

mouraient sur les fenêtres du palais couronnant les arbres dépouillés de verdure par le vent d'automne. La convocation des Conseils était pour midi; le général Bonaparte, parti dans la matinée de Paris, fut suivi par un nombreux état-major; 150 dragons lui servaient d'escorte; on le voyait, comme la veille d'une bataille, calme et froid; quelque agitation se manifestait dans les mots échangés avec Murat, Lannes et Lefebvre qui formaient groupe autour de lui, comme pour le protéger. Une fois dans la cour de Saint-Cloud, Bonaparte à cheval attendit la résolution législative.

Les députés étaient nombreux dans les deux Conseils, car chaque représentant, prévenu que les grands coups allaient se porter, s'était hâté de s'asseoir dans sa chaise curule. Il était midi lorsque le conseil des Cinq-Cents ouvrit la séance; tous ses membres, revêtus de leur costume solennel, la robe prétexte, le bonnet romain et l'écharpe tricolore, voulaient ainsi donner une idée de la majesté du peuple. Une vive agitation régnait d'avance sur les

---

la hauteur des circonstances. Ils sont d'autant plus sûrs qu'ils sont plus détournés. Il est du devoir de tout bon Jacobin de les proposer. La discussion est ouverte.

Un membre. — Mettre le feu au quartier du Luxembourg, s'armer de poignards, et.....

Un autre. — Je vois venir le préopinant. J'entrerais assez dans ses vues; mais il faut s'exposer, et...

Un membre. — Puisque votre sagesse rejette toutes les entreprises où la vie des frères et amis courrait un trop grand péril, vie précieuse qu'on doit conserver pour propager les bienfaisantes opinions de cette société à jamais immortelle; je vais soumettre à vos lumières un projet dont l'exécution ne demande que des talents; et certes, on peut le dire avec assez de modestie, et sans crainte d'être démenti, nous n'en manquons pas. (Applaudissements de toutes les parties de la salle.) Nous avons eu soin, depuis prairial, d'introduire dans les administrations départementales de ces braves gens qui en 93 ne marchandaient pas pour peupler de ces coquins d'aristocrates le garde-manger de notre illustre confrère. Que tardons-nous à leur écrire? Qu'ils fassent schisme avec le gouvernement actuel! gouvernement abominable, puisque nous n'y commandons pas. Que les départements se fédéralisent! Que les députés ajournés se réunissent à Toulouse, dans cette ville constamment fidèle aux Jacobins, que là ils nomment un Directoire jacobin, *et la patrie est à nous!* (Applaudissements.)

bancs ; pourquoi était-on convoqué ? où était le péril qui amenait les représentants à Saint-Cloud[1] ? L'air inquiet de Lucien Bonaparte présageait la scène dramatique de cette dernière séance. Le procès-verbal lu rapidement comme une simple forme constitutionnelle, le député Gaudin monte en toute hâte à la tribune. « Parlez ! parlez ! » s'écrie-t-on, et le représentant laisse tomber quelques paroles vagues, comme M. Cornet aux Anciens, sur les périls qui menaçaient la République ; M. Gaudin dénonça « la hache fatale que les conspirateurs promenaient sur toutes les têtes ; elle ne tenait plus suspendue qu'à un fil. » C'était annoncer des tempêtes sur un horizon sans nuages. « Concluez, s'écriait-on de toutes parts, que voulez-vous ? » Le député un peu surpris, se résuma en proposant une commission de six membres chargés de faire un rapport, séance tenante, sur la situation de la République et les mesures de salut public.

« Oui, sans doute, s'écrie Delbrel, député fortement

---

[1] On distribuait aux députés, lors de leur entrée dans la séance, un pamphlet sur le 18 brumaire, pour l'expliquer et le justifier. *Dialogue entre un membre du conseil des Anciens et un membre du conseil des Cinq-Cents.*

Le membre des Cinq-Cents.—Ah ! mon ami, qu'est-ce que vous avez fait, et qu'allez-vous faire ? Expliquez-moi comment un acte si arbitraire a pu s'exercer par le conseil des Anciens !...

L'Ancien.—Arbitraire ! mon ami. Est-ce le décret de translation que tu qualifies ainsi ? quelle est ton erreur ? ouvre donc la constitution. L'article 101 porte que : « Le conseil des Anciens peut changer la résidence du Corps législatif ; qu'il indique en ce cas un nouveau lieu et l'époque à laquelle les deux Conseils sont tenus de s'y rendre ; que son décret sur cet objet est irrévocable. »

Le membre des Cinq-Cents. — Mais il faut des motifs, il faut qu'il y ait du trouble, du désordre dans le lieu de la résidence actuelle, et Paris est tranquille.

L'Ancien. — La constitution ne met aucune condition à l'exercice du droit de translation qu'elle confère aux Anciens. Elle le leur confie sans réserve, parce qu'ils sont les *Anciens* ; elle les présume sages, parce qu'aussi, privés du droit de proposer les lois, ils ne peuvent retirer de leurs fonctions que l'honneur d'affermir les bonnes lois ; ils sont présumés *conservateurs*. Il faut, dites-vous, qu'il y ait du trouble dans le lieu des séances : il doit suffire qu'on puisse en prévoir, et dans les circonstances où nous sommes, qui osera dire que le trouble soit impossible ? Il doit suffire aussi que le Conseil veuille une plus grande sécurité pour l'émission libre d'opinions, capables d'agiter les ennemis de

attaché au parti jacobin ; oui, il y a péril, mais péril pour la constitution, pour la constitution, notre salut à tous. » Et à la suite de ces paroles animées, des cris immenses retentissent dans la salle : *Vive la constitution! Pas de dictature! A bas le dictateur!* Ces cris unanimement répétés surprennent Lucien Bonaparte; il porte les yeux sur ses amis; tout serait-il manqué? le complot allait-il échouer? Boulay (de la Meurthe), le plus ferme appui du 18 brumaire, s'agite tandis que le député Grandmaison formule, avec une fermeté inouïe, les opinions et les principes du parti révolutionnaire. « De quoi parlez-vous? de factieux, de dangers? les factieux sont ceux qui veulent renverser la constitution et la République. Les dangers, qui les fait naître si ce ne sont les hommes qui veulent l'anéantissement de la constitution? Représentants du peuple, prêtez tous le serment solennel de vous opposer au rétablissement de toute espèce de tyrannie. » Grandmaison désignait ici le complot militaire et le dénonçait à la représentation nationale.

la liberté publique ; car du moment où le Corps législatif ne se croit pas, ne se sent pas assez libre, il ne l'est réellement pas. C'est donc au sentiment intime des Anciens que la constitution a dû s'en rapporter, et ils n'ont d'autre motif à donner de la translation, sinon qu'ils en sentent la nécessité ou l'utilité.

Le membre des Cinq-Cents. — Comment fait-on intervenir la force dans ceci, et en vertu de quoi les Anciens peuvent-ils en disposer ?

L'Ancien. — En vertu de la constitution et du bon sens. Quand la constitution donne aux Anciens le droit de translation absolu, elle leur donne implicitement les moyens nécessaires pour l'accomplissement de sa volonté; qui veut la fin, veut les moyens. Il serait absurde qu'elle eût conféré aux Anciens le droit de se soustraire à une oppression existante ou prévue, et qu'elle leur eût refusé la force nécessaire pour exercer ce droit. Les articles 103 et 104 de la constitution, déclarent *coupable d'attentat contre la sûreté* de la République les membres du conseil des Cinq-Cents qui résisteraient à la translation, et ceux des Directeurs qui retarderaient le sceau, l'envoi et la *promulgation* du décret. La constitution prévoit donc l'opposition des Cinq-Cents et du gouvernement à la translation ; elle suppose donc au moins qu'ils peuvent être complices de la faction par laquelle les Anciens ont craint d'être opprimés. Ce serait donc accorder aux Anciens une faculté illusoire, que de laisser la force légale à la disposition de ceux à l'influence de qui ils jugent à propos de se soustraire.

Par un mouvement unanime, tous les députés se lèvent, prêtent le serment de fidélité entière et absolue à la constitution de l'an III; Lucien Bonaparte lui-même jure de défendre l'acte constitutionnel qu'il va renverser quelques instants plus tard. L'élan fut spontané, irrésistible, unanime, comme il arrive souvent dans les assemblées politiques; on imitait la scène du Jeu-de-Paume de Versailles, seulement les époques étaient différentes, les mœurs avaient changé [1].

La conjuration bonapartiste et consulaire semblait échouer dans le conseil des Cinq-Cents; la force de majorité était restée à la démocratie et à la constitution de l'an III. Que se passait-il alors aux Anciens? Les représentants s'étaient réunis en masse; la veille ils étaient à peine cinquante; presque tous étaient présents à la journée de Saint-Cloud; on entendait des murmures dans le sein de la majorité. « Pourquoi siégeons-nous ici? Qui a provoqué le décret d'hier? Où sont les dangers de la patrie? » Quelques-uns même demandaient avec vivacité des explications aux inspecteurs sur le motif qui les avait empêchés de recevoir leur lettre de convocation la veille à Paris. Que serait-il arrivé? on l'ignore; quelque résolution vigoureuse allait être prise? Alors, pour détourner le sens de la discussion générale, le député Cornudet,

---

[1] *Bigonnet.*—Le serment que vous venez de renouveler occupera sa place dans les fastes de l'histoire; il pourra être comparé à ce serment célèbre que l'Assemblée constituante prêta au Jeu-de-Paume, avec cette différence qu'alors les représentants de la nation fuyant l'atteinte des coups de l'autorité royale, avaient cherché un asile contre les baïonnettes dont ils étaient menacés, et qu'ici les armes qui ont servi la liberté sont entre des mains républicaines.
Une foule de voix.—Oui, oui...

Bigonnet.—Le premier serment fonda la liberté, le second la consolidera.
Les mêmes voix.—Oui, oui...
Bigonnet.—Mais le serment serait illusoire si nous ne nous hâtions de le remplir, d'abord en adressant un message au Directoire pour lui annoncer notre installation, et ensuite en adoptant la proposition de Grandmaison, c'est-à-dire, en envoyant un message au conseil des Anciens pour nous instruire des motifs de la convocation extraordinaire qui nous réunit ici.

très lié au 18 brumaire, demanda qu'avant d'entamer toute discussion il fût constaté par un message, si le Directoire exécutif était à son poste en vertu de la constitution.

Cette motion avait son but. Comme les conjurés savaient que les démissions étaient données par la majorité des Directeurs, Sieyès, Roger-Ducos et Barras, ils concluaient qu'il n'y avait plus de gouvernement et qu'il était urgent d'en former un nouveau. La constitution attaquée dans sa base essentielle, n'y avait-il pas motif pour la modifier? et l'on proposerait le gouvernement organisé par l'abbé Sieyès. Le message formulé par les Anciens fut immédiatement envoyé au Luxembourg et une réponse toute prête du secrétaire Lagarde annonça que le message n'avait pu être reçu, parce que sur cinq Directeurs quatre avaient donné leurs démissions et que le cinquième était tenu en surveillance par les ordres du général Bonaparte[1], mensonge matériel à l'égard de l'un des Directeurs, car Gohier n'avait point abdiqué ses fonctions. En politique, il faut beaucoup oser quand on vise à un résultat; le lendemain du triomphe nul ne proteste; le succès valide tout; qu'est-ce qu'un faux pour un parti quand il a la victoire?

La lettre de M. Lagarde fut lue à deux reprises. « Eh bien! s'écriait-on de toutes parts, s'il y a des démissions données, la constitution prévoit le cas, il faut se hâter de pourvoir au remplacement des Directeurs démissionnaires; rien de plus simple. » Et, sur une proposition formelle, le conseil des Anciens s'en référa au conseil des Cinq-Cents pour former la liste quintuple des candidats au Directoire. Le plan des conjurés était menacé aux

---

[1] La lettre du secrétaire Lagarde existe encore en original. Je n'ai pas besoin de dire que toute cette séance a été défigurée par le parti vainqueur. Le récit officiel est un mensonge du *Moniteur*. Il faut recourir aux documents plus intimes du Conseil.

Anciens comme aux Cinq-Cents; nul succès législatif ne couronnait encore la pensée bonapartiste.

A ce moment on entendit dans les couloirs un bruit de sabres traînants, d'éperons et de talons de bottes militaires, les portières de soie s'ouvrirent, et l'on vit entrer, dans la salle du conseil des Anciens, Bonaparte avec son sévère costume d'Égypte et d'Italie, son habit à larges basques, son damas suspendu à un cordon de rubans tricolores; sa tête découverte laissait pendre ses cheveux plats sur sa figure pâle, légèrement émue; son état-major portait également le chapeau militaire à la main, comme signe de respect envers les représentants du peuple.

Le général s'avance, et d'une parole saccadée, il prononce des mots sans suite qu'il adresse à Lemercier, président la séance. « Représentants, vous n'êtes point dans des circonstances ordinaires, vous êtes sur un volcan.... Permettez-moi de vous parler avec la franchise d'un soldat. » Là, Bonaparte s'interrompt; des murmures éclatent; se reprenant ensuite, le général continue : « Suspendez, je vous prie, votre jugement jusqu'à ce que vous m'ayez entendu jusqu'à la fin!... J'étais tranquille à Paris, lorsque je reçus le décret du conseil des Anciens qui me parla de ses dangers, de ceux de la République. A l'instant j'appelai, je retrouvai mes frères d'armes, et nous vînmes vous donner notre appui, nous vînmes vous offrir les bras de la nation parce que vous en étiez la tête!... »

« Quoi! vous étiez tranquille, quand vous conspirez ouvertement! » Ainsi se fit entendre une voix forte et accentuée? Le général tout ému s'écria : « On parle d'un nouveau César, d'un nouveau Cromwell! Représentants du peuple, si j'avais voulu opprimer la liberté de mon pays, si j'avais voulu usurper l'autorité suprême, plus d'une fois, et dans des circonstances favorables, j'ai été appelé à la prendre !... Après nos triomphes en Italie, j'y ai été appelé par les vœux de la nation, j'y ai été appelé par le vœu de mes camarades !... C'est sur vous seuls, représentants du peuple, que repose le salut de la patrie, car il n'y a plus de Directoire ; quatre des membres qui en faisaient partie ont donné leur démission, j'ai cru devoir mettre en surveillance le cinquième, en vertu du pouvoir dont vous m'avez investi. Évitons de perdre deux choses pour lesquelles nous avons fait tant de sacrifices : la liberté et l'égalité [1]. »

Peu habitué aux harangues de tribune, Bonaparte s'était jeté dans une déclamation sans suite ; on l'interpellait de toutes parts, et une rougeur soudaine couvrit son front ; il passa jusqu'à l'insulte. Linglet s'était écrié ; « Général, vous oubliez la constitution !.....
— La constitution ! reprit Bonaparte plein de colère, vous l'avez violée au 18 fructidor, vous l'avez violée au 22 floréal, vous l'avez violée au 30 prairial ; la constitution ! elle est invoquée par toutes les factions, et elle a été violée par toutes ; elle ne peut être pour vous un moyen de salut, parce qu'elle n'obtient plus le respect de personne ! — A l'ordre ! à bas le dictateur ! s'écrièrent les plus hardis des représentants ! » Bonaparte suspend un moment son discours au milieu du tumulte ; puis le reprend encore, et toujours ému, évidemment troublé, il s'écrie : « Ne voyez pas en moi un misérable intrigant qui se couvre d'un masque hypocrite ; j'ai fait mes preuves de dévouement à la République, et toute dissimulation

---

[1] Tous les témoins oculaires s'accordent à dire que le général Bonaparte perdit la tête en présence du conseil des Anciens : César parlait mal devant le sénat, Charlemagne ne devait avoir qu'une éloquence médiocre devant un concile d'évêques, et Cromwell ne sut dire jamais que des injures aux parlementaires.

m'est inutile; je dirai tout. Depuis mon retour je n'ai cessé d'être entouré d'intrigues, toutes les factions se sont empressées autour de moi pour me circonvenir, et ces hommes qui se proclamaient insolemment les seuls patriotes, me proposaient pour purifier les Conseils, d'en exclure les plus sincères amis de la patrie. »

« Nommez ces hommes! nommez-les! » Ces cris partirent de toute la salle. Bonaparte ne répondit pas et balbutia de nouveau : « Voilà leur attachement pour la constitution!... Aujourd'hui c'est en son nom que l'on conspire. Je connais tous les dangers qui vous menacent; je vous déclare qu'aussitôt que ces dangers qui m'ont fait confier des pouvoirs extraordinaires seront passés, j'abdiquerai ce pouvoir; je ne veux être, à l'égard de la magistrature que vous aurez nommée, que le bras qui la soutiendra et fera exécuter vos ordres! »

Le discours du général n'avait été qu'un entre-choquement de phrases disparates; Bonaparte avait perdu la tête dans ce brouhaha de paroles et d'accusations qui partaient de divers côtés de la salle; on n'entendit plus que ces mots heurtés : *volcan, agitation sourde, victoire, constitution violée*[1]. A chaque phrase malheureusement commencée et qu'il ne pouvait achever, Bonaparte ajoutait : « Je n'ai plus que cela à vous dire. » Tantôt il dénonçait les Directeurs Barras et Moulins, les anarchistes; tantôt les comités et les Conseils; comme il était placé près des couloirs, il se tournait alternativement vers la troupe du dehors qui ne pouvait l'entendre, et vis-à-vis le président qui agitait la sonnette. Enfin les murmures éclatèrent avec un tel bruit que le général n'avait plus que quelques intervalles pour faire entendre de sa voix altérée : « Je suis accompagné du dieu de la guerre et du

[1] Mémoires communiqués par l'un des auteurs du 18 brumaire.

dieu de la fortune ! » Paroles d'orgueil et de menaces puériles jetées aux Anciens.

Les représentants s'écriaient toujours : « Mais expliquez-vous, général, dévoilez les complots, nommez les conspirateurs. » Et à mesure que Bonaparte s'irritait, ses discours étaient encore plus incohérents, et son accent corse leur donnait une étrangeté indicible. A la fin, ses amis, qui le voyaient si tristement troublé et comme fou d'exaltation, le prirent par le bras, et l'un d'eux lui dit bas à l'oreille : « Sortez, général, vous ne savez plus ce que vous dites. » Berthier le tira par le pan de l'habit à larges basques et lui fit signe de le suivre. Le général Bonaparte était tellement échauffé qu'il prononça encore quelques paroles incohérentes ; puis il finit par cette phrase vulgaire et soldatesque : « Qui m'aime me suive ! » Le général, à la face de ces tribuns et de ces avocats, n'était point dans son élément. Quand il sentit l'air des camps, quand il vit le soleil reluisant sur les baïonnettes de ses grenadiers, son cheval de guerre caparaçonné, son état-major aux panaches flottants, alors il se retrouva tout entier et il fut lui-même; on vit là le héros de l'Italie et de l'Égypte, la tête d'action plus que l'orateur d'assemblée. Le 18 brumaire explique toute sa haine impériale contre les parleurs [1].

Le conseil des Anciens était, il faut le remarquer, la partie calme et modérée de la représentation nationale; que devait-il se passer au conseil des Cinq-Cents, où s'étaient réunis les plus ardents défenseurs de la République et de ses institutions, les tribuns et les orateurs des Jacobins et des clubs. On se rappelle qu'un serment solennel avait lié tous les membres du conseil des Cinq-

---

[1] Comparez les récits de MM. les sénateurs Cornet et Cornudet, de M. Bailleul et de M. de Bourrienne, témoins oculaires de la séance du 18 aux Anciens.

Cents réunis à Saint-Cloud, pour maintenir la constitution de l'an III; Lucien Bonaparte s'était associé à ce mouvement énergique. Une résolution subite fut prise : un message partit pour demander au conseil des Anciens les motifs de la translation des représentants du peuple dans cette commune en dehors de Paris; où était le danger? quel événement avait pu préparer une telle résolution? On attendait avec impatience ce message qui devait précéder tout vote, lorsque Lucien, le président, lut avec une gravité lente et mesurée la lettre de Barras qui donnait sa démission [1]; elle était l'œuvre de M. de Talleyrand et parfaitement convenable. Sieyès et Roger Ducos envoyèrent aussi leurs démissions, de sorte que le conseil des Cinq-Cents, obligé de reconnaître que la majorité du Directoire n'était plus en fonctions, dut pourvoir à son remplacement. On se disait bien : « la démission de Barras est-elle due à une intrigue? est-elle le résultat d'une violence exercée par le mouvement militaire? » Les choses en étaient à ce point qu'il fallait agir immédiatement, et l'on se disposa au scrutin, pour la liste des nouveaux Directeurs.

Pendant ce temps Bonaparte s'était retrempé dans l'aspect de ses belles troupes; il avait repris son courage en se voyant entouré des braves compagnons de ses glorieuses campagnes; il harangua ses grenadiers, et puis l'assurance au front, on le vit se diriger au sein même de ce conseil des Cinq-Cents, au milieu de cette assemblée où siégeaient les plus ardents amis de la République, les tribuns fougueux, les Jacobins implacables. Le général voulait en finir par un coup de force; il n'arrivait plus seul accompagné de son état-

---

[1] J'en ai donné déjà le texte, page 411.

major ou de quelques aides-de-camp; ses amis lui avaient dit que le temps pressait et qu'il fallait prendre la résolution soudaine d'un coup-d'état; un peloton des grenadiers des Conseils le suivait. Ces vieux soldats s'arrêtèrent à la porte drapée qui séparait la salle des couloirs. De leurs chaises curules les représentants pouvaient voir ces grenadiers avec leurs figures militaires, leurs épaisses moustaches, sur leur face basanée, leurs yeux ardents qui suivaient comme ceux d'une mère la poitrine de leur général [1].

A l'aspect inaccoutumé de cette force armée, le républicain Destrem retrouve une de ces phrases antiques que Rome inspirait souvent à ses tribuns et à ses sénateurs quand la liberté était menacée « Est-ce donc pour cela, Bonaparte, que tu as vaincu? « Que fais-tu, téméraire, s'écrie Bigonnet, retire-toi! tu violes le sanctuaire des lois. » Alors il se fit un grand mouvement; jamais peut-être assemblée ne présenta cette agitation orageuse; les représentants sont debout, ils agitent leurs toges. De toutes parts s'élèvent les cris de *vive la République! à bas le tyran! hors la loi le dictateur! à bas le Cromwell!* spectacle tumultueux, comme le dernier soupir de la démocratie.

Quelques députés s'élancent vers le général qu'ils

---

[1] Je vais publier le texte le plus exact que j'ai pu recueillir des témoins oculaires sur cette séance du conseil des Cinq-Cents:

Talot. — Eh quoi! nous représentons le peuple français, et c'est dans un village, entourés d'une force armée considérable, dont nous ne disposons pas, qu'on veut que nous délibérions. Non que je craigne les soldats qui nous entourent, ils ont combattu pour la liberté; ce sont nos parents; nos fils, nos frères, nos amis. Nous avons été nous-mêmes dans leurs rangs; et moi aussi j'ai porté la giberne de la patrie; je ne puis craindre le soldat républicain, dont les parents m'ont honoré de leurs suffrages, et m'ont appelé à la représentation nationale; mais je déclare qu'hier la constitution a été outragée; le conseil des Anciens n'avait pas le droit de nommer un général. Bonaparte n'a pas eu le droit de pénétrer dans cette enceinte sans y être mandé. Voilà la vérité: quant à vous, vous ne pouvez voter plus longtemps dans une telle position; vous devez retourner à Paris: marchez-y revêtus de votre costume, et notre retour y sera protégé par les citoyens et les soldats; vous reconnaîtrez à l'attitude des militaires, qu'ils sont

BONAPARTE AUX CINQ-CENTS (19 BRUMAIRE 1799) 443

repoussent hors de l'enceinte d'une main ferme et vigoureuse. Aucun poignard ne brilla, aucune arme ne se montra reluisante sur la poitrine de Bonaparte, comme le dirent les écrits officiels de la journée; on ne vit ni Cassius, ni Brutus au pied de la statue de Pompée; mais il y eut des coups de violence, et Bonaparte fut repoussé presque sur ses grenadiers qui s'avançaient pour recevoir dans leurs bras le vainqueur d'Arcole et de Rivoli. Tandis que les députés s'écrient : *Hors la loi le dictateur!* les soldats poussent un cri de bataille : *Sauvons notre général!* Bonaparte pâle, défait, les vêtements en désordre, tombe presque évanoui; il respire à peine; et si au conseil des Anciens ses amis l'avaient entraîné à sortir, parce qu'il perdait la tête, aux Cinq-Cents ce sont les soldats qui le transportent de leurs mains glorieuses, derrière les tentures de la salle. A la vue des baïonnettes, une seconde fois Bonaparte se retrouva dans son élément, il était au milieu de ses compagnons d'armes, et l'air retentit plusieurs fois des acclamations tumultueuses : *Vive le général!* Les prétoriens retrouvaient leur César.

Le conseil des Cinq-Cents avait donc pris violemment une résolution vigoureuse; il fallait maintenant lui don-

---

les défenseurs de la patrie. Je demande qu'à l'instant vous décrétiez que les troupes qui sont actuellement dans cette commune, fassent partie de votre garde; je demande que vous adressiez un message au conseil des Anciens, pour l'inviter à rendre un décret qui nous ramène à Paris.

Une foule de voix.—Appuyé!

Grandmaison.—Il faut déclarer le décret rendu hier comme non avenu, sous le rapport de la nomination inconstitutionnelle du général Bonaparte.

Crochon.—Je réclame la parole... —Les cris : *Aux voix les propositions* s'élèvent.

Plusieurs membres à Crochon:—Vous allez nous amuser à passer le temps.

D'autres.—Il n'y a pas de liberté ici; laissez donc parler Crochon. — Nous ne pouvons prendre une mesure précipitée; le décret était constitutionnel; il ordonnait votre translation : il fallait bien nommer un général pour assurer l'exécution du décret.

N....—Il faut avant tout déclarer que Bonaparte n'est pas le commandant de votre garde.

ner la sanction d'une loi et légaliser la proscription et l'exil de Bonaparte, en confiant le commandement de l'armée au général Bernadotte. Lucien, maître de lui-même, quoique agité par les violences exercées sur son frère, avait gardé le fauteuil de la présidence; son œil inquiet suivait le général emporté par ses soldats. Quand il le vit sous la tente il le considéra comme sauvé; il savait que là Bonaparte était à l'aise; il n'avait plus à s'inquiéter de lui, mais à calmer l'assemblée orageuse des tribuns. Lucien prononça quelques mots en faveur du général : « Représentants du peuple! pourquoi n'avez-vous pas entendu Bonaparte? pourquoi ne point l'écouter quand il venait vous dire sans doute quelque chose d'utile pour la République? » Trop agitée pour entendre Lucien, l'assemblée ne pouvait plus raisonner. De tous côtés éclatent de terribles apostrophes : « Bonaparte, tu as terni ta gloire! nous te vouons à l'exécration des âges! »

Les propositions s'entre-choquèrent alors avec une indicible rapidité. « Je demande que le dictateur soit traduit à la barre, » dit l'un; « déclarez-le déchu du commandement, » répond Destrem. Talot s'écrie : « Ordonnez que toutes les troupes fassent partie de notre garde. — Bonaparte hors la loi! hors la loi! » Avec toute

---

Un membre. — C'est donner le signal d'un combat.

Destrem. — J'appuie l'avis de Talot; les circonstances ne vous permettent point de rester ici; il faut retourner à Paris ou aller ailleurs pour y retrouver de l'indépendance.

Un message au conseil des Anciens est mis au voix et adopté.

Destrem. — Cela ne peut suffire; vous avez des mesures urgentes à prendre; sans entrer dans le détail de la validité de la nomination, et des observations faites sur votre garde et celui qui doit la commander, je demande que vous déclariez la permanence.

Blin. — Six mille hommes sont autour de vous; déclarez qu'ils font partie de la garde du Corps législatif.

Delbrel. — A l'exception de la garde du Directoire.... Marche, président, mets aux voix cette proposition.

On demande à grands cris à aller aux voix.

Lucien Bonaparte. — Je ne m'oppose point à la proposition; mais je dois faire observer qu'ici les soupçons paraissent

la tendresse de la famille corse, Lucien s'écrie : « Je ne prononcerai point la mort de mon frère, » et, en même temps, il dépose les insignes de la présidence. « Comme simple représentant, continue-t-il, je demande qu'avant tout on appelle le général et qu'on l'entende. — Non, s'écrie-t-on, hors la loi, hors la loi celui qui a osé violer son sanctuaire. »

L'assemblée paraissait tumultueuse comme l'Océan dans la tempête; qui sait la résolution qu'on allait prendre, lorsqu'on vit paraître pour la seconde fois les baïonnettes reluisantes? Un peloton de grenadiers, au pas de charge, enlève Lucien, comme ils avaient enlevé le général et le transportent en dehors de la salle des Cinq-Cents, à côté de son frère exalté qui harangue les troupes hésitantes par des paroles sans suite. Bonaparte était hors de lui; son corps tremblait convulsivement comme la feuille d'automne que le vent secouait dans le vieux parc de Saint-Cloud; sa tête était penchée sur le cou de son cheval qui l'entraînait vers le pont de Sèvres, il ne prononçait que ces mots : « Ils ont voulu m'assassiner, les brigands soldés par l'Angleterre; oui, ils ont voulu me poignarder. » Lucien, plus calme, le rassure, reprend sa toge de président, et monte à cheval vis-à-vis de la troupe violemment agitée.

---

s'élever avec bien de la rapidité et peu de fondement. Un mouvement, même irrégulier, aurait-il déjà fait oublier tant de services rendus à la liberté... (Des murmures interrompent.)

Une foule de voix. — Non, non, on ne les oubliera pas...

D'autres à Lucien. — Le temps se passe, aux voix la proposition.

Lucien Bonaparte. — Je demande qu'avant de prendre une mesure, vous appeliez le général... (Nouvelle interruption.)

Beaucoup de voix. — Nous ne le reconnaissons pas.

Lucien Bonaparte. — Je n'insisterai pas davantage; quand le calme sera rétabli dans cette enceinte, quand l'inconvenance extraordinaire qui s'est manifestée sera calmée, vous rendrez justice à qui elle est due, dans le silence des passions.

Une foule de voix. — Au fait, au fait.

D'autres. — Il n'y a plus de liberté ici, laissez donc parler l'orateur.

L'agitation et le trouble se renouvellent

Ici Lucien fut magnifique de présence d'esprit et d'enthousiasme; Bonaparte n'était plus lui-même; il baissait le front, abimé de douleur, sur le poitrail de son cheval blanc, souvenir du traité de Campo-Formio. Tout était dit; il semblait qu'on n'avait plus à attendre que le décret de la mise hors la loi; il fallait un coup de hardiesse pour sauver la position; et Lucien, revêtu de sa toge, s'écria : « Citoyens soldats, le président du conseil des Cinq-Cents vous déclare que l'immense majorité de ce Conseil est dans ce moment sous la terreur de quelques représentants du peuple à stylet qui assiégent la tribune, présentent la mort à leurs collègues et enlèvent les délibérations les plus affreuses. Je vous déclare que ces audacieux brigands, sans doute soldés par l'Angleterre, se sont mis en rébellion contre le conseil des Anciens et ont osé parler de mettre *hors la loi* le général chargé de l'exécution de son décret; comme si nous étions à ce temps affreux de leur règne où ce mot *hors la loi* suffisait pour faire tomber les têtes les plus chères à la patrie ! Je vous déclare que ce petit nombre de furieux se sont mis eux-même *hors la loi* par leurs attentats contre la liberté de ce Conseil. Au nom de ce peuple qui, depuis tant d'années, est le jouet de ces mi-

---

Lucien Bonaparte. — Je dois renoncer à être entendu, et n'en ayant plus le moyen, je déclare déposer sur la tribune les marques de la magistrature populaire.

Une foule de membres. — Non, non, montez au fauteuil. (L'agitation redouble.)

Lucien Bonaparte dépouillé de son costume descend de la tribune.

Un peloton de grenadiers du Corps législatif paraît à la porte; il entre l'arme portée. Un officier du corps des grenadiers est à sa tête... (Un mouvement se manifeste.)

Le piquet, arrivé à la tribune, enlève Lucien Bonaparte, et l'emmène dans ses rangs hors la salle. (Une foule de cris s'élèvent.)

Les grenadiers s'écrient : *C'est par ordre du général.*

Une foule de membres. — Suivons notre président.

D'autres à Chazal — Levez la séance.

D'autres. — Il n'y a plus de Conseil; la liberté a été violée. (L'agitation continue.)

Sherlock. — Vous avez une mesure instante à prendre. Je ne sais ce que l'on prépare; mais je sais que dans les corridors

sérables enfants de la Terreur, je confie aux guerriers le soin de sauver la majorité de leurs représentants, afin que, délivrés des stylets par les baïonnettes, elle puisse délibérer sur le sort de la République. Général, et vous soldats, et vous tous citoyens, vous ne reconnaîtrez pour législateurs de la France que ceux qui vont se rendre auprès de moi ; quant à ceux qui resteront dans l'orangerie, que la force les expulse ! Ces brigands ne sont plus représentants du peuple, mais les représentants du poignard ; que ce titre leur reste, qu'il les suive partout !... et lorsqu'ils oseront se montrer au peuple, que tous les doigts les désignent sous ce nom mérité de représentants du poignard !..... Vive la République ! »

Ces paroles prononcées avec une mâle éloquence, exaltèrent les soldats ; tous reportèrent les yeux sur Lucien. Cet homme qui paraissait à cheval, revêtu de l'écharpe tricolore, comme les représentants du peuple aux armées, c'était le président des Cinq-Cents ; il parlait au nom d'une prétendue majorité opprimée, il invoquait la loi et faisait tout marcher par la loi. Le président ordonnait qu'on expulsât les représentants du poignard, pour rendre la liberté aux représentants du peuple ! pouvait-on refuser l'appui de la force publique au magistrat qui voulait ramener l'ordre ?

et dans les cours les troupes courent aux armes, et qu'au moment où vos grenadiers ont remis Lucien Bonaparte aux côtés de son frère, les cris de *vive la République ! vive Bonaparte !* se sont fait entendre. Il faut donc à l'instant rappeler votre président au fauteuil. Je demande qu'on lui envoie sur-le-champ l'ordre de reprendre ses fonctions.

L'agitation continue sans qu'on délibère.
— Le pas de charge se fait entendre dans les escaliers qui conduisent à la salle. — Les spectateurs rentrés s'élancent de nouveau aux fenêtres. — Les représentants du peuple sont debout en criant : *Vive la République ! vive la constitution de l'an* III ! —Un corps de grenadiers du Corps législatif paraît à la porte, les tambours battant la charge, et l'arme portée : il s'arrête.

Un chef de brigade de cavalerie élevant la voix (Murat) : *Citoyens représentants, on ne répond plus de la sûreté du Conseil. Je vous invite à vous retirer...*

Les cris de : *Vive la République* recommencent :

Un officier des grenadiers du Corps lé-

Et cependant les soldats hésitaient à ce cri de *marche en avant* contre la représentation nationale; un ancien respect pour les Conseils les retenait encore; ils voulaient bien sauver leur général, le préserver des atteintes de l'assemblée : mais pénétrer de vive force au milieu des hommes qui représentaient le peuple souverain, c'était un attentat qui n'entrait pas encore complétement dans les mœurs militaires. On avait mitraillé les Parisiens, on avait saisi au collet quelques représentants au 18 fructidor. Aujourd'hui on demandait plus; il fallait pénétrer dans l'assemblée et la dissoudre; il fallait la chasser, la baïonnette au bout du fusil, et déjà plusieurs généraux, tels que Augereau et Andréossy, se retiraient des rangs; les soldats tout émus, s'écrièrent : « Est-ce pour la République et la liberté que nous marchons? »

Dans cette hésitation inquiète, Lucien, pour achever le drame, saisit son épée, et nouveau Brutus, il déclare qu'il la plongera dans le sein de son frère, s'il attentait jamais à la liberté. A ce spectacle romain, l'enthousiasme vient; Murat a les yeux fixés sur les grenadiers; il tire son sabre, et prononce ces mots : « Grenadiers, en avant, marche ! » les tambours battent, et les baïonnettes se montrent encore au milieu de la confusion générale; arrivé au milieu de la salle des Conseils, Murat dit quelques mots; on entend ces paroles : « Par ordre du président, la salle doit être évacuée. » C'était une formule toute légale; le président avait ordonné la suspension de

gislatif monte au bureau du président : *Représentants*, s'écrie-t-il, *retirez-vous*; *le général a donné des ordres.*

Le tumulte le plus violent continue. Les représentants restent en place.

Un officier s'écrie : *Grenadiers en avant.* Le tambour bat la charge. Le corps de grenadiers s'établit au milieu de la salle. L'ordre de faire évacuer la salle est donnée, et s'exécute au bruit d'un roulement de tambours. Les représentants sortent en criant : *Vive la République !*

La salle demeure libre; les grenadiers achèvent de pousser les spectateurs et les représentants de l'aile du château.

la séance. Les représentants crient, protestent ; Murat ordonne un roulement de tambour qui couvre toutes les voix : « Par l'ordre du président, grenadiers, faites évacuer la salle, faites évacuer ! »

Tel est le dernier mot du commandement. Les députés se refoulent les uns sur les autres, ils sortent par les portes, par les fenêtres ; quelques-uns sont arrachés de leurs chaises curules ; des cris rares se font encore entendre : « *Vive la République! Vive la Constitution!* » Dans un quart d'heure plus de vestige d'assemblée ; les députés se dispersent dans les parcs et les jardins ; on abandonne son costume de représentant, on quitte la résidence de Saint-Cloud. La puissance militaire est en pleine possession de l'autorité, elle accomplit son œuvre par la force. Lucien et Murat montrèrent dix fois plus de tête et de résolution que Bonaparte ; sans ces deux caractères, le général était perdu : lui si fort, si prodigieux dans une bataille, avait été intimidé comme un enfant à la face de la toge des Conseils. Ce souvenir il ne l'oublia pas ; son règne fut une guerre continue à la libre parole, et, qu'on le remarque, ce fut le gouvernement de la libre parole qui remplaça son système après la chute de l'Empire.

Ce dénouement d'un coup-d'état était prévu. Depuis le 18 fructidor la dictature militaire s'avance, et il n'y a pas de force capable de s'y opposer : la constitution de l'an III n'existait plus dans le fait, le Directoire n'avait qu'une vie éphémère, il fallait en finir. Le pays avait besoin d'un gouvernement régulier, sous un principe d'unité, parce que l'unité c'est la dernière pensée de l'ordre. En vain s'y opposait-on encore ; qui pouvait arrêter la tendance des événements ! Le général Bonaparte se montra faible dans cette journée orageuse, et pourtant il triompha. C'est qu'il était une nécessité, et que ce n'était pas l'homme, mais la dictature qui dominait les événements. La pensée militaire devait remplacer l'ordre civil, elle s'incarna en Bonaparte! Voilà l'origine de sa fortune. Cette vie fut comme un mythe en qui Dieu personnifia la reconstitution du pouvoir en Europe.

FIN DU PREMIER VOLUME.

TABLE
DES CHAPITRES
DU PREMIER VOLUME.

Pages

CHAPITRE I. — GRANDES PUISSANCES DE L'EUROPE. — 1° L'Angleterre. — Causes de son opposition à la Révolution française. — Georges III. — Le ministère Pitt. — Son système. — L'Écosse et l'Irlande. — Développement de la puissance anglaise. — 2° La Russie. — Son habileté. — Paul Ier.— Causes de la coalition de 1798. — 3° L'Autriche. — Sa persévérance. — Son droit diplomatique.— Ce qu'elle gagne à Campo-Formio. — 4° La Prusse. — Histoire secrète de sa diplomatie.— Ses rapports avec la Révolution. — Motifs de sa neutralité. — (1794-1799.) ... 1

CHAPITRE II. — PUISSANCES DU SECOND ORDRE. — 1° L'Espagne. — Décadence de la monarchie de Charles-Quint.— Les Bourbons d'Espagne. — Rapports avec la France. — 2° Le Portugal. — La maison de Bragance. — Intimités avec l'Angleterre. — Rivalité avec l'Espagne. — 3° Naples. — La reine Caroline. — Le Directoire et Ferdinand. — 4° Le Piémont et la Sardaigne. — Grandeur de la maison de Savoie-Carignan.— Ses disgrâces. — 5° La Suède. — Décadence de sa monarchie. — Esprit militaire de Gustave. — Chevalerie de sa politique. — 6° Le Danemarck. — 7° La Suisse. — Son abaissement et ses plaintes. — 8° Rome et les papes. — Politique du Directoire envers les puissances du second ordre. — (1794-1799.) ... 34

TABLE DES CHAPITRES.

Pages.

CHAPITRE III.— États du troisième ordre.—Venise.— Gênes. La Toscane. — Modène. — Malte.— La Hollande. — La Confédération germanique.— Congrès de Rastadt.— Bavière. —Wurtemberg. — Bade. — Les évêchés du Rhin. — Les villes anséatiques. — Hambourg. — Lubeck. — Malte. — La Turquie. — L'Égypte. — Tippoo-Saëb. — Rapport du Directoire et des États-Unis. — (1794-1799.)   57

CHAPITRE IV.— Esprit des populations de l'Europe a la fin du xviiie siècle. — Influence de la philosophie et de la langue française. — Études des idées républicaines. — La vieille Rome.— Action de l'esprit littéraire. — Fermentation de l'Irlande, de l'Écosse et de l'Angleterre. — Littérature allemande. — Schiller. — Goëthe. —Wieland. — Kotzebuë. — Origine des sociétés secrètes. — L'Italie. — Alfieri. — Lutte de l'esprit catholique et de la philosophie. — (1794-1799.)   83

CHAPITRE V. — La propriété, les classes et les intérêts en France.— Révolution dans la propriété.— Les biens nationaux. — Les héritages. — Confiscations. — Maximes subversives. — Situation précaire des propriétaires. — La noblesse. — Débris. des gentilshommes.— Le clergé constitutionnel.— Prêtres assermentés. — Clergé insoumis. — Bourgeoisie. — Classes inférieures. — Le paysan. — L'ouvrier.— Commerce. — Industrie. — (1794-1799.)   100

CHAPITRE VI. — Littérature et philosophie a la fin du Directoire. — Écoles diverses. 1° Philosophie et littérature républicaines. — Chénier.— Lebrun.— Ginguené.— Madame de Staël. — Daunou. — Garat. — 2° Littérature monarchique. — Delille. — Fontanes.— La Harpe.— Esménard.— Michaud. — Suard. —Madame de Genlis.— 3° École voltairienne et impie.—Parny. — Lalande. — Dictionnaire des Athées. — 4° École religieuse. — Premier éclat de M. de Châteaubriand. —Petites réputations littéraires. — Les théâtres. — La tragédie. — La comédie. — Succès du vaudeville. — (1794-1799.)   120

CHAPITRE VII. — Les sciences et les arts jusqu'au consulat. — Débris des vieilles académies.— Tendances vers les sciences exactes. — Emploi des savants dans le mouvement révolutionnaire.— Monge. — Fourcroy. — Chaptal. — Berthollet. — Laplace. — Daubenton.— Cabanis. — Institut d'Égypte.—Mouvement imprimé aux sciences exactes. — Les arts.— École de David. — La statuaire. — Formes antiques et romaines. — La musique. — Méhul.— Gossec. — Commencement de Boïeldieu. — Les théâtres lyriques. — La comédie française. — (1794-1799.) 140

CHAPITRE VIII. — MOEURS ET USAGES DE LA SOCIÉTÉ A LA FIN DU DIRECTOIRE.— Réaction vers les plaisirs. — Relâchement de l'esprit de famille. — Les divorces.— La société parisienne.— Bals. —Salons de Paris.— Femmes à la mode. — Quelques gentilshommes. — Les fournisseurs. — Les incroyables.— Ruine et décadence.— Manières. — Mœurs des campagnes. — Quelques histoires de la vie de châteaux et de proscrits. — (1794-1799.) 156

CHAPITRE IX. — LES PARTIS POLITIQUES AVANT LE CONSULAT. — Attitude des partis. — Les Jacobins. — Les patriotes modérés. — Clubs et sociétés politiques. — Les constitutionnels. — Le parti orléaniste.— Les monarchistes prussiens. — Les partisans de l'unité et de la dictature. — Les royalistes bourbonniens. — Comités. — Insurrection. — La Vendée. — La Chouannerie. — Les compagnies du Soleil et de Jésus.— (1794-1799.) 172

CHAPITRE X. — LE GOUVERNEMENT DU DIRECTOIRE. — Constitution de l'an III.— Cause de sa promulgation.— Progrès des idées anglaises et américaines. — Division des pouvoirs. — Conseil des Anciens. — Conseil des Cinq-Cents.— Le Directoire. — Esprit de ce gouvernement. — Influence sur l'opinion. — Attaques de la presse. — Coup-d'état du 18 fructidor. — Défiance qu'inspire le gouvernement. — Discrédit dans l'opinion. —(1795-1799.) 190

CHAPITRE XI. — ADMINISTRATION DU DIRECTOIRE. — La police. — Esprit général de ce ministère. — Tendance de ses agents. — Finances.— Fonds publics.— Assignats. — Mandats.— Impôts. — Lois sur l'enregistrement. — Hypothèques et timbre. — Impôt somptuaire. — Ministère de l'intérieur. — Directoires des départements et districts. — Municipalités. — Magistrature. — —(1795-1799.) 207

CHAPITRE XII. — L'ARMÉE, SES PARTIS, SES OPINIONS. — Premières campagnes de la République. — Esprit général des soldats. — Officiers-généraux. — Changements dans les mœurs et les habitudes. — Dévouement de l'armée à ses chefs. — Armée d'Italie. — Armée d'Allemagne. — Armée d'Égypte. — Armée de Hollande. — Rivalité. — Esprit républicain. — Conquêtes.— Ambition. — Marche vers la dictature. — Armée de mer.— Esprit de la marine.— Sa destinée.— (1795-1799.) 224

TABLE DES CHAPITRES.

CHAPITRE XIII. — Caractère des hommes politiques influents sous le Directoire. — Barras. — Fouché (de Nantes). — Sieyès. — Merlin (de Douai). — Treilhard. — Cambacérès. — Rewbell. — Larevellière-Lépeaux. — Gohier. — François de Neufchâteau. — Boulay (de la Meurthe). — Berlier. — Réal. — Rœderer. — Bailleul. — Société de madame de Staël. — M. de Talleyrand. — Benjamin Constant. — Carnot. — Lucien Bonaparte. — (1795-1799.) 242

CHAPITRE XIV. — La famille des Bourbons jusqu'au Consulat. — Louis XVII. — Madame Royale. — Monsieur, régent du royaume. — Le comte d'Artois. — Vie des Bourbons en exil. — La branche cadette. — M. le duc d'Orléans et ses frères. — Leur éducation. — Leur parti. — Branche des Condés. — Les gentilshommes émigrés. — Plans et fautes des Bourbons. — Avénement de Louis XVIII. — Ses négociations avec les révolutionnaires. — Situation du roi et des princes avant le Consulat. — Réconciliation de la branche cadette. — (1795-1799.) 264

CHAPITRE XV. — Origine et destinée de Napoléon Bonaparte. — La Corse. — Les Bonaparte. — Les Pozzo-di-Borgo. — Paoli. — Les Salicetti. — Les pauvres gentilshommes. — Brienne et les Minimes. — La royauté et les écoles militaires. — Fortes études. — Vendetta des Paoli et des Pozzo-di-Borgo contre les Bonaparte. — Décret d'infamie dans l'assemblée populaire. — Exil d'une pauvre et noble famille. — Jeune gloire de son puîné. — Bonaparte devine la force des Jacobins. — Sa puissance de répression. — Idées de gouvernement. — 14 *vendémiaire*. — Pensée diplomatique. — *La campagne d'Italie*. — Pensée d'antiquité et de grandeur. — *Campagne d'Égypte*. — (1769-1799.) 287

CHAPITRE XVI. — Situation diplomatique de la France au débarquement du général Bonaparte. — Chute des rois de Naples et de Piémont. — Rupture de la République avec l'Autriche. — Rapprochement des cabinets de Vienne et de Saint-Pétersbourg. — Mission du comte de Cobentzl. — Marche et résultat du congrès de Rastadt. — Assassinat des plénipotentiaires. — La Prusse. — Mission du prince Repnin et de l'abbé Sieyès à Berlin. — Les forces de l'Angleterre. — Lutte acharnée. — Alliance de l'Espagne. — Déclaration de guerre de Paul Ier contre Charles IV. — (1798-1799.) 305

CHAPITRE XVII. — Gouvernement de la France au débarque-

MENT DU GÉNÉRAL BONAPARTE. — L'abbé Sieyès. — Ses projets avec la cour de Berlin. — Ses idées politiques. — Il entre au Directoire. — Préparatifs d'un mouvement au 30 prairial. — Division dans les Conseils. — Parti des Bonaparte. — Parti du Directoire. — Accusation contre les directeurs Treilhard, Merlin et Lareveillère-Lépeaux.— Leurs démissions.— Gohier.— Roger-Ducos. — Moulins. — Nouveau ministère. — Le général Bernadotte à la guerre.— Club des Jacobins.— Sa clôture.— Décousu du gouvernement. — Fatale mesure d'administration. — Expulsion du général Bernadotte. — Situation des esprits dans les Conseils. — (1799.)   327

CHAPITRE XVIII. — SITUATION MILITAIRE DE L'EUROPE AU DÉBARQUEMENT DU GÉNÉRAL BONAPARTE. — Plan des alliés.— Leurs généraux et leurs armées. — Russes. — Suwarow. — Korsakow. — Autrichiens. — L'archiduc Charles. — Mélas. — Kray. — Anglais— Duc d'Yorck. — Abercromby.— Triple invasion.— Armées de la République. — Jourdan. — Schérer. — Moreau. — Lecourbe. — Joubert. — Opérations militaires dans la campagne d'Italie, de Suisse et de Hollande. — Guerre civile. — La Vendée. — Les Chouans.— Situation maritime.— Campagne de mer. — (1799.)   349

CHAPITRE XIX.— PRÉPARATIFS DU 18 BRUMAIRE.— Arrivée d'Égypte. — Avis de la Prusse et de l'Angleterre. — Bonaparte à Fréjus. — Situation du gouvernement. — Marche sur Paris. — Enthousiasme. — Irrésolution du Directoire.— L'abbé Sieyès et les Jacobins. — Bernadotte et Marbot destitués. — Bonaparte à Paris. — Sa famille.— Ses rapports. — Intrigues avec les corps constitués. — Rapprochement de Bonaparte et de Sieyès. — La décade qui précède le 18 brumaire. —(Octobre et novembre 1799.)   371

CHAPITRE XX. — JOURNÉE DU 18 BRUMAIRE. — Le pavillon de la rue Chantereine. — Conciliabule militaire. — Les généraux présents.— Moreau. — Visite de Bernadotte. — Augereau.— Ordre de la journée. — Le conseil des Anciens. — Préparatifs. — Décret pour la translation du Corps législatif.— Commandement confié au général Bonaparte.—Le Luxembourg.—Les Directeurs. —Barras. — Gohier. — Moulins. — La soirée du 18 brumaire. — (18 novembre 1799.)   396

CHAPITRE XXI. — PARIS ET SAINT-CLOUD. — Mesures de police. — Esprit public.— Pouvoir départemental.— Nuit de Bonaparte et des conjurés. — Nuit des Jacobins. — Préparatifs. — Route de Saint-Cloud. — Départ de Bonaparte. — Le château. — Le conseil des Anciens. — Conseil des Cinq-Cents. — Tumulte. — Triomphe du parti militaire. — Dispersion des Conseils. — La Dictature. — (18 et 19 brumaire 1799.) 420

FIN DE LA TABLE DES CHAPITRES.

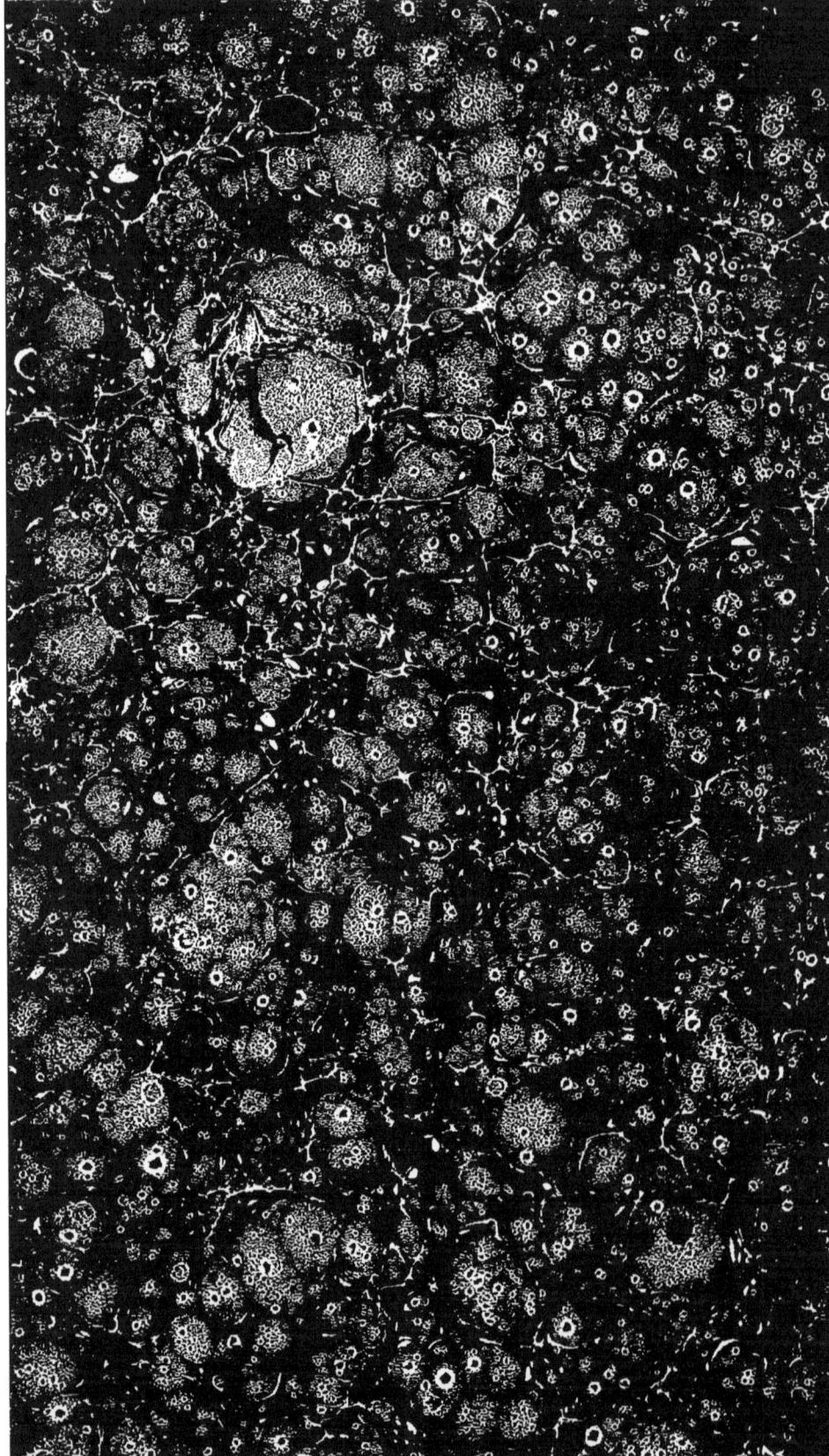

www.ingramcontent.com/pod-product-compliance
Lightning Source LLC
Chambersburg PA
CBHW050238230426
43664CB00012B/1741